"十二五"高等院校工商管理专业精

—— 工商管理系列教材 ——

管理学研究方法论

RESEARCH METHODOLOGY FOR
MANAGEMENT

赵卫宏/编著

经济管理出版社
ECONOMY & MANAGEMENT PUBLISHING HOUSE

图书在版编目（CIP）数据

管理学研究方法论/赵卫宏编著. —北京：经济管理出版社，2017.11（2020.7重印）
ISBN 978-7-5096-5517-7

Ⅰ. ①管…　Ⅱ. ①赵…　Ⅲ. ①管理学—研究方法　Ⅳ. ①C93-3

中国版本图书馆 CIP 数据核字（2017）第 295121 号　（2020.7重印）

组稿编辑：申桂萍
责任编辑：胡　茜
责任印制：黄章平
责任校对：陈　颖

出版发行：经济管理出版社
　　　　　（北京市海淀区北蜂窝 8 号中雅大厦 A 座 11 层　100038）
网　　址：www. E-mp. com. cn
电　　话：(010) 51915602
印　　刷：北京晨旭印刷厂
经　　销：新华书店
开　　本：720mm×1000mm/16
印　　张：21.75
字　　数：414 千字
版　　次：2018 年 6 月第 1 版　2020 年 7 月第 2 次印刷
书　　号：ISBN 978-7-5096-5517-7
定　　价：58.00 元

前　言

　　任何科学发现或概念的有效性都取决于获得该发现或概念所采取的程序的有效性。科学的发展史在本质上就是科学方法论的演进史。科学的每一次重大发展都伴随着研究方法论的革新。研究方法论的每一次革新也都推动着人类更加接近自然世界和社会世界的真理。在管理实践中，泰勒科学管理理论的建立、法约尔管理过程论的创立、韦伯科层制理论的建立以及此后管理理论的不断创新无不与科学的方法论演进紧密相关。因此，管理学研究方法论对于推进管理学研究以及管理学理论的发展具有根本性的奠基意义。

　　管理学研究方法论是关于管理学研究的根本方法，是从哲学的层面系统构建管理学研究的思维体系、知识体系和技能体系。所谓授人以鱼，不如授人以渔。近20年来，以商学院为主体的管理学人才培养的影响力持续扩大，管理学研究方法的应用推广也日益广泛。基于社会科学研究，面向研究者介绍管理学研究逻辑体系的教材和著作也逐步增多。然而，以学术论文撰写的逻辑为视角，从哲学层面系统阐述管理学研究方法论的著作仍不多见。这本《管理学研究方法论》系我十余年为研究生讲授管理学研究方法论课程和从事管理学研究实践的心念之作，旨在系统总结和阐述开展课题研究、探究管理实践规律、撰写学术论文所需掌握的方法论体系，以提高管理学研究者的综合研究素质和能力。该书的特点主要体现在以下方面：

　　（1）系统性。全书从研究的范式和类型切入，系统总结了管理学研究的科学方法体系，并以学术论文的内容逻辑为线索，系统阐述了开展管理学研究所必备的思维、知识和技能，对于构建管理学研究能力具有完整的系统性。

　　（2）实践性。全书从方法论哲学体系上阐述了管理学研究的思维方法，并针对学术论文撰写所包含的各环节知识技能进行了深入浅出的逻辑分析和文献解读，对从事管理学研究的硕博士研究生及学者具有很强的实践指导性。

　　（3）新颖性。全书艺海拾贝般地从纷繁复杂的科学研究知识体系中摘取精要知识技能，并融入最新方法成果和学术实践，在内容上更具新颖性。

　　本书是教育部研究生课程建设试点项目和江西省研究生优质课程建设项目（赣教研字〔2016〕3号）的成果，也是我经年实践的倾力之作。它的最终成书得到诸多学界前辈的指导和鼓励。他们对书稿的框架及视角的聚焦提出了许多宝贵意见，在此深表感谢！我的研究生肖若愚、易明月、刘洋、姚韩芳、陈萍等协助本书完稿，付出了辛勤劳动。衷心感谢他们的出色工作与克勤奉献。本书参考了诸多国内外文献及学者的观点，在此一并致谢！

　　管理学研究方法论是经济与管理学科硕博士研究生的学位基础课程。本书如能对读者的学术研究有所裨益，我将深感欣慰！但因水平有限，虽潜精研思，仍难免疏漏与错误，恳请批评指正。

赵卫宏

2017 年 9 月于瑶湖园

目　录

第一章 研究概述

【内容框架】

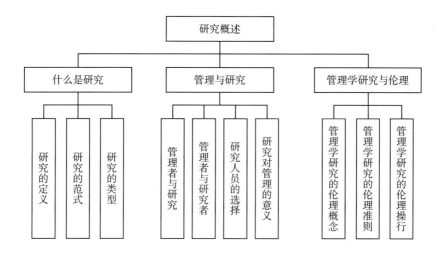

第一节 什么是研究

一、研究的定义

研究，即英文"Research"，《新华字典》释义为：①钻研，探求事物的性质、规律等。②考虑，商讨。《韦氏词典》释义为：①to study（something）carefully；②to collect information about or for（something）。法国哲学家布莱士·帕斯卡指出："研究真理有三个目的：当我们探索时，就要找到真理；当我们找到真理时，就要证明真理；当我们检验真理时，就要把它同谬误区别开来。"综上可知，研究是对事物本质和规律的探寻、发现、审查的过程，是对事物现象内在真相、性质、原理和规律的探索，从而创造新知识的过程。具体而言，研究通常指围绕一个选题，采用有计划、有系统的资料收集、分析和解释的方法获得研究问题解决的过程。例如，管理者对企业决策所进行的调查分析，或者研究者对管理现象内在规律的探寻。

在学习做研究之前，我们首先需要了解什么是"好的研究"，以及怎样做"好的研究"。一般而言，"好的研究"具有系统性和科学性，是在一定知识的基础上进一步挖掘新知识的过程，其所获得的新知识具有普适性和重要性。"好的研究"主要体现在两个方面：理论价值和实践意义。"好的研究"必须立足于现实需求或未来期望，围绕逻辑缜密的理论框架和有理有据的数据分析展开，并且最后得出的结论既要符合客观真实性，又要能够促进科学的发展。至于如何做"好的研究"，并没有统一的标准答案。这是因为不同研究领域在研究主题、研究方法、研究重点上都有所不同，对"好的研究"的判断自然也不尽相同。例如，史学研究非常重视史料的真实性，需要进行大量精细的资料考证分析。因此，资料的完备性在史学研究中是"好的研究"的必要条件。对于化学研究而言，"好的研究"则意味着实验的严谨性、可操作性和可重复性。虽然"好的研究"在不同的研究领域有不同的研究过程，但是促成研究者产出"好的研究"却有着类似的诀窍，那就是对研究者进行系统的方法论训练。同样，管理学研究者如果要做出"好的研究"来，也需要掌握具体的研究方法和统计学知识。另外，不同学科领域之间的交流也有助于促进"好的研究"诞生。例如，管理学研究者可以和经济学、心理学研究者一起开展研究，学习彼此的方法和技术，运用综合的方法和思路解决研究中的问题，从而使研究更加规范，结论更为可靠。

二、研究的范式

研究的范式是研究者基于一定的思维方式在研究中所遵循的过程和方法的模式与框架。按照主观思维和客观取证两种方式，我们可以把研究范式划分为思辨研究和科学研究。

（一）思辨研究

（1）思辨研究的定义。思辨研究是研究者在个体理性认识能力及直观经验基础上，通过对概念、命题进行逻辑演绎推理来认识事物本质特征的研究。它是依靠直觉判断和个人洞察力获取知识的求知方法。在管理学研究中，思辨研究一般在发现研究问题、深化研究思路，或者在面对诸如人性问题、管理思想、企业伦理等难以定量研究的情况下使用。

（2）思辨研究的特点。思辨研究的特点主要表现为：①以研究者的理性认识能力为基础。研究者的理性认识能力是其所具有的抽象思维和判断能力，并通过逻辑推理能力和丰富的想象力表现出来。它能够使研究者透过事物的表象去发现其内在的本质。②以研究者的直观经验为出发点。直观经验是研究者具有理性认识能力并对其进行运用的体现。研究者可以立足于自身经验基础对研究问题进行主观的、理性的思考。③以探索事物本质属性为目的。思辨研究一般以抽象的概念或命题为研究对象，采用归纳和演绎等逻辑分析方法对事物典型特征进行比较和推理，以探寻事物内在相互一致或相互区别的本质特征。

（二）科学研究

（1）科学研究的定义。科学研究是依靠客观的接近方式探究存在于现象内部的真理的过程。它是在仔细调查和分析各种情境因素后，找出解决问题的答案的过程。科学研究包含一系列诸如询问（Inquiry）、调查（Investigation）、检验（Examination）与实验（Experimentation）等经过深思熟虑且谨慎执行的活动，并以系统的、客观的、逻辑的方式进行研究活动，以探明事物内在的特征、关系或规律。

（2）科学研究的特征。科学研究的特点主要表现为：①在方法和程序上不受主观判断或无关因素的影响。科学研究的对象来源于客观世界和人类现实，是客观现实的反映。科学研究的过程要求严格的客观性，如选取和处理数据等都需要客观地进行操作。科学研究的结论是可以检验的，而非主观臆断。②研究过程具有系统性。科学研究通常是以明确的问题开始，按照一系列逻辑严密的步骤系统展开探索，直到结论的获得，而不是随意的、盲目的、偶然的活动。③创造性是科学研究的本质特征。科学研究本身就是一种旨在探索自然界、人类社会和思维的未知领域，以发现新规律、新方法，创造新知识的创造性活动。

（三）思辨研究与科学研究的关系

（1）思辨研究和科学研究是研究范式的有机组成部分。思辨研究和科学研究各有所长，各有局限，相辅相成，形成完整的研究范式体系，两者没有优劣之别。正如爱因斯坦所言，科学家的工作分为两步：第一步是发现公理；第二步是从公理推出结论。哪一步更难些呢？他认为，如果研究者在学生时代已经得到很好的基本理论、推理和数学训练，那么他在第二步时只需要勤奋和聪明就一定能够成功。至于第一步（找出作为演绎出发点的公理），则具有完全不同的性质，这里没有一般的方法。体现原创能力的公理的发现，只能依靠研究者的洞察力和直觉判断。科学还不能将公理发现的过程纳入规范的科学方法体系中。因此，在这方面，主观思辨的方法起着决定性作用。科学研究的对象要求具有可直接测量和重复出现等特性。自然现象符合此要求，但无法直接观察的、非重复出现的社会文化现象却不行。例如，史学研究、文学研究、音乐艺术等研究一般采用思辨研究范式，但不能被视为历史科学研究，或文学、艺术科学研究。

（2）思辨研究的特征和科学研究的特征相反。思辨研究不强调客观性和实证性，所得结论不必建立在直接观测或经验基础之上，也不用服从某种规范。对结果和实际事实之间的许多中间层次，思辨研究无法清晰表达思考的过程和步骤。因此，思辨研究的结果往往存在歧义性和不可检验性。科学研究的特征则包括强调性和规范性，其结果也具有可复制性。

三、研究的类型

根据中国统计局分类标准和国内外研究通行做法，研究一般可以分为：基础研究、应用研究和开发研究。

（一）基础研究

（1）基础研究的概念。基础研究（基础科学研究）是指为获得关于现象和事实的基本原理及新知识而进行的实验性和理论性工作，它不以任何专门或特定的应用或使用为目的。基础研究能够为解决某些特定问题间接提供解决方案中所运用到的知识基础，其研究目的不是为了解决某些特定的问题。基础研究也称为纯粹研究（Pure Research），其研究范围主要包括：科学家自主创新的自由探索和国家战略任务的定向性基础研究；对基础科学数据、资料和相关信息系统地进行采集、鉴定、分析、综合等科学研究的基础性工作。基础学科包括数学、物理学、化学、天文、地球科学、生物科学等；交叉学科包括工程科学、农业生物学、生物医学、信息科学、能源科学、资源、环境与灾害科学、材料科学、空间科学、海洋科学等；自然科学与人文社会科学交叉学科包括心理学与认知科学、管理科学等。

（2）基础研究的特征。基础研究的特征主要表现为：①以认识现象、发现和开拓新的知识领域为目的。即通过实验分析或理论性研究对事物的物性、结构和关系进行分析，深化对客观事物的认识、对现象本质的解释和对物质运动规律的揭示，或者提出和验证各种设想、理论或定律。②没有任何特定的应用或使用目的。在进行研究时，对其成果看不出、说不清有什么用处，或者虽然肯定会有用途但并不确知达到应用目的的技术途径和方法。③一般由科学家承担。他们在确定研究专题以及安排工作上有很大程度的自由。④研究结果通常具有一般的或普遍的正确性。基础研究的成果表现为一般性原则、理论或规律，并以论文的形式在科学期刊上发表或在学术会议上交流。

因此，当研究的目的是在最广泛的意义上对现象进行更充分的认识，或者当其目的是发现新的科学研究领域，而不考虑其直接的应用时，即视为基础研究。基础研究又可分为纯基础研究和定向基础研究。纯基础研究是为了推进知识的发展，不考虑长期的经济利益或社会效益，也不致力于在实际问题中应用其成果或把成果转移到负责应用的部门。定向基础研究的目的是期望能产生广泛的知识基础，为已看出的或预料未来可能发生的问题提供解决方案。

例 1-1：青霉素的基础研究

青霉素的发现者弗莱明是英国细菌学家。1922 年，他发现人的眼泪、唾沫及感冒后的鼻涕里都含有一种能溶解细菌的物质，并为它取名为溶菌酶。弗莱明认为，溶菌酶可用作抗生素。为了进一步研究溶菌酶的抗菌效果，他需要纯化的细菌。在当时的情况下，他只能用琼脂培养皿来自己培养分离不同的细菌。一切都在有条不紊地进行着。直到 1928 年夏天，弗莱明发现其中一只培养皿内的霉菌有点特别，霉菌周围没有细菌生长，但远处的细菌却正常生长。弗莱明对这一现象百思不得其解，但多年形成的科学素养让他觉得不该将这个奇怪的现象轻易放过。敏锐细心的弗莱明不仅保留了原始的培养皿，而且还拍了照，并就此进行深入的研究。他将这种奇特的霉菌孢子取出单独培养，并在其周围划分扇形区，接种上不同的细菌，结果发现有的细菌生长，有的则不生长。他又将该霉菌种入液体培养基中，也发现有的细菌生长，有的不生长。分析后发现，该霉菌能杀死炭疽杆菌、白喉杆菌、葡萄球菌、链球菌等凶猛的革兰氏阳性菌。革兰氏阴性菌，如痢疾杆菌、流感杆菌、伤寒杆菌等都不受影响。根据长期研究溶菌酶的经验，弗莱明推断这种霉菌一定是产生了一种抗菌物质，而这种抗菌物质有可能成为击败细菌的有效药物。1929 年，弗莱明将这种抗生素命名为青霉素。他的意外发现，也使青霉素成为了医学界治疗疾病的基本药物元素。

（二）应用研究

（1）应用研究的概念。应用研究是指为获得有关特定的实际目的或目标的新知识而进行的创造性研究，是将理论发展成为实际运用的研究形式。应用研究致力于探讨基础研究的原理性成果在实际运用中的可能性，注重科研成果的实用性。比如，在实验阶段创造和研制新产品、新品种、新技术、新工艺等。大多数管理学研究均属于应用研究。它们主要利用研究方法论的技术、过程、方法，收集不同政策、选题、问题或现象信息，从而增加对特定现象的了解。

（2）应用研究的特点。应用研究的特点主要表现为：①具有特定的实际目的或应用目标。应用研究旨在确定基础研究成果可能的用途，或是为了达到预定的目标而探索应采取的新方法（原理性）或新途径。②在围绕特定目的或目标进行研究的过程中获取新的知识，从而为解决实际问题提供科学依据。③研究结果一般只影响科学技术的有限范围，并具有专门的性质，针对具体的领域、问题或情况。其成果形式以科学论文、专著、原理性模型或发明专利为主。至于应用研究的成果能否推广到其他组织，则由组织规模、工作性质、员工特性、组织结构等因素的差异程度决定。

例 1-2：青霉素的应用研究

青霉素是指分子中含有青霉烷的一类抗生素，它能破坏细菌的细胞壁并在细菌细胞的繁殖期起杀菌作用。在现代生活中，青霉素已经成为了常用的抗菌药品。但从青霉素的发现（基础研究）到青霉素的发明（应用研究），却经历了近10 年的时间。自 1929 年弗莱明发现并命名青霉素以来，科学家们一直试图将其应用到医学治疗中。直至 1938 年，麻省理工学院的钱恩（Earnest Chain）、弗洛里（Howard Florey）及希特利（Norman Heatley）领导的团队才成功提炼出青霉素，证明了青霉素的功效，并把这项技术发明奉献给人类，从而开创了抗生素时代。弗莱明因此与钱恩和弗洛里共同获得了 1945 年诺贝尔生理学或医学奖。

（三）开发研究

（1）开发研究的概念。开发研究又称技术开发，是利用应用研究的成果和现有的知识与技术，创造新技术、新方法和新产品的研究活动。近年来，一些发达国家把开发研究融合到产品的设计、生产、流通、销售、使用和回收等方面。这是当代科学研究发展的一个值得重视的新趋势。

（2）开发研究的特点。开发研究的特点主要表现为：①有具体明确的目标，计划性强。②有严格的时间控制，要求在限定的时间内通过各方面协调配合完成研究目标，注重组织和集体攻关的作用。③费用投入一般较大，研究的组织控制较严且保密性强。

例 1-3：青霉素的开发研究

随着青霉素应用研究的不断推进，世界各国对运用到临床治疗的青霉素广谱抗生素进行了大量的开发研究。例如，20 世纪 80 年代，我国上海第三制药厂成功研制的第三代半合成青霉素（氧哌嗪青霉素钠），其抗菌谱扩大至粘质沙雷氏菌，对该菌的抗菌力远超过头孢菌素 I 和头孢哇琳，是当时国际市场上临床使用抗菌谱最广的青霉素类抗生素。该产品对绿脓杆菌的抗菌力在青霉素类抗生素中活性最强，对庆大霉素与羧苄青霉素耐药的绿脓杆菌也有效，主要对本品敏感的革兰氏阴性杆菌，如绿脓杆菌、肺炎杆菌、粘质沙雷氏菌、大肠杆菌、肠杆菌、流感杆菌等所致的败血症、心内膜炎、肺炎、尿路感染、腹膜炎、呼吸道感染、创伤和手术后的感染等有效，且毒性低，副作用小，安全可靠。连续给药，体内并不蓄积。第三代半合成青霉素产品经过日本、美国等约 4000 名患者临床试验，治愈率和好转率达 87%，国内临床试验总有效率为 77.7%。至此，从弗莱明基础研究的意外发现，到钱恩等研究者在应用研究中的提取，再到后人的开发研究，青霉素已经成为了广泛使用的广谱抗生素。

（四）研究类型的关系

基础研究、应用研究、开发研究三者既相互联系又相互区别。如何理解三者之间的关系是国家制定科技政策以及决定投资趋向的价值基础，也是研究者开展科学研究和申请研究项目时必须做出的选择。

（1）布什线性关系。布什是"二战"期间美国科学研究发展局（OSRD）局长。1944 年 11 月（即"二战"结束的前一年），他遵照罗斯福总统的指示，对如何在和平时期发挥科学的作用进行预测。经过近 1 年的潜心研究，他于 1945 年 7 月在题为《科学：永无止境的前沿》的研究报告中对基础研究和应用研究进行了明确的界定。布什认为，基础研究是不考虑应用目标的研究，它产生的是普遍的知识和自然及其规律的理解。应用研究是有目的地为解决某个实用问题提供方法的研究。布什指出，基础研究是技术进步的先行官。基础研究应当从过早地考虑实用价值的短视目标中解放出来，然后通过应用与发展的中间环节转变为满足社会经济、军事、医疗等需要的技术发明，从而在根本上为技术进步提供间接而有力的内在动力。这种从基础研究到技术发明的序列模式，就是布什提出的科学研究的"线性模式"（Linear Model，如图 1-1 所示）。

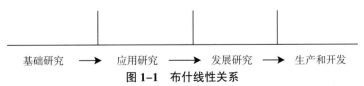

基础研究 $\longrightarrow$ 应用研究 $\longrightarrow$ 发展研究 $\longrightarrow$ 生产和开发

图 1-1 布什线性关系

资料来源：Scientificdevelopment USOO, Bush V. Science. The Endless Frontier: A Report to the President [J]. Journal of the Arizona-Nevada Academy of Science, 1945, 37 (1): 32-35.

（2）斯托克斯象限关系。在布什的"线性模式"基础上，20 世纪 90 年代，《科学美国人》杂志的撰稿人斯托克斯在担任美国科学基金会的顾问委员期间，通过对整个科技史的研究，提出了科学研究的二维象限模式（如表 1-1 所示）。"第 I 象限"代表单纯由求知欲引导而不考虑应用目标的基础研究，它被称为玻尔（Niels Bohr）象限。斯托克斯认为，以玻尔为代表的原子物理学家对原子结构的探索，典型地代表了求知的研究类型。量子理论在 20 世纪 30 年代以来的一系列应用研究中所做出的伟大贡献充分显示了纯基础研究的巨大潜力，同时也代表了 19 世纪的德国和 20 世纪的美国的研究风格。这个象限相当于布什的"基础研究"概念。"第 II 象限"代表既寻求拓展知识又考虑应用目标的基础研究，它被称为巴斯德象限。凯恩斯的主要工作、曼哈顿计划和朗缪尔的表面物理学的研究都属于这种类型的研究，主要特点是将纯基础研究与纯应用研究有机地结合起来。在这个模式中，斯托克斯所理解的"求知"主要指揭示自然的奥妙，"实用"主要指面向市场的技术开发。按照这种理解，既不由求知欲望引导也不考虑实用目标的"第Ⅲ象限"的研究，主要是强调研究者的研究技能，并对已有经验进行分析与整合，为研究者能够尽快胜任新领域内的工作打下良好基础。"第Ⅳ象限"代表只由实用目标引导而不追求科学解释的研究，它被称为爱迪生（Thomas Edison）象限。斯托克斯认为，爱迪生领导的研究重视具有商业利益的发明，很少有兴趣追问发明项目背后所隐含的科学内涵，更不注重用物理学的基本原理对新技术做出解释。这个象限的研究相当于布什的应用研究类型。

表1-1 斯托克斯象限关系

研究起因		以实用为目标	
		否	是
以求知为目标	是	Ⅰ 纯基础研究（玻尔）	Ⅱ 应用激发的基础研究（巴斯德）
	否	Ⅲ 技能训练与经验整理	Ⅳ 纯应用研究（爱迪生）

资料来源：Stokes D. Pasteurh's Quadrant: Basic Science and Technological Innovation ［M］. Washington, DC: The Brookings Institute, 1997.

（3）弗拉斯卡蒂双向发展关系。1970年，OECD（发达国家组成的经济合作与发展组织）在修改1962年由英国决策家布鲁克斯（Harvey Brooks）起草的弗拉斯卡蒂指南（Frascati Manual）时，把"有导向的基础研究"看作应用研究的一部分，把应用研究看作技术开发的一部分，把纯基础研究看作支撑整个研究大厦的根基。如图1-2所示，该模式也被称为研究的扩展模式。扩展模式与线性模式的相同之处是，都突出了"自由的"基础研究的地位。不同之处在于，它把含有实用成分的所有研究看作关于基础研究的相互包含的扩展关系，而不是相互依赖的前后推动关系。该模式通过切点强调了基础研究与应用研究和技术发展之间的双向促进作用，从而描绘了一种动态的双向发展模式。

（五）研究类型的比较

基础研究应立足于研究领域的前沿和交叉学科的新生长点进行探索性研究，其研究应具有前瞻性，以产生新观点、新学说等理论性成果为目标。应用研究应以解决该研究领域关键技术问题为主要任务，以创新方法或方案、创造新设备来提高该领域研究水平。开发研究则以解决某研究领域中关键技术问题为主要任务，以改进方法或方案，创造新设备、新工艺来提高该领域技术水平，解决该领

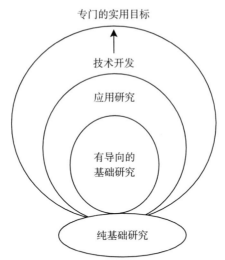

图 1-2 弗拉斯卡蒂指南的基础研究和应用研究关系

资料来源：Frascati Manual（1970）。

域可持续发展中存在的技术问题。在实践中，由于都具有科学性、可参考性，能够解决一定的问题，三种研究类型之间的界限并不是泾渭分明，可以相互参考。为了更好地区分这三种类型的研究，我们将它们的特征进行总结，如表 1-2 所示。

表 1-2 基础研究、应用研究、开发研究对比说明

类别	基础研究	应用研究	开发研究
概念定义性质	没有特定商业目的，以探索知识为目标的研究；或有特定目标，运用基础研究的方法进行的研究	运用基础研究成果和有关知识以创造新产品、新方法、新技术、新材料的技术基础的研究	利用基础研究和应用研究成果及现有知识以生产产品或完成工程任务而进行的技术研究
典型事例说明	（1）法拉第发现电磁感应原理（发电原理） （2）麦克斯韦提出电磁波理论	（1）制成励磁电机，可发电但不能应用 （2）发现电磁波并制成电磁波发生装置，使无线电通信成为可能	（1）爱迪生制成电机，建成电厂和电力体系，开创电世界 （2）波波夫与马可尼进行跨洋无线电通信，迎来电信时代
管理原则方法	（1）没有实际要求 （2）没有时间限制 （3）不急于评价 （4）关键是带头人水平 （5）费用没有固定要求 （6）一般没有保密性	（1）有目标、计划 （2）有时间限制，有弹性 （3）适时评价 （4）选题和组织工作重要 （5）费用较多，控制较松 （6）有一定保密性	（1）有明确目标，计划性强 （2）有严格时间控制 （3）完成后立即评价 （4）注重组织协调配合 （5）费用投入较大，控制较严 （6）有很强保密性
成果形式	学术论文、学术专著	学术论文、专利、原理模型	专利设计、图纸、论证报告、技术专有、产品等

第二节　管理与研究

一、管理者与研究

管理者是管理行为过程的主体，一般由拥有相应的权力和责任、具有一定能力从事实际管理活动的人或人群组成。管理者及其管理技能在管理活动中起决定性作用，对组织、协调完成预期任务负有责任。管理研究的过程是探寻管理现象内在的本质、关系和规律，以便解决管理过程中出现的问题。因此，管理者和管理研究的功能是一致的。

现代管理理论认为，管理最根本的职能是使一个系统从无序变为有序，使一个系统从低级有序变为高级有序，该演变过程即为一种具体的研究行为。管理者要想在激烈的市场竞争中取得相对优势，就必须在管理过程中提高自身专业素质，学会用研究的思维去思考，以系统的管理知识和理论为依据，进行科学管理。

例如，法国优诺乳业（Yoplait Go-Gurt）通过对消费者的研究发现，经常带酸奶到学校喝的孩子希望酸奶能够携带方便，且饮用简单。于是在调研的基础上，优诺公司推出了一种三边软管形酸奶，大小刚好可以放入孩子们的饭盒中。公司的这款产品在市场上取得了喜人的成绩，推出第一年销售量就突破1亿美元。优诺公司的例子说明，研究对于管理而言，提供的信息能够优化决策过程。

（一）找出问题或机会

在任何一个经营战略提出之前，管理者都必须明白自己想要解决什么问题或者是找到什么发展机会。研究可以帮助管理者实现这个目标，进而帮助企业制定决策。通过调研，可以给组织提供客观的信息，从而使管理者发现组织内外部环境的具体情况。例如，调查竞争公司最近一系列的产品推出，联系对比自身产品，有利于发现产品未来改进的地方。

（二）诊断并评估问题或机会

当某个组织发现自己的问题之后，研究可以帮助管理者了解其内在的原因，以便更好地解决问题。当存在机遇时，管理者也需要通过研究，进一步探究和甄别机会，从中选出最优的。评估问题或机会的精确程度有赖于信息和原理掌握程度。所以，管理者要尽量获取精确的、可信赖的信息，并排除信息在解释过程中的扭曲，然后根据管理学原理做出正确决策。

（三）选择方案并执行

在多种解决方案被提出之后，管理者需要利用研究的手段来获取详细信息，在评估和选择最佳方案时发挥作用。例如，哈雷—戴维森（Harley-Davidson，摩托车品牌）考虑在中国或者印度发展一家经销商。此时，管理者可以利用研究对比两个国家的盈利空间，从而确定把经销商设在哪个国家对公司最有利。虽然商业环境瞬息万变，但是通过研究获取客观的信息能够帮助管理者选出最佳方案。

（四）评估效益

在方案实施之后，管理层可以利用研究获得反馈信息，以便评估公司的效益，并为下一步的战略奠定基础。管理层既可以评价已完成项目的实施情况，也可以评估实施中的项目是否达到预期标准，评估研究还能帮助管理者找出影响绩效水平的因素。例如，绝大多数公司都会不间断地跟踪产品的销售情况，以保证及时发现销量下降或者其他异常情况。在医药零售行业，药品出售要经过计算机扫描商品代码。这些信息记录了药品的销售情况。据此，管理者可以跟踪了解具体产品的销量实况。

二、管理者与研究者

在管理实践中，管理者并不需要自己从事理论研究或项目研究，但需要对研究有一定程度的掌握，以便了解、预测或控制管理中可能存在的问题。当问题很复杂时，管理者如果对研究方法有一定的了解，将比较容易同研究人员或顾问沟通讨论，或者能对分析结果与建议进行评估，从中选择适合企业实际情况的解决方案。

研究者的主要任务是，帮助企业发现管理上的突出问题，找出原因，制定切实可行的改善方案，这与管理者的目标是一致的。因此，管理者与研究者如何开展合作是制定研究方案、解决研究问题的关键。

（一）事前沟通

当管理者和咨询公司接洽时，双方首先需要明确自身的角色定位以及对方所需要进行的工作内容。在咨询之初，管理者应该告知研究人员，企业的哪些资料是保密的，哪些是可供查阅的，这样方便研究人员提前制定好研究方案。研究人员也应该提前告知管理者，研究过程中可能出现的问题，以便管理者做好心理准备。双方适时提出自己的诉求，理解对方的想法，有助于研究的进行。

（二）理念磨合

管理者和研究人员除了需要明白双方的角色和可能的限制之外，还需要进一步确认双方的研究理念是否一致。假如研究人员认为裁员是减少营运成本的最好方式，但管理者却觉得，裁减员工有损企业形象，不利于企业长期发展。此时，双方在观念上可能就存在着冲突，因为研究人员看待问题侧重理论结果，而管理人员喜欢从实际的角度考虑问题。这时，两者之间需要不断磨合，相互妥协，达成想法上的一致性。

（三）关系建立

管理者和研究人员建立良好的关系将有助于研究的顺利开展。管理者出于对公司的保护，对研究人员可能会存有戒备的心理。但是，研究的真实性依赖于信息的准确性，这就需要管理者将研究所需的信息毫无保留地告诉研究人员。管理者既然选定了该咨询公司，就应该信赖研究人员，同他们建立和谐友好的关系。研究人员在交往的过程中，也能更好地把握管理者的需求，提出符合企业实际发展的方案。

三、研究人员的选择

除了咨询公司拥有研究人员外，有些组织还自身拥有专门的研究团队或咨询部门，其目的是方便解决组织管理与发展问题。企业中的研究部门有管理服务部、组织与方法部、研发部等。内外部研究团队各有其优缺点，管理者如果明白这些优缺点，将有助于其选择研究任务的委托对象，以便做出对公司最有利的选择。

（一）委托内部研究团队

（1）委托内部研究团队的优点。委托内部研究团队的优点主要有：①因为是同事关系，内部研究人员在进行研究时更容易和组织内部员工建立友好的关系，使研究进展更加顺利。②内部研究人员对企业的组织情况、经营理念、盈利模式较熟悉，所以能够快速地进入研究状态。③如果研究报告或建议已被组织决策层采纳，内部研究团队可以继续跟进甚至负责组织推动实施。除了可在执行过程中及时完善方案，还可以对方案效能进行评估，或采取进一步的变革策略。④相关研究所耗费的成本更少。当任务的复杂性不高时，内部研究团队往往是最佳选择。

（2）委托内部研究团队的缺点。委托内部研究团队的缺点主要有：①内部研究人员对组织固有的认识或偏见可能使研究结论不具备客观性和科学性，这使得对公司情况或问题的分析容易陷入既有的刻板模式。②由于工作的关系，内部人员容易受到组织权力的影响，导致研究的内容被扭曲。③内部研究人员往往缺乏"光环"，导致研究结论或建议容易被组织自身轻视，正所谓"外来的和尚好念经"。

（二）委托外部研究团队

（1）委托外部研究团队的优点。委托外部研究团队的优点主要有：①外部人员可能从具有相似问题的不同产业或企业中获得丰富的经验，从而使研究者可以从不同的角度看待问题（即发散性思考），并集中于可行的解决方案上（即收敛性思考）。②外部研究人员，尤其是咨询公司研究人员，能够通过定期培训获得更为复杂的问题解决模式，掌握更新的分析技术。

（2）委托外部研究团队的缺点。委托外部研究团队的缺点主要有：①因为聘请外部研究团队的费用通常较昂贵，所以一般只针对重大课题才聘请外部研究人员。②外部研究团队在不熟悉企业运作的情况下需要花费更长的时间才能进入状态，尤其是当个人或部门受研究报告负面影响时，更容易将外部研究人员视为威胁，产生抗拒情绪。③若需要外部研究团队协助后续的执行或评估工作，则需要另外付费，这一点也使得研究成本增加。

四、研究对管理的意义

管理需要建立在对现象的认识和把握的基础上进行。管理的职责虽然主要在于战略决策与组织协调，但这些工作都需要对管理现象的研究和对管理规律的把握。管理始终需要建立在对现象的研究基础上。研究也需要对管理现象做出解释。例如，当新产品的开发或投资计划的获利不如预期时，管理者如果具备相关研究知识和技能，将有助于他们了解不如预期的原因，并有效地加以控制。因此，研究对于管理而言具有不可或缺的作用。

掌握研究与研究方法对于管理者的意义主要有：①有关研究的知识和技能将有助于管理者掌握管理情境中多个变量间的相互关系。②对研究人员提出的决策建议，能够做出正确的理解和判断。③可以避免管理者被扭曲的信息所误导。④管理者将因为具有相关研究的知识，可以与研究人员分享研究成果，从而推动管理学研究的发展。

第三节 管理学研究与伦理

一、管理学研究的伦理概念

伦理（Ethics）是指一定社会的基本人际关系规范及其相应的道德原则。伦理的存在是人类社会有序运转和健康发展不可或缺的要素。管理学研究作为人类追求管理学科的真理、创造管理学知识的重要科学活动，必须要讲究研究的学术伦理，也即学术道德。管理学研究伦理是从事管理学研究工作的人必须共同遵循的道德原则和价值体系。

古语有云："德才兼备谓之圣人，才德兼亡谓之愚人；德胜才谓之君子，才胜德谓之小人。"在管理学研究领域也不例外，研究者的科研能力和研究伦理是不可偏废的。加强研究伦理的建设，是培养道德高尚、德才兼备管理学研究人才的重要内容。

二、管理学研究的伦理准则

管理学研究的伦理贯穿于研究过程的始终，研究过程的每一步都要考虑伦理的问题。正如Gravetter（2005）在《行为科学研究方法》中指出的："伦理问题是最高的准则，你在研究的每一步做决策时都必须记住这一点。"管理学研究伦理规定的是道德、价值观等研究者应该具备的内在修为，尽管在伦理准则中往往以什么该做、什么不该做这种外在的形式呈现，但最为核心的还是其基本学术原则。管理学研究的伦理准则也是建立在这些基本原则之上的。

（一）诚实客观原则

研究者是真理的代言人。"知之为知之，不知为不知，是知也"。管理学研究不可以有半点虚假编造。自己思考到什么样的程度，也就表达到什么样的程度。管理学研究是与真实、踏实紧密联系的。没有了真实和诚信，也就没有了学术的生命。因此，研究者在提出命题、开展研究、分析解释数据和报告结果等研究的各个阶段，诚实客观都是丝毫不可动摇的最基本伦理原则。诚实客观原则在研究中可以体现在不同方面。例如，在获取数据时，要忠实于数据的原貌；在解释数据分析的结果时，不夸大成果的学术、经济和社会价值；不能编造成果，无中生有；不能以任何理由伪造学术证明；等等。在学术研究中，研究者要对研究所采用的原始资料、数据的保存提出真实的报告，对研究的目的、方法和结果做出详尽的说明，以体现报告的真实性。

（二）合作共享原则

任何有价值的研究发现和发明几乎都需要建立在他人的研究基础之上。促进学术的共同繁荣和知识创新应该是不分国家、地区的所有研究者的责任。这就要求管理学研究者坚持合作共享原则，用合作的态度和开放的心态对待自己和他人的研究。坚持合作共享原则，一方面要乐于公开和分享自己的学术资源，在他人尤其是学术新人的学术研究活动中发挥启发和推进的作用；另一方面也要以开放包容的心态接纳不同的学术观点和来自学术同仁对自己研究的评价甚至批评。在学科综合化、交叉化背景下，管理学研究者不仅要在管理学领域内开展合作，也要与相关的学科、领域进行交流。

（三）知识产权原则

研究者在开放共享自己资源的同时，也要注意保护自身的知识产权利益。研究者应该在充分保护自己的知识产权的前提下，尽可能将研究所用的材料、信息和采用的方法与其他研究者共享，促进研究领域的繁荣。保护知识产权和开放合作在研究实践中是互相促进的，其核心就是研究者要自觉地尊重和不损害他人的知识产权。虽然研究者之间也存在竞争博弈关系，但是这种竞争关系需要建立在公平公开的原则上。研究者可以借鉴别人的学术成果，但不能抄袭。研究作品应该拥有充分的原创性。

（四）平等原则

学术的繁荣离不开学术的平等。所有从事研究的人，都应该建立互相尊重的平等关系，做到知识面前人人平等。学术平等的内涵是指从事学术研究的人员，无论年龄、性别、地域或地位等如何，在学术面前都应该受到平等的对待；无论是在学术争论、学术成果的评价还是在荣誉的归属、责任的承担等问题上都没有高低贵贱之分，都应该始终贯彻平等的原则。学术平等也是学术规范行为准则的基础。研究者要自觉遵守学术平等原则，反对滥用行政权力或者学术权威侵害其他研究者。

三、管理学研究的伦理操行

管理学研究是研究行为的组成部分，在遵循研究的基本伦理准则外，还应该遵循如下学科伦理操行：

（一）保护受访者隐私

管理学研究必须将受访者所给予的信息当作最高机密，并且将保护研究对象的隐私视为道德责任，不得向他人甚至高层管理者泄露相关问卷或信息的受访来源。研究者在研究开始前应该告知研究对象隐私保护责任。在实际操作中，研究者可以用代码而不用姓名登记资料，可以在研究结束后销毁访谈的原始材料，不将研究结果告诉未经受访者同意的其他人。另外，研究者应该将知道受访者有关资料的人数降低到最小范围。对于敏感话题或可能引起麻烦的资料在未经研究对象同意的情况下，不得公开研究对象真实姓名和身份。

（二）不隐瞒研究目的

研究者需如实说明研究的目的，不可以向研究对象隐瞒或扭曲研究性质。尤其是在进行实验室实验时，研究者应向被试者如实说明和解释其研究目的。一般来说，研究应开诚布公地进行。当然，研究也可能因坦陈研究目的而遭研究对象的拒绝。但即使研究遭拒，也要保持研究的诚实性。当研究者向受访者真实说明研究目的和意图时，往往会得到受访者的配合，有助于研究的进展。

（三）慎重提问

研究者不应向受访者询问私人的或冒昧的问题。如果这样的信息对计划有绝对的必要，也应谨慎地询问研究对象，并且告知理由。无论资料收集方法的性质是怎样的，绝对不能侵犯受访者的自尊。虽然研究者通常不会有想伤害研究对象的动机，但无意中也可能会对研究对象造成伤害。例如，当研究问题涉及行为规范时，受访者也许会开始怀疑自己的道德。这种质疑也许会在研究结束之后，还让受访者感到内疚。因此，在研究设计中，研究者应该不断地审查该研究是否会对受访者造成伤害。如果有可能会影响被试者的心情或者身心健康，应事先向被试者说明利害关系，以及时采取补救措施。

（四）尊重研究对象的权利

研究者的目标应该是让研究对象在了解情况之后同意协助调查，这样得到的资料会比较真实。即使是通过机器，如访谈录音、录像等方法来收集资料也必须征得受访者同意。研究对象有不参加研究的权利，有中途退出的权利。如果研究对象是成年人，应直接征得本人同意。如果研究对象是儿童，应征得父母或老师、校方的同意。

（五）不干扰研究过程

非参与式的观察人员应避免干扰研究对象。如果研究者有导向性地访谈研究对象，那么研究结果会受到研究者主观因素的影响，从而失去资料的真实性。在定性研究中，由于个人的价值观容易使资料产生偏差，研究者应该按照客观事实整理手中资料，进行研究。研究者应该说明假设、预期与偏差，使决策者能就资料的特性进行决策。

（六）尊重报告结果

在报告资料与结论时，绝对不能做误解性或扭曲性的解释。实事求是是研究的根本。研究者绝对不能编造或篡改数据资料，扭曲研究结论，因为这样会使研究本身变得毫无意义，甚至产生危害性误导。

参考文献

[1] Scientific Development USOO, Bush V. Science, the Endless Frontier: A Report to the President [J]. Journal of the Arizona-Nevada Academy of Science, 1945, 37 (1): 32-35.

[2] Stokes D. Pasteur's Quadrant: Basic Science and Technological Innovation [M]. Washington, DC: The Brookings Institute, 1997.

[3] Gaillard J. Measuring Research and Development in Developing Countries Main Characteristics and Implications for the Frascati Manual [J]. Science Technology & Society, 2010, 15 (1): 77-111.

[4] 李怀祖. 管理研究方法论 [M]. 西安：西安交通大学出版社, 2004.

[5] 杨杜. 管理学研究方法 [M]. 大连：东北财经大学出版社, 2013.

[6] 乌玛·塞克拉, 罗杰·鲍吉. 企业研究方法 [M]. 北京：清华大学出版社, 2013.

[7] 格雷维特尔. 行为科学研究方法 [M]. 西安：陕西师范大学出版社, 2005.

[8] 邹新元. 霉素的发明与历史功勋 [J]. 中华医史杂志, 2005, 35 (4): 237.

[9] 刘正钦. 试论基础、应用和开发研究的关系 [J]. 软科学, 1996 (4): 15-18.

第二章　科学的方法论

【内容框架】

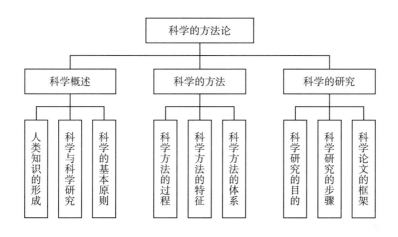

第一节　科学概述

一、人类知识的形成

知识是人类对物质世界和精神世界探索的结果。它可以从理论中形成，也可以从实践中获得。在应用和交流的过程中，知识被不断地丰富、拓展，甚至修正、更改。因此，知识没有绝对的对与错，它在不同时代有不同的阐述。英国哲学家培根曾说："求知的目的不是为了吹嘘炫耀，而应该是为了寻找真理，启迪智慧。"

（一）知识形成的方法

（1）神学法。神学法是从神学及其相关领域获得知识的一种方法。神学一词，广义上指所有对神（上帝）这个主题展开的研究或学说，主要包括四个方面：上帝的启示（最重要的）、人的理智活动、信徒的宗教经验和信徒一代传一代累积下来的传统。人类历史起源时，大多数人通过神话或者通过祖先传下来的智慧箴言了解真理。信神的人相信这些说法就是真理，因为神永远不会出错。不信神的人认为这些行为是一种迷信。从历史起源到今天，对很多人来说，宗教仍旧是最有影响力的知识来源之一。实际上，一些知名的科学家（如爱因斯坦）都认为神是存在的。

（2）权威法。求知的第二种方法是权威法。当某个人、某种思想体系或某种组织，由于其活动内容的价值、功绩或品德被社会所公认时，就具有权威的意义。例如，我们生病时往往采纳医生的建议，而非家政人员或的士司机的建议。关于飓风如何形成的知识，我们往往相信百科全书的说法，而不是小说或漫画。但是，对于专家给出的知识我们应该保持谨慎，而不是无条件地接受。要知道医生也会误诊，百科全书也可能出错。正如培根所说："如无理性作基础，权威是不完全的。没有这个基础，它会引起误解。而所谓的真理也只是根据信仰被接受。"

（3）思辨法。思辨法是通过逻辑推理获取知识的一种方法。逻辑推理是由一个或几个已知的判断（前提），推导出一个未知的结论的思维过程。思辨法能够提供一个合理且真实的构念，像哲学和纯数学知识通常是以这种方式获得的。对于没有确定答案的问题，如果有人提供很好的论证，我们可能更相信这样的解释或观点。诉讼律师最擅长使用逻辑。他们娴熟地引用资料来使法官或陪审团信服为什么某一方是有罪的，而另一方是无罪的。但是逻辑推理得出的结论只是暂时性的真理，因为它是在给定条件下对事物的一个推测。一旦有更令人信服的理由出现，之前的结论将被推翻。所以，除非逻辑和经验一致，否则，仅有逻辑是不足以推出真理的。

（4）科学法。科学法是求知的第四种方法。科学法通过观察、实验和推理得到可验证的、系统的知识。科学过程所创造的知识较为可信，这是因为它既包括逻辑的推理，也包括数据观测或实证观察。例如，屠呦呦通过多次实验发现青蒿素，从而找到治疗疟疾的新疗法。我们相信这种新疗法的临床效果，因为它有充足的理论依据和临床试验作为支撑。科学是探求知识的过程中最主要的一种求知方法，因为通过科学方法得到的结论能大量用于生活实践中。这种实用性和之前谈及的可信度使科学成为一种运用最广泛的求知方法。

图 2-1 中，前两种方法属于传承知识的方法，因为它们主要是注释、诠释或者证明自己知识来源的合理性，是将过去已有的知识进行传承和普及，将他人的知识共享为自己的知识。虽然这一过程中享有这种知识的人数增加了，但是人类对世界认知所得的知识总量并没有增加；后两种方法则是发现知识的方法，因为只有这两种方法是做研究而不是学习和传承。人类通过它们才在此领域由无知变

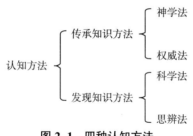

图 2-1　四种认知方法

资料来源：作者整理。

为有知，并丰富人类的知识库总存量。

（二）科学法的重要性

来自神学、权威和思辨的知识都过分地依赖人的主观意识作用，且无法通过实证的方法加以检验，而科学方法却与之相反。因此，科学法是所有人类认知方法中最为可信的一种方法。概括地说，科学法具有以下特点：①鲜明的主体性。科学法体现了科学认识主体的主动性、创造性以及明显的目的性。②充分的规律性。科学法是将合乎理论规律的科学知识程序化。③高度的保真性。科学法对研究对象进行的考察有机结合了观察法、实验法以及数学方法，以确保结论的客观性和可靠性。

科学法的重要性还体现在，它是"物质上的财富"，主要表现为生产力上的价值。人类为什么需要科学法？通常的回答是"因为它有用"——在帮助人类实现自身生存、发展方面有用。通过科学法，人类可以得到它在经济、政治、军事、生活、文化等各方面的效益。这些"有用"可以理解成"手段价值""工具价值"或"生产力"。实践证明，科学法在这方面具有比其他任何方法都更普遍的、可以说至高无上的威力。但是，科学法之于人类的物质性，或者说科学的社会价值，还有更深刻的意义：科学还是人类本身的一个已经发展起来的、特有的生存方式。

对于人类来说，科学法的价值不仅在于它的功能性，还在于它本身就是人类生存发展的一个标志。一个缺少科学方法去思考的人，纵然强壮甚至借助外力显得强大，但缺少科学知识，这种精神上的虚弱常常会使其不能意识到自己真正的利益与需要，并易于听从异己力量的摆布，因而绝不是一个自由的人。因此，在现实世界中，人类需要把科学法的应用当作社会发展的一大指标，当作文明的一个尺度。

（三）知识的学科频谱

现将知识按研究领域将学科划分为四类：自然科学、社会科学、管理学科以及人文学科。不同学科要求选择相适应的研究方式。科学研究以逻辑思维为主，而思辨研究则是以直觉思维为主。逻辑思维处理抽象的概念信息，直觉思维处理具体的形象信息。自然科学、社会科学、管理学科以逻辑思维为主，故应选择科学研究方法。人文学科（如艺术）以直觉思维为主，故应选择思辨研究方法。当然，学科发展都不会是严格的纯逻辑或纯直觉的研究。爱因斯坦研究物理学离不开形象思维，而创作一件雕塑品离不开合理的力学设计。此处，我们为便于说明问题，假定科学方法处于纯逻辑一端，而思辨方法处于纯直觉一端（见图 2-2）。

图 2-2　学科定位频谱

资料来源：李怀祖.管理研究方法论［M］.西安：西安交通大学出版社，2004.

二、科学与科学研究

（一）什么是科学

"科学"一词来源于日本人翻译的"Science"（我国清朝时翻译为"格致"）。按照维基百科的解释，"科学"是以可观察的物理证据为基础，通过对存在现象的观察或通过在控制条件下模拟现象的实验，努力去发现或更好地理解物质世界是如何运行的。牛津词典则将"科学"定义为通过观察、调查和实验而得到的系统的知识。因此，科学既是人们探寻事物内在规律的行为，也是关于事物内在规律的知识体系。

科学的特点表现为：①科学是一个开放的知识体系，具有客观性和普适性，不依赖于特定的文化和语言。②科学是一个发展的过程。旧有的知识不断被修正或抛弃，新的知识不断被融合利用。③科学的目标是追求真理、解释并且预测自然或社会现象。④从科学方法中得到的真理既包含逻辑，也包含证据。逻辑与证据是相辅相成的，缺一不可。没有数据的逻辑或没有逻辑的数据都只是科学方法中的一半。⑤科学不能解决关于某一研究领域孰好孰坏的问题（如干细胞研究），或某一研究方法孰优孰劣的争执（如定性方法或定量方法）。

（二）什么是科学研究

科学研究就是以科学方法进行的研究。根据研究对象的不同，我们可以将科学研究分为两大类：一类是以自然现象为研究对象的自然科学；另一类是以社会现象为研究对象的社会科学。

（1）自然科学。自然科学是研究无机自然界和包括人的生物属性在内的有机自然界的各门科学的总称，其认识的对象是整个自然界，即自然界物质的各种类型、状态、属性及运动形式。自然科学认识的任务在于揭示自然界发生的现象以及自然现象发生过程的实质，进而把握这些现象和过程的规律性，以便解读它们，并预见新的现象和过程，为在社会实践中合理而有目的地利用自然界的规律提供指导。自然科学认为无法解释的现象是不存在的，现象背后必然存在规律支配其发生。自然科学的根本目的就是发现自然现象背后的规律。观察和逻辑推理是自然科学不可或缺的方法。通过对自然的观察和逻辑推理，自然科学才可以正确引导出大自然中的规律。

（2）社会科学。社会科学是用科学方法获得知识，以描述、解释、理解甚至预测社会世界的各门科学的总称。自然世界不以人类意志为转移而客观存在。社会世界却无法与人的主观意志相分离，其存在与运动都与人类有意识的活动密切相关。由于社会世界与自然世界的差异，社会科学研究具有与自然科学研究不同的特点，主要表现在：①研究的现象复杂，异质性较大。例如，不同消费者的知识、偏好和购买行为常有很大差异，这使得建立在个别观察上的一般性推论很难成立。②研究过程和结果更多地受到研究人员、研究对象，以及其他有关人员的主观因素的影响，导致研究的可重复性差，给研究的质量控制与评估带来极大的困难。③社会世界的不确定因素多，难以准确测量、重复和验证。

（三）管理学研究是社会科学研究

管理学研究是一个解释、预测和控制的过程，最终是为了发现管理规律和事实真相，其研究目的是管理知识的创造，而不是知识的运用。从概念上讲，管理学研究不仅是一门艺术，更是一门科学。由于科学不能够解决价值观问题的争论，如什么是好的还是坏的、什么是对的还是错的这类问题。所以，管理学研究的范畴也不包括以上类型的问题。管理学研究还是一门理论的、哲学的科学研究。管理学的理论化，表现在对管理规律性的认识和总结上，并对这些规律进行一般性的概括与抽象。管理学的哲学化，表现在从哲学的高度对管理现象进行高层次的考察与解释，把管理与哲学相沟通，最终使得一般管理学得以完整建立。另外，从方法论的角度看，管理学研究和经济学研究是一致的。管理学和经济学（尤其是计量经济学）经常使用数学和统计学描述企业现象之间的内在关系及关系权重。$Y = f(X)$ 是管理学和计量经济学的一般表达式。

管理学研究的领域主要包括：①公司之间层面的问题，如研究公司之间的问题。②公司层面的问题，如研究公司战略、组织结构、企业文化问题等。③群体层面的问题，如研究群体动态过程管理问题等。④个人层面的问题，如研究态度、行为、决策和个人认识问题等。

三、科学的基本原则

研究对象的共同属性和研究方法的相同本质是科学的基础。科学方法的基础则遵循以下一系列基本原则：

（一）规律性

无论是自然界还是社会世界，都是有规律的。在事物发展的过程中，既有偶然的转瞬即逝的方面，也有必然稳定的方面。规律揭示的就是事物运动发展中本质的、必然的、稳定的联系。任何规律都是事物内在根据和本质的联系。例如，万有引力定律揭示了物体之间的本质联系；元素周期律揭示了元素的化学性质与原子系数之间的本质联系；生产关系与生产力状况相适应的规律揭示了物质生产方式的内容及其本质联系。

世界上的事物、现象千差万别，它们都有各自的互不相同的规律。按其根本内容来说，可分为自然规律、社会规律。自然规律和社会规律都是客观物质世界的规律，它们的表现形式有所不同。自然规律是在自然界各种不自觉的、盲目的动力相互作用中表现出来的。社会规律则必须通过人的自觉活动表现出来。

（二）可知性

可知论认为，世界是可以认识的。人们不但能够认识事物的现象，而且能够认识事物的本质。虽然在具体的历史阶段或具体的时间点上，人们对世界的认识是有限的，但是从认识发展的趋势来看，任何事物都是可以被认识的。人们对世界的认识没有一个极限。客观事物之所以具有可知性，是因为它的实在性和运动性。事物的根据、条件、状态都是实际存在的，不是虚无缥缈或不可捉摸的东西。通过运动，在时间上表现出过程性，在空间上表现为伸张性，于是质具有了量的可测性，本质通过现象表现出来。所以人们可以由表及里，由此及彼，透过现象把握其本质和规律。

可知性是物质世界固有的属性，是在人的意识产生后才以确定的形式表现出来。所以，人对客观事物的认识是主观和客观相互作用的结果。在主客观的对立统一中，指出客观对象具有可知性，是因为思维是物质世界长期发展的产物，人的认识能力是物质世界本身的能力。思维既然是物质世界自身高级阶段上的反映形式，那么它就一定有能力认识物质的和社会的世界。

（三）相对性

科学知识是相对的和不断发展的。人们在一定条件下对客观事物及其客观规律的正确认识是有限的。随着时间的推移，当新的逻辑（理论）出现时，最初的逻辑（理论）可能会被推翻。所以，科学研究的过程需要不断引入新的理论和新的观察，从而更新知识体系。事物认识的广度和深度总是受到历史的限制。如果研究者能够注意到事物发展中的相对性意义，将避免思想上的僵化和片面性。

科学理论需要不断被充实、修正和更替。倘若把科学理论等同于真理，就会犯绝对主义和教条主义的错误，束缚科学的发展。相对性和绝对性不是对立关系，而是辩证统一关系。科学真理的绝对性存在于科学真理的相对性之中。相对真理的总和构成绝对真理。科学发展的每一阶段都在给绝对真理增添认识。每一科学原理都具有相对性，它随着知识的增加而不断深化。

（四）客观性

真理必须经得起不受人的主观偏好和情绪影响的客观检验。所谓客观，是指现实世界存在的、不以人的意志为转移的事实。科学研究以事实为依据，在研究中要尽量排除价值观和主观偏好的影响。价值观和偏好不同的人在重复科学研究时应能够得出同样的结果。当然，在选择研究课题时，再客观的研究者也往往受价值观、主观偏好以及兴趣的影响。这里所谈及的客观性主要是指研究依据和过程的客观性，而不是研究选题的客观性。

从科学的理性目标来看，无论是科学理论还是科学事实都应该在一定程度上与对象或世界相符合，这就是以科学对象的实在性为核心的外在客观性。如果说科学的外在客观性表达了思想结构或语言结构同世界的独立结构之间的静态关系，那么人们运用各种科学工具和科学方法所实现的"变换下的不变性"或公共性，就是科学的内在客观性。内在客观性强调科学认识中的主体能动性。它通过对实体与过程、属性与关系、类型与结构，以及理论模型等的深刻认识与规范性重建，将科学对象的客观实在性内化为一种属人的存在，从而达到更深刻的外在化，实现和深化外在客观性。这一过程是科学客观性的认识论表征。

（五）实践性

科学知识来自实践，实践是检验真理的最终标准。科学研究建立在现实世界的实践性上。唯心主义、上帝是否存在、管理者的道德观等问题因为不能被实践所证明而不属于科学范畴。文学、艺术、哲学和宗教等不具备观测、调查和实验的科学特征，因而也不是科学。自然科学知识建立和形成所依赖的受控实验，社会科学知识建立和形成所依赖的参与式观察和实证调查共同表现为科学知识的实践性特征。

实践之所以在科学研究活动中不可或缺，理由有三：①人类思维能力产生于实践。从社会发展史的角度看，人类在劳动中产生，人的思维、意识能力也在劳动、实践中产生。②人类的思维能力随实践的发展而提高。思维能力需要随实践的丰富而发展。离开了实践的思维，也会退化、衰竭。③创造性思维的成果要在实践中接受检验。创造性思维是在已有知识和经验的基础上，运用逻辑抽象能力、想象能力及直觉顿悟能力而发生的。但认识的主客观条件的复杂性使人的认识难免发生偏差，思维活动也会有"出轨"的危险。认识成果的对与否是思维活动本身无法验证的，只有实践才能检验思维活动成果的真理性。

第二节　科学的方法

一、科学方法的过程

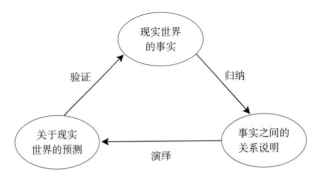

图 2-3　科学方法的过程

资料来源：作者整理。

科学方法的过程是对自然或社会现象做出系统性的、可控的、实证的和批判的调查。这一过程既始于现实世界的事实，亦终于现实世界的事实。具体来说，该过程起始于观察现实世界的事实，然后归纳出关于事实间关系的说明，根据归纳得出的结论再演绎推理出关于现实世界的预测，最后用事实来检验预测的正确性。归纳、演绎、验证构成科学方法过程的三大要素。同时，这一过程也符合认识论的哲学观。

（一）归纳

归纳是一种由个别到一般的论证方法。它通过观察许多个别的事例或分论点，然后归纳出它们所共有的特性，从而得出一个一般性的结论。归纳法可以先举事例，再归纳结论；也可以先提出结论，再举例加以证明。前者即我们通常所说的归纳法，后者我们称之为例证法。例证法是一种用个别、典型的具体事例证明论点的论证方法。归纳法的结论内容超出了前提所包含的内容，因而它是人们扩大知识、增加知识内容的一种逻辑手段。

归纳主要包括五个相联系的步骤，即观察或实验、比较、归类、分析与综合、概括。

1. 观察或实验

归纳要以个别性知识为前提。为了获得个别性知识，就必须收集经验材料。收集经验材料首先需要观察或者实验。这里所说的"观察"是"科学观察"的简称，指在一定的思想或理论指导下，在自然发生的条件下进行（不干预自然现象）的主动观察。科学观察往往不是单纯地靠感官去感受自然界所给予的刺激，而是要借助一定的科学仪器和方法去考察，描述和确认自然现象的发生。其中，实验是人们应用一定的科学仪器，使研究对象在自己的控制之下，按照自己的设计发生变化，并通过观察和思考这种变化来认识对象的方法。

2. 比较

比较是确定对象共同点和差异点的方法。通过比较，既可以认识对象之间的相似处，也可以了解对象之间的差异点，从而为进一步科学分类提供基础。运用比较方法，重要的是在表面上差异极大的对象中识"同"，或在表面上相同或相似的对象中辨"异"。正如黑格尔所说，假如一个人能看出当前即显而易见的差别，例如，能区别一支笔和一头骆驼，我们不会说这个人了不起。同样，一个人能比较两个近似的东西，如橡树和槐树，或寺院与教堂，我们也不能说他有很高的比较能力。我们所要求的，是要能看出异中之同和同中之异。

3. 归类

归类是根据对象的共同点和差异点，把对象按类区分开来的方法。通过归类，可以使杂乱无章的现象条理化，使大量的事实材料系统化。归类是在比较的基础上进行的。通过比较，找出事物间的相同点和差异点，然后把具有相同点的事实材料归为同一类，把具有差异点的事实材料分成不同的类。像扎根理论就是管理学中经常用到的一种归类方法。研究者在研究开始之前一般没有理论假设，而是直接从实际观察入手，从原始资料中归纳出经验概括，然后上升到系统理论。

4. 分析与综合

分析是指将事物分解成简单要素。综合则是组合、结合、凑合在一起。也就是说，将事物分解成组成部分、要素，研究清楚了再凑合起来，以新的形象展示出来，这就是采用了分析与综合的方法。例如，白色的光经过三棱镜，分解成赤橙黄绿青蓝紫七色光。反过来，七色光又合成白色光。这就是光谱的分析与综合，由此可以解释彩虹的成因。分析和综合是两种不同的方法，它们在认识方向上是相反的，但它们又是密切结合、相辅相成的。一方面，分析是综合的基础；另一方面，分析也依赖于综合。没有一定的综合为指导，就无从对事物做深入分析。

5. 概括

概括是在思维中把对象本质的、规律性的认识推广到所有同类的其他事物上去的方法。如有研究者以哈雷、苹果、小米和耐克四个品牌的粉丝在线发的帖子作为研究对象，概括出品牌皈依的四个维度，即超常规的购买行为、排外的品牌忠诚、非理性的品牌信念和成为企业内部人员的意愿。

（二）演绎

演绎是指在观察和分析基础上提出问题以后，通过推理和想象提出解释问题的假说，根据假说进行演绎推理。这是现代科学研究中常用的一种科学方法，由奥地利科学家卡尔·波普尔推广开来。演绎法为我们解决基础的和管理的问题提供了一种实用而系统的方法。

演绎法主要包含七个步骤，即观察问题所在、问题陈述、提出假设、确定测度、资料收集、资料分析、演绎。

1. 观察问题所在

观察是一种有目的、有计划、比较持久的知觉活动。人们在刚开始从事观察活动时，是凭借自身的感觉器官直接进行的。人的感觉器官直接作用于观察对象，获取关于观察对象的各种信息。在观察者和观察对象之间，不存在任何中介物。它们保持着直接的联系。但是，人的感官感知能力使观察受到生理上的局限。

科学实验上的观察指人们根据科学研究的任务，利用专门的仪器对被研究对象进行积极的干预，人工地变革和控制被研究对象，以便在最有利的条件下对它们进行观察。科学实验和自然观察的显著区别就在于，在科学实验中，人们要变革和控制被研究对象，在自然观察中，则不是这样。因而，科学实验是比自然观察更强有力的认识手段。科学实验可以把各种偶然的、次要因素加以排除，使被观察对象的本来面目暴露得更加清楚。科学实验可以重复进行，多次再现被研究的对象，以便对其反复进行观察。科学实验可以有各种变换和组合，以便于分别考察被研究对象各方面的特性。在科学实验中，人们的主观能动性得到了更加充分的发挥。

2. 问题陈述

问题陈述是指为寻求解答，对所研究的问题或议题做清楚、完整并简洁的描述。在科学研究中，研究者一开始就要确定一个明确的目标。为了找到解决问题的方案，研究者应该在问题陈述中表明此次研究的目的。通过初步收集与研究目的相关的信息资料，研究者可以缩小问题范围并形成问题陈述。研究者所需资料的性质，可以分为两类：一类是组织的背景信息，即情境因素；另一类是关于研究主题的现有知识，即前人的研究结果。初步的信息收集，包括寻找深度信息以及寻找观察对象，这可以通过撰写文献综述，或与工作场合的一些人员、顾客进行访谈，或通过其他相关信息收集所发生的事情及其原因的相关信息和数据。通过上述方式，可以得到对环境中所发生的事情的想法或感觉，以便于我们形成具体的问题陈述。

3. 提出假设

假设是运用思维、想象，对所研究的事物的本质或规律的初步设想或推测，是对所研究的课题提出的可能的答案或尝试性理解。著名学者胡适有句名言：大胆假设，小心求证。大胆假设，即人人都可以提出假设，假定有一种或几种解决问题的方案。科学方法中的假设是对变量间可能存在的关系的一种预测性陈述。它是以已有的事实材料和科学原理为依据，经过逻辑推理，对未知事实及其规律做出的一种假定性阐释。假设通常以一个可检验的命题形式陈述。陈述的方式主要有三种：①条件式陈述，形式是"如果 A，则 B"；②差异性陈述，形式是"A 不同，B 亦不同"；③函数式陈述，形式是"y 是 x 的函数"，或写作 $y = f(x)$。

一个科学的假设需要满足两个条件：一是可验证性，二是可证伪性。可验证性指的是该假设能被实际验证。像神学里面的很多东西就不能被验证，所以我们不对神学提出科学假设。可证伪性指的是该假设可能被证明是错误的。卡尔·波普尔认为，如果假设不能证伪，那么就不能证明这个假设的成立。可证伪性强调了理论的核心特点，只有当理论可证伪时，我们才需要证实这个理论，假设才有提出的必要。

4. 确定测度

一个实体的质量好坏是需要测量的，而测量首先需要建立质量指标体系或质量模型，然后使用特定测量方法实施测量。测度的运用是建立测量方法的依据，也是解决质量测量的关键。只有理论框架中的变量可测度，才能验证假设。例如，品牌忠诚度测量模型系统由态度、产品价值及领导地位、品牌体现价值及差别化、沟通和市场行为五大类十个变量构成。测量模型系统具有广泛适应性，它在被适当修改之后，可以被应用于不同行业、产业及市场。在对具体的品牌忠诚度进行测量时，此测量模型系统中的变量可作为一个备选变量，选择其中一些适当变量，并赋予其一定的权重。

5. 资料收集

在提出假设之后，需要收集与假设中每一变量相关的资料，即需要进一步收集科学资料来检验研究中所产生的假设。这些资料是将来资料分析的基础。资料收集的方法主要有以下几种：

（1）观察法。观察法是指研究者根据一定的研究目的、研究提纲或观察表，用自己的感官和辅助工具去直接观察被研究对象，从而获得资料的一种方法。科学的观察具有目的性和计划性、系统性和可重复性。在科学实验和调查研究中，观察法的作用表现为，扩大人们的感性认识、启发人们的思维、导致新的发现。

（2）调查法。调查法是科学研究中最常用的方法之一。它是有目的、有计划、有系统地收集有关研究对象现实状况或历史状况的材料的方法。调查法中最常用的是问卷调查法。它是以书面提出问题的方式收集资料的一种研究方法，即调查者将调查项目编制成表，分发或邮寄给有关人员填写答案，然后回收整理、统计和研究。

（3）实验法。实验法是通过控制研究对象来发现和确认事物间的因果联系的一种科研方法。其主要特点是：①主动性。观察与调查都是在不干预研究对象的前提下去认识研究对象，发现其中的问题。实验却要求主动操纵实验条件，人为地改变对象的存在方式、变化过程，使它服从于科学认识的需要。②控制性。科学实验要求根据研究的需要，借助各种方法技术，减少或消除各种可能影响科学实验的无关因素的干扰，在简化、纯化的状态下认识研究对象。③因果性。实验是发现、确认事物之间的因果联系的有效工具和必要途径。

6. 资料分析

在资料分析阶段，研究者利用数理统计方法分析所收集的资料，确定是否支持前面提出的假设。例如，要证实员工不负责任是否导致消费者品牌转移，研究人员可能要做相关性分析，以确定变量之间的关系。此外，还可以进行定性分析，以确定特定的推断是否被证实。定性资料是指通过访谈及观察，以叙事方式所收集的信息。例如，为了检验限制预算将不利于管理者对工作产生反应的理论，在限制预算后，可以对管理者进行访谈，然后将管理者关于由此产生的不同反应方式的口头回答加以整理和汇总，并观察它们所应归属的类别，以及回答相同反应的程度。

7. 演绎

演绎是指从前提必然地得出结论的推理，从一些假设的命题出发，运用逻辑的规则，导出另一命题的过程。例如，如果从资料分析中发现，在重大事故面前，消费者的购买行为与品牌慈善行为呈正相关，那么研究人员可以推论：若要提高顾客购买力，当灾难发生时，要树立良好的企业形象。

（三）验证

科学假说建立之后，必须通过验证才能成为人类共同的知识。从方法论上讲，科学假说的检验是考察科学理论真假的过程，该检验过程需要在实践中获得。这里所说的检验指的是原则上的可检验性，而非技术上的可检验性。有的假说根据目前的理论水平来看，是可以检验的。但由于技术上的条件尚未具备，检验不能立即实施，所以此类假说具有原则上的可检验性，而不具备技术上的可检验性。假说的检验同假说的预言和推论紧密相连。如果一个假说不能做出任何预言，那它并不具备可检验性。相反，假说的推论和预言中可以被检验的越多，假说的优劣越易判断。例如，爱因斯坦建立广义相对论后，曾预言了两个重要效应，即光线在引力场中的偏转和光谱线的横向移动，这两个预言分别得到了实践证实，为广义相对论在科学理论发展中奠定了坚实的基础。

科学理论的实验检验是通过观察和实验对假说的推论进行经验的验证。由于假说是对事物的本质或规律性的猜测，具有抽象性和普遍性，无法通过经验直接验证。因此，需要由假说逻辑地推演出若干可以直接检验的推论，然后与观察到的实验结果进行对照。在假说的实验检验过程中，需要注意推论与实验对照的三种情况：

（1）推论与已知的经验相符合，这种证实是对已知经验的理论解释。在这种情况下，从假言命题 P→Q 的逻辑性质看，结论 Q 为真，前提 P 可能真，也可能假。例如，亚当·斯密主张自由贸易，反对政府干预市场，认为个人私利会在市场"看不见的手"的引导下促进公益，这一学说在当时的西方国家备受推崇。但历史经验证明，政府的宏观调控是市场有序发展必不可少的环节。

（2）推论与未知的现象相符合，这种证实是对未知理论的预见。一个理论不仅要有解释力，而且要有预见力，这样的理论才能被称为科学真理。在科学史上，哥白尼的太阳系学说处于假说的状态达三百年之久。这个假说尽管有很多经验数据说明其可靠性，但毕竟是一种假说。当勒维烈根据这个太阳系学说所提供的数据，推算出必定存在一个尚未知道的行星，而且还推算出这个行星在太空中的位置，而后加勒又确实发现了这个行星时，哥白尼的学说才被证实。

（3）推论和未知现象不相符合，这时假说被否证。在这种情况下，进一步深入研究的结果有两种可能：一是修改或补充原来的假说；二是推翻原来的假说，建立新的假说。

二、科学方法的特征

（一）客观性

科学方法以事实为依据，探究的是事物的真实状况，了解的是事物背后的规律，而不去研究事物应该是什么状态，事物存在是否符合伦理道德。在科学的世界里，事实命题非真即伪，有客观的衡量标准，不涉及价值观的判断。科学方法的客观性表现在主体间认知的一致性。当研究方法能够得到大家统一的认识时，那么它就具有客观性，属于科学方法。

（二）实证性

实证性意味着通过科学方法得出的结论，可以使用一定的测量手段进行检验。科学方法的过程虽然离不开理论概括、推断、臆测等工作，但其研究结果的导出需要进行实践证明。换句话说，科学的结论必须经得起现实世界的检验，不能凭空捏造。

（三）规范性

规范性指进行研究的程序和步骤都是有序、清晰和结构化的，并且能为其他科学研究人员所了解。这有两重含义：一是研究者能用文字和语言清楚地报告取得研究结果的整个过程，使得其他研究人员可据此判断此观测数据获取的过程和分析结果以及导出的结论是否可靠。二是指研究结果的可重复性，即其他人能应用相同的程序和方法得出同样的结果。因此，研究者都非常注意鉴别根据一次直接观测所得出结论的正确性。

（四）概括性

研究者观测事实总是在一定的环境下进行的，然而科学研究结果只有适用于更广阔的范围才能体现出价值。研究结果的共性越大，其价值也越大。科学研究将具有同一属性的不同事物作为研究对象。有的事物之间的同一性显而易见，有的很难发现甚至不存在共性。科学研究的想象力和创新性在于人们发现原先未曾注意到的各种事物和现象之间的同一属性，即两者之间的关联。

三、科学方法的体系

（一）自然科学方法体系

自然科学方法体系即自然辩证法，是马克思主义哲学的重要组成部分，是关于自然界和科学技术发展的一般规律以及人类认识和改造自然的一般方法的科学。自然辩证法包括三部分：一是自然界发展的一般规律，即自然界发展的辩证法；二是科学技术发展的一般规律，即科学技术发展的辩证法；三是人类认识自然和改造自然的一般规律，即科学技术研究的辩证法。这三部分也被称为辩证唯物主义的自然观、科学技术方法论和科学技术观。自然辩证法和各门具体科学技术一样，都是研究自然界、科学技术及其研究方法的规律性探索，这表明它具有科学技术特性。

自然辩证法是集中研究自然界和科学技术的辩证法，是唯物主义在自然界和科学技术领域中的应用。它的原理和方法主要适用于自然领域和科学技术领域，能够很好地指导科学研究活动。在实践中，自然科学的研究方法主要有科学实验法、数学方法、系统科学方法。

（1）科学实验。科学实验与生产实践、社会实践并称为人类的三大实践活动。实践不仅是理论的源泉，还是检验理论正确与否的唯一标准。因此，科学实验是自然科学理论的源泉和检验标准。特别是在现代自然科学研究中，研究者提出任何新的发现、新的发明、新的理论，都必须以能够重现的实验结果为依据，否则就不能被他人所接受。因此，科学实验是自然科学发展中极为重要的活动和研究方法。

（2）数学方法。自然科学研究中的数学方法是指将科学抽象化的一种思维方式。其根本特点在于撇开研究对象的其他特性，只抽取出各种量、量的变化及各量之间的关系，也就是在符合客观条件的前提下，使科学概念或原理符号化、公式化，利用数学语言（即数学工具）对符号进行逻辑推导、运算、演算和量的分析，以形成对研究对象的数学解释和预测，从量的方面揭示研究对象的规律性。

（3）系统科学方法。系统科学是关于系统及其演化规律的科学。利用系统科学的原理，研究各种系统的结构、功能及其进化的规律，称为系统科学方法。目前，这种方法已经在各研究领域得到广泛应用，尤其在生物学领域（生态系统）和经济领域（经济管理系统）。系统科学研究有两个基本特点：一是与工程技术、经济建设、企业管理、环境科学等联系密切，具有很强的应用性；二是其理论基础不仅是系统论，还依赖于各有关的专门学科，与现代一些数学分支学科有密切关系。正因为如此，人们认为系统科学方法一般指研究系统的数学模型及系统的结构和设计方法。

（二）社会科学方法体系

社会科学研究方法分为三个层次：即指导研究的思想体系，贯穿研究全过程的程序与操作方式和进行研究时所采用的具体方法与技术。根据指导研究的思想体系的不同，社会科学方法可划分为三大体系：实证主义方法论、反实证主义方法论、唯物史观方法论。

（1）实证主义方法论。由法国实证主义哲学家孔德提出、杜尔克姆建立，强调感觉经验、排斥形而上学的传统西方哲学派别，又称实证哲学。作为一种具有明确规定的哲学思潮，实证主义将哲学的任务归结为现象研究，以现象论观点为出发点，拒绝通过理性把握感觉材料，认为通过对现象的归纳就可以得到科学定律。它把处理哲学与科学的关系作为其理论的中心问题，力图将哲学融于科学之中。其核心论点是：事实必须透过观察或感觉经验去认识每个人身处的客观环境和外在事物而获得。实证论者认为，虽然每个人接受的教育不同，但他们用来验证感觉经验的原则并无太大差异。实证主义的目的在于建立知识的客观性，其基本观念如下：

1）社会科学研究的对象是纯客观的，社会现象背后存在必然的因果规律。

2）社会现象是可以被感知的。经验是科学知识的唯一来源，只有被经验证明的知识才是科学。

3）社会科学研究的任务是描述和说明社会是什么，而不是应该是什么。科学只回答真与假的问题，不回答是与非的问题。

实证主义方法论对现代管理学研究的影响巨大而深远。目前所进行的绝大多数规范的管理学研究都是以实证主义方法论为指导的。

（2）反实证主义方法论。由德国哲学家狄尔泰提出，经由韦伯、米德等的发展而壮大，是19世纪末至20世纪初在欧洲大陆兴起的一种与实证主义相对立的主观主义社会学思潮。在自然科学迅速发展的推动下，关于人的生理和心理研究取得了长足进展。科学中的机械决定论模式被新发现所冲破，这在一定程度上助长了自然科学中的唯心主义倾向。一些社会学家抛弃了以整体观和进化观为内容的实证主义模式，而试图以个人行动的主观根源说明人的活动、社会关系、社会结构和社会发展。反实证主义方法论突出了人文科学与自然科学的对立，颠覆了自然科学的主导性，强调研究中的价值和意识形态因素，偏重质性研究，重视研究者和研究对象的平等关系。其基本特征表现为：

1）强调自然客体与社会现象之间的差异，反对把自然科学方法绝对化。

2）突出人的主体性、意识性和创造性，反对把人物化。

3）主张借助价值关联，理解人的主观意义在社会认识上的重要作用。

反实证主义方法论对于理解和解释在某一特定社会文化背景下管理者的态度、决策过程和行为目的的研究具有重要指导意义。

（3）唯物史观方法论。唯物史观方法论由马克思创立，是哲学中关于人类社会发展一般规律的理论，是科学的社会历史观和认识、改造社会的一般方法论。该方法论考察问题的方法明确规定，其研究对象是社会发展的一般规律。与以社会生活局部领域、个别方面为对象的各门具体社会科学不同，唯物史观方法论着眼于从总体上、全局上研究社会的一般结构和一般发展规律。唯物史观方法论认为，一切重要历史事件的终极原因和伟大动力是社会的经济发展，是生产方式和交换方式的改变，是由此产生的社会被划分为不同的阶级，是这些阶级彼此之间的斗争。其基本观点如下：

1）社会存在决定社会意识。

2）社会存在主要是指生产方式。

3）社会形态是经济基础与上层建筑的统一。

4）社会的基本矛盾与斗争是推动社会发展的动力。

第三节　科学的研究

一、科学研究的目的

（一）求真

从行为上看，科学研究是追求真理的过程，所以科学研究的首要目的是求真。出于该目的，科学研究要求我们必须按照现实世界的本来面目来理解事物本身，而不要陷入先入为主的唯心主义陷阱。事物的本质、规律不会暴露于表面，而是内含在复杂的现象之中，因而只有以求真为目的，通过大量去粗取精、去伪存真、由此及彼、由表及里的加工制作，才能透过现象把握本质，透过偶然把握必然，使认识到达真理的彼岸。

（二）创新

科学研究的第二个目的是创新。创新意味着发现新知。人类的创新活动分为认识和实践两个方面。为了实现创新，在科研活动中，研究人员要敢于发现问题、提出见解、创新产品、形成理论。创新精神指导下的科学研究活动主要表现在三个方面：①提出新的科学方法，并把这种方法应用到迄今尚未接触的领域或问题上，如穆斯堡尔效应；②综合不同类型的研究成果发现新的规律，以及为审核这些规律而做的新实验，如原子核质量的系统理论；③探索未知，追究意外发现事实的奥秘，如爱因斯坦的相对论。

（三）福泽人类

科学研究的最终目的是福泽人类。从宏观角度上看，科学研究是为整个人类文明和社会进步服务的。科学研究的初级产品是科学理论，是对自然现象或者某种规律的认识。科学研究的次级产品是实用技术，是对自然认识的一种现实应用。科学理论的发展可以使人类更加的"人化"，从而进一步剔除野蛮与无知。应用技术的发展与应用则可以显著地改善人类生存的物质条件，如环保塑料袋的发明。

二、科学研究的步骤

所谓科学研究，有狭义和广义两种理解。狭义的科学研究即指科学工作者对未知问题寻求答案的过程。广义的科学研究则指科学工作者不断发现问题、分析问题和解决问题，建立科学解释，形成科学观念和科学范式，并把它们表述出来的过程。一般来说，科学研究的整个过程大致包括以下基本步骤：

（一）确定选题

科学研究，在某种意义上看，就是不断提出问题和解决问题的过程。因此，进行任何一项具体的科学研究，首要步骤就是进行选题的确定。能否正确地选择和确定科研课题，对于研究工作能否顺利开展，以及确定科研工作有无意义、研究意义之大小等都具有至关重要的作用。爱因斯坦（1938）指出，提出一个问题往往比解决一个问题更重要，因为解决一个问题也许仅是一个数学上的技巧或实验上的技能而已。提出新的问题、新的可能性，从新的角度去看旧的问题，却需要有创造性的想象力，而且标志着科学的真正进步。

总的来说，研究主题的选择要求它具有可行性和合理性，一般可归纳为以下三个原则：首先是意义原则，即所选主题必须是有意义的，而意义的标准在于它符合客观需要；其次是可实现性原则，即所选主题经过一段时间的研究之后，能够解决实际问题；最后是独创性原则，即选定的课题应该是前人未曾解决或尚未完全解决的问题，通过研究应有所创新。

（二）文献回顾

一旦有了感兴趣且重要的研究问题，就需要进行广泛的文献回顾。全面的文献回顾有助于评价研究问题是否已经得到回答，也可以帮助找到一些相关理论来解决困惑。文献回顾还能指出更加准确的构念，从而帮助改进研究问题，甚至通过发现文献的不足或察觉未经检验的命题，更换研究问题。本质上，在第一步选题和第二步文献回顾之间是有回馈循环的。例如，Westphal（2000）想研究董事会的组成结构对公司绩效的影响。但在文献回顾中，他发现在预测董事会对首席执行官的社会关系的影响时，作为组织治理中的主流理论——代理理论与社会网络理论是相互冲突的。于是他将自己的研究方向转变为检测代理理论与社会网络理论相互冲突的命题。

（三）设定假设

科学研究的目的就是要达到对研究对象的本质的、规律的认识，即形成科学理论。在形成科学理论之前往往要经过推测和假说阶段。假设是对研究问题的暂时回答，是对构念之间可能关系的陈述，涉及可测量的构念（如，承诺），但并非测量工具本身（如，缺勤率）。假设能够指引我们研究设计和数据收集工作。例如，在员工组织关系的研究当中，Tsui 等（1997）应用了社会交换理论来解释员工—组织关系为什么以及如何产生更高的员工绩效和组织承诺，并形成假设。

（四）实证分析

这一步骤包括研究设计、数据收集和数据分析。研究设计根据具体的研究是归纳还是演绎而有所不同。当现有理论能够帮助形成假设的时候，则可选择演绎研究，与此相对应的研究设计可以是实验或问卷调查等。当现有理论无法对研究问题提供满意的回答时，则可选择归纳研究，如案例研究或其他的定性研究方法（如，访谈法）。例如，根据承诺升级理论，Staw（1976）使用实验来检验人们对一组选定行动的态度和行为反应的假设。由于没有现成的理论来完全解释自我管理团队中的协和控制（Concretive Control），Barker（1993）使用了案例研究对这个现象建立了理论。因此，在归纳研究中，实证研究先于理论和假设，于是第三步和第四步会颠倒过来。

（五）建立理论

理论是假说通过检验被确证之后进化而来的。如果实验获得了预期的结果，那么，假说便得到了强有力的事实依据，并可能成为一种理论，甚至成为一条

"自然定律"。理论的形成也有两个相继阶段，即假说的检验而形成理论阶段、理论的内部的逻辑整理与整个理论体系的系统化过程阶段。理论一旦建立，它的基本概念、原理和精神就很快会转化为研究的新起点和方法，从而刺激科学工作者从新的角度看待旧的问题、理论、实验和方法，有助于研究人员提出新问题、新方法。

（六）论文撰写

上述五个步骤完成之后，剩下的步骤就是论文撰写了。学术论文是自然科学或者社会科学研究工作者在学术书籍或学术期刊上刊载的呈现研究成果的文章。学术论文往往强调原创性的工作，当然也可以是对前人工作的总结回顾及做出评价，后者也往往被称为综述性文章（Review）。论文撰写应该高度归纳，精心分析，合乎逻辑地铺陈；应该去粗取精，去伪存真，不能因不符合自己的意图而主观取舍，更不能弄虚作假。

三、科学论文的框架

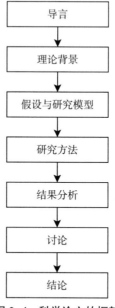

图 2-4　科学论文的框架

资料来源：作者整理。

（一）导言

导言一般在学术论文的开篇部分，其目的是引出研究问题，概括文章的重点内容，揭示研究目的，表明研究方法和范围。在规范的论文中，此部分不可或缺。

一般情况下,"导言"的内容至少应该包括选题的价值与意义,文献评论,此文的思路、资料和方法,各章节的主要内容及逻辑安排等,从而突出该研究与已有成果的差异,强调此项研究在资料、方法上的独特性,以及明确写作的基本思路,以便读者更好地把握全文。

(二)理论背景

理论背景即相关文献研讨。文献综述是对该研究领域的研究现状(主要包括学术观点、前人研究成果和研究水平、争论焦点、存在的问题及可能的原因等)、发展前景等内容进行归纳整理和综合分析,并提出自己的见解和研究思路。它要求作者在确定选题后,对选题所涉及的研究领域的文献进行广泛阅读和理解,然后有条理地阐述自己的见解,而不仅是相关领域学术研究的"堆砌"。

(三)假设与研究模型

研究假设是研究者根据经验事实和科学理论对所研究的问题的规律或原因做出推测性论断和假定性解释,是在进行研究之前预先设想的、暂定的理论。假设主要分为描述性假设、解释性假设、预测性假设、内容性假设。通过假设导出,研究者随后可以选择合适的研究模型。

(四)研究方法

假设和模型提出之后,接下来需要使用一定的研究方法进行实验操作。在论文的写作中,研究方法主要分为定性研究方法和定量研究方法。管理学一般采用定量的研究方法进行实验,其主要内容有:变量的操作定义、问卷的编制与构成、标本抽出与分析方法、样本的统计特征。

(五)结果分析

结果是实验过程中记录的各项变化和数据,可以通过图、表的形式直观地表现出来,并且要做适当的解释说明。分析是将这些结果说明了什么写出来,即结论,同时还需要进行研究模型分析与假设验证,以反映研究结果是否与预期一致。实际操作中测量项目的信度、效度是常用的分析手段。

(六)讨论

讨论部分往往紧接着结果分析,它是对假设验证结果的归纳与解说。其主要作用是回答引言中提出的问题,解释结果中数据的含义,说明研究结果如何支持该研究。作者应围绕主题,有针对性地进行讨论,避免重复叙述数据结果,避免重复摘要和引言的内容,避免冗长的文字堆砌。研究结果要与研究目的结合起来讨论,避免提出研究结果不支持的结论。

(七)结论

结论是结合前言、背景和论文里的论点做出的总结。论文的结论是最终的、总体的结论,不是正文中各章小结的简单重复。结论应该观点明确、严谨、完整、准确、精练，文字必须简明扼要。如果研究的最后导不出结论，那么可以用讨论来代替结论。结论部分不要简单重复、罗列实验结果，而要精练阐明文章的创造性成果和新见解，以及新见解的意义。对存在的问题和不足也应该做出客观的叙述。管理学上的论文结论通常包括：研究摘要、理论含义与管理学含义（理论贡献与实践启示）、本研究的局限与未来研究方向。

参考文献

［1］Scientificdevelopment USOO, Bush V. Science, the Endless Frontier: A Report to the President [J]. Journal of the Arizona-Nevada Academy of Science, 1945, 37（1）: 32-35.

［2］Einstein A., Infeld L. The Evolution of Physics [M]. England: Cambridge University Press, 1938.

［3］Carpenter M. A., Westphal J. D. The Strategic Context of External Network Ties: Examining the Impact of Director Appointments on Board Involvement in Strategic Decision Making [J]. Academy of Management Journal, 2000, 44（4）: 639-660.

［4］Barry M. Staw. Knee-deep in the Big Muddy: AStudy of Escalating Commitment to Achosen Course of Action [J]. Organizational Behavior & Human Performance, 1976, 16（1）: 27-44.

［5］Bird C., Barker R. S. Temperature and Humidity Control System Dynamic Performance Analysis [C]. International Conference on Environmental Systems, 1993.

［6］李怀祖. 管理研究方法论 [M]. 西安: 西安交通大学出版社, 2004.

［7］杨杜. 管理学研究方法 [M]. 大连: 东北财经大学出版社, 2013.

［8］乌玛·塞克拉, 罗杰·鲍吉. 企业研究方法 [M]. 北京: 清华大学出版社, 2013.

［9］培根. 培根随笔选 [M]. 北京: 中国世界语出版社, 1993.

［10］李德顺, 孙伟平. 论科学的目的价值 [J]. 天津社会科学, 2001（5）: 25-30.

［11］杨荣. 异中之同同中之异——《变形记》与《犀牛》之比较 [J]. 国外文学, 1996（4）: 66-69.

［12］童泽林, 王新刚, 李丹妮等. 消费者对品牌慈善地域不一致行为的负面评价及其扭转机制 [J]. 管理世界, 2016（1）: 129-138.

［13］亚当·斯密. 国富论: 国民财富的性质和起因的研究 [M]. 长沙: 中南大学出版社, 2008.

［14］赵卫宏, 程海兵. 区域品牌的四个维度及其构建 [J]. 江西社会科学, 2017（7）: 202-210.

［15］李小方. 从狄尔泰到韦伯——评反实证主义社会学 [J]. 社会学研究, 1988（1）: 78-89.

［16］刘小平. 员工组织承诺的形成过程: 内部机制和外部影响——基于社会交换理论的实证研究 [J]. 管理世界, 2011（11）: 92-104.

第三章　确定主题与研究问题

【内容框架】

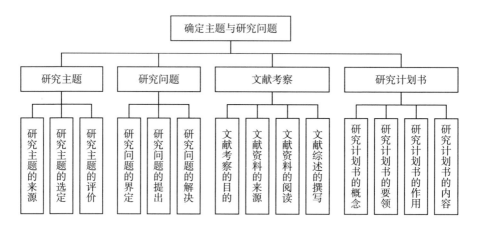

管理学大师彼得·德鲁克说过，管理学研究者的任务不是解答问题，而是提出问题。由此可见，研究问题的确定对于管理学研究意义重大。确定研究主题，进而确定研究问题的整个过程不是单纯的个人意愿反映，而是科学选择的结果。

第一节　研究主题

一、研究主题的来源

研究主题的发掘是一个非常具有好奇性和创造性的过程。虽然研究主题的发现并不存在有效的陈规，但我们仍然可以从前人的经验中寻找到一些发掘研究主题的途径。这些途径包括对日常生活的观察，对学习工作中出现的问题的思考，对自身经历的反思，对社会万象的总结归纳；同时，也包括阅读大量文献或者与企业家的对话等。

（一）来源于经验

（1）自身经验。经验来源于对生活的细致观察和不断思考，也即我们每个人都在经历的日常生活。许多研究主题都是个人对社会现象或者管理现象观察与思考的结果。这些现象本身的发现并不需要我们费太大力气，因为都是发生在我们身边的平常事。例如，商场中同质化门店很多，但有的店门庭若市而有的店却门可罗雀。我们可以通过体验在不同门店的购物过程，抽象出服务差异化的概念，研究服务差异化对店铺销售业绩的影响。又如，人们在社会生活和工作生活中的许多决定是由各种委员会做出的。在企业中，许多决策也是由各种形式的团体做出的。那么，使用团队决策的缘由何在呢？是否所有的事情都适用团队决策呢？团队决策是如何进行的呢？Davis（1973）曾经担任过许多委员会的主席或成员，他能观察到团队决策中的许多有趣的现象。他认为，团队成员的数量会影响决策的结果。由此，他认为团队成员数量应该是影响决策的一个变量。同时，他还发现，团队决策的原则也会影响决策的过程和决策的结果。少数服从多数与全体表决通过，这两种决策原则在决策时间和决策结果的表现上各有不同。在这些观察的基础上，Davis 不断地提出问题并解决问题，形成了著名的社会决策模式理论（Theory of Social Decision Scheme）。所以，在日常生活中，我们应该对管理实践现象有一定的敏感性。当观察到这些现象的时候，我们应该自主思考这些现象出现的内在原因以及是否已存在合理的解释，相关解释是否正确等。通过这些思考与训练，自然会有很好的研究课题出现在头脑中。

（2）他人经验。个人的经验是有限的。如果能够获取他人的经验，就能有效地扩大研究主题的获取途径。要获取他人的经验，就必须与他人进行有效的沟通。这里的他人可以是自己的老师、同学、家人、企业管理者和工作者，也可以是学术界的同行。他们都是很好的经验交流对象。作为一般研究者来说，尤其要注意和自己的老师或者高水平学者进行沟通。他们有丰富的研究经验，能在沟通过程中将他们的经验传授给自己，帮助自己发现研究主题。此外，与企业家或者相关从业者的沟通也是非常有益的。他们是企业的实际管理者，具有丰富的实践经验。研究者可以在交流中获得启发，了解到企业关注的实际问题。

（二）来源于研究方法

从研究方法入手寻找研究主题主要有两种途径：一是创新研究方法；二是用新方法发掘新主题。前者的研究对象本身就是研究方法，后者是运用新方法研究其他现象。

（1）创新研究方法。不断思考现有研究在方法、数据收集和处理方法等方面存在的缺陷，然后提出更科学的方法，也即偏重技术手段的创新。例如，Podsakoff（2003）及其同事对搜收数据中存在同源误差（Common Method Error）问题的确认、分析和提出应对措施就是一个比较典型的例子。Edwards（2007）对差异数据（Difference Score）分析使用与非差异数据分析相同的方法中存在的问题和解决方案的讨论也是一个典型例子。他们都是从研究手段的改革入手，实现创新。

（2）用新方法发掘新主题。运用最新提出来的研究方法或者相对新颖的研究方法去研究管理现象。这里的相对新颖是指在这个研究领域尚未使用过（或刚刚兴起）的研究方法，但是其他领域可能经常使用。这种方式不同于从生活现象入手，它的出彩不在于现象本身而是方法，特别追求用所熟知的、新的或者相对新的研究方法来探究现象背后的秘密。例如，对创业者激情与他们能否获得风投以及公司的发展这个问题感兴趣，可以使用一些别人没有用过的或者新潮的方法进行研究。在这个过程中，首先要界定创业者激情这个构念的内涵和外延，然后用质性研究的方法（如访谈、问卷）开发这个构念的测量工具，并据此用实证研究的方法去检验它与风投之间的关系。为此，可以用实验室研究的方法，请两个演员来扮演创业者，其中一个以饱满的热情来发表自己的创业项目介绍，而另一个以相对平淡的态度来介绍自己的项目，然后观察投资者对这两个创业项目的兴趣。这两种方法在之前都不曾被用在讨论创业者激情这个概念上，因此在方法上具有新颖性。此外，也可以用断点回归的方法，以最贴近随机试验的研究方法作为亮点进行研究。

（三）来源于文献

（1）从结论中寻求未来研究的启示。一般文献的结尾都有文章不足之处的讨论与研究展望的相关内容。如何改进论文的不足就可以启发新的研究主题。例如，可以通过改进对方的研究来提高研究结果的可信度，甚至得出新的、更好的解释。研究展望是作者立足于自己的研究领域做出的一些有价值的思考。人们可以吸收这些思考来发掘自己的研究主题。

（2）从文献的边界条件获得启示。通过阅读文献，可以从自变量影响因变量的边界条件进行研究，即从文献中寻找那些有意义的，还没有被文献讨论过的调节变量。例如，对于顾客导向与企业绩效的关系，许多研究已经发现了公司采用顾客导向战略能够提升企业绩效。但通过文献研究也发现，顾客导向战略能够通过顾客信任与顾客承诺两条中介路径影响企业绩效。但是，顾客导向战略对企业绩效的影响，以及顾客导向战略对顾客信任和顾客承诺的影响，在所有的情况下都是一样的吗？对于这个问题，还没有文献进行深入的讨论。于是，有研究者从制度理论和社会网络理论出发，讨论了制度网络对于顾客导向与企业绩效关系的调节作用，最终得以发表。

（3）从文献的研究主题获得启示。①发现还未研究的主题。通过调查他人发表过的文献，可以清楚地知道领域内还有哪些主题未被研究。未被研究过的主题更具新颖性，容易获得关注。②发现研究的热点主题。被讨论得多的问题更容易获得对话的机会。如果能在该研究主题的众多研究中独辟蹊径，从不一样的角度切入问题并进行更完美的解释，当然会获得更强烈的支持。

（四）来源于既有理论

（1）在特定情境中对既有理论进行验证。一般理论都是有特定的适用边界的，但是这些边界大多时候都不是非常清晰的，解释的范围可以是领域内，但也可能跨到更大领域，也就是说没有理论可以穷举哪种情况可以被解释而哪种不可以。因此，在一些具有特殊特征的情境下，被解释的可能性变得非常模糊，我们可以对这些现象进行尝试性理论验证。如果可解释，那么可以针对拥有这种特征的情境为什么可以被解释进行研究。如果不能被解释，则可以讨论不能被解释的原因，并进一步开展解释这种现象的研究。

（2）从既有的理论体系导出新的研究主题。既有的理论体系只是一种框架，它描述的是这个主题领域的知识结构，并不一定有着完整和充实的研究内容。因此，面对这样的理论体系，可以从整体体系到具体问题的路径出发，探析更具体的、深层次的关系。例如，制度理论体系中，制度理论本身是一个比较完整的概念，我们要研究它本身是比较难的。但是，我们发现制度如何影响受制度控制的人这一问题似乎没有人提及。通过逻辑推导发现，中间还有制度的合理性致使人们愿意接受这种制度的规范，这就导出了合理性这个新的研究主题。

二、研究主题的选定

在确定研究问题之前，我们应该先从研究主题的确定入手，层层递进，逐渐找到值得并且具备研究可能的问题。科学研究主题有很多，我们不可能每一个主题都有精力和能力涉足。因此，在选定研究主题时可以注意一些要领。

（一）兴趣相关

在选定研究主题时，要选择研究者感兴趣的主题。对于一个有质量的研究过程而言，其持续的时间是很长的，并且要专心投入。如果对这个领域提不起兴趣而只是为了获得荣誉或者完成任务，那么这个过程将会很磨人且难有好的结果。

（二）经验相关

对研究主题有相对多的经验意味着对该主题关注较多，也有较多的相关知识储备。研究者对研究主题有更多的了解就能够给研究带来更顺畅的思路。一个有质量的研究必然会涉及该主题的深层次知识。如果对研究主题不熟悉，在理论上可能会导致研究脱离甚至背离根本理论，造成重大失误。在操作上，如果对研究主题的特性不了解，很有可能选择错误的研究方法或者数据收集方法，导致研究过程极不顺利甚至得出错误的结果。

(三) 新奇有趣

选择与兴趣相关的主题是为了研究者在进行研究时有动力进行下去，选择新奇有趣的主题则是为了使读者在研读的时候感觉有兴趣并有动力继续读下去。新奇有趣指研究主题相对新颖，并且有趣味性。新奇有趣主要表现在：

(1) 研究对象的新奇有趣。研究不一定就是针对一些老生常谈的问题进行探索。面对不断出现在生活中的各种新潮热点，也可以尝试用学术知识去解读，如"网红""微博热搜"等。这些研究对象一出现，就很自然地吸引到很多注意力，让人觉得有趣。

(2) 研究方法的新奇有趣。研究方法是达成研究目的的手段。只要方法科学有效，就不会对研究产生破坏。因此，我们可以投入精力在研究方法上出新意。例如，将自然科学的一些实验方法运用到社会科学的研究中来，或者运用一些领域内比较少见的方法来解释问题。

(3) 研究内容的新奇有趣。将一些看起来毫不相关的事物以某种关系联系在一起，进行关系检验，从而突破习以为常的认知。生活中很多习以为常的现象可以有不同寻常的解释。例如，探究视觉和听觉之间的联系，探索视觉的感受是否会影响听觉的变化。声音和颜色本来在大众意识里是完全独立的两个概念。但是，如果能将它们放在一起进行合理的关系验证，那自然就很有趣了。

(四) 前沿相关

研究主题要紧跟国际先进步伐，跟随领域内权威专家的研究方向走。他们的研究方向往往代表着当前这个领域内的热点问题，是亟待解决的问题。相关的研究结果会更容易受到关注，发表的可能性也更大。对权威专家发表在期刊上的论文，研究者应该重点关注。对各个期刊上相关领域的论文进行文献收集、总结，再精选少数几篇经典论文进行精读，仔细分析。在这个基础上探寻自己想进入的研究主题。

(五) 理论相关

在研究论证的过程中，有一个很重要的过程就是进行理论论证，以证明研究的合理性。因此，就必须有相关理论背景作为研究合理性成立的判断依据。研究者的研究目的是为了获得经过科学论证的成果。如果该研究主题在理论上就有问题，不符合逻辑推断，那么进行具体操作时肯定不能得到合理的成果。因此，研究者需要相关的理论证明研究主题在理论上具有合理性和后续研究的可能性。所谓的相关理论也一定要有可信度，即被相关的高级期刊发表或者已获公认的理论。在一项研究中，一般最多只能有两个主要依靠理论（一个为最佳），否则容易导致理论逻辑关系的错乱，给研究带来不必要的麻烦。

三、研究主题的评价

（一）选题有意义

有意义的研究主题才可能使研究成果有价值，并得到期刊与社会的认可。选题的意义主要表现在以下方面：

（1）研究问题的重要性。即研究主题的解决能带来巨大的效益，对理论的发展或者实际问题的解决产生重要作用：①研究问题是目前亟待解决且广泛被关注的问题。②该问题的解决能为很多其他问题的解决提供重要的前提条件。

（2）研究结果的有用性。即研究获得的成果能为实际的管理生产活动提供切实有效的指导，而不是脱离实际地只能存在于文字上。

（3）成果运用的可能性。如果研究的成果只能在某些特殊情况下成立，而在实际生活中并不存在满足这种成果成立的条件，也就没有运用的可能而失去实用价值。

（4）研究的理论关联性。与理论有关联，才能在理论上做出一定的贡献，为推进现有理论知识做出贡献。

（5）存在关注的对象。即所要研究的主题在客观上应该是管理者所关注的。如果我们去研究"迷信"等并不存在的东西，在管理学上是没有任何意义的。

（6）研究主题的独创性。即这方面的主题或研究问题鲜有其他研究者聚焦。如果选题已有很多人做过或正在做，而你并不能得出比他人更有价值的结论，那你的研究将是毫无意义的重复。

（二）研究有可能

研究有可能是指进行具体操作前的可行性评价。这种可行性评价将决定是否能继续该主题的研究进程。一般而言，对研究可行性的评价主要关注：①道德伦理上的可能性。研究不是闭门造车，必然会与外界社会相接触，无论是研究内容的选择还是具体的研究过程，在操作时都需要考虑在伦理道德上的合理性。如果不符合社会道德伦理，就不能进行研究操作，甚至可能会招来外界的攻击。②研究变量的操作可能性。变量是需要被操控的。对相对抽象的变量进行具象操作，一般要求：①变量被精确地定义。即用精准的概念来表示变量。如果无法进行精准定义，那么所研究的对象就不具备唯一性，在具体操作的时候也就没有确定的。②研究变量可测量。即能通过一定的研究方法对变量进行量化操作。如果无法测量也就无法获取变量的变化情况，研究将无法进行。

（三）实施有条件

在对研究问题进行评价时，具体的实施条件也需要被考虑。这些条件主要有：

（1）时间和费用。许多研究项目都有一定的时间限制，超期会导致研究成果不被接受。所以，对期限限制较长的研究在评价时就不应作为主要选择对象。研究经费也是影响研究的一个重要条件。经费预算大于可接受范围的研究选题也要谨慎考虑。

（2）研究对象的确定可能性。具体的操作需要有对应的具体研究对象。如果研究对象不能被确定，那么就无法进行数据收集、数据分析等工作。

（3）协助者的协助可能性。一个研究通常除了主要研究者外，还有协助者协助开展研究工作。协助者充分发挥作用有助于研究任务的更好完成。协助者对研究的协助可能性表现在两个方面：①协助者专业知识的可靠性。研究是一项需要专业技能的活动。即使是协助者，也要求有一定的专业知识才能帮助研究并提高效率，否则容易产生"帮倒忙"的情况。②协助者行动执行的可靠性。协助者需要保证能分配一定的时间和精力在研究中，否则容易拖慢研究进度，甚至破坏研究。

（4）设施和工具保障。虽然管理学研究不像自然科学研究那样对研究设施和工具有非常严苛的要求，但是一些必要的设施和工具还是要保证具备。例如，做实证研究，如果没有专业的统计分析软件，那研究的数据就无法处理，研究结果也不能得到。

第二节　研究问题

一、研究问题的界定

提出一个好的研究问题，是一项研究能否成功的关键所在。它也决定了研究的方向。方向是战略层面的指标，它直接决定了最后的结果是什么。研究问题的界定主要考虑以下方面：

（一）研究问题的存在缘由

研究问题有客观存在的缘由，才能说明其有可研究性。如果研究的问题没有存在的基础，也就没有研究的必要。研究问题存在的原因主要有：

（1）既有的知识不完善。已有的理论知识还存在空缺导致一些现象无法解释。理论不是独立的存在，它应该与其他相关理论一起构成一个知识体系对相关问题做出全面、深刻的解释。如果知识体系缺乏完整性也就意味着其中还有事物没有被认知，还需要被探索，这也就有了研究的必要。

（2）研究结果相冲突。当不同的研究者针对相关研究问题有不同的意见，而且都有看似能支持自己观点的科学依据时，就说明对相关理论观点或结论还没有得出让所有人信服的解释，也说明研究本身还存在一定的争议或问题，这就需要继续围绕相关问题进一步去研究以接近事物的本质认识。

（3）新现象的出现。新的现象自有新的特征，而这些特征可能还没有被现有研究涉及，所以依据现有理论有可能不能对其进行透彻的解释。那么，新的研究就可以从中发掘研究的问题来对这些新现象的本质进行探究，相关研究问题也就有了存在的理由。

（二）研究问题的价值

一个好的研究问题当然要满足价值诉求。研究问题是不是有价值主要看以下两个方面：

（1）知识的贡献度。宏观上说，理论知识是人类文明的推进器，只有不断地发现知识才能推动社会的不断进步。管理学研究的最终目的就是在管理领域中不断地推动探究管理现象内在的本质和规律，以促进社会发展。要达成这个目的，就需要不断丰富和深化理论认识。所以，从解决研究问题获得的结论性知识应当对知识体系有所补充或者更新才有理论的贡献和价值。因此，我们可以通过判断研究的知识成果具有的理论贡献来界定其价值。

（2）实践的有用性。即研究的成果对工作实践提供了更高的效能或创造更多的利益价值。理论最终要通过指导实践而转化为实际效益，这样才能达到推动世界发展的目的。这个转化的前提在于研究问题与实践是否紧密相联系。这就要求一个好的研究问题，其出发点应该是关注实际问题。例如，如何吸引消费者购买，如何修复出现丑闻的品牌等。在界定一个问题是否具有实践的有用性时，可以看其研究问题的提出是否具有相关的客观事实，是否阐述了研究问题的具体关注对象。

二、研究问题的提出

在论文撰写过程中，如何进行研究问题的陈述是非常关键的部分。一个好的研究问题应该兼具重要性、新颖性、理论相关性和实践相关性。那么，这里的问题陈述其实就是要将研究问题中能体现这些特性的内容提炼出来供人判断。

（一）研究背景

阐述理论或者生活背景中的矛盾性。正面的现象体现正面的意义，反面的现象则反映存在的矛盾性。研究问题的提出并不是陈述几个句子这么简单。研究者需要在问题的提出过程中突出强调研究问题的现实意义和理论价值，这些需要通过阐述研究的背景达到。具体阐述的方法主要有以下两种：

（1）确立正面的事例现象。通过一些与研究问题相关的正面事例的价值强调来展现本书对现实实践活动的价值。例如，在陈述区域品牌化的研究背景时，可以列举诸如"中国瓷都景德镇""中国小商品市场义乌",还有"钟表王国瑞士""葡萄酒之乡法国""生态之城卡伦堡"以及"影视名城好莱坞"等享誉世界的区域品牌实例来展现区域品牌具有的显著范围经济效应和市场特色优势。现实中的这些区域品牌都为区域的发展带来了巨大的推动力。阐述这些区域品牌优势的潜在意思是,本书通过探究区域品牌化规律将有助于区域品牌化的有效机制建立与复制,从而为地区发展实践做出贡献,这也是该研究的实践价值所在。

(2)突出矛盾问题。通过阐述研究对所涉现象中矛盾问题的解决来体现实践意义和理论价值。这些矛盾问题可通过两个方面来表现:①现实与理论的矛盾对立。即现实中的某些现象与理论相悖,或者某些现象找不到合适的理论来解释。问题的陈述部分要通过列举一些事实现象来体现这一点,然后强调研究问题的解决能为促进实践活动做出理论贡献从而在理论上具有重要性。再以区域品牌化研究为例,为了阐述区域品牌化存在的矛盾问题,可以通过列举 2008 年"毒奶粉风波"、2010 年"丰田召回"事件、2013 年欧洲"挂牛头卖马肉"等现实生活中出现的负面现象导致企业失信并动摇消费者对事发区域品牌的信心来阐述其中的矛盾现象。这些企业品牌出现的问题对相关地区或国家的经济和品牌形象造成负面冲击。也就是说,本来区域品牌化是对地区发展有利的,但是现实却发现个别企业品牌的危机往往会导致地区品牌形象受损。那么造成这种矛盾现象的原因是什么呢?该研究旨在对这种原因机制进行科学的探究从而揭示区域品牌化的内在规律,这对区域品牌化实践以及相关理论的发展显然是具有重要意义的。②理论与理论的矛盾对立。科学不是一成不变的。我们总是走在探寻真理的路途中。真理是没有终极的,因而对真理的追求是无止境的。人们只能在探寻真理的过程中不断去深化对真理的认识。如果我们发现关注的研究主题存在相冲突的理论,或者旧有理论有缺陷,而我们对该主题的理论研究也有一定的见解,那么我们就可以在问题陈述时强调这些理论的脉络及其相互间的冲突,分析这些矛盾产生的原因和不同理论之间的异同,并据此提出自己的见解。通过强调理论之间的冲突,可以提高自身研究在理论体系中的重要地位,进而展现研究的价值。

(二)文献考察

在问题的陈述阶段,文献状况的考察也是不可或缺的部分。主要逻辑是围绕研究背景陈述的矛盾现象,梳理相关领域的文献做了哪些研究,形成了哪些观点,存在哪些局限性,并展现所要开展的研究对现有研究的局限性具有怎样的弥补或者推进作用,从而体现所要开展研究的理论贡献。文献考察要围绕其作用进行有条理的陈述:

(1)作为陈述研究的理论背景而引用。为了陈述一项研究及其研究问题的重要性，除了对实践现象进行阐述外，还需要对现有理论在相关主题领域已取得的成果积累进行考察，对前人或他人的有关研究成果及其学术价值或社会意义做出简略的梳理和介绍，以便清楚陈述所要开展研究的理论背景，从而强调所要开展的在现有理论基础上的新贡献，体现进一步开展相关研究的意义和价值。

（2）作为突出研究的相对优势而引用。文献考察的目的在于指出前人或他人的现有研究成果在所要开展研究的主题或问题方面还存在哪些问题或不足，或提出质疑和商榷，进而提出所要开展研究的观点及研究思路或方法，以明确所要开展的研究与前人研究的不同点和更优化的地方，从而突出所要开展的新研究的相对优势。

（3）作为借鉴和启发而引用。研究的观点、思路或研究方法往往是借鉴已有概念、理论、原理或方法，或者受其启发而形成的，因而需要引用最新的参考文献。这样既可以体现所要研究的新颖性和超越性，也能体现其学术道德和对他人研究成果的尊重，以及表明科学研究的相关性和延续性。

（4）作为研究的论证依据而引。在进行研究的理论论证时，引用他人的相关理论，尤其是经典的或权威性文献作为论证其研究的原理、理论或方法以及事实的依据，可以体现所要研究的理论或事实依据的科学性、客观性和可靠性。

（三）问题表述

研究问题的陈述，旨在基于现有现象和现有研究的不足而提出所要开展的研究要具体研究的问题。对于研究问题的陈述，其核心是对研究问题进行准确的描述。首先是问题陈述的语句要准确精练，句子结构应尽量简单。对于一些使用性不是很广的概念，在进行研究问题陈述时也一定要解释清楚，核心词汇的运用一定要精确把握，不能模棱两可。在对研究问题的核心议题进行陈述时，应该包含六项内容：概念、变量、变量间关系、研究对象、研究方法和资料分析方法。虽然这些内容有很多，但在问题陈述部分不必全部展开，而只用精简语句加以明确。

三、研究问题的解决

在计划开展研究之时，我们就需要预判这个研究问题被解决的可能性。不可能解决的问题提出来也没有意义，因为不能被解决意味着不能产生任何结果。判断研究问题的解决可能主要有以下方面：

（一）研究问题的结构化明确

研究问题的结构化明确是指研究问题的结构清晰，概念和概念之间的关系等能够明确地表述，有确定的研究目标。

（1）概念。概念是对现象的抽象，它反映特定的事物或现象同其他事物或现象区别开来的本质特性。只有准确而全面的定义才能够确保概念所描述的事物或现象能够被准确地在现实世界中识别出来。在确定研究问题时，所用概念一定要精准地反映所要反映的研究内容。概念的表述应该尽量沿用规范且常用的词汇，而不应当自己去创造。

（2）关系。研究问题所面对的是如何解释概念中的关系。如果这种关系不能被清楚地描述，那就意味着研究问题并没有真正形成，也就不存在解决的可能。

（3）确定的目标。对于研究问题的结构而言，每个概念都应该对应着一个具体的目标。这个目标是具象的，是可以被确定的。有确定的目标，开展研究才有确定的资料数据来源，才能对现象进行分析，研究问题才有可能被解决。

（二）用语的明确性

只有明确的、有清晰定义的用语才能准确地定义研究问题，才能使研究问题具备操作的可能。用文字来表述研究问题本来就是抽象的。抽象性意味着不能被操作。无法操作就意味着我们无法清晰地观察概念之间的关系变化情况，具体的研究就无法进行，研究问题自然也无法解决。

（三）范围的适度性

选定的问题一定要具体化，界限要清楚，范围宜精小，不能太笼统。那种大而空、笼统模糊、针对性不强的课题往往科学性差，而且无法解决。例如，研究某国的企业管理问题，国家虽有大小，但是再小的国家其内部也是复杂的。国家中所有企业面临的管理问题也是不一样的。因此，一个研究不可能解决所有企业面临的管理问题。即使有研究结论，那也只能是空泛的结论，对于企业实践活动的指导没有作用。我们应该聚焦的是"小问题"，然后用"大文章"去诠释它。研究问题的内在机制和根本关系能够被深挖，才是研究问题被根本解决的判定标准。

第三节　文献考察

在研究问题的发掘与确定过程中，我们多次提到文献的作用。通过阅读文献，可以发现新的研究方向，可以为研究问题寻找理论支撑，可以检验研究问题的重要性等。文献的作用不仅存在于研究问题的讨论部分，还贯穿于论文的其他方面，其重要性可见一斑。

一、文献考察的目的

（一）新想法的发现

通过考察相关领域内已有的文献，整合对比各个研究的相同点和不同点，可以激发新想法的出现。

（1）先行研究的逻辑性、理论上、方法论上问题点的发现。即通过分析他人的具体研究，梳理文献中的逻辑、成果和方法，并对比同一主题的文献在这些逻辑点上的不同表现，以促使自己有不一样的思考。分析已有文献在理论、方法上的缺陷，并进行改良就是创新点所在。

（2）先行研究的一般化可能性判别。已有研究在适用性上肯定存在一定的边界，即领域内的所有现象可能不能被其解释。考察先行研究的一般化可能性或者程度，可以发现他们不能解决的问题。这就可以成为新的思考：为什么这种现象不能被这个理论解释，这种现象又该如何解释等。

（3）跨领域结合，发现特定问题的新解释。不同的研究领域之间虽然有一定的界限，但并不是完全对立，而是存在一定程度上的联系。当我们发现无法运用领域内的知识对现象进行解释时，可以尝试通过考察其他临近领域的文献，探查是否存在可以利用的理论。这种跨领域的理论知识的结合只要符合科学的理论逻辑，就能够成立，并且是一种很好的创新。

（二）对已有知识的再确认

我们要做的研究如果被别人做过了，而自己不知道，最后发现成果不能在他的基础上创新，那就只是一种重复，这个研究将毫无意义。要知道前人是否在这个问题上有所研究，就要进行充分的文献检索。利用互联网和在线数据库进行文献检索是获取文献的有效手段。只要数据库覆盖面合理并使用得当，我们就能在较短的时间内较全面地掌握研究主题的现有研究状况。如果在数据库中我们找到了本想要做的，那么我们只能换角度或者研究方法去思考了。

（三）与主题相关领域概念化框架的探明

研究主题存在于更大范围的研究领域之中，而领域之中的所有相关理论就构成了一个理论体系。我们需要清楚地知道这个体系的框架是怎样的，并定位好自己在这个体系中的地位。这样才能完整地融入这一体系中去，以体现自身研究的价值，同时也是检验理论相关性的一个标准。要想搞清楚这个问题，就必须解答这样几个问题。首先是前人研究的对象或问题是什么、前人是如何阐述研究问题的以及为什么这样阐述；其次整合前人观点，发现他们的异同点是什么，这些观点是否可以分类、如何分类，观点之间的前后时间关系和逻辑关系是什么；等等。

（四）研究框架和方法论知识的获得

在别人的观点之上逐渐探索，结合自己的研究主题和思路，推导出研究问题的理论框架。在文献综述时不仅要总结前人的核心观点，还要综述前人在研究中的研究方法。研究方法的发展和进步会在很多方面改变已有的观点。例如，产业组织理论中博弈论方法的引入就改变了 SCP 框架下的很多观点。随着数据获取途径的增多和获取技术的改进，针对某一研究对象所使用的研究方法会越来越多。因此，当我们发现相关文献主要以使用某一种或某几种研究方法为主，而对其他研究方法应用较少时，就可以考虑通过研究方法的创新来寻找问题，同时还可以在撰写论文时强调前人与自己方法的差异，突出自己的创新点。

（五）研究可能性的评价

通过文献考察，我们可以发现自己预先设定的研究问题和研究问题的方法是否与同类主题的研究相悖，而这种相悖是否是自己的错误。如果是，则及时调整自己的研究，减少试错的成本。在这里主要注意两点：

（1）研究范围。通过对比同类主题的研究，我们可以知道该研究的研究范围是过大还是过小。范围过大可能导致研究复杂化，研究成果空洞化。范围过小又容易产生功效太小、没有价值等不良后果。参照已有文献能够比较好地解决这个问题。

（2）研究主题。某些研究主题如果已经没有多少研究的空间或者以现有水平无法处理时，就不具备继续研究的可能。文献的考察可以很好地帮助判断相关主题的开发情况。

实际上，如果能够在文献综述过程中处理好以上问题，就可以基本确定所要做的研究或所要撰写的论文的创新点、主要思路和拟采用的方法。

二、文献资料的来源

既然要研读文献，首先面对的问题就是怎么获取文献。在网络发达的现今，通过在线数据库获得文献资料是非常有效而便捷的手段。这里的在线数据库有 CN-KI、Science Direct、Ebsco、Emerald 等，各个数据库所收录的文献类型大有不同。在进行文献检索的时候应该多数据库查找，以求文献的全面掌握。建议首先应该重点收集和阅读领域内有代表性的文献，特别是对相关研究产生重大影响的种子论文（Seminal Paper），然后再收集和阅读次要一些的文献。当然，网络数据库只是一种手段，不是文献的唯一来源。其他文献资料的来源还有学术期刊、图书等。

（一）学术期刊

从学科领域的一流期刊中找相关文献，每个学科都有自己的刊物分级和排名，我们平常所说的 A 刊、B 刊，或者是否是 CSSCI 核心刊物就是一个选择的标准。我们可以重点查阅排名靠前的刊物所刊载的文献。

（二）专业教科书和学术论文集

有些理论并不一定能从期刊中获得，而教科书涉及的知识面更广，也有助于拓宽理论来源。此外，经典教科书中所提及的文献也是非常重要的。查看以"Handbook"为名的论文集也是获得文献的一个途径。如 *Handbook of Econometrics*、*The Blackwell Handbook of Strategic Management*、*Handbook of Industrial Organization* 等，这些都是业内专家编著的综合体现学科发展状况的、工具书性质的论文集。这些论文集中的论文大多以综述本学科某一时间段内某个研究领域的学术进展为主要目的，作者都是相关研究领域的权威。阅读此类手册内收录的论文可以迅速掌握相关领域最重要的学术进展状况。

（三）网络数据库

网络资源的获取相对容易，而且快捷。我们可以利用"百度学术"或者"谷歌学术"查找相关的文献。百度学术搜索是百度旗下提供海量中英文文献检索的学术资源搜索平台，涵盖了各类学术期刊、会议论文。百度学术搜索可检索到收费或免费的学术论文，并通过时间、标题、关键字、摘要、作者、出版物、文献类型、被引用次数等细化指标筛选论文，提高检索的精准性。谷歌学术也是一个同类的搜索引擎，在目前，相对来说能比百度学术搜索引擎找到更多的论文。在实践中，我们可以多使用几个网络数据库寻找文献，增大找到可用文献的概率。但是，网络上找不到并不代表线下的纸质资料中也找不到。纸质资料相对于网络来说应该更丰富，我们应该尽可能多地收集研究资料，而不能完全依赖网络。

三、文献资料的阅读

面对海量的文献和资料，我们需要有选择地阅读。要选读好文献，主要应该处理好以下几个方面的关系：

（一）宽和窄以及泛和精的关系

在进行研究时，我们总是力求将所有与研究主题相关的文献收集齐全。但什么才是和研究主题相关？这里并没有确切的标准可以用来判断，只能依靠经验来进行是否"相关"的判断。通常研读文献的主要方式有以下三种：

（1）浏览。只阅读论文的摘要、理论框架和结论部分，几分钟之内就可以对研究内容和质量进行判断。这种阅读论文的方式，只能对其产生一个大概的印象，从而直接快速地排除一些不相关的文献。

（2）泛读。浏览后可以选择一部分进行泛读。泛读比浏览要更细致一些，但也是对论文的部分把握，不需全面解读。泛读可以拓展思维，掌握更多相关理论。

（3）精读。在研究中需要精读的论文一般有五篇左右即可。精读的文献需要全文研读，反复琢磨，这些文献是研究创新的主要出处。

从研究问题来看，如果是热点或者成熟的研究问题，研究已比较深入，文献综述的面可以窄一点。如果是新的或者研究成果较少的研究课题，文献综述就应该更宽一些。我们还可以参考一些评论性文章来决定应该阅读的文献的宽窄范围和阅读方式，因为评论性的文章大都会对已有文献做总结并进行一些评析，借助其观点可有效节省时间。

文献综览大多都是由宽到窄、由远到近、由泛读到精读的过程。当然，也可以在窄和精读的基础上扩展阅读的范围，根据精选文章所参考的文献，采取滚雪球的方式，查阅更多的相关文献。

（二）学术期刊和图书、杂志之间的关系

对于学术论文，参考文献必须以学术期刊为主。学术期刊中的论文反映了本领域目前的研究前沿和热点。教科书一般只能提供成熟的、过于老旧的知识。我们所做的研究成果最终也是要发表在学术期刊上，所以学术期刊上的内容更具参考、效仿价值。当然，教科书通常是帮助研究者补充某些领域的知识，同时提供一些论证理论、工具和技术的知识。杂志等资料可以为论文提供背景材料，但其中的观点缺乏学术论证，因此难以作为可信的论据加以引用。

（三）文献原文和笔记的关系

阅读文献之后，不能只让阅读成果存在脑子里，必须做好必要的笔记。做读书笔记时，记录其中的重要结论、研究方法和启示，还包括批判性或建设性的评价，为后面进行理论调查和文献撰写奠定基础。在阅读文献时，需要考虑哪些是该文献没有回答的问题，研究可能存在哪些方法上的问题，所提出的对未来研究的建议是什么。思考不同文献之间如何构成一个有机整体，特别是它们与所要研究主题之间的联系，并用连贯性思维和逻辑顺序表述文献综述。阅读文献的目的旨在从阅读中找出难题、提出论证和寻找论点的证据。

四、文献综述的撰写

（一）概念

完成一项研究一般需要看几十甚至上百篇相关文献。如此多的文献，在看完之后我们应该用一定的方式进行整理归纳，这种方式就是文献综述。文献综述是研究者在提前阅读过相关主题的文献后，经过理解、整理、融会贯通、综合分析和评价而组成的不同于研究论文的文体。不管是哪种学科的哪种研究，文献综述都是必不可少的。文献综述具有承上启下的作用，是学术研究和论文写作的重要环节。通过文献综述，可以了解相关领域的研究现状，在前人研究的基础上确定所要

研究的问题，避免不必要的重复并能够有所创新，为科学知识积累做出贡献。

（二）种类

1. 背景式综述

背景式综述是文献综述中最常见的一种，通常在论文的导言部分出现。背景式文献综述旨在介绍相关研究主题的研究概况，将研究问题置于一个大的理论背景下，让阅读者把握该研究在整个研究领域中的重要地位。这种重要性和地位往往是通过前人研究的不足来体现的。

2. 发展式综述

发展式综述是一种介绍性的综述，其主要的论述逻辑是，某理论发展的来龙去脉按照启蒙到逐渐成熟并最终形成完整的理论体系这一发展路径进行陈述。研究者对相关领域中最重要的理论知识以时间顺序为线索做发展式综述，这样能对相关主题的理论知识有全面的了解，同时还能掌握其发展逻辑，帮助更深层次地理解相关理论知识。

3. 理论式综述

理论式综述是对解释同一现象的不同理论进行综述。这些理论或从不同的角度，或采用了不同的研究方法对现象进行了解释。在进行理论式综述时，应在众多的理论中找出其异同点并进行归纳陈述，讨论这些理论的优劣性。当研究者需要整合两种理论或拓展某一理论时，往往会做理论式综述。

4. 方法性综述

方法性综述是研究者对研究过程的方法部分进行归纳综述，评价相关研究中研究方法使用是否正确、得当，指出不同的研究设计、不同的样本、不同的测量方法可能会导致不同的研究结果等。方法性综述往往是在研究者将新的方法运用到相关研究主题上时使用，以凸显研究的创新和优势。

5. 整合式综述

整合式综述是研究者整合与研究问题相关的论文和研究报告，以展现研究问题的研究现状。整合式的文献综述内容比较全面，往往包含以上几种综述内容，但非上述内容的简单罗列，而是根据某种逻辑将上述综述进行整合。

（三）撰写

1. 框架的搭建

文献综述的撰写，首先应该有一个大概的架构，将所要写的东西构建成一个结构体，而这种结构应该是符合某种逻辑的。

一般可以按照综述对象的不同构成部分来组织架构。例如，Porter 在综述有关产业组织理论的经验研究时，把产业组织理论的生产、技术和产业结构、不完全竞争市场计量分析、进入和退出与产业演进、规制产业研究、拍卖市场、技术变化、创新与组织八个部分作为组成部分。每一部分独立成为一个文献综述模块，这样整个文章的逻辑框架就很明了。或者按照综述对象自身的发生、发展顺序进行搭建。例如，在服务质量管理的文献综述中，研究对象有"服务消费→服务质量感知→满意度→未来消费倾向"的发展顺序。我们就可以根据这一发展路径作为综述的结构，针对每一阶段进行文献梳理，使内容之间呈现明显的时间顺序、因果关系。当然，我们还可以按照其他的方面进行结构建造，只要符合思维逻辑，并使内容之间不混乱即可。

2. 内容的填充

在结构搭建好之后，就要开始往结构中填充具体内容了。在这个部分，需要注意几点：①注意述评占比，不要呈现堆砌式综述。如果只是罗列前人的内容而不进行自己观点的陈述，那文献综述就失去了其意义，让人觉得只是为了做文献综述而做，没有达到为研究服务的目的。综述性文章的"评"与"述"的比例一般在 3 : 7 左右。虽然我们不一定是写综述性的文章，但这个比例可以给我们一个大概的参考。而且，在"评"的时候一定要有原创性观点，理论的本质和切入点等都是可以评论的内容。简单描述性或统计式的评论也没有很大价值。②文字表达力求客观。在陈述他人观点的时候，不能掺杂自己的主观思想去更改他人的观点，更不能因为想达到有文献支持的目的而篡改他人的观点。③要善于取舍。文献并非越全越好，把找到的所有文献观点都罗列到文献综述部分去，将使论文失去文献综述的焦点，也就无法达到文献综述的目的。所以，一定要围绕研究问题进行文献选择，然后综述。此外，他人的理论相对于自己的研究有衬托作用的可以使用，没有衬托作用或只起间接作用的都不宜用。④不要轻率地贬低他人。在进行文献综述时，人们经常会依托前人以凸显自己。但是，千万不能刻意贬低他人而抬高自己。要如实地描述前人做出的贡献。特别是批评前人的不足时，一定要慎之又慎。发表评论时切忌断章取义，一定要读懂被批评者的文章。再者，如是引用别人的批评意见，也应该先理解被批评者的原文，而不能简单地从二手甚至几手材料来判定原作者的正误。⑤要注明引用资料的来源。在进行文献综述的撰写时，我们会引用很多其他人的成果，但一定要准确无误地表明这些引用材料的出处，以避免出现学术不端行为。

文献综述的结尾应在考察研究现状的基础上，总结该学科领域当前国内外的主要研究成果及其应用价值、实际意义，指出目前存在的主要问题，展望今后的发展趋势或前景，从而提出新的研究设想、研究内容等。这是撰写文献综述的目的所在，也是文献综述的点睛之笔。

第四节　研究计划书

一、研究计划书的概念

研究计划书（Proposal）是将自己的研究设计和研究计划以恰当的文字和方式传达给评审专家的文本。对于学位论文而言，研究计划书叫"开题报告"；对于研究课题的申请，其又称为"课题申请书"。研究计划书一般必须回答以下问题：打算完成什么、为什么要做这件事、打算怎样去完成。此外，研究计划书应该有足够的信息来向评审专家显示研究者有意义重大的研究想法，对相关文献和主要问题有很好的把握，同时研究方法是切实可行的。

二、研究计划书的要领

撰写研究计划书，要有的放矢地对一些需要重点表达的内容精准把握，以最清晰的方式传达研究的价值。

（一）准确表达研究目的

研究计划书最终是为研究服务的。研究计划书应明确研究目的，使评审者能够清晰地界定研究，理解研究价值所在。研究目的的准确表达需要做到以下几点：

（1）准确地界定研究对象。研究的一般目的是要检验几个对象之间的某种关系。这就需要用概念清楚地说明这几个对象是什么，与其他的对象应该有清晰的边界，然后利用研究假设描述它们之间存在的推论关系。

（2）准确地使用关键词。关键词能鲜明而直观地表述文献论述或表达的主题，使评审者在未看其他内容之前便能一目了然地知道论文论述的主题。这是评审者对研究所属领域进行准确定位的参考指标。

（3）使用精简而准确的题目。研究题目是研究目的的精准浓缩，所以这里最需要注意字数要求。标题题目忌过长，两三行的文字很容易使评审者对计划书失去继续阅读的耐心。但是，计划书也不能太短，以正好完全精练地表达自己的研究目的为宜。

（二）突出研究的创新

研究的创新点是评审者最关注的部分，也是研究价值的最主要表现。因此，我们在进行计划书撰写时，要突出研究的创新点。这些创新可以是：

（1）理论创新。在理论知识上对已有知识的贡献是什么？这种贡献可以是完善了知识体系、更新了理论或者合理地推翻了前人的理论。

（2）方法创新。可以是对研究方法本身的完善，或是运用新颖的方法对研究问题进行更新的研究，并因此发现了与已有研究不同的结果。

（三）展现研究的可能

有了一个好的研究问题，再加上一个可以实行的研究操作，才能让评审者相信这个研究能有所贡献。

（1）研究方案。研究计划书要将一个严密的、完整的研究计划方案展示出来，并符合研究类型的特性，从而产生足够的信度和效度。

（2）预实验。预实验是正式实验的先行者。预实验的操作过程和结果在一定程度上预示着正式研究的进行情况，能使研究可能性可视化，让评审者信服。

三、研究计划书的作用

计划书不但要准确地说明研究对象的性质，还要详细说明将要使用的研究方法。另外，计划书还要有足够的材料来支持说明选题的重要性和所使用的研究方法的恰当性。研究计划书的具体作用主要有：

（一）沟通作用

研究计划书旨在把研究者的研究计划传达给能够提供咨询、授予许可或者研究资金的人。对于研究生来说，论文和学位论文委员会就是研究计划书的投递对象。研究生需要通过计划书来与委员会进行学术沟通，传达研究的意义及计划，以获得委员会的指导或者实施研究的许可。对于个人而言，计划书的投递对象是各研究基金委员会或其他学术组织，用以获取基金会或政府的资助。通过研究计划书与评委会沟通，可以向他们传递研究者所做研究的价值。资助的性质、费用和资助的可能性都直接取决于计划书的清晰性和完整性。

（二）计划作用

计划书本质上是一项研究的行动计划。这个计划的作用表现在以下两方面：

（1）向他人展示研究的完成可能性。一个研究只有被完成才有最终结果，才能实现最大价值。在研究未进行之前，以研究计划为证据让他人相信本研究能如期完成。因此，研究计划应该尽可能地描述清楚研究方案和研究进程安排，并对研究过程中可能出现的阻碍进行预警并提供预案。好的计划书的特点是研究设计细致而周全，能够让其他研究者重复该项研究。也就是说，他人按照研究计划书实施同样的观察和操作，所获结果和该研究者没有太大的差别。

（2）为自己的研究提供导向。研究是一个长期工作，需要有一个纲领性的安排表来排列研究工作，以使研究能够按期进行并以科学的方案导出研究结果。

（三）合约作用

一份通过委员会审议并签字确认的完整计划书是研究者与管理者之间的契约书。一份同意资助计划书标志着研究者（以及大学）和资助方之间签订了一份合约。获准实施的计划书表明，如果具备研究能力并完全实施了研究，那么研究就应该能够提供一个符合目前标准的报告。此外，一旦签订了协议就不可以变动。除非做些小修改，但也只能在有证据表明必须修改或强烈希望修改时才可以这样做。

四、研究计划书的内容

研究计划书的撰写要简洁和精确，这可以反映研究者对研究问题清晰思考的程度。复杂的事情只有通过简洁的形式才能更好地沟通。计划书最直接的作用就是快速准确地把研究设计传达给评审者。

研究设计因不同的研究而有所不同，所以研究计划书也就没有普遍使用和唯一正确的内容格式。每一项研究计划都要求实现沟通任务。因此，研究计划书中包含的内容都可能会有所不同。计划书一般包含的内容主要有：

（一）研究的介绍

计划书要向评审者呈现研究的关注点，告知评审者想要做什么，不仅要激发其兴趣，还要让他们能够真正理解。在这部分，应避免冗长乏味的语言和过于繁杂的技术细节或抽象论证。最简便地介绍研究计划的办法是，找出界定研究的核心概念。概念就是为可观察的表征或现象提供的抽象符号。因此，所有的研究都要使用概念。当评审者问"该研究打算研究什么"时，最好的答案是给出核心概念并说明在研究中如何呈现它们。对于这些概念，如果它们有特定的意义，或其中可能含有明显的假设，那么对这些概念之间的关系就要有一个简单的说明。

指出研究对理论或实践的重要性也许能够吸引评审者的兴趣，但在导论部分不必要说明研究的所有意义。首先呈现一些基本要素，然后把全部的细节留到一个更适当的地方再讨论。

最好在计划书的开始就明确说明研究的目的。在说明研究的目的时，不必把所有的想法全都列出来。开门见山、简单明了地具体说明研究以此为目的的原因。简单的回答能够让评审者继续关注后面的陈述。

（二）理论基础

对于学术研究而言，任何研究都应该有理论基础。理论基础存在的目的是论证研究的理论合理性。论证通常既涉及推理逻辑证据，又涉及理论证据，让评审者相信该研究具备理论上的正确性，而且研究问题已经有了准确的界定。在为研究进行论证时，应该把注意力放在界定研究问题和研究意义等基本问题上，以证明整体框架的合理性,这样才能让评审者相信研究有得出正确结论的可能。

(三) 研究问题或假设

所有的计划书都要正式提出自己的研究问题或假设,但需要谨慎地使用概念性的书面语言进行陈述。每个变量要用明确的术语具体说明。当没有足够的证据用以预判变量的关系而无法提出假设时,可以采用提问的方式进行陈述。一般来说,多个简短的、易验证的假设比一个冗长的、难以操作的假设好。当为探讨交互效应的影响或研究中存在多个变量而需要很多假设时,应首先陈述主要假设,以突出研究的主要意图。

(四) 研究问题的背景

研究问题的背景一般是对当前社会中实际情况的归纳总结。这种实际情况的存在将是研究此项问题重要性的支撑。此外,文献综述也是研究的理论背景的构成部分。研究问题不仅立足于实践,还需要与理论有所联系,需要知道在学界,其他人关于这个问题都有一些什么样的看法。因此,在文献综述中,研究者要指出该领域其他研究者主要的研究方向和方法论以及他们提出的解释。

(五) 预期成果及价值

预期成果及价值一般指在理论上按照研究计划实施后能得到的结果和此结果对于研究情境之外的价值。根据研究的具体情况,研究人员应该对研究结果是否具有这些方面的含义做出说明。一项好的研究所追求的目标是填补文献中的空缺,提高人们对问题的认识水平。如果是这样的研究,研究人员应该对这些方面的意义具体说明。在陈述研究的预期结果和意义时,研究人员不要有意渲染、夸大研究结果的重要性,也不要把那些未经论证的结论视为自己的贡献。

(六) 工作计划时刻表

为了表示研究工作能够在既定的时间内科学地完成,研究人员应该制定较详细的工作时刻表并予以展示。在制定工作计划时,一般需要做好两件事:

(1) 对整个研究过程进行分解,形成若干目标及任务,以分步实施。在分解目标及任务时,需要考虑不同目标及任务之间是否存在依赖关系,即某一目标及任务的完成是否依赖另一目标及任务的完成。根据这种依赖关系,研究人员可以将所分解出的目标及任务,按时间先后顺序排列出来。

(2) 大致估算出完成每一项目标及任务所需要的时间,把以上两个方面的信息综合起来,研究人员便可以制定出自己的工作时刻表。

(七) 边界条件和不足

任何研究都有适用边界条件和不足。但是,到底是用专门的一部分来讲还是只在出现的地方进行讨论,这取决于申请者个人。如果这些问题较少,而且很明显,后一种方式也许更好。但无论运用何种形式,研究者都有责任阐明这些限制,并让评审者知道他们在提出研究的过程中已经考虑了这些问题。

（八）研究方法和程序

所有实验研究的计划书都必须对研究观察有一个严密而详细的计划。讨论方法时，一定要包括资料来源、资料收集以及资料分析。方法论部分要与研究目的相一致。计划书要为研究实施提供一个可以一步一步操作的说明。大多数研究计划书都需要说明以下问题：

（1）选择并说明样本来源和所用的抽样方法。

（2）说明研究工具和测量方法。

（3）说明资料收集方法。

（4）说明收集资料和处理资料的过程。

（九）补充材料

为使表达更清晰，有些内容可以放到附录中作为主要文本的参考资料。这样评审者就可以根据需要选择材料阅读。以下内容一般可以放在计划书的附录中：

（1）设备说明。

（2）研究对象的简要介绍。

（3）被试知情同意书。

（4）预研究中的原始数据或其他材料。

（5）结构化访谈的问题。

（6）相关证明材料。

（7）研究设计的模型示意图。

（8）统计分析的模型示意图。

（9）研究进度表。

（10）参考文献。

参考文献

［1］Davis J. H., Kameda T., Parks C., et al. Some Social Mechanics of Group Decision Making: The Distribution of Opinion, Polling Sequence, and Implications for Consensus ［J］. Journal of Personality & Social Psychology, 1989, 57 (57): 1000-1012.

［2］Davis J. H., Stasson M. F., Parks C. D., et al. Quantitative Decisions by Groups and Individuals: Voting Procedures and Monetary Awards by Mock Civil Juries ［J］. Journal of Experimental Social Psychology, 1993, 29 (4): 326-346.

［3］陈晓萍. 组织与管理研究的实证方法 ［M］. 北京：北京大学出版社，2012.

［4］杨杜. 管理学研究方法 ［M］. 大连：东北财经大学出版社，2013.

［5］丁斌. 专业学位硕士论文写作指南 ［M］. 北京：机械工业出版社，2015.

［6］李润洲. 研究问题的遮蔽与彰显——对教育硕士生撰写学位论文的思考［J］. 学位与研究生教育，2012（11）：31-34.

［7］李枭鹰. 文献综述：学术创新的基石［J］. 学位与研究生教育，2011（9）：38-41.

［8］王琪. 撰写文献综述的意义、步骤与常见问题［J］. 学位与研究生教育，2010（11）：49-52.

［9］陈明芳. 学位论文文献综述的语类结构与视角［J］. 外语与外语教学，2008（12）：12-16.

第四章　理论框架与研究假设

【内容框架】

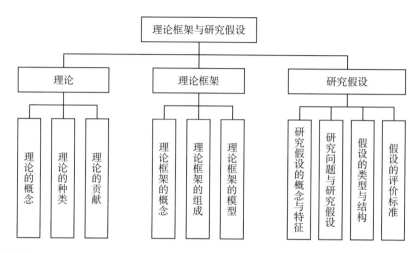

创建新理论、对理论进行检验或者发展已有的理论是科学研究的主要目的。理论的质量和效度则是衡量科学研究者对科学领域贡献和影响的评价标准。在本章，我们将剥离理论的具象内容，完整地呈现一个理论构建的过程，以启发研究者去努力建立有质量的理论。

第一节　理　论

一、理论的概念

Bacharach（1989）认为，理论是一个概念和变量构成的系统。在这个系统中，概念之间通过命题联系在一起，而变量之间则通过假设联系在一起。Bacharach 是在两个层面对理论进行了界定：抽象和操作。在抽象层面，理论由概念和命题构成。概念是对事物共性的描述，它在现实中并没有具体的对照物。如社会地位的概念，你不能直接找到某种实物来与社会地位进行对等，而只能说某种对照物反映或者归属于社会定位。在操作层面，理论则由变量和假设构成。在我们所阅读到的学术论文中，理论都是由变量和假设构成的。这是因为人们对事物的认识都是先从判定的假设开始的。只有先形成认识的假设，才有后续对假设的验证，才有可能验证理论的正确性。这个过程对判定研究的价值非常重要。大多数实证性论文都是从验证理论的角度出发，主要关注变量的清晰界定、根据概念和命题的关系提出可以验证的假设，而对理论的抽象和操作性两个方面往往没有很明显的界定。因此，尽管我们知道抽象层面和操作层面是有差异的，但是在我们对理论建构的讨论中，概念和变量以及命题和假设的含义都是相同的，不会分别予以讨论。

二、理论的种类

在社会科学领域，理论通常可以分为三个层面，即宏观理论、微观理论和中观理论。

（一）宏观理论

宏观理论通常是那些总结了世间万象共同特征的系统原则和规律。例如，中国道家的阴阳理论即是一个宏观理论，它认为可以将自然界和社会生活中的所有事情都分为相互冲突而又相互补充的阴和阳两面，任何事物的任何一种状态都可以由不同平衡点的阴和阳来组成。通常，宏观理论就像一种基础定理，代表那些广泛意义上共有的信念和看法。这些信念涉及世界的起源、本质以及运作的基本法则。它们往往是用来认识世界的最为基础的框架。每个学科都有一些理论应用于较大范围的现象和情境条件中。这些理论常常作为学科内研究的参照基础，旨在被应用而不是被系统地进行检验和改进。

（二）微观理论

微观理论被 Merton（1968）称为"工作假设"（Working Hypothesis），它是人们在日常生活中建立起来的常识。例如，当老师在上课的时候发现某位同学趴在桌子上睡着了，而恰巧昨夜有一场球赛，那么老师就很可能会认为这位同学是昨晚熬夜看球赛而没睡好觉，以至于在课堂上睡着了。这种上课睡觉是因为熬夜看球赛的推论就是一种微观理论。与宏观理论一样，微观理论更多地作为基本假定而不需要去检验。

（三）中观理论

（1）中观理论的概念。中观理论是由 Merton（1968）提出的，指的是介于日常研究中低层次的但又必需的研究。中观理论的目的在于通过抽象化的学术去揭示所观察到的特定情境下现象背后的逻辑或模式。我们可以根据宏观理论和微观理论的全面性特征来理解中观理论。宏观理论是反映最全面现象的理论，适用于许多不同情境。微观理论则相反，它只集中于有限情境下的与有限现象相关的概念。宏观理论最为抽象，微观理论最为具体。中观理论则介于这两个极端中间，它在全面性和抽象性上都是中等状态。所以，中观理论是有明确边界的，它只适用于某些现象而不是所有的现象。也正是这种中间状态，才使得建立中观理论成为一个现实而有实际意义的选择。

（2）中观理论的相对优势。微观理论因为只是生活中的常识或常理，并不触及更深刻的意义，所以，不需要花费很大的精力来进行科学的解释，也就不存在专门讨论怎么建立微观理论的必要。相对于建立中观理论来说，建立宏观理论对管理学研究者来说更是不现实甚至有害。社会学科中的宏观理论的建立往往导致相互对立的意识形态或哲学派别，阻碍了理论的建立和发展（Wanger & Berger, 1985）。而且，由于宏观理论所涉及的面太大，很难将其概念和命题转化为可操作的变量和假设，因而无法进行证伪，也就无法确定其真实性。相反，中观理论在构建后是需要被验证也可以被验证的。因此，在管理科学领域，人们更倾向于讨论怎么建立中观理论。

（3）中观理论层面对理论的定义。前面讨论了理论的一般定义，但由于接下来讨论的主题是更为具体的中观理论，因此，我们还需要进一步讨论中观理论层面对理论的定义。Campbell（1990）认为，理论是语言性或符合性论断（命题）的集合。理论识别什么变量重要以及为什么重要。理论要澄清这些变量是怎么相互联系在一起以及为什么会联系在一起。理论还要澄清在什么条件下这些概念应该彼此关联或者不关联。Bachrach（1989）则认为，理论是一种对在某些条件假定和限制下概念之间关系的陈述。基于上述中观理论层面对理论的定义，并结合管理学研究的范畴，我们可以将理论定义为由变量和变量之间的关系假设组成的系统。

三、理论的贡献

如果一个理论没有一定的理论贡献，在学术上是没有价值的。提升一个理论的贡献度，在某种程度上决定于研究问题的选择。但研究问题选择对了也不意味着就一定有理论贡献。因此，在构建理论的过程中，人们一般可以从实证的和理论的两个方面来判断和提升理论的科学贡献度。在实证方面，理论的贡献度主要依据理论被数据支持的程度来进行判断。在其他条件相同的情况下，一个被更多实证数据和实际观测所支持的理论，其贡献度更大（Stinchcombe, 1968）。在理论方面，理论的贡献度主要是看所提出的理论与现有理论和实际情况之间的关系。

只有能发展现有理论并且符合现实，对实际情况有指导意义的理论才有贡献度。提升理论贡献的具体方法主要有以下几方面：

（一）细化

细化是指立足于已有理论根基，通过增加理论的组成部分来丰富原有理论，使其更为严谨、科学、完整，从而增加理论的解释力和预测力。值得注意的是，新建立的理论并没有挑战或者背离原有理论的假定和原理。它与原有理论所阐述的问题是相似的，甚至需要获得原有理论的支持。运用细化的方法来发展原有理论的通常策略：一是增加调节变量，即显示原来理论中的命题或者假设在不同条件下有所不同；二是增加中介变量，即在原有理论的变量之间增加中介变量，揭示原有理论中的两个概念或者变量之间的关系发生的过程。

例如，以往的研究表明，植入式广告的"显著性"能够影响消费者对广告品牌的态度。对于不同产品和不同植入载体，消费者对植入式广告品牌的态度是不一样的，但并没有人具体解释其中的具体机制。于是，不少学者就在这个已有共识的基础上展开了进一步的研究。周南和王殿文（2014）首先将"显著性"进行前人未做过的分类，即从"空间"和"时间"上对"显著性"的高低进行评判。这就是对一个学术概念的细化，属于理论贡献的一种。此外，对于"显著性"对消费者品牌态度影响这个机制，他们从中添加了"信息处理流畅性"这个中介变量，认为在消费和接收到植入式广告信息后，会因为这个信息在消费者处理过程中的流畅性来决定消费者最终对广告品牌的态度。这就对植入式广告的显著性对消费者的品牌态度的影响机制有了更完整的解释机制。这种对原有理论的扩充和完整化就是提升理论贡献的有效方法。

（二）类推

类推就是研究者从其他领域的理论中借鉴思想，将其应用到本领域中的研究上。类推与细化的区别在于，类推是将其他领域或者学科的理论应用到本研究领域的现象上去，而细化则是针对同一领域而言的。这种理论的借鉴不是随意的挪用，而是根据研究对象的特性相似、目的相似性，通过逻辑推理证明可以采用才能借鉴。Harman 和 Freeman（1977）将人口生态学运用到组织研究中是人们最常引用的理论类推的范例。人口生态学的概念起源于进化论和自然选择理论。适者生存，而不能适应的物种就消失了。他们将该理论用于企业的诞生、存活和死亡，认为企业的存活不是由企业努力适应环境决定的，而是由环境的选择来决定的。多数组织都深受组织惯性之害。这种惯性阻碍了组织的适应性，使得组织与已经或正在变化的环境不相容。这些组织将会被那些更能适应外部环境的组织所替代。

（三）对立

对立是针对已经完全建立起来的理论提出新的理论，做出与原来的理论针锋相对的解释。新的理论以令人信服的证据展示原来的理论的重大缺陷，从而提出另外的解释，甚至替代原有理论。但新的理论也往往只是在某些方面提出不同的看法，而保留原有理论的基本构架和基本定理。Wagner 和 Berger（1985）将这种类型的理论发展称为理论变式而不是理论对立。在对立冲突非常强烈的理论构建中，新的理论很有可能会采取与原有理论完全不同的构建方式、角度来进行操作，从而使新的理论对相同的现象相较于旧理论可能会有完全不同的预测，并替代原有理论。

Meindl（1990，1995）的魅力领导理论就是一个范例。传统的领导学研究，尤其是对魅力式领导和变革式领导的研究，普遍采用一种领导者中心的范式，即认为领导力是驻留在领导者身上或者由领导者产生的一种品质或行为，它影响了下属，并决定下属和组织的绩效。然而，Meindl 的魅力领导理论却认为，领导力是驻留在下属那里而且由下属产生的，是由下属主观建构出来用以理解组织变化和不确定性的一种属性。它是由组织绩效决定的而非决定组织绩效。该理论刺激了领导学领域中以下属为中心的研究，填补了传统上以领导者为中心的领导理论的不足。

（四）整合

还有一种提升理论贡献的方式是立足于两个或两个以上已经建立起来的理论，以此为基础创造一个新的理论模型，也就是整合。在对理论进行整合时，可以采用前面提到的细化、类推或者对立的方法。变式的整合理论表明，原有理论可能在某些情境下成立，但是通过整合之后，其他情境下该理论将受到挑战。

例如，Xiao 和 Tsui（2007）关于高承诺组织中结构洞功能的研究是对原有结构洞理论的重要发展。经典的结构洞理论（Burt，1997）认为，那些能够将两个及以上相互没有联系的人联结在一起的中介者具有更多的社会资本。这种社会资本使得中介者获得更多的信息和机会并且能够决定给予谁更多的好处。Xiao 和 Tsui（2007）则结合集体主义文化理论将组织进一步细化为低承诺组织和高承诺组织来对结构洞的功能进行研究。结果发现，在高承诺组织中，结构洞并不能使个人具有更多的社会资本和获得好处，因为如果为了得到好处而控制信息将会受到组织内部规范的约束和惩罚。此外，结构洞的好处应被其周边的所有人来分享而不是让结构洞的占有者独享。他们推断，与低承诺组织相比，在高承诺的组织中，结构洞与员工的生涯绩效之间的正相关更弱。他们在四家高承诺组织中获得的数据表明，结构洞对于员工的生涯发展不仅没有好处，反而是有害的。

除了这种细化的整合之外，还有类推和对立两种方式能达到整合的目的。类推的整合模型可以解释某种深层的理论关系在不同情境下都存在。对立的整合理论可以吸收相互对立的理论中的某些成分而建立一个严密的理论，从而整合原本对立的理论，或者明确它们在什么条件下相互对立或者相互佐证。总之，整合的本质在于通过联系和对立统一的转化来发展新的理论。

第二节　理论框架

一、理论框架的概念

理论框架一般由相关变量和变量间关系的假设以及说明理论应用的边界条件组成。它是研究的概念化框架，是解释某种理论的手段。理论框架将变量间的关系明确化而不是具体化，只是抽象概括性地表示理论的含义和特征。理论框架一般只表示某个单独的理论，因此其结构应该是简洁明了地清晰展现各变量之间的理论关系和相关方向性。在管理学领域，理论框架的表现形式主要是框图和数学模型，通过这两种方式将抽象的理论具象化。在建立理论框架或者研究他人的理论框架时，应该着重注意理论应用的边界问题。把握理论应用的边界性能，使理论更精准地服务于实践，在理论上也更具严密的逻辑性，是科学精神的重要体现。

二、理论框架的组成

（一）变量

变量（Variable）是指在质或量上可以变化的概念或属性，是随条件变化而变化的因素或因个体不同而有差异的因素。变量是相对于常量而言的。常量是指不因主观、时间、地理位置等因素变化的概念，一个概念只具有一个对应值。例如，"中国的地理位置"就是一个常量，是指地处亚洲东方的一个位置，不同的人对它的认识是相同的。变量在一个研究中面对不同的个体可能具有不同的状态或特征，一个概念具有不同的值。例如，不同的人对"价值"这个概念的理解是有差异的，尽管用的是同一个词。消费者对"价值"的理解，商家对"价值"的理解，厂家对"价值"的理解都是不一样的。

研究变量则是研究者感兴趣的、所要研究与测量的、随条件变化而变化的因素。简单地说，变量就是会变化的、有差异的因素。

（1）自变量与因变量。自变量（Independent Variable）也叫预测变量，是导致其他变量变化的假定原因。因变量（Dependent Variable）是假定的结果，也叫效标（Criterion）。换句话说，自变量是前置变量，因变量是结果变量。自变量是研究者可以主动操纵、直接控制的变量。自变量的变化完全取决于研究者的操纵。按性质划分，自变量可分为刺激变量（Stimulus Variable）和机体变量（Organic Variable）两类。

刺激变量是指促使个体产生反应的一切事物。它可以是来自外部环境的能量变化，也可以是来自个体内部的生理变化。大多数研究的自变量属于刺激类自变量。如果自变量属于刺激类的变量，那么研究者就能直接操纵，改变它的数量或强度。例如，在探讨品牌口碑对消费者影响的研究中，品牌口碑就是刺激类的自变量。研究者可以直接通过控制口碑的好坏程度来观察消费者的反应。对研究变量的操纵往往涉及次数、强度、方式、程序、介入时间、延续时间等。

机体变量是指个体的生理和心理特征。生理特征如性别、年龄、身高、体重、血型、体形等；心理特征如智力、素养、性格等。当自变量属于机体变量时（如年龄、性别、性格等），由于研究者无法改变个体独有的生理、心理特征，因此无法直接操纵机体变量，只能采取选择的手段来控制自变量。例如，在探讨消费者的性格与消费决策之间关系的研究中，由于性格是机体变量，我们无法直接对消费者的性格进行操控，无法用人为的方式改变消费者本身的性格。因此，在进行研究时，只能采用区分研究对象特质的方法来对变量进行控制。例如，对所有被试进行性格测试，然后按性格进行分组实验。

对于具体的概念来说，因变量和自变量是相对的，也是可以互相转换的。人们在关于口碑和消费者满意的研究中，有的研究把口碑作为消费者满意的自变量，也有的研究把口碑作为服务质量的因变量。但是在同一个研究中，自变量和因变量是不能够互相转化的。甚至，如果有可能存在这种情况，就必须采取有效的措施制止这种情况的发生。因为一旦我们无法清楚地界定自变量和因变量，那么就无法观察两者之间的变化到底是由谁引起的，也就无法判断两者之间的关系。

（2）中介变量。1932 年，托尔曼（Edward Tolman）为了对行为主义者华生（John Waston）提出的 S-R 公式中的缺陷进行弥补而提出了中介变量的概念。中介变量强调探究变量间的作用机制。这种机制在自变量发生变化之后、在因变量变化之前产生作用。中介变量是自变量通向因变量的桥梁，它是自变量对因变量进行解释的解释。凡是 X 影响 Y，并且 X 是通过一个中间变量 M 对 Y 产生影响的，M 就是中介变量。中介变量可以用来更加深入地解释现象，在研究中承担很重要的角色。中介变量可以分为两类：一类是完全中介，另一类是部分中介。完全中介就是 X 对 Y 的影响完全通过 M。没有 M 的作用，X 就不会影响 Y。部分中介就是 X 对 Y 的影响部分是直接的，部分是通过 M 达到的。

中介变量可以解释变量之间为什么会存在关系以及这种关系是如何发生的，

因而被认为是发展既有理论的重要突破口。一般来说，当一个变量能够解释自变量和因变量之间的关系时，我们就认为它起到了中介作用。因此，研究中介作用的目的就是在已知某些关系的基础上，探索产生这些关系的内部机制。在这个过程中，我们可以运用整合的手法，将有关同一现象的理论整合在一起，从而使已有的理论更加系统、更加完整。另外，如果我们把事物之间的关系看作一个由泛到细、由表及里的系统，那么研究中介变量就可以使自变量与因变量之间的这种作用系统更细致地呈现出来，更清晰完善地解释在自变量到因变量之间发生了什么。所以，中介变量在理论上至少存在以下两个重要意义：一是中介变量可以整合现有的研究或理论；二是中介变量可以解释关系背后的作用机制。例如，在关于网络零售中的顾客价值如何影响顾客忠诚的研究中，赵卫宏（2010）的实证研究发现，网络零售中的顾客价值包括产品价值、服务价值、情感价值和社会价值。通过这些价值的满足可以形成顾客满意和顾客信任，进而最终达成顾客的店铺忠诚。这里的顾客满意和顾客信任就是中介变量。网络零售中的这四个顾客价值并不能直接达成店铺忠诚，而要通过中间满意和信任的桥梁才能实现。

（3）调节变量。调节变量是自变量影响因变量的条件。也就是说，自变量能够影响因变量，并不是在所有的条件下都是如此的。只有在特定的条件下，自变量才能影响因变量。当这些条件不存在时，自变量是不能影响因变量的，或者影响的效应显著减弱。甚至在某些条件下，自变量正向影响因变量，而在另外一些条件下，自变量负向影响因变量。这里说的条件变量就是调节变量，或称为理论的边界条件。任何理论的解释力是在一定条件下才具备的。满足了这些条件，理论可以解释相应的现象。反之，理论对现象的解释力将显著降低或没有解释力。调节变量影响的是自变量与因变量之间关系的强弱或者有无。如果变量 X 与变量 Y 有关系，但是 X 与 Y 的这种关系受到第三个变量 Z 的影响，那么变量 Z 就是调节变量。因此，调节变量也被认为是探究事物规律或发展既有理论的又一突破口。

例如，我们都知道"物以稀为贵"，即物品的稀缺程度决定了物品的价格。但这种关系是不是在所有情况下都成立呢？我们发现，如果存在政府干预，则自变量和因变量的关系表现会有所不同，那么政府干预的强弱即可以视为一个调节变量。对于一些民生产品来说，政府干预力度比较大，因此稀有程度和价格之间的关系就比较弱；而在其他政府干预比较弱甚至完全放开的领域，它们之间的关系就会更强。

（4）控制变量。控制变量是与自变量的作用类似的变量，也会对因变量产生影响，但由于不在研究范围内而需要被研究者控制，以免干扰研究所关注的自变量效应。例如，在关于企业市场导向战略是否促进企业绩效的研究中，市场导向战略是自变量，企业绩效是因变量。研究者假设市场导向战略能够促进企业绩效。那么，在检验该假设的过程中，我们也要考虑到，影响企业绩效变化的因素是否只有市场导向战略这一个因素呢？显然不是。我们发现，企业的规模、企业所处的行业、企业的资本架构、企业的激励制度等都会对企业绩效产生影响。虽然这些因素都会对企业绩效产生影响，但是在一个研究中，研究者不会对所有的因素都感兴趣，一个研究也不可能解决所有的问题。通常，研究者在一个研究中只对其中个别因素感兴趣，希望能够解释这个因素的作用。为此，其他不在该研究所关注范围内却又可能影响因变量的变量就都需要被控制起来。这样，才能清晰地观察所研究的自变量和因变量之间的关系。因此，在开展一项研究过程中，要特别注意对控制变量的控制设计。

（5）变量的确定。①变量名称的确定。在确定研究的主要变量、相关变量以及控制变量之后，要进一步确定变量的名称。其实，在研究题目、研究目的、研究问题和研究假设的陈述中，大致已提到了各类变量的名称。确定变量的名称，旨在检视研究中的变量名称是否贴切、有无修正的必要，并务必使变量的名称简洁、易懂、名副其实。一般学术界通用的名称、文献中惯用的术语应当沿用，不宜主观臆断，标新立异。②变量测量的确定。管理学研究中涉及的变量往往是抽象的理论概念，不同的研究者往往会做出不同的理解。这些变量并不一定具有明确的、为大家所公认的定义以及可以用度量单位进行测量的特征。因此，研究中需要对变量的含义进行界定，选择或制定变量的测量工具和标准。从确定变量到确定变量的测量工具需要一个把抽象的概念转换成可操作的具体属性、把难以评判的概念转换成可具体感知与判断的属性的开发过程。所以，在选择测量工具时，应当充分考虑变量本身的特性和研究的要求，体现研究的科学性和严密性。③变量确定的影响因素。研究者开展一项课题研究还需要对涉及的变量进行分析，以确定变量的类型和控制条件，从而选择合适的研究方法。在确定研究变量的过程中需要考虑的影响因素包括：涉及哪些主要因素？属于哪类变量？能否对这些因素或变量予以控制？控制程度如何？研究变量中何为自变量？何为因变量？研究对被试的安排和控制程度如何？能否有效地操纵自变量和测定因变量？能否有效地控制无关变量？

（二）命题和假设

在选定建立理论所需要的变量之后，如何构建变量之间的关系使之形成一个完整的理论系统是设计和开展研究的关键。命题和假设就承担着解释变量间关系的任务。命题和假设是一个问题的两个层面，命题是概念层面的关系表达，而假设是操作层面的关系表达。

命题（Proposition）是对两个或两个以上构成概念之间关系的陈述。它的形式是一个非真即伪的陈述句，不存在疑问句、命令句或感叹句等形式。陈述句能做出肯定或否定的判断，而一个疑问、命令或感叹的语句是无法表达肯定或否定意义的，也无法判断其真伪。假设（Hypothesis）则是操作层面对研究变量之间关系的暂时性猜测，它主要描述两个变量之间的某种单一关系。

命题和假设之间的主要区别在于，命题涉及抽象概念之间的关系，而假设则将命题涉及的广泛关系以更为具体、可操作的方式表达出来。由于命题的抽象性，对其进行观察和测量都不容易。而理论的构建必须在更为具体的层面上通过可测量和验证的假设来使研究问题具体化。

（三）边界条件

边界条件是中观理论的本质属性，也是提升理论质量的重要途径。因此，在中观理论层面构建新的理论，需要考虑有限条件的情境适用性。如果用中观理论来解释边界条件之外的现象很容易导致错误的结论。在开展一项研究或陈述一个研究报告时，要坚持科学严谨的态度，将边界条件考虑进去。研究者可以通过明确三种情境限制来定义一个理论的边界条件，即对象、地点和时间。不论理论构建的目的是指导管理实践还是丰富理论体系，特定情境都是理论构建的必备属性。例如，基于单案例研究构建的理论应当在多情境中进行检验。虽然中观理论常常是从单案例研究中建立起来的，但它的效用不能仅限于该研究的情境。只有从多情境下的研究中积累了充分的证据，我们才能认为一个理论是正确而有效的。

三、理论框架的模型

理论框架是一个概念化的工具，它是抽象而不可见的。为了具象地表现抽象的理论框架，一般可以用框图和数学模型两种方式来形象地呈现。

（一）框图呈现

在管理学的学术论文中，我们经常可以看到作者会用框图来表达理论的变量关系。这个框图一般可由方框（或圆框）、线条、箭头和文字组成。方框（或圆框）代表变量，文字则表示具体的变量名称，而箭头则表示概念或变量之间的关系。有时候线条的粗细会被用来代表强弱关系。一个完整的框图就能将理论框架或者理论模型的大致脉络结构表达出来。但是，框图不是理论本身，它只是理论的表达形式，而不具备理论的内涵。一个好的框图能清晰明了地表述理论的逻辑关系，呈现清晰的研究思路和内容。因此，绘制框图被视为构建变量关系的手段，它服务于理论模型的建立和理论内涵的表达两个目的。由于理论的复杂程度不同，框图表示理论模型的形态也有所不同。

（1）简单模型。最简单的是只有自变量和因变量两种变量的模型。其中，X是自变量，Y是因变量，如图 4-1 所示。

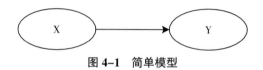

图 4-1　简单模型

（2）有中介变量的模型。加入中介变量之后，X 是自变量，Y 是因变量，M 是中介变量。X、Y 和 M 之间的关系可以用路径图 4-2 表示，当 c = 0 时，M 是完全中介变量，当 c > 0 时，M 是部分中介变量。

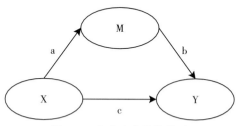

图 4-2　有中介变量的模型

（3）有调节变量的模型。当一个模型中有调节变量时，我们一般会用图 4-3 进行表示。X 是自变量，Y 是因变量，Z 是调节变量。

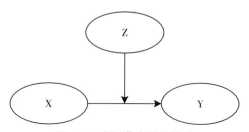

图 4-3　有调节变量的模型

例如，汪涛等（2012）在对来源国形象的形成机制研究中，认为消费者是从绩效形象和制度形象两大维度来认知来源国形象的。消费者会分别基于来源国绩效形象和制度形象形成对产品的实用合理性和社会合理性的判断，进而决定采取何种态度或行为。合理性的两个维度同时作用于消费者支持，而社会合理性又会通过实用合理性的中介作用间接导致消费者支持。为了描述这些关系，研究者采用框图来进行说明，如图 4-4 所示。方框代表各种概念，而方框的内外嵌套则代表概念之间的从属关系，箭头则代表各概念之间关系的方向性。通过这种框图，我们可以比较直观地理解来源国形象的形成及其对消费者支持的影响机制。

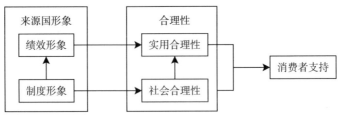

图 4-4 来源国的形成及影响机制（理论框图）

资料来源：汪涛，周玲，周南等. 来源国形象是如何形成的？——基于美、印消费者评价和合理性理论视角的扎根研究 ［J］. 管理世界，2012（3）：113-126.

（二）用数学模型表示

变量与变量之间的关系不仅能用框图来表达，还能用数学公式表达。随着自变量变化一定程度，因变量也随之变化相应的程度，这说明两个变量间的关系可以用数学公式表达，其基本表达形式为 $y=f(x)$。但管理科学中具有历史性、思辨性以及价值判断的部分则不是数学能够计算的。所以，并不是所有的管理学研究模型都能用数学公式表达。框图和数学公式两种表达理论框架的方式不存在绝对的优劣，而对不同特性的理论更具解释力的模型就是最好的。

第三节 研究假设

一、研究假设的概念与特征

（一）研究假设的概念

一般来说，研究假设是研究者根据经验事实和科学理论对所研究的问题的规律或原因做出的一种推测性论断和假定性解释，也即研究者对变量间关系的暂时判定，是在进行研究之前预先设想的、暂定的理论。一个或者几个研究假设最终如果通过验证，表示假设成立，那么这些被验证成立的假设就构成了最终要得到的理论。

（二）研究假设的特征

研究假设不仅仅是一个简单的句子，它应该包含以下特征：

（1）有一定的科学依据。研究假设应该是根据已有理论、研究者已知或者公认的知识经验和一定的事实提出的。因此，研究假设既不同于毫无根据的迷信或者臆测，也不同于纯粹的猜测或幻想。

（2）有一定的推测性质。虽然假设的提出有一定的依据，但在其未被确定的研究数据证实之前，它仍只是一种暂时的猜测性判断，是对所研究问题的答案做出的推断和猜测，其正确性仍有待研究结果来确认。

（3）必须可被证伪。假设是通过理论和经验途径主观推断出来的，并不一定是正确的。如果无法判定它的正确性，那么所做出的假设将是毫无科学意义的。需要被验证又决定了假设必须可以被操作化。在实践过程中，这种可操作的要求转化为假设必须是简单和单一的。也就是说，一个假设只能描述单个自变量和因变量在某种条件下的单一关系。

二、研究问题与研究假设

研究问题与研究假设通常是联系在一起的。研究假设因研究问题而存在，研究问题又要通过研究假设得到答案。

（一）研究问题是研究假设的基础

提出研究假设的目的就是为了解决研究问题。如果研究问题不存在，也就不存在研究假设。两者在时间顺序上，应该是先有研究问题，再有研究假设。研究假设应该围绕研究问题展开。在研究问题的基础上提出研究假设的方法主要有以下三种：

（1）经验。因为研究假设并不是最后的结果，只是具有一定推测性质的结论猜测，因此可以根据一定的经验提出。我们的经验是依靠自己的或者他人的实际经验所总结的，具有一定的合理性，且比较有可能被证明成立，因此可作为假设提出的方法。根据经验提出研究假设时，应注意经验应是大部分人都有的共识，以确保不是个人的特殊感受。个人特殊的经验容易导致假设最后被证明为不成立。

（2）预先探索。在确立研究问题之后，可以进行一些预先探索，以实验或者问卷调查等方式小范围地收集数据，进行研究问题中各变量的关系推测。这种方式适用于探索性的研究主题，当对研究问题中各变量关系没有任何的可判定依据时，可以根据预先探索的数据对变量关系做出初步判断，然后形成研究假设。

（3）已有理论。对于已有一定研究基础的研究主题，当我们无法准确推测变量间的关系以形成研究假设时，可以从现有的研究成果入手，通过分析已有理论和研究问题之间的关系，以逻辑推导的方式形成研究假设。通过理论得到的研究假设至少在理论上有合理性，从而增加了研究假设被证明为真的可能。

（二）研究假设是解答研究问题的必要环节

研究假设是解决研究问题的组成部分。研究问题提出之后，如何将研究问题的内在结构明确化，是进一步解答研究问题的基础。研究假设在这个过程中的作用主要有：

（1）具体化研究问题。一般而言，研究问题并不是单维度地存在，它往往包括许多更具体的变量关系需要被明确。研究假设使研究目的更加明确，研究范围更为确定，研究问题更加具体。把研究数据的收集工作限定在一个更为确定的方面和范围，可以起到纲领性作用。

（2）固定研究方向。虽然研究问题已经比较具象化，但仍然存在更细化的阐述。为了使所有更细化的研究都能指向同一研究问题，需要通过研究假设对这些研究关系进行确定，这样才能保证研究的方向不偏离研究问题。

（3）确定研究方法。研究假设的提出使研究者能够根据假设内容的性质和需要收集的数据特征来设计研究方案和选择检验方法。例如，针对因果性的研究假设要求采用严密的实验法加以检验。对于相关性的研究假设，采用相关方法进行检验即可。

三、假设的类型与结构

（一）研究假设的类型

（1）零假设与备择假设。零假设（Null Hypothesis，虚无假设）又称原假设，指进行统计检验时预先建立的假设。与零假设相反的是备择假设（Alternative Hypothesis，对立假设），也即研究假设。零假设的内容一般是希望证明其错误的假设。备择假设的内容则是不希望看到的另一种可能。例如，当我们假设两个事物之间有关系时，零假设的意思就是两个事物之间没有关系。在相关性检验中，一般把"两者之间没有关联"作为零假设，而在独立性检验中，一般把"两者之间有关联"作为零假设。零假设仍然是一种假设，而不是对规律的客观描述。它是在尚未确定研究假设成立的情形下所能做出的最保守的假设。当零假设成立时，有关统计量应服从已知的某种概率分布。当统计量的计算值落入否定域时，可知发生了小概率事件。小概率事件在一次试验中几乎是不可能发生的。所谓的小概率事件一旦发生，则可以认定数据落在拒绝域并非小概率事件，零假设为真的前提可以被推翻（如图 4-5 所示）。由此可判断，作为零假设对立面的备择假设（研究假设）为真的结论在统计学上则不能被否定。这种保守的证伪逻辑是因为社会科学的复杂性让我们很难判断变量之间的关系绝对为真，而只能证明所要的结果不为假，以此来不断接近客观事实。

零假设是做统计检验时的一类假设。在统计学的实际运用中，常常需要强调一类假设为应当或期望实现的假设。如果一个统计检验的结果拒绝零假设，而真实的情况属于零假设，那么称这个检验犯了第一类错误。反之，如果检验结果支持零假设，而真实的情况属于备择假设，那么称这个检验犯了二类错误。在保持第一类错误出现的机会在某个特定水平上的时候，应该尽量减少第二类错误出现的概率。研究的根本是，在排除偶然性的因素之后得到两者之间的必然联系，只

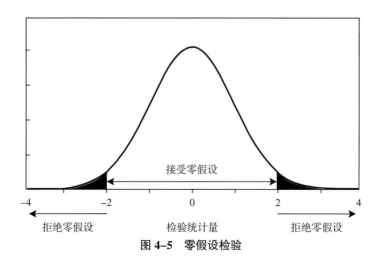

接受零假设

-4　　　-2　　　　　0　　　　　2　　　　4

拒绝零假设　　　　　　检验统计量　　　　　　拒绝零假设

图 4-5　零假设检验

有这样的结论才是可靠的。

　　（2）其他类型的研究假设。除了零假设与备择假设外，我们还可以从其他方面对假设进行分类。

　　从研究假设的内容性质分析，我们可以把研究假设分为：①预测性假设。即对客观事物存在的某些情况，特别是差异情况，做出推测判断。例如，对于初创型企业来说，采用激发员工的自主创新能力的管理方式可能比标准化管理要好。在消费者研究中，顾客满意对顾客忠诚的影响比其他因素更大等。②相关性假设。即对客观事物相互联系的性质方向、密切程度做出推测判断。例如，顾客满意与顾客忠诚正相关、品牌声誉正向影响品牌价值等。这里必须注意的是，假设中有强调变量间的"方向和密切程度"，而不仅是相关关系。③因果性假设。即对客观事物之间因果联系的推测判断。例如，顾客满意导致顾客忠诚度。

　　根据研究假设陈述的概括性程度，我们可以把研究假设分为：①一般假设。即对客观事物的状况、性质、相互联系的本质和运动变化规律具有普遍适用性的假设。例如，薪资的变化对员工的绩效有影响、口碑与品牌信任相关，这两个假设都是高度概括的一般假设。②特定假设。指针对某一特定事物的特定状态、性质和联系提出的假设，它预测的是事物间的特定关系。例如，如果员工的提成份额提高，那么他的绩效会有相应的提高；服务型行业的正面口碑越积极，该品牌越容易获得品牌信任。这两个假设就属于特定假设，因为它们是对特定事物间的关系做出的推测。当然，一般假设和特定假设的区分也是相对的。

　　（二）研究假设的结构

　　研究假设的结构主要有以下三种：

　　（1）条件式结构。如果 A，则 B；或只要有 A，才会有 B。在这种结构中，A

表示先决条件，B 表示后果。例如，如果薪资提高，工人的工作积极性就会提高；如果品牌的价值提高，则品牌的口碑会增强；等等。这类陈述也称为充分条件陈述。它说明，A 是 B 产生的充分条件。

（2）差异式结构。A 与 B 在变量 Y 上有（或无）显著差异，A 与 B 表示变量 X 的不同类别或不同的组。例如，个体消费和家庭消费在消费决策方式上有显著差异等。差异式陈述主要说明两个变量之间有（或没有）相关关系，因为 A 与 B 是表示变量 X 的不同变动状态，如不同阶级、不同地区、不同职业等。如果 A 与 B 在变量 Y 上有显著差异，那就说明它们所表示的变量 X 与变量 Y 有相关关系，即 X 的变化也伴随着 Y 的变化。如果 A 与 B 没有显著差异，则说明 X 与 Y 之间没有相关关系。

（3）函数式结构。假设两个变量之间存在因果共变关系，并用数学公式表达，则为 $D=f(x)$。X 表示原因，Y 表示结果，表示 Y 随 X 的变化而变化。函数式的陈述在管理学研究上比较少见，因为研究假设用数学公式表示意味着精确性很高，但管理学研究往往是很难精确量化结果的。

四、假设的评价标准

研究假设提出后，就需要对其进行评价，也即检验提出的假设对于研究来说是否达标。一个合格的研究假设应该具备一定的标准规范。

（1）有客观的假设对象。研究假设的提出应有一定的依据，即以一定的理论或一定的经验和观察事实为前提，具有一定的科学性和探讨价值，而不是毫无根据的臆测和猜想。例如，假设"神"是存在的，那么中国的"神"和外国的"神"是不一样的。这里所说的"神"基本无现实经验和观察数据，没有客观存在的对象，因此并没有探讨价值。

（2）有明确简洁的关系陈述。研究假设一般应对两个以上的变量间的关系做出明确的推测。研究假设应以陈述句的形式清楚地加以表述，而不能以问句形式或模棱两可的陈述句形式出现。简洁性就要求尽量只使用一个简单陈述句来表述变量之间的关系。简洁性包括：①描述的简洁性，即强调术语和文句的表达简洁有效，只需要客观地陈述关系而不需要修饰性的词汇存在。②归纳简洁性，即在面对抽象复杂的现象时，要用直切要害的本质概念归纳现象，而不要用多个缺乏概括性的概念进行描述。

（3）具有可检验性。研究假设应当是可以检验的，即可被研究人员用一定的方法收集数据和事实加以佐证。虽然假设是通过主观手段得出的，但是其目的是通过客观的证据验证其为正确。这就要求假设中的术语能够被操作化地定义和测量。例如，在探讨显著的植入式广告是否能带来更好的品牌态度时，研究者将

"显著性"这个概念量化为空间维度和时间维度。空间上的占比大小和时间的长短被开发成为"显著性"的操作化变量，从而可以通过改变植入广告的显著性来观察品牌态度（因变量）发生的变化，以检验假设的正确性（周南和王殿文，2014）。

需要指出的是，有的假设理论上讲是可以检验的，但由于研究技术和手段的缺乏，目前可能还无法被检验。例如，如果一个有机体的神经细胞 RNA 分子和 DNA 分子有一个结构被改变，那么一个有机体就会有记忆；如果一个人患了精神分裂症，那么其中枢神经系统的化学成分就已经发生了改变；等等。但是，如果研究技术已达到所要求的水平，则上述两个假设以及其他类似假设都是可检验的。

参考文献

[1] Bacharach S. B. Organizational Theories: Some Criteria for Evaluation [J]. Academy of Management Review, 1989, 14 (4): 496–515.

[2] Merton R. K. Social Theory and Social Structure [M]. New York: Free Press, a Division of Macmillan Pub, 1967.

[3] Wagner D. G., Berger J. Do Sociological Theories Grow [J]. American Journal of Sociology, 1985, 90 (4): 697–728.

[4] Popper, K. The Logic of Scientific Discovery [M]. New York: Harper & Row, 1959.

[5] Campbell, J. P. The Role of Theory in Industrial and Organizational Psychology [A]//M. D. Dunnette & L. M. Hough. Handbook of Industrial and Organization Psychology [Z]. 1990 (5): 39–73.

[6] Stinchcombe, A. L. Constructing Social Theories [M]. Chicago: University of Chicago Press, 1968.

[7] Xiao Z., Tsui A. S. When Brokers May Not Work: The Cultural Contingency of Social Capital in Chinese High-tech Firms [J]. Administrative Science Quarterly, 2007, 52 (1): 1–31.

[8] 陈晓萍. 组织与管理研究的实证方法 [M]. 北京: 北京大学出版社, 2012.

[9] 周南，王殿文. 显著的植入式广告能带来更好的品牌态度吗——植入式广告显著性影响机制研究 [J]. 南开管理评论, 2014, 17 (2): 142–152.

[10] 汪涛，周玲，周南等. 来源国形象是如何形成的? ——基于美、印消费者评价和合理性理论视角的扎根研究 [J]. 管理世界, 2012 (3): 113–126.

[11] 佟德. 提出研究假设的方法 [J]. 教育科学研究, 2006 (8): 59–60.

第五章　研究设计

【内容框架】

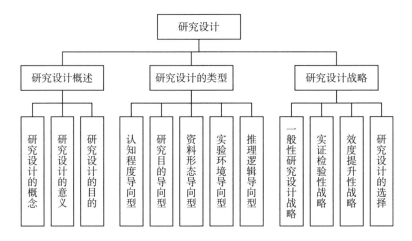

　　研究设计是开展研究时所要遵循的蓝图或计划。它包括为了解决研究问题所制定的数据收集、分析和结果解释的计划与构想。

第一节　研究设计概述

一、研究设计的概念

　　在正式开展研究之前是否设计研究方案是区分传统学术研究和现代学术研究的标志。因此，研究设计（Research Design）在现代管理学研究中是一个不可或缺的阶段。风笑天（2013）在《社会学研究方法》中指出，研究设计是指对整个研究工作进行规划，制定出探索特定社会现象或事物的具体策略，确定研究的最佳途径，选择恰当的研究方法，同时还包括制定详细的操作步骤及研究方案等方面的内容。概括来说，研究设计就是研究者根据自己所拥有的研究手段、方法、能力、时间和财力等条件因素，为满足自己的研究目的而进行的一个初步战略规划。它以简要的方式集中提炼出研究的具体思路、步骤和实施方案。

二、研究设计的意义

研究是复杂的，需要做的选择也是多样的，各种选择之间往往充斥着各种矛盾。为了使研究顺利进行，我们就需要通过研究设计来控制这些矛盾并化解它们。研究设计的意义在于预先处理研究可能面对的一般问题，使阻碍研究的问题预先得到解决或者预备好解决方案，以此提高研究的质量。

（一）使研究方法具有可行性

在学术研究中，可供选择的研究方法有很多，但并不是每一个都适合。只有当研究方法满足合理的、可靠的和经济的这几个条件时才可行。

（1）研究方法是合理的。即针对特定的研究假设或研究内容，采用的方式方法能够满足检验、论证和解释研究内容所需要的功能和标准。

（2）研究方法是可靠的。即研究所采用的方式方法是可以信赖的、可以重复的，即使换了他人来做同样的工作也能得到基本相同的结果。

（3）研究方法是经济的。即对经费、人力、物力、时间等资源的整体投入要经济实惠。既要力所能及地保证研究的严谨性，又要以较少的投入争取最大效益。

（二）使研究具备科学性

科学的研究体现在，充分构思实现研究目的的操作程序和控制方案，以保证研究是有效的、客观的和显著的。

（1）保证研究是有效的。①研究变量之间的关系是客观真实的推断。这种关系可能是因果关系，也可能是相关关系。这种关系的推理和构思源于理论的支持、实践的启发以及灵感的萌动；对关系中的变量进行适当的操作化定义，能够有效控制和检验。②在数据的统计处理上，采用的数学统计工具适宜和数据的质量达到需要的标准，以及样本容量符合科学要求。

（2）保证研究是客观的。即研究的程序和控制必须要保证研究变量之间的影响能以真实关系发生变化，而不能是虚构的或随心所欲的；收集的数据是来源于客观实在，而不是主观生造的。

（3）保证研究是明确的。即研究设计要能够使研究所反映的关系以比较突出和显著的形式表现出来；同时研究结果不能含糊不清或似是而非，而是以明确无误的、有说服力的、可靠的数据或材料表述出来。

三、研究设计的目的

一个好的研究设计要体现三个基本目标：一是能简洁有效地回答研究问题。研究设计就是对研究的具体进程有预先安排，且所有的安排都指向一个目标——为研究问题的解决提供数据性的或者方法性的帮助。具体而言，就是采取各种科学方法对研究假设进行检验，从而判断假设是否能够得到数据和客观事实的支持。是与否都是对研究问题的回答。二是满足研究的效度要求。一个好的研究设计要有效合理地安排研究过程，提高研究的质量。通过严谨的研究设计，可以在操作过程中避免不必要的纰漏，确保对构念测量的质量；可以根据数据的类型来选择正确的统计分析方法和合理的样本，以保证研究结果的可靠性。三是控制研究中的各种变异。通过严谨的研究设计，可以根据研究类型和数据类型选择合适的研究方法有效地控制那些可能影响自变量变化的各种变异量，如系统变异、外生变异和误差变异，从而提高研究的可信度。

（一）提高内部效度

内部效度（Internal Validity）是指测量变量间因果关系推论的可信度。其评价的是各种变量之间是否真的存在因果关系，而不是变量测量结果之间的统计关系。也就是说，内部效度与研究结果解释的唯一性有关。如果研究结果有且只有一种解释，那么该研究的内部效度就高。如果研究结果不止一种解释，该研究的内部效度就低。我们如果发现自变量的变化能给因变量带来显著的变化，然后在判定它们之间存在确切的因果关系之前，还需考虑这种因变量的变化是否排除了其他替代变量的解释效应。如果不能排除这种可能性，则会产生对自变量与因变量关系判定的偏差。例如，在霍桑实验中，研究者通过改变监管方式、增加互动时间，发现参加实验的员工绩效提高了15%，从而认定人际关系的改善是员工绩效提高的主要解释。Carey（1967）针对这一结论提出了自己的观点，他认为由于外部经济形势的好转和雇佣关系的改善，霍桑工厂5500名工人的平均绩效在实验期间也提高了7%。因此，在控制了外部经济因素对员工绩效的影响后，人际关系因素能够在多大程度上提高员工绩效是一个疑问。由此可见，如果对所研究的管理现象以及相关文献缺乏足够的了解，我们的研究设计方案极有可能忽略与替代解释相关的构念，最终导致变量之间的关系模糊不清，难以清晰解释，影响到研究的内部效度。

（二）提高外部效度

外部效度（External Validity）指在脱离研究情境后，研究结果还能成立的程度。每一项研究都是在特定的时间和地点进行的，有特定的被试、指导语、测量技术和实验程序。尽管研究本身具有特异性，但研究者通常期望研究结果不是特异的，而是可以推广到研究情境之外的。如果研究者使用的研究样本、测量手段有较大的特殊性，研究结果很有可能无法在其他情境下得到重复。例如，如果研究只以大学生为对象，这个研究的结果就很可能不适用于已经有多年工作经验的人群。外部效度在一定程度上决定了研究结果对现实的有效指导的程度。当在样本中找到显著的因果关系时，需要思考这些结论是否只在这些人、这样的环境和时间内有效。假如是，那么研究结论就缺乏必要的外部效度，也就没有实际的指导意义。

（三）控制变量

科学的本质在于控制，我们前面所说的内部效度和外部效度的提高，一般都需要通过控制各种因素来达成。控制的总的原则就是，最大变异原则（MAXMIN-CON Principle of Variance）。其中，MAX 意即最大化系统变异，MIN 意即最小化误差变异，CON 意即控制外生变异。

1. 最大化系统变异

系统变异是指由自变量变化而引起的因变量变化。在研究设计时，我们希望选择的自变量能够对因变量产生显著性影响，所以需要采取措施放大这种显著性，以方便观察和检测。系统变异在因变量的变异中占的比重越大，说明自变量在整个研究系统中的作用越强，进而说明研究的方向是正确的。系统变异需要在研究设计阶段充分考虑假设检验所需要的样本以及对自变量的操作和测量方式。例如，在研究消费者的收入水平对消费者的购买意愿影响的时候，如果选择样本的收入水平本身差不多，或者最后发现他们的消费意愿并无明显变化，那么研究假设将很难获得支持。

由于变量性质的不同，在研究设计中操纵变异量的方法也是不同的。自变量分为刺激变量和机体变量。在对变异量进行操控时，刺激变量可以随研究者的控制而变化，但是机体变量由于其不可变属性，我们无法进行人为操控。例如，如果我们要研究消费者的消费观念对消费行为的影响机制，显然我们是无法操控改变消费者的消费观念的。但是，我们可以通过选择两组或多组拥有完全不同的消费观念的消费者作为研究样本来实现差异化比对。通过样本的选择分组，两组研究变量（消费观念）达到显著的异质性效果，从而有利于在研究中观察不同消费观念下消费行为的不同，进而找出消费观念对消费行为的影响机制。因此，在研究设计阶段，应考虑如何根据变量的性质，从不同的背景中抽取研究样本，以强化研究的系统变异。

2. 最小化误差变异

误差变异是指由自变量以外的其他随机因素导致的因变量变异。最典型的随机变异是测量误差，或研究者控制不了的未知因素。误差最小化旨在尽可能扩大系统变异。通常，误差变异和外生变量对因变量变异的影响是无法区分的，这两部分产生的因变量变异之和就是统计分析所称的剩余部分，即自变量无法解释的变异部分。在进行 F 检验时，可以将因变量的总变异分为两部分：一部分是由自变量造成的组间差异（Between Group Variance），另一部分就是外生变量和误差共同造成的剩余部分。如果能够尽量减少测量误差，就可以提高统计检验的 F 值，增加获得显著性结果的可能性。

由于误差变异是随机因素造成的差异，它的处理方法主要有减少个体差异和测量误差两个方面：①弱化被试的个体差异。在保证最大化系统变异的同时，尽量减少因为测量对象的个体差异而对因变量产生影响。②减少测量操作上的误差。一方面可以通过改良测量方法和测量工具来减少测量误差，如在使用一些电子设备或者其他工具时，尽量标准化这些设备的各个参数，不能在不同的使用组别或者使用时间有明显的差异出现；另一方面则是需要有效地控制测量情境。由于管理学研究对象具有很强的主观性和社会性，情境因素对其影响很大。不同的情境可能使同一对象有不同的测量结果。

3. 控制外生变异

外生变量是研究中存在的，却是研究中不需要且极力消除的干扰变量。它既可能影响因变量，同时也有可能影响自变量。它存在于整个研究过程，但却与研究目的无关。干扰变量不是具体的变量，而是相对的变量。也就是说，在某个研究中产生外生变异的变量，在其他的研究中可能是需要的变量。但在现有研究中，它的存在只会对判断产生干扰，所以需要对这类可能对因变量造成影响的干扰变量实施有效的控制，使其效应最小化，将其与自变量的效应进行隔离。只有通过一定的控制手段排除无关变量对因变量的影响，才能清晰地判断并解释自变量对因变量的影响。如果不能实现对外生变异的有效控制，在发现了显著性关系后，就无法判断这一关系究竟是因为自变量对因变量的影响，还是未加控制的外生变异的影响，也就无法达到研究目的。

为了控制外生变异，在研究设计中可以考虑三种思路：

（1）修改模型。可以通过修改研究模型主观地将干扰变量纳入研究设计，从而将其效应与自变量的效应加以区分。例如，在研究品牌满意度对品牌购买的影响时，为了排除消费者之间的收入水平对研究的干扰，可以将这两个变量同时加入模型，形成 2×2 多因子研究设计。然后通过实验结果来分析它们的主效应和交互效应，以此来区分两个变量对品牌购买的影响。

（2）样本抽样。为了避免修改模型导致研究焦点模糊的弊端，可以考虑通过抽样的方式（如随机化、匹配参与者等）实现对干扰变量的控制。常用的控制方式有三种：①排除法。不同于选择差异化的自变量，这是通过选择同质性的外生变量来排除干扰变量对因变量的影响。例如，我们希望了解收入水平对个人满意度的影响，同时性别也有可能对满意度水平有影响，这时在取样时就可以单独选择男性或女性。使用这种同质的样本，可以排除相应干扰变量的影响。②随机分配法。如果能够将被试随机分配到不同的实验组与控制组中，这样外生变异出现的概率在各组一致，两组之间的结果差异在理论上就能剔除外生变量的影响，也就隔离了干扰变量与因变量之间的联系，得到的研究结果也就无须用干扰变量来解释。③配对法。这种方法是指将外生变异进行配对处理，创造对等的研究条件，从而控制干扰变量。例如，考察一项组织变革的成效，可以选择另一家没有变革的企业作为控制组。虽然研究者不能随机分派哪家企业进行变革或不变革，但研究者可选择一家与变革企业相类似的企业（如科技的性质、制度、工厂设立时间长短等）作为控制比较对象。通过对比可清晰地看出变革发生后产生的实际效果。

（3）统计控制。如果没有条件实现对研究对象的操纵，可以利用统计工具实现对干扰变量的控制。我们可以将干扰变量和自变量一起放进模型中，然后通过统计数据进行检验，在统计分析时排除它们的效应。统计操作相对来说只需要处理数据，过程中无主观现象存在，不会生成其他变异量；且数据一般用电脑软件就可以自动处理好。常见的统计控制方法就是 ANCOVA 分析（协方差分析）。协方差分析本质上是变异数分析和线性回归分析的合并使用，也是先利用线性回归分析将共变量的影响排除之后，再利用变异数分析来观察各组平均数之间是否仍然有显著的差异性存在。协方差分析在以下两种情况下才能使用：①干扰变量和研究变量必须有关系；②干扰变量的回归效果必须是同质的，即干扰变量对各群体的研究变量的影响是相同的。

需要注意的是，尽管都想在假设检验之前就排除掉干扰变量对因变量的影响，这样自变量和因变量之间的关系会更加清晰。但除非研究者已经清楚地知道变量有某种关系存在，已经了解控制变量可能扮演的角色以及对假设检验可能造成的影响，否则使用这种控制变量的方法可能使得研究结论更为模糊。

研究设计是一个整体研究的蓝图。它是一个不断循环、不断重复的动态过程，而不是一成不变、一劳永逸的静态过程。研究设计只是具体操作前的理论设想，随着实际操作的推进，还会有很多当初理论上设想不够全面或者不正确的部分，因此需要不断地根据实际情况进行调整。

第二节　研究设计的类型

研究设计最终是为研究服务的。不同类型的研究也有不同的研究目的和研究对象，所需要的研究方法也不一样。因此，研究设计的关键在于与研究要匹配，要根据不同的研究特质、研究目的和所需数据的特质来确定不同的研究设计。根据不同的标准，可以把研究设计划分为多种具有不同特点的类型。

一、认知程度导向型

（一）探索性研究设计

如果一项研究对目前的情况所知有限，或者说根本没有任何可以借鉴参考的资料以帮助了解研究问题，那么这种研究就叫作探索性研究。顾名思义，探索本就意味着对所要了解的对象无现有资料，所以要进行发掘式探究。这种研究的目的是对所研究的问题提出看法和见解，是为了更加了解某个过去可能很少有人讨论的问题。因为很少有人甚至没有人讨论，所以在研究设计时，需要知道数据来源多为一手调查。例如，需要进行大量的人物访谈，从人物访谈中得到原始资料后才能进行下一步的研究。即使已知某个研究问题的一些事实，但是可能解释这个问题的原因仅限于已知的这些，也可以通过探索性研究来完善。

为了达成探索的目的而进行的研究设计就是探索性研究设计。它的任务主要包括：收集必要的背景材料，熟悉和澄清所要研究的问题及背景，准确界定问题、提出假设或澄清有关概念，寻找解决问题的初步方案和线索，确定进一步研究的重点，确定数据收集方法和研究方法。探索性研究设计适用的方法一般有文献分析、专家访谈、二手数据分析、定性研究等。

（二）验证性研究设计

对目前的研究已有成熟的掌握，但是对于相关理论还存在质疑。为了验证其正确性而进行的研究就是验证性研究。针对验证目的所涉及的研究方案设计就是验证性研究设计。验证性研究设计可分为理论验证和实验验证两种：

（1）理论验证性设计。对于某个研究理论，可能认为其存在一定的不合理性，因而先运用理论进行检验，旨在检验这个陈述是否与已经进行过验证的原理、定理，或其推论所得到的陈述相容。如果是相容的，则可视为被验证了；如果不相容，则否定该陈述。但是，这种理论验证是有局限性的。可能出现的情况是：①对某个结论性陈述，部分人认为理论上无法证明，部分人认为理论上已经证明。此时，理论无法继续给予更深层次的证明。②陈述的内涵或外延超出当前理论的有效范畴，验证性研究无法给出可靠的判断。

（2）实验验证。在通过理论验证无法得出结果时，需要使用实验来对理论进行检验。实验验证是根据理论内容，设计实验收集数据，对数据分析处理后做出对原来理论的判定。设计验证性实验需要注意：①在当前理论的有效性范畴内的实验结果与现有理论是不矛盾的，在这层意义上，它是重复性实验，也就没有意义。②超出当前理论有效性范畴的那部分实验结果才真正构成了验证性实验的本质。③验证性实验的本质部分必须是可由其他研究者做重复性实验来检验的。如果不可重复，也就不能构成验证性实验。

在进行验证性研究设计时，应该首先判定所要验证的对象是什么，它有什么特征，这些特征要求进行理论验证还是实验验证。验证性研究设计一般选用的方法是文献分析法、实验法。

二、研究目的导向型

（一）描述性研究设计

为把握有关现象或者整体特征的分布、发生频度等特性而进行的研究就是描述性研究。描述性研究设计旨在确定或者描述研究现象的特征或结果的轮廓。例如，描述企业员工的年龄分布、性别比例、婚姻状况、受教育程度、籍贯等人口统计特征；描述企业的战略运营状况、市场的特征或功能等。典型的描述性研究都是以有代表性的大样本（一般在 600 人以上）为基础的。

描述性研究可以进一步划分为横截面研究和纵向研究两种类型，两种研究类型对应着不同的研究方法，在进行研究设计时应予以注意。

（1）横截面研究。横截面研究（Cross-sectional Study）是常用的描述性研究，指的是一次性从特定的样本总体中收集信息，又可以包括一次性横截面设计和多次横截面设计。一次性横截面研究（Single Cross-sectional Designs）强调的是一次性，在目标总体中只抽取一个调查对象样本，对这个样本只收集一次信息。多次横截面研究（Multiple Cross-sectional Designs）是指有两个或两个以上的调查对象样本，从每个样本中收集一次信息。但不同的样本信息通常在间隔较长的一段不同的时间收集。每次的样本彼此是相对独立的。多次横截面研究可以反映不同时期状态的变化。例如，表 5-1 显示消费某产品的三种型号在时期 x 和时期 y 两个时间点的家庭数量。

队列分析（Cohort Analysis）是以队列作为基本分析单位，分析多次横截面调查数据的一种方法。一个队列是在相同时期经历同一时间的一群人。例如，出生队列是指同一时期内出生的一群人。如"90 后""00 后"就是分别指在 20

表 5-1 不同时期消费不同型号产品的家庭数量

型号	时期 x	时期 y
1	100	215
2	135	200
3	160	160
合计	395	575

世纪 90 年代和 2000 年以后出生的人。这些队列由于某些原因在某些方面具有相似特征，导致队列内成员某些特征比较相似，但队列与队列之间却存在某些明显差异。

与后面要介绍的固定样本组数据不同，虽然队列分析是以队列为分析单位，但每个时点抽取的样本是相互独立的。在时期 A 抽中的队列成员，在时期 B 并不一定能被抽中，即使抽中也很难与时期 A 的信息链接。因此，队列分析是属于横截面研究设计，而不是纵向研究设计。

（2）纵向研究。纵向研究（Longitudinal Study）是在一段时期内对目标总体中一个固定的样本进行重复调查，按相对固定的程序和要求收集信息。固定样本组（Panel）一般是由家庭作为调查对象而组成的样本。他们同意长期按要求提供研究所需的信息。因为需要在较长的时间段内保持这个样本的存在，课题组一般都没有时间和资源来维持这种长时间的关系，所以基本都由专业的市场咨询公司来提供此类调查对象。这些固定样本组一般也会得到一定的薪金酬劳或者是其他物质性的奖励。固定样本组又分为单固定样本组调查和多目标固定样本组调查。前者不仅样本是固定的，每次调查的内容也是相同的；而后者可以根据研究的具体需要增减调查内容。

单固定样本组不仅能够提供长期的关于购买量或市场份额等真正的时间序列数据，还能提供消费者购买行为和品牌转换的动态信息，而后者是无法从重复的横截面研究获得的。单固定样本组的缺点主要表现为，调查对象缺乏代表性。调查对象的拒绝合作、固定样本组成员的退出和因为报酬可能会吸引特定类型的人等原因都会造成缺乏代表性的结果。

（3）横截面研究和纵向研究的比较。横截面研究是在某一特定的时间点收集信息，反映的是在这个时间点的静态状况。纵向研究则是通过追踪一个固定样本来收集能反映动态变化的数据。两者主要是静态数据和动态数据的区别，没有本质上的绝对优劣，具体如表 5-2 所示。

（二）预测性研究设计

通过对管理现象的研讨，探究现象的内在本质规律，从而对此类现象将来的表现做出预测的研究就是预测性研究。针对预测研究的预测性特征所做的方案设

表 5-2　纵向设计与横向设计的相对优缺点

评价标准	横截面研究设计	纵向研究设计
洞悉变化	-	+
数据量	-	+
样本代表性	+	-

注："+"表示相对优势，"-"表示相对劣势。

计就是预测性研究设计。科学研究的一个重要目的就是进行预测。对于还未发生的事，如果能进行前瞻性预测，就能提前准备，使得有利因素放大而不利因素减少或消除，最终使利益最大化。预测不是盲目猜测，而是建立在科学研究基础上对未来发生的事做预判。正因如此，预测研究还是需要通过解决相关的问题，即通过解决研究问题，弄清楚问题产生的内在原因。事物本质的核心在可预见的时间内是不易改变的，因此可以根据这种稳定的联系推论到还未发生的事情上，以达成预测的目的。预测性研究有定量预测和定性预测两种，根据不同的类型，在进行研究设计时应有所区别。

（1）定性预测。定性预测是指研究者依靠熟悉的业务知识、丰富经验和综合分析能力，根据已掌握的历史资料和直观材料，对事物的未来发展做出性质和程度上的判断和预想。定性预测一般适用于对预测对象的数据资料（包括历史的和现实的）掌握不充分、影响因素复杂、难以用数字描述或对主要影响因素进行定量分析等情况。定性预测的特点主要有：①主要凭借人的经验及分析能力对事物发展的性质进行预测；②着重对事物发展的趋势、方向和重大转折点进行预测。定性预测的方法主要有德尔菲法、主观概率法、领先指标法等。

（2）定量预测。定量预测是根据已掌握的比较完备的历史统计数据，运用一定的数学方法进行科学的加工整理，以揭示有关变量之间的规律性联系，用以预测或推测未来发展变化情况的方法。定量预测方法也称统计预测法，其主要特点是利用统计资料和数学模型来进行预测。然而，这并不意味着定量方法完全排除主观因素。相反，主观判断在定量方法中仍起着重要的作用。但与定性方法相比，各种主观因素在定量预测中所起的作用更小。定量预测一般分为两类：①时序预测法。即把未来作为过去历史的延伸，通过对变量本身的一段时期内的历史数据分析去寻找其演变规律。时序预测法包括平均平滑法、趋势外推法、季节变动预测法和马尔可夫链预测法。②因果分析法。它包括一元回归、多元回归法和投入产出法。回归预测法是因果分析法中重要的方法之一。它从一个变量与其他具有未来可预见性的变量的历史和现实变化的相互关系中探索它们之间的规律性联系，以这种联系来预测目标变量的未来趋势。

(三) 控制性研究设计

为认识和把握观察变量的变化情况而采取措施进行人为控制变量变动的研究就是控制性研究。对控制性研究的本质进行把握所产生的研究方案就是控制性研究设计。能控制变量才能在实践中把握事物发展规律。控制性研究旨在通过控制操作变量来观察另一变量的变化情况。这就意味着变量之间应该存在有明确方向性的因果关系。所以，控制性研究的本质是因果研究 (Causal Research)。旨在获得有关因果关系的证据，确定因果关系，解释存在因果关系的现象、行为或者变化产生的原因。

控制性研究的作用主要有：一是认识哪些变量是现象的原因 (自变量)，哪些变量是现象的结果 (因变量)。二是确定原因变量和预测结果之间关系的性质。

需要特别注意的是，因果关系和相关关系之间存在着根本的区别。其中，因果关系变量首先是具备相关关系，但是相关关系并不必然是因果关系。因果关系的确立一般需要满足以下条件：

(1) 确定变量之间具备相关关系。即作为原因的变量和作为结果的变量之间是相关的，而不是独立的、互不相关的。

(2) 确定事件发生的时间顺序。即作为原因的变量变化在先，结果变量的变化在后。

(3) 排除其他变量的影响。即变量之间的这种关系不是由所研究的变量之外的其他变量造成的。

(4) 可推论性。即实验条件下所观察到的因果关系放在实验情境之外也成立。

由此，控制性研究的设计应该注意以下几点：

(1) 确认变量间是因果关系还是非因果关系；

(2) 确定变量的特征，即确定哪个变量为应受控制的变量；

(3) 实验操作的可能性，即实际操作可能性和伦理道德合理性。

三、资料形态导向型

(一) 定性研究设计

由于社会科学具有高度的复杂性和社会性，很多资料是不能用数字进行表示的。当研究的证据呈现形式是文字资料时，我们称其为定性研究。针对定性研究进行的研究方案设计就是定性研究设计。

定性研究设计具有以下特征：

(1) 在研究目的上，定性研究更重视对事实的释义性理解，强调研究对象必须要经过研究者的主观诠释才能发掘其本质。定性研究的主要目的不是寻求普遍的共识，而是通过对复杂的、不确定的信息进行分析，以寻求新的、尚未了解的意义。

（2）在研究情境上，定性研究更强调研究情境的自然性，重视在实际环境中进行研究而不需做预先安排。因此，在定性设计中，研究现场应该选择在尽可能自然的实况环境中与被试者一起相处，按照被试者看问题的角度、方法、观点去了解他们眼中的现实，以揭示其内部世界的真相。

（3）在具体方法上，定性研究更多地采用访谈、观察、小组讨论、材料分析等方法，主要以文字化的描述为主，强调研究者自身的主观能动性。

（4）在资料分析上，定性研究多以归纳分析为主，强调一边进行研究，一边分析资料，同时根据分析的结果对研究方案加以修正。

（5）在研究者与被试者的关系上，定性研究不同于定量研究的中立原则，主张研究者应积极与被试者联系并参与到被试者所处实况环境中去，认为这是研究不可缺少的部分。

（二）定量研究设计

定量研究是与定性研究相对的，定量研究的资料呈现方式是数据。定量研究认为，在人们的主观世界之外，存在一个客观且唯一的真相。研究者必须采用精确而严格的程序以保证数据收集和处理的客观性，再以客观的逻辑去判断事物之间的关系。因此，在定量研究设计中，强调数据收集、结果的处理与解释上必须具备严格的范式，结果必须具有唯一的解释性。具体表现为：①强调对事物进行量化的测量与分析。②强调对研究对象进行人为干预，创设实验条件。③主要采取假设检验的方式。由此出发，定量研究形成了包括严格的抽样技术、量化的资料收集与以数理统计为基础的分析技术在内的一套完整的方法体系。由于定量研究的量化、客观化倾向与社会科学的发展方向相契合，自19世纪后期以来，定量研究很快取代了思辨研究的位置，在社会科学领域得到了广泛的应用，成为主导性的研究范式。但是，应该注意的是，定量研究与定性研究同样重要，不存在绝对更优。在一个研究中，两种研究方式也可能同时存在。

四、实验环境导向型

（一）实验室研究设计

在进行研究时，如果研究是在实验室中进行，那么可以称之为实验室研究。实验，就是根据研究目的，运用一定的手段主动干预或控制研究对象，在典型的环境中或特定的条件下进行的一种探索活动。针对实验室研究进行的研究方案设计就是实验室研究设计。实验室研究设计主要有以下三个特征：

（1）研究者可主动控制某些条件。在实验室中，研究者可根据研究要求主动控制住某些变量的变化，以观察其他相关变量的反应。

（2）实验室研究的重点在于检验因果关系。实验室研究最大的特点在于能对研究变量进行控制。通过这种控制可以将变量间复杂的交叉关系隔离，从而保留所要研究的变量在试验中，以观察变量间的关系方向，判断因果关系。

（3）实验室研究具有可重复性。因为所进行的操作都是有意识的人为行为，除因研究需求选择随机性外，随机性将基本不存在于实验室研究中。因此，只要按照设计的实验步骤进行，就能重复该实验过程。

（二）非实验室研究设计

非实验室研究即指不是在实验室中进行的研究，这种研究一般是在自然、现实的情境中，以视觉等感官手段来观察自然状态下的对象。这种研究一般用在对所研究问题了解不多，或者所研究问题情况较复杂的情况下。针对非实验室研究的研究方案设计就是非实验室研究设计。在进行非实验室研究设计时，应充分考虑以下特征：

（1）非实验室研究过程无人为干预。非实验室研究过程不对研究对象进行人为干预而只进行观察和记录，主要是对研究变量进行描述和对比。研究数据强调来自实地现场。也因其研究情景就是实际生活，所以一般外部效度较高。

（2）非实验室研究不能解释因果关系。管理学研究对象是复杂的，其本质具有很强的不可观测性。因此，不进行人为控制的非实验室研究只能描述相关关系，而不能判断事物间的因果关系。

（3）非实验室研究是实验室研究的重要基础。非实验室研究可以判断事物间是否存在相关关系，从而可以为判定因果关系提供基础。

五、推理逻辑导向型

（一）归纳性研究设计

归纳性研究，即主要采用归纳法进行逻辑推导的研究。归纳就是从个别到一般，从许多个别事实中概括出有关事物现象的一般性认识或结论。这种利用归纳法理解和定义问题的研究就是归纳性研究。针对归纳性研究进行的研究方案设计就是归纳性研究设计。归纳性研究设计一般应用在某种现象还无相应的解释理论或者无确定的公认理论情况下。归纳性研究过程是通过测量、样本归纳、参数估计来收集观察资料，并将其转化为实证概括的过程。在数据分析法上，归纳性研究常常使用质化分析技术。在数据收集方式上，归纳性研究往往倾向于收集定性数据，包括访谈、参与观察、非参与观察以及文献分析等。

（二）演绎性研究设计

演绎性研究是从一般性原理出发得出关于具体对象的个别性结论的研究方法。演绎的基础是一般性原理，结论是对个别具体事物的判断。所以，演绎是由一般引申出个别，用理论原则指导对具体事物认识的极为重要的思维方法。演绎推理之所以合理，是因为一般存在于个别之中。在一类事物中，每一个个别事物都具有这类事物所共有的特性。因此，在已知该类事物的共同属性的条件下，可以推知其中的某一个别事物也具有这种属性。演绎是从归纳结束的地方开始的。演绎的一般知识来源于经验归纳的结果。演绎性方法的主要形式是三段论，即大前提、小前提和结论。大前提是一个包含一般性的原理、原则的判断。小前提是一个反映当前所思考的特殊对象的判断，从而得出结论。

针对演绎性研究进行的研究方案设计就是演绎性研究设计。它必须充分满足以下条件：

（1）前提必须真实。前提条件必须是真实客观的，不能是主观臆造的。

（2）结论具有逻辑的必然性。一个正确的演绎系统本身就是对个别、特殊和普遍之间客观的、必然性的反应。作为演绎推理的大前提是普遍原理，它概括了个性中的共性。这种共性对于同类事物的任何个体都是必然具备的。由普遍原理推出个别结论具有必然性，从而在逻辑上揭示普遍和个别之间的必然联系。

（3）结构具有严密的逻辑性。演绎在思维中是一个按照严格的逻辑规则由前提导向结论的过程，包括作为前提的判断和由此得出的作为结论的判断。如果缺少其中的任何一个因素，都不能形成严谨的演绎推理。

第三节　研究设计战略

一、一般性研究设计战略

（一）实验研究设计战略

实验研究的基本类型有三种：

（1）判断性实验。即通过实验，判断现象是否存在，关系是否成立，因素是否起作用，着重探究研究对象具有怎样的性质和结构。

（2）对比性实验。即在实验中对两个不同群体、不同时间或不同条件进行差异性比较。

（3）析因性实验。即通过实验探讨影响事件的发生和变化过程，以及起主要作用的或决定性的因素。这种实验的特点是：结果是已知的，而造成这种结果的因素，特别是主要因素却是未知的，需要探寻。

根据实验的特征和目的，进行实验设计需要遵守以下原则：

（1）对照原则。即在实验对象以外另设一批对象做另一种处理，并在齐同条件下进行比较。由于对照中控制了混杂因素的影响，使得误差得到相应抵消，从而可以判断处置因素的真实效应。对照的形式主要有：①空白对照。即对照对象不加任何处理。②实验对照。即除了对实验所要求研究的因素操作处置外，其他因素都保持一致，并把实验结果进行对比。③标准对照。即用已知有（或无）效应的因素处理对照对象，或称为阳性对照或阴性对照。④平行对照（相互对照）。即无明确的对照组和实验组。在选择运用何种对照时，应注意的选择规则：①判断研究因素有无效应，应该用前三种对照。②平行对照用于比较效应的强弱。③空白对照用于处理因素单一的对照。

（2）随机化原则。随机化是指在研究对象分组时，无主观因素的参与，按客观概率进行，使各对象分到各组的机会均等。其中还包括接受实验的顺序也随机化。随机分组的方法有：①简单随机化。即进行编号、取随机数、随机数排序，最后实现分组。②分层随机化。即在样本的每一层按简单随机化的方法进行抽取或分组。

（3）重复原则。即用多个观察对象进行实验，而非对同一现象做多次观察。实验中必须要有足够的样本含量，通过偶然性充分地反映必然性，使样本具有代表性，以减少抽样误差，从而提高样本指标的可靠性和估计推断总体结论的准确性。

（二）准实验设计战略

准实验设计是相对于真实验设计而言的，是指那种既不能直接操纵自变量，又不能对研究中的额外变量做严格控制的研究。它像实验一样一般要比较不同的组或条件，但这种设计用不可操纵的变量来确定要比较的组或条件。不可操纵的变量通常是被试变量（如性别）或时间变量（如处理前和处理后）。与真实验的主要区别在于，准实验中没有运用随机化程序进行被试选择和实验处理，也不能完全主动地操纵自变量。准实验研究设计中，不同的组或处理条件不是通过操纵自变量产生的，而是根据现成的被试变量（如性别）或时间（如处理前和处理后）来确定的。这两种分组方法产生了准实验研究设计的两种基本类型：非等控制组前测后测设计和时间序列设计。

（1）非等控制组前测后测设计（Nonequivalent Control Group Petest-posttest Design）。这种设计包括一个处理组和一个对照组，并且既有后测也有前测，但两组不是按随机化原则和等组法选择的对等组。其操作程序是：两组被试在处理前都接受测量（前测），然后只对一组施加处理。施加处理后，再同时测量两个组（后测）。由于不能采用随机化的原则来形成处理组和控制组，实际上在处理之前两组就存在差异，因此称为非等控制组前测后测设计。

由于实验组和对照组在前测上就有可能存在绩效差异，因此不能简单地比较两组后测的绩效来评估实验处理的效果。常用的方法有：①T检验法。T检验，亦称student t检验（Student's t test），主要用于样本含量较小（例如n<30）、总体标准差σ未知的正态分布资料的分析。T检验是用t分布理论来推论差异发生的概率，从而比较两个平均数的差异是否显著。它与F检验、卡方检验并列。②协方差分析法。将前测结果作为协变量，后测分数作为因变量，通过控制前测结果对后测结果的影响来估计实验处理的效果。协方差分析法使得两组在后测结果之间的差异不受在前测中两组间原始差异的影响。

（2）时间序列设计（Time-series Design）。时间序列实验设计是指，对被试组或被试个体进行周期性的系列测量，并在这一时间序列中的某一点上呈现实验处理变量，然后观察施加实验处理之后的一系列测量是否发生了非连续性变化，从而推断实验处理是否产生效果。具体过程是，先进行一系列的观测，接着引入一个处理或者加入其他变量，然后再进行第二个系列的观测。通过比较处理前和处理后的观测值来评估干预处理或其他变量的影响。这种设计比较容易操作，适用于变量之间的单一单向关系处理。

（三）非实验设计战略

非实验设计，不能像真实验设计那样主动地研究一个或多个自变量与一个或多个因变量之间的因果关系，也不易像准实验设计那样达到部分控制的要求。但是，非实验设计可以使研究者对变量之间存在的相关关系做出因果关系的假设，并在后续的实验研究中检验这种假设。因此，非实验设计也是真实验设计的组成部分。非实验设计战略主要有以下类型：

（1）单组后测设计（One-group Posttest Design）。即在实验设计中只有一个实验组，没有控制组。只实行一种实验处理，并在实验处理之前不进行前测。然后通过后测得到该组的后测结果，以推测处理效果。单组后测设计是最简单而且控制最不充分的一种研究设计，问题很多，但仍然有很多应用。这是因为虽然单组后测设计的结果不能进行有关因果关系的推论，但这种设计可以为进一步的实验研究提供参考。

（2）单组前测后测设计（One Group Pretest-posttest Design）。它是对单组后测设计的一种改进，但也没有设置相应的控制组进行比较。在引入处理之前，对实验组施行一次前测。通过前测的结果，获得有关该组的信息，并作为与实验处理的结果进行比较的标准，以此评估实验处理的效应。在单组前测后测中，对研究结果的统计分析，通常检验实验组前测结果的平均数和后测结果的平均数有无统计显著性差异。根据实验组人数的多少可进行z检验或t检验。

（3）固定组比较设计（Static-group Comparison Design）。这又称静态组比较设

计，是指利用在研究之前已经形成的两个原有整组，仅对其中一组给予实验处理，然后对两组进行后测比较的研究设计。

（4）事后回溯设计（Ex Post Facto Designs）。即在研究中不是由研究者事先提出处理设计，也不是由研究者主动操作自变量以获得处理结果，而是在原有事件已经发生之后，研究者对已自然发生过的处理效果进行检验，将这种已自然发生的处理或自变量与某种结果或因变量联系起来加以分析，以便从中发现可能的关系。

二、实证检验性战略

（一）实证主义

实证主义认为，现实世界是客观的，所以实证研究的宗旨在于量化。由于客观规律和事实的存在，我们对研究对象可以进行科学的测量，以此来解释、预测变量间的因果关系（Comte, 1988）。根据实证主义研究范式，科学研究多是从实验或问卷调查中得到数据，然后在统计分析的基础上得出结论。所以，实证主义更多强调的是理论检验，而不是发展新理论。实证研究中当然也有定性的方法，只是它们大多是为定量分析提供补充信息。基于实证主义思想，科学研究的主要目标在于探讨变量间的因果关系。

（二）实证研究设计的资料收集

在实证研究中，数据的来源一般有三种（见图 5-1）：

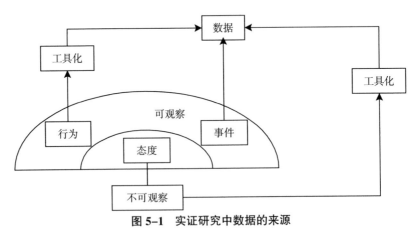

图 5-1　实证研究中数据的来源

资料来源：Baumard 和 Ibert（2001）。

（1）可直接观察的事件。对于可直接观察到的事件，可直接对其进行测量然后记录数据，形成研究所需数据。

（2）无法直接观察的对象。借助一定的测量工具进行可视化、数字化表达。

例如，顾客忠诚度这个概念是无法被直接观察到的，但我们可以将此概念分为多个维度，然后对维度进行问项测量，依靠测量的数据实现量化。

（3）可观察的行为。虽然行为可观察，但由于是具体的操作行动，所以还是需要借助一定的测量工具进行数据表达。需要注意的是，可直接观察的行为并不一定能进行准确的描述，更难准确地用数据来描述。因此，在进行研究设计时，一定要准确定义行为概念，明确其边界。这样，才能保证收集的数据所反映的是该行为。

（三）实证研究的测量

实证研究旨在用数量处理问题。而测量则是将概念数量化的有效手段。测量的核心用公式表示，即为 $X = T + S + R$。其中，X 是实际观测值，也就是在研究中通过各种方法实际得到的数据。T 是真值，指观测对象不受外界影响而产生的客观值，也即真正需要的值。S 是系统误差，是分析过程中引起的一类误差，它具有重复性、单向性、可测性。即在相同的条件下，重复测定时会重复出现，并使测量结果系统地偏高或系统地偏低，其数值大小也有一定的规律。R 是随机误差，也就是非系统的、无法避免的误差。当测量完美时，$X = T$。其他情况下，真值和实际观测值是存在差异的。系统误差可以通过交换法、替代法、补偿法等方法进行修正。随机误差可采取多次测量的方式来减小。

管理学研究中经常采用的测量工具是指数和量表。

（1）指数。即用多个指标合成的分数体系，大多为等距变量。例如，定义"管理学研究的教学质量指数"以反映管理学研究课程的课堂教学质量。我们可以说指数升高或者降低，但不能说升高了一倍，因为这个倍数没有实际含义。

（2）量表。旨在确定主观的、抽象概念的定量化测量程序。对事物的特性变量可以用不同的规则分配数字，形成不同测量水平的测量量表，即测量尺度。尺度，也即测量单位的类型。例如，名义尺度、顺序尺度、等距尺度、比例尺度。各尺度对应的测量方法为定类、定序、定距和定比。常用的两种量表是李克特（Likert）量表和沙氏通（Thurstone）量表。李克特量表通常用来测量人们对事物的态度或认知程度，一般选择 5 分量表或 7 分量表。分值过少则不能精确反映被试的态度。分值过多则让被试感到困惑，难以选择。沙氏通量表是根据受调查者对问题的判断来测量其态度。这个方法首先收集一系列有关所研究态度的陈述或项目，而后邀请一些评判者将这些陈述或项目按最不赞同到最赞同分为若干类。经过淘汰、筛选，形成一套约 20 条意义明确的陈述，沿着由最不赞同到最赞同的连续分布开来。该测量要求参加态度测量的人在这些陈述中标注所同意的陈述。所标注的陈述的平均量表值就是他在这一问题上的态度分数。

三、效度提升性战略

在所有的研究设计中，如何提高研究的内部效度和外部效度都是设计方案需要考虑的。研究方案的设计需要对影响研究内外部效度的因素加以控制。

（一）提高内部效度的战略

1. 影响内部效度的因素

影响内部效度的因素主要来自自变量之外的其他可替代解释变量。它们的存在使研究者无法就自变量与因变量之间的关系做出清晰的判断。影响研究内部效度的因素主要有：

（1）偶然事件。即由于事前测量和事后测量之间发生没有预想到的事件，从而对因变量造成影响的情况。

（2）成熟效应。即随着事前测量和事后测量之间经过了一段时间，研究对象的特性发生了变化，从而使因变量也发生了变化的情况。

（3）测试效应。即研究中的一个测试多次在被试身上重复进行可能会引起被试做出非实验本身的反应。特别是在研究的后期，被试对测试内容变得更加熟悉而导致绩效提高。

（4）统计回归。即当研究者根据前测分数分配被试时，如果测量的稳定性较差，各种随机误差的存在会使前测分值较高的被试在后测时分值降低，而前测分值低的被试在后测中有所提高。在这种情况下，将因变量的变化归结于自变量的影响则显然是不正确的。

（5）自我选择效应。被试是有不同特性的，每个被试都可能在某些方面有自己的突出能力。如果因为各种原因使得不能采用随机抽样方式和随机分派被试，研究者就应该再好好斟酌这个结果的可靠性。

（6）流失效应。如果有研究参与者在研究期间流失而不再进行后续的实验，这时所观测到的因变量变化可能是样本变化造成的。

（7）测量工具效应。即观察到的效应可能来自前后测量标准的变化。被试由于对测量内容更加熟悉而有可能改变他们的评价标准。

（8）因果关系不明确。即使研究者在研究设计中考虑了所有的干扰因素，剔除了各种替代解释对变量之间的因果关系的影响，也不一定能够保证研究的内部效度。

值得注意的是，这些可能造成内部效度低的因素在研究当中可能并不是独立的，它们之间可能会发生交互作用而使得变量间的关系更加模糊。例如，选择样本不当使得研究样本可能存在系统性的差异。而这种差异可能随着研究进程而逐渐被放大。研究者应该对这些因素在实证研究中的作用有所察觉，并采取相应的步骤加以控制。

2. 提高内部效度的方法

针对这些可能影响内部效度的因素，在研究设计中可以从以下两方面加以预防或改善：

（1）强化变量间的理论联系。在概念层面，利用逻辑推理充分厘清自变量与因变量之间的因果关系。同时，对以往文献进行收集整理，找出哪些变量可能对因变量具有影响从而进行控制。

（2）不断优化研究方法。在操作层面，面对不同的问题，应该视其特质而不断调整研究方法，直至确定最优方案。例如，如果研究者认为某变量关系非常容易受到其他干扰变量的影响，就可以通过实验进行随机化处理，以提高研究的内部效度。如果研究者认为因果关系的方向是本研究应该着重关注的，就可以采用实验法或是纵向设计的方式厘清研究变量间的方向性关系。

（二）提高外部效度的战略

1. 影响外部效度的因素

（1）研究样本。研究样本是影响研究结论外部效度的首要因素。研究样本对外部效度的影响主要表现为：①实验参与者和实验变量之间的相互作用。对于实验变量的变化，不同的实验样本可能有不同的反应。所以，得出的结果可能只具有特殊性而不能一般化。②以点概面，用少部分特殊群体来代表整个研究对象。例如，在研究消费者的品牌感知对消费行为的影响时，研究者出于对被试易获得性的考虑，选定的研究样本大部分都是在校大学生。然而，在校大学生并不能代表所有消费者。在校大学生的消费特点与所有消费者的特点肯定不太一致。这就会导致最后的结果与实际情况存在偏差，呈现低外部效度的情况。③参加前测的被试可能比没有参加前测的被试对测量结果更加敏感，或者具有某些特征的被试可能恰恰对实验变量相当敏感。这些都会导致研究结果与实际情况不一致，而产生较低的外在效度。研究者应该通过丰富样本或者选择具有代表性的样本来进行研究。当样本可以较好地代表总体时，从样本得到的结论就更容易在总体内得到重复。

（2）研究环境。研究环境本身的局限性可能造成我们得到的结果无法推论到整个目标群体。这是因为实验环境是相对固定的，而实验结论却要应用到动态环境中去。例如，在采用实验方式研究消费者的消费决策过程中，消费者在实验室中面对的是相对安静和狭小的空间。通过这种环境进行实验观察到的结果，如果运用到宽大而吵闹并且多种复杂因素同时存在的集市采购中去，很有可能是无效的。

（3）偶发事件。在偶发事件介入的状况下出现的实验结果不能同样适用于偶发事件没有发生时的状况。所以，研究结果可能不适用于实验情境之外的情境。

（4）研究变量。自变量和因变量不能准确代表实际要研究的概念的情况。

（5）霍桑效应。当被试受到额外的关注时，由于紧张等原因会表现得与平时不一样，这自然就会影响结论的外部效度。这里大都是因为研究者在场导致被试发生心理状态上的变化。因此，必要时应该隐秘地观察被试的实验情况。

外部效度的不足对于研究结论和理论发展并不一定总是不利的。如果我们能够意识到研究结论的情境边界，则可探讨其他边界条件下该结论的表现，由此发展一系列的研究主题。

2. 提高外部效度的方法

提高外部效度的目的是使研究能够符合客观情况，适用于更大的总体。要提高研究的外部效度，必须注意在研究中消除和控制上述各种影响因素。其中，关键的方法就是做好样本选取工作。取样工作不但包括被试的取样，而且也包括有代表性的研究背景（工作场所、学校、家庭、实验室）、研究工具、研究程序和时间等的选择。取样的背景与实际情景越接近，研究结果的可用性、适用性、推广性就越强。一般来说，随机取样可以提高模拟现实情景的程度。采用多种相关的研究方法，变换研究条件以寻求具有普遍意义的结论，是获得外部效度、提高研究结果可应用性的重要条件。

四、研究设计的选择

不同的研究需要不一样的研究设计。研究设计没有最优的，只有相对适合的。在进行研究设计的选择时，需要考虑两个原则，即分析层面匹配原则和总误差最小化原则。

（一）分析层面匹配原则

分析层面是指研究对象所属的组织层级。在研究设计时，必须明确研究对象是属于什么层面，然后从匹配的层面获取数据，进行数据收集和验证工作。

1. 分析层面的类型

（1）个体层面。个体层面是管理学研究中常见的研究对象层面，如企业管理者、领导、员工、消费者等，都是管理研究给予关注的对象。研究者探究他们的特征和行为，以及这些特征与相关结果变量之间的关联状况。这些对象都属于个体层面。所有群体都由多个个体构成，只有以个体为分析层面才能描述和解释群体的行为和特征。研究数据分析过程要用到统计技术，借以归纳出一些描述群体的整体指标，如均值等。但数据收集必须要针对以个体为分析层面的事实。

（2）群体层面。当研究的着眼点是群体和群体间的行为差异时，研究单位则为群体。即使研究个人，也只是表示某个群体的样本。归根结底，所有数据都来自个体层面。例如，中层管理人员、生产工人、研究开发人员等都可以作为研究单位。关于群体间冲突的研究、团队的研究、群体消费习惯等都属于群体层面的研究。

（3）组织层面。组织是指具有共同目标和正式分工的群体。群体内个体有共同特质，如企业、学校、医院、商店、政府机构等各种组织。对于各类组织，都有描述其特征的一些指标。例如，企业的年纯利润额、资产总额等，对这些对象研究的着眼点都应该是组织整体，而不是个体。如果研究不同规模企业的营销战略决策方式的差异性，其分析层面便是企业，观察对象也为企业。

（4）组织间层面。组织间层面是指研究对象是多个组织，意在探讨不同组织之间的关系。由于有些研究的布局涉及的范围特别大，所以就必须考虑组织之间的关系，也就会涉及单个组织以外的研究变量。比如战略方面的研究，一个战略的制定和实行往往需要一个公司内各组织部门或者一个省份甚至国家的多个更小级行政单位的配合，品牌联盟、战略联盟、组织间知识转移等，都属于这个范围内的研究。

（5）跨文化层面。跨文化研究很难说是一个具体的研究层面，因为跨文化研究可以在个体层面（如外派经理人的文化智力问题）、群体层面（中外消费者消费特性差异问题），甚至组织层面（如跨国公司母、子公司之间知识转移过程中的文化问题）进行。比如国际商务领域（International Business）的研究，可以看作一个不同于上述四个层面的研究。

2. 匹配原则

在确认研究的各种层次之后，研究者需要了解层次与层次之间的匹配原则。在进行研究设计时严格遵循这些原则，才能保证研究在逻辑上的合理性：

（1）分析层次与研究结果层次相匹配原则。也即立足于个体层面所得到的结论不能运用到群体或其他层面去，反过来也是如此。管理学研究涉及的问题繁多，所涉及的对象层次也复杂。但不管怎样复杂的管理问题研究，都必须辨别出分析层面，这对于论证阶段的数据收集和分析尤为重要。清晰地确定分析层面可以避免出现错位的问题，防止将某种分析层面导出的结果归属于另一类分析层面。例如，某品牌在年轻人比例较大的 A 群体获得的支持率比年轻人比例相对较小的 B 群体要高，不能由此得出结论，年轻人比中老年人更支持该品牌。这是因为分析层面是 A 群体和 B 群体，并非年轻人和中老年人。支持率高也可能是年龄结构之外的因素引起的。所以，要注重分析层面的层次和对象，从收集数据到推导结论过程都不可随意转换分析层面。

（2）分析层面与数据源相匹配原则。分析层面确定之后，便可围绕分析层面做观测和收集数据的设计，但数据并不一定直接来自该分析层面。例如，统计年鉴中虽然有各行业的规模、年销售额等数据，但这些数据并非直接来自作为分析层面的行业，而是来自行业内各企业的数据，通过统计处理才成为行业层面的数据的。

对研究对象的所属分析层面进行界定，是以要输出或讨论的结果变量作为评判标准的。如果研究所涉及的因变量是个体层面的（如员工文化素质），这个研究就是个体层面的。自变量的数据就要收集与员工个体层面相关的资料。否则，就要以一定的方法对数据进行处理，以符合所属层次要求。

（二）总误差最小化原则

总误差是指研究变量在总体中的真实平均值与研究中所得到的观测平均值之间的差异。它是最终影响研究结果的直接因素。总误差包括随机抽样误差和非抽样误差。这两种误差中，有许多不同类型的原因导致误差的产生，所以其来源是多样的。在研究设计中，研究人员应当尽量将总误差，而不是某个特定来源的误差最小化。在实际操作过程中，有可能为了缩小某个误差而采取一定措施，但措施的采取有可能导致另一个误差的产生或者扩大。例如，扩大样本量可以减少抽样误差，但也可能因增加样本而导致更多的记录误差或者由受访者产生的误差。这种非抽样导致的误差可能比抽样误差更难以消除，因为抽样误差可以计算，但许多形式的非抽样误差只能估计。此外，非抽样误差往往是总误差的主要成分，而随机抽样误差影响相对较小。所以，在研究设计时，要对整体误差进行控制，力求总误差值最小化。

（1）随机抽样误差（Random Sampling Error）。即总体的真实平均值与样本真实平均值之间的差值。因为所选择的特定样本并不能完全代表相应的总体，所以存在随机抽样误差。例如，目标总体的实际平均年收入为 76000 元，但在进行样本选择时，随机抽到的样本大多落在较低收入水平人群中，最后测量到被认为是真实的平均值是 71000 元，由此便产生了误差。

（2）非抽样误差（Nonsampling Error）。即不由抽样活动导致的其他误差，它可以是随机的或者非随机的。非抽样误差由许多原因导致，包括概念定义、问题定义、测量尺度、问卷设计、访谈方法以及数据收集与分析等。

由被试信息反馈引起的误差主要有：①拒答误差（Nonresponse Error）。即当被抽中的调查对象不予回答时产生的误差。拒答的主要原因是拒绝和不在现场。拒答将引起最终样本的大小或组成与初始样本不同，实际样本量可能因此偏小，从而对数据分析结果的信度和效度产生影响。②回答误差（Response Error）。即当调查对象的答案不准确或者被错误地记录或分析时所产生的误差。回答误差可能是由研究人员、访谈人员或者调查对象引起的。

研究人员所引起的回答误差主要有：①替代信息误差（Surrogate Information error）。即研究问题所需的信息和研究人员所收集到的信息之间的差异。例如，由于消费者态度不容易观测，研究者在研究中只收集到部分消费者态度的数据，但并未有所察觉而直接当成原变量数据进行分析，结果产生误差。②测量误差（Measurement Error）。即所寻求的信息与研究人员测量过程中所产生的信息之间的差异。例如，进行消费者偏好测量时，研究者用了认知测量的量表而非偏好测量量表。③总体定义误差（Population Definition Error）。即研究真正需要测定的总体与研究人员所定义的总体之间的差异。例如，如果需要统计某地区富裕人口的数量，那么对富裕人口的定义可以有很多标准。像年收入 10 万元以上、50 万元以上都可能被定义成富裕。但是，这两种标准的定义最后产生的数据却有着很大的差别。④抽样框误差（Sampling Frame Error）。即研究人员所定义的总体与所用的抽样框（名单）代表的总体之间的差异。最常见的是，研究人员出于对被试的易获得性考虑，把样本都设定为学生，但实际研究对象却是整个社会各式各样的人群。⑤数据分析误差（Data Analysis Error）。即在将问卷的原始数据转化为研究结果的过程中所产生的误差。这主要涉及统计工具的熟练运用、统计方法的匹配使用等方法性、工具性特质的实际研究操作。

访谈人员引起的回答误差主要有：①调查对象选择误差（Respondent Selection Error）。即当调查人员在实际样本选择时选择的调查对象不是事先设计所指定的，实际样本特质与计划样本特质不符。例如，为了满足样本量为 100 个月人均消费水平在 5000 元以上的人数要求，研究者无法找到足够符合条件的人而收集了部分 5000 元以下消费水平的人的数据。②提问误差（Questioning Error）。即在提问调查对象时或者在需要更多信息时而没有进一步追问导致的误差。例如，问卷设计时没有采用准确的用语导致问卷填写者理解错误而产生误差。③记录误差（Recording Error）。即在倾听、解释和记录调查对象的答案时所产生的误差。例如，调查对象的回答表述用的是偏中立词汇，但访谈时错误地将这些中立回答解释为消极的回答。④欺骗误差（Cheating Error）。即访谈者编造部分或者全部的访谈答案所导致的误差。有意欺骗通常很难识别。无意欺骗一般是因为被访者不想拒绝研究者的访问，但是又不愿花过多时间参与，于是胡乱填写答案造成的欺骗。研究者可通过设置明显错误选项来进行识别剔除。

调查对象所引起的回答误差主要有：①无能力回答误差（Inability Error）。即因为被调查者的生理或者心理原因等非主观因素导致无法对研究做出准确回答所造成的误差。例如，受访者不能回忆起消费细节或者是囿于文化水平无法准确用文字语言表达购买决策过程等。②不情愿回答误差（Unwilling Error）。即调查对象出于主观原因而不愿意给出正确信息而造成的误差。调查对象可能出于自我保护的目的而提供社会所能接受的答案，或为了取悦调查者而提供有违内心的答案，还有可能出于保护隐私的目的而有意提供不真实的答案。例如，涉及收入水平或者收入来源等隐私问题，受调查者不愿意透露真实的情况而随意给出答案，造成数据收集的误差。

参考文献

[1] Carey A. The Hawthorne Studies: A Radical Criticism [J]. American Sociological Review, 1967, 32 (3): 403-416.

[2] Comte, A., Ferré F. (Tr.) Introduction to Positive Philosophy [M]. Indianapolis: Hackett Publishing Company, Inc, 1988.

[3] Cook T. D. & Campbell D. Quasi-Experimentation: Design and Analysis Issues for Field Settings [M]. Boston: Houghton Mifflin Company, 1979.

[4] Baumard P. What Approach with Which Data [M]. London: Sage Publications, 2001.

[5] 陈晓萍. 组织与管理研究的实证方法 [M]. 北京: 北京大学出版社, 2012.

[6] 风笑天. 社会科学研究方法 [M]. 北京: 中国人民大学出版社, 2013.

[7] 朱天飚. 社会科学中的研究设计与定性研究 [J]. 公共行政评论, 2015, 8 (4): 63-68+184.

[8] 庄虔友. 略论社会科学研究中的研究设计 [J]. 社会科学管理与评论, 2012 (1): 11-17.

第六章　变量的测量

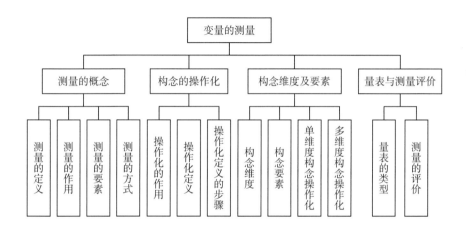
在管理研究中，测量是由定性向定量转化的关键环节。只要是定量研究，一般都要对相关变量进行测量，从而使构念数量化，以利于数理统计处理。因此，测量是研究设计中必须要考虑的工作。

第一节　测量的概念

一、测量的定义

测量是指按照一定的规则，用数字描述研究对象所具备的特征或行为，即对事物进行量化描述的基础性研究活动（Stevens，1968）。测量的要务就是所分配的数字必须能够准确地反映测量对象的特征，实现所分配的数字与所测量对象特征之间的一一对应。例如，我们对重量的测量，在刻度表上总有一个数字与物体的重量相对应。

测量对象可以是人或物等一切需要研究的事物，如消费者、公司、国家、汽车、大象、厨具、饭店、洗发水、酸奶等。测量对象的属性特征可以根据研究的需要加以确定，如激励寻找倾向、成就动力、组织效能、购物乐趣、物体长度、重量、种族多样化、服务质量、条件影响、口味等。研究者虽然无法直接测量一个事物的潜在特征，但可以通过对事物外在可观察的属性特征加以测量来实现。例如，我们可以通过观察人的相关体征来测量其外在形象或内在素质；通过女性的购物特征来测量其购买倾向。

二、测量的作用

通过对研究对象属性特征的观测，研究者可以得到一些直观的数字。通过这些数字，研究者可以观察到非物理世界的存在，从而能够探究复杂的自然与社会现象，并通过数字间的计算得出直观且有意义的结论。

测量的主要作用：

（1）测量可以使人们客观而精确地把握自然界或社会界存在的现象特征或状况，使客观的表现成为可能。

（2）测量所使用的工具通常比人的感官更敏感。通过一定工具进行的测量往往比仅靠人自身感觉的测量要精确得多，从而使准确的沟通成为可能。

（3）测量将抽象或具象的构念数量化，使其能够适用于各种数学的、统计的分析技术。

三、测量的要素

测量的要素是指测量的重要组成部分，主要包括测量客体、测量内容、测量法则和测量结果。

（一）测量客体

测量客体即测量对象，是客观世界中所存在的事物或者现象，是我们要用数字或符号来进行表达、解释和说明的对象。在管理学研究中，测量客体通常是研究者感兴趣的、要研究的管理实践中的事物，即"测量谁"。

（二）测量内容

测量内容即测量客体的某种属性或特征。在大多数管理学研究的测量中，我们所测量的对象虽然是某一客体，但所测量的内容往往不是客体本身，而是这一客体所体现的特征或属性，即"测量什么"。

（三）测量法则

测量法则即用数字和符号表达测量客体的各种属性或特征的操作规则。它是一种具体的操作程序和区分不同特征或属性的标准，即"怎么测"。

（四）测量结果

测量结果即用来表示测量结果的表现形式，可以是数字和符号。在管理学研究中，研究者通常使用直观的、易于观察的数字或符号来表达所测量的结果，即"如何表示"。

四、测量的方式

在管理学研究中，我们对研究对象的测量通常有两种方式：实验操纵和问卷作答。在实验或准实验研究中，我们对变量的测量大多是通过改变被试周边环境的方式而实现的，如操纵物理环境（如温度、湿度、照明等）、角色要求（如工作职责等）、情绪状态（如诱导不同的心情等）。在非实验法中，我们对变量的测量主要是运用各种形式的量表。

基本上，对某些事物属性特征的测量因为有合适的量度工具，所以会比较容易。例如，人类的某些生理指标，如血压、脉搏、体温，以及身高、体重等。当我们想知道有关研究对象的主观感受、态度时，测量则变得较为困难。这也是让管理学研究变得更为复杂的原因之一。因此，在管理学研究中，至少有两种变量：一种是具有客观性且能精确测量的，如工龄、职称、销量等；另一种则是含糊不清，且因具有主观性而无法精确测量的，如满意、感知、态度等。

对于主观和抽象的属性特征，测量起来比较困难。例如，对企业员工的成就动机、女性的购物倾向，或学生的认知需求等，测量就相对困难。同样，我们也很难验证劳动力多样化、管理专业技能与组织效能之间关系的假设。由于涉及变量具有抽象性的特点，所以我们不能简单地或者主观地对这类变量提几个问题，如"你们单位员工多样化（种族等）的程度如何"或"你们单位的组织效能如何"。然而，尽管缺少客观的测量工具，但还是有办法对主观感知给予明确定义与测量的。这需要一个严谨的测量工具开发过程。

第二节　构念的操作化

一、操作化的作用

操作化是调查研究方法必经的一个阶段。它是使研究由理论过渡到实际、由抽象过渡到具象的过程，是沟通抽象的理论概念与具体的经验事实的桥梁。通过操作化定义，我们可以把构念转换成为具体的变量形式，即转变成能有不同取值的变量或可以直接观察的变量。对于比较具体的构念，我们可以通过单个指标进行测量。对于多维度的、较为抽象复杂的构念，我们则需要通过一组指标才能进行测量。每个指标或多个指标负责测量其中的一个维度。因此，操作化是将构念分解为具体情境指标的过程，其目的主要有：①使构念或变量情境化，使调查研究落实在具体现象中；②使构念或变量数量化，使对社会现象的分析具有定量的根据。

二、操作化定义

为了对研究构念或变量进行准确的测量，我们首先需要从语义概念和具体操作两个层面对其进行定义，即概念化定义和操作化定义。

（一）概念化定义

概念化定义是对构念名词含义的界定，使构念成为具有明确含义的描述。对于具有客观属性且能精确测量的构念，测量相对直接而简单。对于难以精确测量的抽象构念，由于缺乏客观的观测工具，则需要对其进行更为明确的定义。例如，"工作士气"是一个抽象的概念，Neuman（2005）在研究中通过界定其特征属性（如有信心、开朗、团结、努力的心理状态）对其进行具体含义的描述，使本来抽象的构念变得更为具体明确。同样，人们在研究中可以通过描述或测量可观察的行为表现和属性特质来降低动机、投入程度、满意等构念的抽象程度。

（二）操作化定义

操作化（Operationalization）也称具体化或分解化，就是将抽象构念转化为可观察的指标的过程。操作化定义也即用变量所具有的、在具体情境中可观察到的属性特征去说明抽象构念，使原本抽象的理论构念更加情境化和具象化。在变量的测量中，操作化就是对抽象的研究构念加以操作化定义，把研究构念的具体属性特征转化为可以观测和测量的要素，形成测量指标。因此，操作化定义（Operational Definition）是通过与实际可能观察的形式相连接而使概念化定义具体化的一种陈述，是测量概念化定义的工具，具有比测量前定义的变量更具体的形态。

例如，"竞争地位"是一个抽象的构成概念，因为我们无法直观判断一个企业在市场中的竞争地位。我们在对"竞争地位"进行操作化过程中，首先要在概念上清楚描述什么是"竞争地位"，也即对"竞争地位"进行概念化定义。根据相关理论，"竞争地位"概念可以定义为"在市场中与竞争者的相对关系位置"。然而，在市场中，人们对企业在市场中与竞争者的相对关系位置还是不能够直接观测。因此，我们需要发掘一些能够观测这种相对位置的属性特征来判断。比如，通过相对于市场最强竞争者的市场占有率的自身市场占有率来进行观测，这就是对"竞争地位"的操作化定义。这种通过适当的方法降低构念的抽象程度，并用客观的方法加以观测的过程就是操作化。

（三）概念化与操作化的区别

概念化旨在清楚定义构念的含义，从而降低构念的歧义程度。操作化旨在将构念分解化、具体化，用构念所具有的可观察到的属性特征去说明它。图 6-1 描述了构念、概念化定义、操作化定义三者之间的关系。

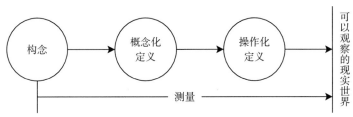

图 6-1　概念化定义与操作化定义

资料来源：作者整理。

例如，在人口普查"在业人口"时，我们可以首先明确什么是"在业人口"这个概念。我们可以将"在业人口"界定为从事社会劳动并取得劳动报酬或经营收入的人口。这就是对"在业人口"内在含义的明确描述，即概念化定义。但在人口普查中我们将如何去具体操作测量呢？因此，我们还需要对"在业人口"进行具体情境化的操作性定义。我们可以根据概念化定义的含义，结合具体情境中的属性特征表现将"在业人口"操作化定义为：①人口普查标准时间内，有固定性职业的人口；②退休职工在普查标准时间前一个月参加社会劳动并领取劳动收入的人口；③没有固定职业，在×年×月×日有临时工作，并在 6 个月内从事社会劳动累计在 16 天或 16 天以上的人口；④农村中，被社队确定为整个或半个劳动力，并能经常参加集体生产劳动，或从事家庭副业劳动的 15 周岁以上的人口；⑤超过劳动力年龄，但仍经常参加农副业生产、相当于半个劳动力的人口。如果不明确界定"在业人口"的操作化定义，则在具体人口普查中将难以对上述现象进行明确判断，甚至导致对"在业人口"普查的失败。

由此可见，概念化定义是人们主观上对研究构念反映的事物现象的抽象化概括。操作化定义旨在对构念进行操作化加工，将其变成可以具体观测的变量或者指标。概念化的过程是在理论层次上对研究构念进行名义性定义，而操作化的过程是在经验层次上对研究构念进行操作性定义。

三、操作化定义的步骤

对研究构念的操作化定义主要分三个步骤进行：澄清并界定概念化定义、确定构念维度与要素、评估测量质量。

（一）澄清并界定概念化定义

操作化定义的第一步是澄清并界定概念化定义。即对不同研究者提出的概念化定义进行有逻辑的梳理、澄清，从而明确描述研究构念的内涵与范围；第二步是明确界定概念化定义。

例如，对"资源"这一构念的澄清与界定：

吉登斯认为：资源是改革事物的一种能力。

科尔曼认为：资源是那些能满足人们需要和利益的物品、非物品（如信息）以及事件（如选举）。

研究者提出：基于科尔曼对资源的观点，把资源定义为那些可使人们满足必要的经济、政治、社会以及与此相关的各种需要的东西。

科学方面的期刊和测量手册都是非常宝贵的资源。作为参考标准，学术期刊上发表的实证类论文均详细描述了抽象构念的测量，包括测量方法、测量时间和过程，以及测量者等信息。测量手册也是查找现有测量方法的重要来源。例如，*Handbook by Bruner, Hensel and Jantes*（2005）和 *Handbook of Organizational Measurement by Price and Muller*（1986）。这两本书详尽地描述了学术文章中出现的量表。它们可以帮助确定某个量表是否存在。如果不止一种量表，研究者还可以从中做出选择。这么做的好处是，可以节约大量的时间和精力，同时也可以验证他人的研究结果，并把自己的研究建立在他人的基础之上。

（二）确定构念维度与要素

操作化定义的第二步是确定构念的维度与要素，即开发测量指标。具体做法是，列出构念的构成维度，思考具体需要测量的内容，再建立可观测的一项或多项测量指标，即测量标准。例如，对"妇女地位"这个构念进行操作化加工：

（1）确定构念的维度。"妇女地位"这个研究构念可以拆分为三个不同的维度来体现：政治地位、经济地位、教育地位。

（2）建立构念维度要素。在三个维度中，"教育地位"可以进一步具体拆分为几个不同的要素：①女性人口的识字率、平均学龄及文化构成；②各级各类学校女性在校学生、毕业生、流失生人数及比例；③职业和高等院校各学科女性人数和毕业生分配情况。这些具体的维度要素就可以作为可观测的测量指标。

（三）评估测量质量

操作化定义的第三步是使用测量工具（一般为量表）对测量对象进行测量并

评估测量的质量。研究者所使用的测量工具（如量表），可以直接借鉴前人已使用过的量表，也可以根据研究的特点开发新的量表。

第三节　构念维度及要素

一、构念维度

构念的维度是指组成构念内涵的、具有内在联系的抽象子构念，或者说是观察、思考和表述构念的"思维角度"（简称"维度"）。根据对构念内涵理解的不同程度，可以把组成构念的维度划分为单一维度或多维度。例如，在探索"月亮"这个事物时，研究者既可以从"月亮"整体这一个维度进行观察、思考和描述，也可以从月亮的"内容、时间、空间"三个思维角度去观察、思考和描述，抑或从月亮的"载体、能量、信息"三个思维角度去观察、思考和描述，还可以从"内容、时间、空间、载体、能量、信息"六个维度去观察、思考和描述。显然，观察、思考和描述的维度越多，人们对"月亮"这个事物的认识也就越全面深入。

二、构念要素

要素是指构成构念维度属性特征的具体构成单位，是描述构念内涵属性特征必不可少的因素，也是组成构念的基本单元。例如，对"妇女地位"这一构念的测量，我们可以根据概念化定义将其划分为政治地位、经济地位、教育地位三个维度，然后发掘体现各维度属性特征的具体构成要素进行观测，否则将由于维度的抽象性而难以进行观测和评价。

三、单维度构念操作化

（一）构念维度的开发

单一维度构念的操作化是指在判断、说明、评价一个变量时仅从一个角度或层次去观测。例如，"口渴"虽然是一个抽象的构念，因为我们无法"看到"一个人的口渴程度。根据相关理论，"口渴"概念可以被定义为"口干想喝流质液体"（概念化定义）。我们可以直接从一个人是否会喝大量的流质液体来观测。"口渴"本身是具有直接的行为特征的，其概念内涵不需要由抽象的子构念来体现，因此可以被看作单一维度构念。

（二）维度要素的开发

如上述"口渴"的例子，一个口渴的人，他的行为特征反应是"会喝许多的液体"。我们可以只用一个陈述（"喝了多少水"），通过"口渴人的饮水量"一个要素进行操作化测量。因此，口渴可以看作是单维度单要素的构念。然而，有些构念不像"口渴"这么简单，它们具有单维度多要素转化的特点。

例 6-1：单一维度构念的操作化（认知需求）

"认知需求"的维度开发。

认知需求被概念化为"参与并享受思考的倾向"（Cacioppo and Petty，1982）。为了对认知需求进行操作化，我们预计具有较高认知需求的人偏向于思考较为复杂的问题。他们能够在数小时的冥思苦想中找到乐趣，最后为找到问题的新的解决方法而欢喜不已。因此，我们根据个人对难题的偏好程度、在思考中找到的满足感和发现新的解决方法的乐趣来区分认知需求的概念内涵维度差异。

1982 年，Cacioppo 和 Petty 发表了四篇论文，提出了认知需求量表。在第一份研究中，他们提出了与认知需求相关的 45 个题目（根据之前的研究），组成认知需求量表。结果，这 45 个测项表现出高度相关性，因而表明认知需求是一个一维的构念（即没有一个以上的组成部分或维度）。在第二份研究中，他们复制了这个结果。但是，他们又做了进一步的研究（第三次和第四次），以验证前面研究的结果。这一次他们确立了包含 34 个测项的认知需求量表。这个检验过程是有效而可靠的。其中提出的陈述有，与简单的问题相比，我更喜欢难题；我在几小时的冥思苦想中找到了满足感，我很享受给问题找到新解决方法的感觉；等等。

口渴和认知需求的例子说明，抽象的构念可以被操作化为可观察和可测量的要素，如饮水的量和个体偏好复杂问题的程度。测量口渴只用了一个陈述（"喝了多少水"），而测量认知需求则用了很多个陈述。这是因为，如果不使用很多个（至少要 30 个以上）陈述，我们的量表可能就不能完全覆盖测量认知需求的所有方面。也就是说，我们可能漏掉了一些具有代表性的陈述，结果可能导致测量无效。

四、多维度构念操作化

（一）构念的维度开发

多维度构念操作化是指在判断、说明、评价一个变量时要从多角度、多层次去考察。例如，我们要确定"性别"和"成就动机"之间的关系，就必须对"性别"和"成就动机"进行测量。显然，测量"性别"并不难，因为人的性别属性特征非常明显，可以直接观测到。但是，"成就动机"这个构念则比"性别"要抽象得多，对其进行测量也就不那么容易了，因为其属性特征难以从外表进行观测判断。因此，我们要在高成就动机的人身上找出可以测量的行为维度、角度和属性。实际上，若不测量这些维度、角度或特点，我们就无法得到有关"性别"和"成就动机"的最后结论。

我们从文献中可以找到一些有关测量"成就动机"的论文，如 Amabile，Hill，Hennessey 和 Tighe（1994），Gordon（1973），Heggestad 和 Kanfer（1999），Super（1970）。但是，如果没有现成的量表怎么办呢？在这种情况下，我们必须自己开发测量量表来把"成就动机"这个抽象构念分解成可观察的行为或特点。

例6-2："成就动机"多维度开发

让我们试着将在教育及管理领域中大家都相当感兴趣的构念——成就动机——给予操作化定义。我们可以通过对高成就动机的行为特征进行发掘和描述来划分其构念维度。那么，在高成就动机的人身上，我们期望会看到什么样的行为维度、内涵及特征呢？我们发现，它们可以有以下五个主要特征：

（1）受工作驱动。高成就动机的人可能为了得到"达到与完成"的满足感而整天工作。

（2）他们经常闲不下来，或是难以将注意力移转到工作之外的活动。

（3）由于他们总是想要获得达成目标与完成的感觉，所以偏好独立作业而非与他人合作。

（4）由于具有想要达成目标及享受工作完成的心态，他们宁愿选择具有挑战性的工作，而不要太简单、平凡单调的工作。但是他们也会考虑完成工作的概率与期望。所以挑战性过大、失败概率高的工作，他们也不想承担。

（5）他们渴望知道自己在工作中的进步情况，所以想要从上司、同事，甚至下属那里得到直接、频繁且细微的工作表现反馈。

综上所述，我们发现高成就动机的人具有这样一些行为特征：一是努力工作；二是难以松懈；三是偏好独立工作；四是喜欢从事挑战性工作；五是寻求工作上的反馈。由此，我们就将"成就动机"这一抽象的构念转换成了具有相互联系性的五个构念维度，从而降低了构念的抽象程度。

上述案例中，我们虽然通过操作化发掘描述，将"成就动机"构念转换成五个维度，使构念的抽象程度得到降低，但仍未将"成就动机"构念拆解成可具体观测的属性特征要素。因此，如果要对"成就动机"进行测量，我们还需要针对这五个维度进一步拆解，以便寻找有实际表现的、可外在观测的行为特征。这些具体的、可测量的行为特征就是可用来区别成就动机高低的维度要素和观测指标。接下来我们将对如何把这五个维度转换为构成要素进行说明。

（二）维度要素开发

维度要素是构念维度概念内涵的属性特征。开发维度要素需要紧扣维度内涵，来发掘可以具体观测的属性特征。

例 6-3："成就动机"多维度构成要素的开发

（1）"维度一：努力工作"的要素开发。一般地，描述受工作驱动而努力工作的人可能的行为有：①全天候工作；②面对挫折仍不屈不挠；③不愿放下工作去休假。我们可以计算员工从事相关工作活动的时数，在工作场合以外或是在家中继续未完成的工作所花的时间等对"全天候工作"进行测量。一般来说，具有成就动机的个体通常不会轻易放弃他的任务，即使一开始便遭遇失败，仍能坚持不懈努力下去。我们可以追踪人们遭遇失败但能持续完成工作的次数，以反映为达成目标的坚持力。我们也可以通过测量每周花在工作相关活动上的小时数、完成日常工作任务的坚持度和休假次数与原因来确定员工"努力工作"的程度。

（2）"维度二：难以放松"的要素开发。通常能够放松自己的人，在家时不会想起公事，而且能够多花些时间在自己的嗜好上，并从事休闲活动，花时间与家人相处及参加其他社交或文艺活动。因此，对于"难以松懈"要素的测量可以通过下班离开公司后还会想到公事的次数是多少、平常的嗜好是什么、如何安排下班后的时间等测项进行观测。

（3）"维度三：偏好独立工作"的要素开发。偏好独立工作的人，通常对于效率不佳的人没有耐心，甚至不愿与他们共事。对于同样也有高成就动机的人则给予较高评价。成就动机不高的人，一般不会介意自己或他人的低效率，几乎愿意与任何人共事。因此，可以通过是否有耐心、是否愿与低效率者共事、是否愿与高效率者共事等行为特征来测量"偏好独立工作"要素。

（4）"维度四：从事挑战性工作"的要素开发。对于寻求挑战性工作的测量可通过观测员工偏好何种类型的工作来判断。不同类型的工作说明书显示，有些工作是属于高度例行性的工作，有些工作则需要一定程度的挑战性才能完成。偏好中度挑战性工作的人比选择偏高或偏低挑战性工作者具有更高的成就动机。因为成就导向者倾向选择能够顺利完成且具有适度挑战性的工作。过度自负的人则可能选择高挑战性却难以成功的工作。那些低成就动机者则可能选择例行性较高的工作。因此，我们可以清楚地辨别哪些是寻求适度挑战性的高成就动机者。

（5）"维度五：寻求工作反馈"的要素开发。高成就动机者渴望从上司、同事，甚至下属中获得反馈，以了解他人对于自己工作表现的评价与意见，并借此得知自己需要改进之处，或距离目标的达成还有多远。我们可以通过记录某段期间内（如几个月内）多方面寻求反馈的次数来观测"寻求工作反馈"要素。

第四节 量表与测量评价

量表（Scale）是一种根据研究者感兴趣的变量，按照一定意图来区分个体、事件或目标物的工具。一般情况下，量表只是依据特定变量将个体加以粗略分类。不过量表也可以是微调的工具，而且能区分个体在变量之间差异的程度。

一、量表的类型

一般来说，量表有四种基本类型：定类量表、定序量表、定距量表和定比量表。当我们采用定距或定比量表而非其他两种量表来测量时，从变量中获得的信息会更加丰富和精确。也就是说，量表的等级或微调能力的增强代表着量表的效力增强。采用有效力的量表便能执行更精密的数据分析，相对地，也能对研究提供更多有意义的信息。当然，某些变量会比其他变量更适合采用较高等级的量表。

（一）定类量表

定类量表（Nominal Scale）是对事物之间所存在的特性类别的测度。该量表将个体或目标物的性质分成互斥而具穷尽性的群组，为研究变量提供基本类别的信息。如性别，被试者可被分为两个群体——男性或女性，并将这两个群体编码为1和2。这种类别必须能够区分被试者，具备互斥不重叠的特性。而数字仅仅是用来做记号的。此外还须注意的是，这些类别的区分必须具有完备性，即被试者不会落入第三个类别中。因此，定类量表就是一种能够将个体或对象分类到互斥且穷尽的类别工具。采用定类量表，我们只能计算被试样本中各类别所占的比例（或频数）。

定类量表有四个显著的特征：①其数字体系只是表现属性是否存在，而并不具备数学加减乘除四则运算的意义；②定类尺度只在对象的区分和确认时使用；③数字的大小并不包含数量的大小；④同一范畴的对象赋予相同的数字（或者文字）。

（二）定序量表

定序量表（Ordinal Scale）是对事物之间等级差别或顺序差别的一种测度。该量表不仅可以将事物分成不同的类别，而且还可以确定这些类别的优劣或顺序。或者说，它不仅可以测度类别差，还可以测度次序差、高低差、大小差和等级差。定序量表的计量结果虽然也表现为类别，但这些类别之间是可以比较顺序的。值得注意的两点是：①定序量表的数字体系可以根据属性表现大小关系；②定序量表可以根据属性的量的大小顺序来区分对象，但数值的大小并不能表现属性的量的差异。例如，产品等级就是对产品质量好坏的一种次序测度。很显然，定序量表对事物的测量要比定类量表更为精确。

例 6-4：

请将下列六种工作特性依据你所认为的重要性加以排序。最重要的项目为 1，次重要为 2，以此类推，将重要性按 1~5 加以排列。

工作特性	重要性等级
工作提供的机会 与他人交流 使用不同的技术 从头到尾完成任务 服务他人 工作独立性	

上述问题在采用定序量表后可让研究者了解到，在被试者中认为"与他人交流"最重要的百分比，以及认为"使用不同的技术"最重要的百分比等。这样的信息，对设计一个能够符合多数员工期待的工作有相当大的帮助。

由上述讨论可以看出，定序量表比定类量表提供的信息更多。它除了可区分不同类别外，还可知道被试者对这些类别所排列出的等级顺序。然而，定序量表并不能告诉我们这种等级之间的差异程度。就工作特性的例子而言，被评定重要性为 1 的工作特性，其重要性可能只稍微超过被评定为 2 的工作特性一点点而已。而对被排序为重要性 3 的工作特性，其重要性却可能远远超过被评定为 4 的工作特性。因此，定序量表虽能清楚地分辨研究的物体、人或事件的顺序，但我们无法得知这些顺序之间的差距程度。

（三）定距量表

定距量表（Interval Scale）是对取值具有"距离"特征的事物类别或次序之间间距的测度，通常用于诸如年龄、成绩、温度等连续性数据或人数、商品件数等离散型数据。该量表不仅能将事物区分为不同类别并进行排序，而且还可以反映类别之间的差距是多少。定距量表通常使用自然或物理单位作为计量单位，如收入用"元"、考试成绩用"分"、温度用"度"、重量用"克"、长度用"米"等。由于这种量表的每一间隔都是相等的，只要给出一个度量单位，就可以准确地指出两个计数之间的差值。定距量表具有四个显著的特征：①所表示的数字大小的差异反映属性的量的差异。②尺度点之间具有一定间隔。③即使属性的量存在，但是仍可以赋予 0 含义（如温度、分数）。定距尺度中的"0"是作为比较的标准，不表示没有。④各类别之间的距离，存在自然数间距特征，但只能用加减而不能用乘除或倍数的形式说明关系。

利用定距量表能够指出两种重要性的评价之间程度上是相当的，或是较高或较低，高多少与低多少。

温度计便是定距量表最好的例子，它具有一个任意的零点。在华氏 98.6 度（正常体温下）到 99.6 度之间的差距，与华氏 104 度到 105 度之间的差距是相等的。

所以，定距量表可以让变量具有类别差异、顺序及间距的特性。它比定类量表及定序量表更具解释力。定距数据是可以加减运算来计算集中趋势的重要指标——算术平均数，但不能做乘除运算。而离散系数则可计算标准差及方差。

（四）定比量表

定比量表（Ratio Scale）是在定距量表中存在绝对零点和比率关系的量表。事实上，定比量表与定距量表极为相似，属于同一层次。它与定距量表的区别在于是否有绝对零点。在定距量表中，"0"表示某一个数值，而定比量表中，"0"表示"没有"或"无"。例如，温度是典型的定距量表，因为在摄氏温度中，0℃表示在海平面高度上水结冰的温度。但对于销售人员来说，"0"表示没有成交量，所以销量属于定比量表。定比数据可以加减乘除运算。在实际生活中，"0"在大多数情况下均表示事物不存在，如长度、高度、利润、薪酬、产值等，所以在实际统计中，多使用定比量表。

（五）量表尺度的选择

在上述用来测量变量的四种量表中，定类量表强调对事物及人的归类，仅提供少量信息；定序量表所提供的信息则是对定类量表分类的群体排列出等级顺序；定距量表不只是排序，同时也提供了变量间差距程度的信息；定比量表不仅有差距程度的信息，还提供了比例信息，即使将量表都乘以或除以相同数值，仍然保持原有比例。

表 6–1　四种量表的特性

量表	特性				集中趋势指标	离散指标	分析方法
	类别差异	顺序	等距	绝对零点			
定类	是	否	否	否	众数	—	X^2
定序	是	是	否	否	中位数	四分半距	等级相关
定距	是	是	是	否	算术平均数	标准差、方差或方差系数	t, F
定比	是	是	是	是	算术或几何平均数	标准差、方差或方差系数	t, F

资料来源：作者整理。

从表 6–1 所列的量表特性中我们可以发现，从定类量表（将对象或题项分门别类）到定序量表（将这些类别评定等级），再到定距量表（可以计算差距的强度），最后到定比量表（可以测量差距的比例），其统计解释力越来越强。我们在资料上能获得的信息越来越精确，并可使用更具解释力的统计检验方法。因此，对于变量的测量应该尽可能使用定距量表和定比量表。

（1）对变量测量值的统计分析基础是概率统计。定类量表和定序量表的数字大小，不能反映属性的量的大小或者量的差异，因而概率就不存在。在统计上，只能使用非母数统计分析方法。定距量表和定比量表的数字大小的差异能够反映属性的量的差异，因而可以进行概率计算，且几乎所有分析方法都适用。所以，使用定距量表和定比量表对资料的分析更为有利。

（2）定距量表比定序量表，定比量表比定距量表更适合正规化分析。特别是定序量表和定距量表之间，可以使用的分析方法存在非常大的差异。所以，如果可能，尽量使用定距量表和定比量表进行变量的测量。

二、测量的评价

了解如何操作化定义变量并运用不同的测量工具之后，更重要的是要确定所开发出来测量特定构念的量表确实能够准确地测量变量，而且也能够真正地测量出我们想要测量的构念，如此才能确保变量的操作化定义不会忽略重要的维度和要素，或者掺入不相关的维度和要素。此外，采用高质量量表不仅能确保获得较精确的结果，也能提高科学研究的质量。但一般来说，开发的量表通常不够完整，而且在变量的测量上也常发生误差。因此，我们需要通过一套评估方法来确保这些被开发量表的质量。

那么，如何确保所开发的测量量表是高质量的呢？按照步骤，首先必须针对被试者所回答的问题做题项分析，其次是建立其测量的信度与效度指标。

（一）题项分析

题项分析（Item Analyse）是用来了解量表中的题项是否恰当以及题项所具有的鉴别力。换言之，就是检验每个题项是否具有将研究对象区别出高分群与低分群的能力。我们可以通过 t-test 来检验高分群与低分群的平均数是否存在显著的差异。具有高分群的题项（该指标可在量表中找出具有区别能力的题项）将被留在量表内，然后再对测量工具进行信度检验，最后确定测量工具的效度。

测量题项的信度与效度可以反映研究的科学严谨性（如图 6-2 所示）。

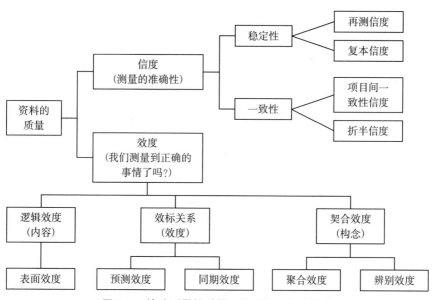

图 6-2 检验测量的质量：信度与效度的形式

（二）信度

信度（Reliability）是指测量结果的一致性、稳定性及可靠性，即测量无偏差的程度。无偏差是指在不同时间点和以量表内不同题项去测量的结果应该是一致的。换言之，测量工具的信度是一项稳定性指标，反映量表所使用的题项测量的结果跟想要测量的构念是否一致的程度。如此，才能确定测量是可信的。

1. 测量的稳定性

测量的稳定性是指在不同时间点的测量结果相同，即使在无法控制测量条件或被试状态的情况下，测量结果仍然稳定不变。这种稳定性确保了测量的质量，因为不论何时构念都可以稳定地被测量。一般来说，有两种稳定性的检验方式——再测信度与复本信度。

（1）再测信度。将第二次与第一次的测量做比较，这种经重复测量所得到的信度系数，我们称为再测信度（Test-retest Reliability）。我们可以将一份测量某构念且包含数个题项的问卷对同一组被试进行测试。第一次与第二次测试可能间隔一段时间，比如数星期到 6 个月之间。然后计算同一组被试在两个不同时点作答所得的分数，求出两分数间的相关系数。这个相关系数被称为再测系数（Test-retest Coefficient）。系数越高，表示再测信度越高，也代表测量的稳定性越高。

（2）复本信度。针对同一构念，用两组同质且相当的测量工具获得两组测量结果高度相关时，即可认为具有复本信度（Parallel-form Reliability）。一般而言，这两种版本的量表会有相似的题项与填答格式。唯一不同的是叙述的语法与问题呈现的顺序不同。在此，我们需要找出因为题项的语法与顺序所造成的误差。如果这两组复本所得出的分数之间高度相关（高于 8 以上），我们就可以确定该量表是可靠的，而且由语法、排序或其他因素所造成的误差是相当小的。

2. 测量的内部一致性

测量的内部一致性（Internal Consistency）是指在测量构念时题项间的一致性指标。这些题项应该是"被当成具有同样性质的组合"，而且都能够独立测量相同构念。被试对这些题项都有一个整体的且同样的看法。一致性可以通过检查量表中题项与题项之间是否高度相关来确定。一般来说，一致性指标包括项目间一致性信度与折半信度。

（1）项目间一致性信度。项目间一致性信度（Inter-item Consistency Reliability）是用来检验在同一个量表中被试对所有题项答案的一致性。假使这些题项是对相同构念的独立测量单位，那么题与题之间应有较高的相关程度。在项目间一致性信度指标中，最普遍使用的检验是 Cronbach's α 系数（Cronbach, 1946）。它适用于多重评分量表的题项（Multipoint Scaled Items）。另外，库李法（Kudern Richardson Formulas; Kuder, Richardson, 1937）则适用于二分法的题项（Dichotomous Items）。上述系数越高，测量工具的信度越好。

（2）折半信度。折半信度（Split-half Reliability）是指将单一量表拆成两半之后彼此的相关性。不过，该系数的估计值会受到将量表内的题项拆成两半的方式的影响。此外，折半信度只有在一种情况下会比 Cronbach's α 系数更适用，即只有在量表的题项要测量一个维度以上，而且其他限定条件都刚好符合时［完整说明请参考 Campbell（1976）］才更好。因此，大部分的案例中，Cronbach's α 系数被视为检验项目间一致性信度的合适指标。

（三）效度

测量工具本身的效度，即当我们询问被试一组问题后（如开发出一个测量工具），其实是希望能通过问题来测量构念。但是，我们如何才能合理地确信全面地测量出了想要测量的构念，而不是其他构念呢？这可以通过效度检验来决定。

效度（Validity）即有效度，它是指测量工具能够准确、全面地测出所需测量的事物的程度，也即所测量的结果反映所要测量内容的程度。测量结果与要测量的内容越吻合，则效度越高；反之，则效度越低。

有几种类型的效度都可用作检验测量质量的指标，而且人们常用不同的名称来表示它们。为了清楚地说明，我们将效度归纳到三种宽泛的类型：内容效度、效标关联效度和构念效度。

1. 内容效度

内容效度（Content Validity）的建立是要确保量表中包含了能够测量该构念的适当的且有代表性的题项。量表内的项目越能代表该构念的主要领域或范围，则其内容效度越好。简单来说，内容效度代表了将构念拆解成维度与要素的过程是否完善的指标。

一般来说，可通过小组座谈来证实量表的内容效度。例如，Kidder 和 Judd（1986）曾举例说明为了确定某个用来测量"语言障碍"的量表是否具有内容效度，可将其交给一群专家来评估（如专业的语言治疗师）。

表面效度一般被视为内容效度的基本且最低的要求。表面效度（Face Validity）是指当某些题项被设计来测量某个构念时，至少要看起来像在测量此构念。但有些研究者并不认为表面效度可以作为内容效度的有效构成要素。

2. 效标关联效度

效标关联效度（Criterion-related Validity）是指测量能够像预期所希望的那样按照某一标准区分个体。效标关联效度一般可用同期效度或预测效度来测度。

（1）同期效度（Concurrent Validity）适用于评价量表可区别出某些已知有差异的个体的程度，即这些个体在该量表上的得分应该是有差异的。例如，假设一个关于工作伦理的量表已被开发出来，并交由一群领取社会救济的人来填答。基本上，该量表应能区别出乐于接受工作且有机会不依靠社会救济的人，以及即使提供他工作也不想工作的人。因此，这两种人在该量表上应有不同的得分。很明显，那些具有高度工作伦理价值观的人不想依靠社会救济且渴望靠自己来获得被雇用的机会。另外，那些工作伦理价值观较低的人将尽可能地争取继续使用社会救济的机会，而且视工作为做苦工。如果这两种类型的人在工作伦理量表上的得分相同，那么该量表就测量不出工作伦理价值观，也就不具备同期效度。

（2）预测效度（Predictive Validity）是指测量工具能在某个未来的效标上区分出个别差异的能力。

3. 构念效度

构念效度（Construct Validity）是用来评价从量表所获得的结果与设计该量表

时所依据的理论之间的契合程度的指标。一般来说，构念效度可通过聚合效度与辨别效度来评估。其意义如下：

（1）聚合效度（Convergent Validity）是指当采用两种不同的测量工具来测量同一构念时，所获得的分值是高度相关的。

（2）区分效度（Discriminant Validity）是指如果根据理论预测两个变量是不相关的，则两个变量的实际测量分值也应该是不相关的。

其实，效度可以通过许多不同的方式来确立。在实践中，那些用来测量构念且已经发表的各种测量工具，通常会对测量工具所确立的各式效度指标加以描述，这样可以让使用者或读者判断该量表的质量。

以上讨论的各种效度类型如表 6-2 所示。

表 6-2 效度的类型

效度	描述
内容效度	该量表是否充分测量出了想要测量的构念
表面效度	是否有专家证实该量表确实能测出想要测量的
效标关联效度	该量表是否具有预测某一效标变量的能力
同期效度	该量表是否具有预测某一现有效标变量的能力
预测效度	该量表是否具有预测某一未来效标变量的能力
构念效度	该量表是否能够测量出理论上所说的构念
聚合效度	两种测量工具测量同一构念时，其结果是否高度相关
区分效度	该量表对理论上认为不相关的变量的测量结果是否相关程度很低

资料来源：作者整理。

总之，测量的质量可通过不同形式的信度与效度来确立。信度和效度的关系和区别主要有：①信度低，效度不可能高。因为如果测量的数据不准确，也并不能有效地说明所测量的对象。②信度高，效度未必高。因为即使准确地测量到了，也未必就说明测量全面了。③效度低，信度很可能高。因为即使未能完整测量，但也有可能很准确、很可靠地测量到了对象。④效度高，信度也必然高。任何研究要获得好的结果，都要求所测结果确实代表了欲测量的理论框架中的构念。我们要使用具有高信度与高效度的测量工具以确保研究是符合科学标准的。在组织研究中，一直有研究者在努力开发许多重要构念的测量工具，并建立了这些工具的心理测量学特性（如信度与效度）。因此，研究者通常可以利用已有的、具有良好声誉的量表工具来测量，这会比自己开发量表更有效。然而，在使用这些量表时研究者应清楚地注明其引用的资料来源（如作者及参考文献），让有需要的研究者可以寻找更多信息。

一般而言，研究者很少会为相同的构念去开发两个或更多同样具有高质量的量表。例如，虽然我们可以找到一些关于工作满意度构念的测量工具，但最常使用的量表还是由 Smith、Kendall 和 Hulin（1969）所开发的"工作说明量表"（Job Descriptive Index，JDI）。也就是说，即使有许多测量同一变量的量表，研究者仍会偏好使用某一量表，因为它有较好的信度与效度，而且也常被使用。

不同情况下，我们也必须对某些量表进行适当的调整以符合应用的情境。例如，在制造业中用来测量工作绩效、工作特性及工作满意度的量表必须稍做修正以符合公用事业组织或医疗机构的特性。基本上每一案例的工作环境都不同，因而每个量表的用语也必须适当地调整。然而，这样做也可能会破坏量表的完整性。因此，重新检验量表的效度与信度是必须的。

一些行为研究的测量量表可在 Price（1997）所写的"Handbook of Organizational Measurement"，以及由 Ann Arbor Michigan 调查研究所（Institute of Survey Research）出版的"Michigan Organizational Assessment Package"中找到。在本章的结尾中，我们提供了几个管理学类的量表范例。

工作投入度

	非常不同意	不同意	普通	同意	非常同意
1. 工作对我而言仅仅意味着挣钱	1	2	3	4	5
2. 我生活中的满足主要来自于工作	1	2	3	4	5
3. 我对自己的工作很有兴趣	1	2	3	4	5
4. 即使不需要钱，我也可能继续工作	1	2	3	4	5
5. 我最重要的事都跟自己的工作有关	1	2	3	4	5
6. 即使没有加班费，我仍会加班完成工作	1	2	3	4	5
7. 我感觉工作的前几个小时过得很快	1	2	3	4	5
8. 你对工作中有规律的日常活动有多喜欢	1	2	3	4	5
9. 每天早上，你有多盼望即将来临的工作	1	2	3	4	5

资料来源：White J. K., Ruh R. A. Effects of Personal Values on the Relationship between Participation and Job Attitudes [J]. Administrative Science Quarterly, 1973, 18 (4): 506-514.

参与决策

	非常不同意	不同意	普通	同意	非常同意
1. 一般而言，你或多或少能对你的工作方式发表意见或具有影响力	1	2	3	4	5
2. 对你自己完成工作的方式，你有决定权	1	2	3	4	5
3. 一般而言，你或多或少能对你所在工作团队的工作方式发表意见或具有影响力	1	2	3	4	5

续表

	非常不同意	不同意	普通	同意	非常同意
4. 一般而言，你或多或少能对与你工作有关的决策发表意见或具有影响力	1	2	3	4	5
5. 你的主管乐于接纳听取部属的想法和建议	1	2	3	4	5

资料来源: White J. K., Ruh R. A. Effects of Personal Values on the Relationship between Participation and Job Attitudes [J]. Administrative Science Quarterly, 1973, 18（4）: 506-514.

角色冲突

非常不正确 → 非常正确

1. 我必须做非自己分内的事	1	2	3	4	5	6	7
2. 我在不协调的政策和指导方针下工作	1	2	3	4	5	6	7
3. 我必须在没有足够人力情况下完成指派的任务	1	2	3	4	5	6	7
4. 我必须违背某些规定和政策以便能完成指派的任务	1	2	3	4	5	6	7
5. 我常跟两个以上采用不同运作方式的团队一起工作	1	2	3	4	5	6	7
6. 我从两个以上的人那里接到不一致的指令	1	2	3	4	5	6	7
7. 我完成的事情往往被某个人接受却不被另外的人接受	1	2	3	4	5	6	7
8. 我接到一项任务却未获执行任务所需足够资料和资源	1	2	3	4	5	6	7
9. 我从事不必要的工作	1	2	3	4	5	6	7

资料来源: Cameron S. Dual-career Families. Contemporary Organizational and Counseling Issues: Uma Sekaran, Jossey-Bass, San Fransisco, CA, and London, 1986.

职业特色

	非常不同意	不同意	有点不同意	普通	有点同意	同意	非常同意
1. 我的职业选择对我而言是一个不错的决定	1	2	3	4	5	6	7
2. 我的职业使我对社会有重要的贡献	1	2	3	4	5	6	7
3. 我很适合这个职业，它能反映出我的个性	1	2	3	4	5	6	7
4. 我无法在工作中学以致用	1	2	3	4	5	6	7
5. 我不打算更换职业	1	2	3	4	5	6	7
6. 为从事这份职业所付出的规划与心思是一种浪费	1	2	3	4	5	6	7
7. 我的职业是我生活不可分割的一部分	1	2	3	4	5	6	7

最不喜欢的工作伙伴量表（主要评估员工是人际导向还是任务导向）

当你在画下标记之前，请先注意横线两端的形容词，请记住这不是对或错的答案。请快速作答（你的第一个答案是最好的），且不要遗漏任何题项，每一题只能画一个记号。

请先设想一位在工作上你最无法跟他合作的人。他也许是现在的同事、过去认识的人。他不一定是你最不喜欢的人，但必须是最难跟他一起完成工作的人。形容一下这个人，尤其当他出现在你面前时。

快乐的	8	7	6	5	4	3	2	1	不快乐的
友善的	8	7	6	5	4	3	2	1	不友善的
拒人千里的	8	7	6	5	4	3	2	1	平易近人的
有益的	8	7	6	5	4	3	2	1	阻挠的
冷淡的	8	7	6	5	4	3	2	1	热心的
紧张的	8	7	6	5	4	3	2	1	轻松的
疏远的	8	7	6	5	4	3	2	1	亲近的
冷漠的	8	7	6	5	4	3	2	1	热情的
合作的	8	7	6	5	4	3	2	1	不合作的
支持的	8	7	6	5	4	3	2	1	敌对的
烦人的	8	7	6	5	4	3	2	1	有趣的
好争论的	8	7	6	5	4	3	2	1	和睦的
有自信的	8	7	6	5	4	3	2	1	犹豫不决的
有效率的	8	7	6	5	4	3	2	1	无效率的
悲观的	8	7	6	5	4	3	2	1	乐观的

资料来源：Fiedler, Fred E. A Theory of Leadership Effectiveness ［M］. NY：McGraw-Hill，1967.

参考文献

［1］Uma Sekaran. Research Methods for Business：A Skill Building Approach ［M］. NY：John Wiley，1992.

［2］W. Lawrence Neuman. Outlines and Highlights for Social Research Methods：Qualitative and Quantitative Approaches ［M］. Cram101 Incorporated，2011.

［3］R. A. Day. Jr. Quantitative Analysis ［M］. Printice-Hall，1986.

［4］严辰松. 定量型社会科学研究方法 ［M］. 西安：西安交通大学出版社，2000.

［5］何佳讯. 全球品牌化研究回顾：构念、脉络与进展 ［J］. 营销科学学报，2013（4）：1-19.

［6］王鹏. 定量构效关系及研究方法 ［M］. 哈尔滨：哈尔滨工业大学出版社，2011.

［7］陈晓萍，徐淑英，樊景立. 组织与管理研究的实证方法 ［M］. 北京：北京大学出版社，2012.

［8］［美］诺瓦尔·D.格伦. 纵贯数据分析 ［M］. 北京：格致出版社，2011.

［9］黄晓治. 管理学的实证研究方法入门 ［M］. 北京：机械工业出版社，2014.

［10］［美］艾尔·巴比. 社会研究方法（第 11 版）［M］. 北京：华夏出版社，2009.

第七章　资料收集

【内容框架】

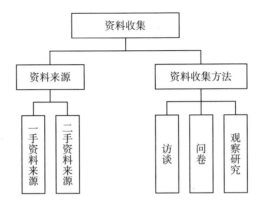

第一节　资料来源

资料来源分为一手资料来源和二手资料来源。所谓一手资料（Primary Data）是指研究者依据其研究目的，针对感兴趣的变量所收集的第一手信息。二手资料（Secondary Data）则是从已存在的资料库或来源中撷取的资料，如文献综述。

个人、焦点组、座谈小组（由研究者专门发起，不时针对特定议题寻求他们的见解），或是非介入性的来源，都是一手资料的来源。当问卷可在网络上填答时，网络也可视为一手资料的来源。

从二手来源也可获得资料。例如，企业的记录或档案、政府出版品，由媒体、网页、网络所提供的产业分析等。此外，环境或者一些特殊的背景或事件也是资料的来源之一，如厂房布置的研究。

一、一手资料来源

一手资料的四个主要来源为个人、焦点组、座谈小组，以及非介入性的方法。

（一）个人

在访谈、填答问卷或是观察中提供信息的个体都是一手资料的来源。

（二）焦点组

焦点组（Focus Group）由 8~10 名成员和一名主持人组成。由主持人带领小组所有人针对一个项目、观念或是产品进行大约 2 个小时的讨论。挑选的成员通常是对研究议题具有专业知识的人。例如，挑选计算机专家来讨论有关计算机或算法。或是由母亲和小孩组成焦点组来讨论组织如何帮助职业妇女在事业与家庭之间取得平衡。

当成员谈论有关事件、观念、产品或服务时，焦点组会议可以获得被试者的感想、解释及意见。主持人扮演掌控讨论的角色，目的是引出所需的信息，并使成员不偏离议题。

焦点组在一个特定地方、特定时间讨论某一特定主题，使成员们可以弹性地、自由地讨论。这种非结构、自然发生的反应能反映出成员对主题最真实的意见、想法及感受。这种方法的成本较低，而且能在短时间内提供相当可靠的资料。

（1）主持人的角色。主持人的选择及其所扮演的角色非常重要。他不能成为讨论中的一分子，但却要掌控小组的讨论以获得所有相关信息，并带领成员化解讨论中可能出现的僵局。主持人还要确保所有成员的参与，且在讨论中不让任何一个成员具有领导地位。研究团队的其他成员也可以通过观察室的单面镜具体观察整个讨论过程。这样不仅可以听取讨论内容，还可以注意到成员们所表现出的肢体语言。

（2）使用焦点组获得资料的性质。值得注意的是，通过这种同质的团体成员获得资料的方法在各种资料收集方法中花费最少且能用于快速分析，但是它只能提供定性信息，无法提供量化信息。而且，因为这些成员不是用科学方法挑选出来代表总体意见的，因此其意见并不具有真正的代表性。然而，如果把收集到的探索性信息作为未来进行科学研究的基础，那么焦点组就具有重要作用。举例来说，焦点组在探究"知识产权"这个概念时，由于每位团体成员的思考模式都略有不同，因此在进行热烈讨论时，可能会产生一些新的想法。这有助于研究者获得有价值的见解，这叫作滚雪球效应。

焦点组方式适用于：①探索性研究；②将所得信息作为推论基础；③进行样本调查。此外，焦点组在一些议题上能够启发研究者。比如，为何某类产品销售不佳、为何某些广告策略是有效的、为何特定的管理技术没有作用等。

（3）视讯会议。假设被试的回答有地区性的差异，那么我们必须采用几个焦点组，其中包括在不同区域受过训练的主持人。如果该过程可通过视讯会议进行将会变得更为简单。我们可以通过画面的放大功能，实时捕捉到某个成员在叙述时的非语言暗示及姿势，这也可以代替通过观察室的单面镜的观察。

随着科技的进步与实时通信技术的帮助，利用视讯会议来收集各地群体的信息具有非常好的应用前景。目前，在线焦点组日益普及，E-mail、网页、网络聊天室也可使焦点组会议的举行更为便利。

（三）座谈小组

类似焦点组，座谈小组也是一手资料的重要来源。焦点组只举行一次群体会议，而座谈小组的会议则可以不止一次。倘若要研究在一段时期内有哪些介入或变化因素，座谈小组是相当有用的方式。例如，若想马上评估出某种品牌咖啡的影响力，我们可将广告展示给座谈小组，并且评估其对该品牌的购买意愿，这可作为现实中消费者看到该广告的反应。几个月之后，若产品经理想要推出在口味上有所变化的相同产品，并在座谈小组中调查其影响，则这一群持续参与的"专家"就成为样本基础或是测试委员会。这种通过专家成员组成座谈小组所进行的研究就是座谈小组研究（Panel Study）。

例如，尼尔森电视指数（Nielsen Television Index）就是一个基于电视收视率的座谈小组形式。这个指数的设计旨在估计各个电视节目的观众数目及性质。它通过在近 1200 个合作住户的电视机上装上收视计数器装置来收集资料。这个收视计数器连接一台中央计算机。它会记录每个住户何时开电视以及观看哪个节目。根据这类资料，尼尔森即可估计某一节目在所有合作住户中收看的次数与比率。

其他应用于市场营销研究的座谈小组还包括：国家采购日记座谈小组（National Purchase Diary Panel）、美国家庭民意座谈小组（National Family Opinion Panell）、消费者邮寄座谈小组（Consumer Mail Panel）。

（1）静态与动态的座谈小组。座谈小组可以是静态的（Static）（即座谈小组的成员是固定的）或是动态的（Dynamic）（即在不同的研究阶段座谈小组成员可以变动）。静态座谈小组的优点是，能为两时点间的改变提供一个好的、具备敏感性的测量。这比起用两个不同群体在不同的时间来测量更为适合。其缺点是座谈小组成员对于变化不能变得较为敏感，以至于在连串的访谈中，其意见不再能代表总体中其他人的意见。成员时常可能会因为各种理由而退出座谈小组。因此，偏差的增加也可能导致研究失败。动态座谈小组的优缺点与上述的静态座谈小组刚好相反。

总之，座谈小组是直接信息的来源。它可能是静态的也可能是动态的，而且通常运用于对象的多方面研究。

（2）德尔菲法。德尔菲法（Delphi Technique）是依据系统的程序，审慎地选择一组专家来进行预测的方式。这期间需要多次对专家进行问卷调查。在第一轮问卷调查中，专家就未来事情的可能性回答系列问题。然后，研究人员把第一轮的结果收集起来，再分发给各位专家做第二次问卷调查。专家在看完第一次问卷的结果和其他专家的意见之后，对同样的事情再次做出评估。这个过程会持续几次，几轮反馈直至专家的意见逐渐趋同。

参与问卷的专家采用匿名的方式，即便研究报告写成之后，也不会暴露专家身份。这么做的好处是，避免有些专家影响其他专家的看法，以便让大家毫无保留地表达自己的想法；同时也有利于专家及时承认自己的失误并修正自己的判断。德尔菲法被广泛地应用于长期商业预测。

（四）非介入性测量

非介入性测量（Unobtrusive Measures）又称为追踪测量（Trace Measures），这是一种不涉及人的一手资料来源。例如，大学图书馆中馆藏期刊的耗损暗示着期刊受欢迎的程度、使用的频率。在垃圾袋中发现不同品牌的饮料罐数量也能作为其消费程度的测量。将支票上的签名暴露在紫外线之下能确定伪造的可能性。要收集一个社区居民的出生日期、婚姻状况、死亡情况，保险记录也是一个不错的来源。公司的记录还包括许多员工的个人资料、企业的效率水平或其他资料等。因此，这些非介入性来源对研究而言都是重要的。

二、二手资料来源

二手资料对大部分的组织研究而言是不可缺少的。二手资料（Secondary Data）是指以前的研究者所整理的信息。二手资料来源包括：书籍与期刊、经济指标的政府出版品、普查资料、统计摘要、资料库、媒体、企业年报等。案例研究以及一些档案记录等二手资料，对于研究问题的解决提供了许多信息，这些资料在本质上大部分是定性的。此外，二手资料的来源还包括组织中重要人物的行程、管理人员的台历，以及演讲者的演讲内容。二手资料按照资料是否公开可以分为内部资料和外部资料。

（一）内部资料

内部资料主要是由所调查企业或组织的各经营环节、各管理部门产生并发出的，主要包括三个方面：

（1）企业职能管理部门提供的资料，如会计、统计、计划部门的统计数字、报表、原始凭证、会计账目、分析总结报告等。

（2）企业经营机构提供的资料，如进货统计、销售报告、库存动态记录、合同签订执行情况、广告宣传效果、消费者意见反馈等。

（3）其他各类记录，如来自企业领导决策层的各种规划方案、企业总部做的专门审计报告，以及以前的市场调查报告等。

这些内部资料大部分是私有的，而且无法完全取得。

（二）外部资料来源

外部资料多指来自被调查企业或组织以外的信息资料，主要包括以下五个方面：

（1）政府机构及经济管理部门的有关方针、政策、法令、经济公报、统计公报等。

（2）行业协会已经发布和保存的有关行业销售情况、经营特点、发展趋势等信息资料。

（3）各种信息机构，如国家经济信息中心、国家统计信息中心所提供的各类统计资料。随着计算机技术应用的普及，数据库互联网服务已经成为一种必然趋势。市场调查人员可以通过已有的计算机数据库系统进行查询。

（4）其他各种大众传播媒介，如电视、广播、报纸、杂志及文献资料等也包含丰富的经济信息和技术情报。

（5）图书馆是各种文献资料集中的地方。市场调查人员可以充分利用图书馆获得特定调查主题的信息资料。

使用二手资料的优点是可以节省获得资料的时间与成本。然而，把二手资料当作信息的单一来源往往会存在过时的缺点，而且也可能不符合特定情境或环境的需求。因此，资料来源是否能提供目前最新的信息是很重要的。

第二节　资料收集方法

资料收集方法是研究设计不可或缺的部分。资料收集方法有很多种，每一种方法都有其优缺点。只有采用适当的方法来研究问题才能够大幅提高研究价值。资料可以在不同环境下（如田野或实验室），也可以从不同来源用各种方法进行收集。资料收集的方法包括：①访谈——面对面访谈、电话访谈、计算机辅助访谈，以及通过电子媒体访谈；②问卷——通过人工发放、邮寄或以电子化方式实行；③观察——观察个体或事件，可选择是否录像或录音；④各种动机技术，例如投射测验。

在研究调查中，访谈、填写问卷、观察是资料收集三种主要的方法。投射测验与其他动机技术有时也会被用来测量变量。在这种情况下，被试通常会被要求写下一个故事、完整的句子，或是给予模糊的暗示（如墨渍或未标示图片），以观察他们的反应。这是假设被试会将他们自己的思想、感觉、态度及期望等都投射到反应上，再经由受过训练的心理学家加以解释。

访谈的优点是具有调整、选择和改变问题的灵活性。问卷的优点则是可让研究者更有效地获得资料。非介入方法（如从公司记录得到资料）具有"准确性"的优点。例如，比起从被试收集有关员工旷工的资料，在出勤记录中将可能得到更真实、更可靠的信息。投射测验通常由受过执行训练的研究者来执行并解释结果。

现代科技在发展资料收集方法上扮演着日益重要的角色。计算机辅助调查越来越被经常使用，它有助于访谈以及电子问卷的准备与实施。此外，计算机辅助电话访问系统（Computer-Assisted Telephone Interviewing，CATI）、交耳式电子电话调查（Interactive Electronic Telephonic Survey），以及电子问卷的施行（通过电子邮件），现在都可用来协助资料的收集。

另外，有些软件也可用于问卷设计、问卷资料输入、资料分析以及网页和E-mail调查，如SumQuest或SQ调查软件、Professional Quest和Perseus。

资料收集方法的选择要视其是否容易取得、研究者的专业知识、研究的时间范围，以及其他与资料收集有关的、可利用的成本与资源等方面来决定。

一、访谈

访谈（Interview）又称晤谈，是指通过访问者和受访者面对面地交谈来了解受访者的心理和行为的资料收集方法。由于研究问题的性质、目的或对象的不同，访谈具有不同的形式。根据访谈进程的标准化程度，可以将访谈分为结构性访谈和非结构性访谈。访谈法运用面广，能够简单地收集多方面的工作分析资料，因而广为研究者所选用。

（一）非结构性访谈与结构性访谈

（1）非结构性访谈。非结构性访谈又称为非标准化访谈、深度访谈、自由访谈。它是一种无控制或半控制的访谈，事先没有统一问卷，而只有一个题目或大致范围，或一个粗线条的问题大纲。由访谈者与访谈对象在这一范围内自由交谈。具体问题可在访谈过程中边谈、边形成、边提出。对于提问的方式和顺序、回答的记录、访谈时的外部环境等，也没有统一的要求，可根据访谈过程中的实际情况做各种适当的安排。

非结构性访谈旨在引入一些初步议题，以便访谈者决定可对哪些变量做进一步的深入调查。在一个相对宽泛的问题领域，访谈者可能想了解情境中某些变化的模糊想法，而不是想要知道它们的实际情形。这就是非结构性访谈。访谈者在最初只会询问一般开放式的问题，并根据回答得知个人看法。询问个人的问题形式与性质须根据受访者的类型而定。例如，可用比较直接的问题询问中高层管理者对问题与情况的感觉，而对较低层的员工可能就要用其他不同的方式来询问。

在非结构性访谈中，针对基层员工可以使用一般开放式问题来询问有关他们的工作与工作环境。而针对主管可以问及有关部门、在其管理下的员工及组织的问题。例如，他们可能会被问及：谈谈你的单位与部门，或是整个组织有关工作、员工以及任何你认为重要的部分。

对于这样的问题或许一部分人会做出详细的回答，而其他人则可能只回答个大致就不错了。倾听畅所欲言的人是较容易的，特别是当访谈者仔细倾听着受访者以轻松的态度来回答一般性的、整体性的问题时。身为管理者与研究者，我们应该要训练自己去提高这些倾听技术、去确定所谈论的关键主题。然而，当一些受访者简短且干净利落地回答了没有价值的答案时，访谈者则必须要更深入地询问。例如，我想要了解有关你的工作，请详细地描述一下你平常从早上8点到下午4点的工作内容。

可以在回答之后再询问几个问题。这种追踪性问题的例子包括：

跟组织中的其他部门相比，你的部门有何优势与劣势呢？

假如在你的组织中有问题需要解决，或是有瓶颈要消除，或是有东西妨碍了你的效能，那会是什么？

假如回答：一切都很好而且没有任何问题，则访谈者可以说：那真是太棒了！可不可以请你告诉我，是什么导致你的单位能有效地运作，因为其他大部分的组织通常会经历到某些困难。这种询问技巧通常会使受访者的防卫下降，而且使他们更愿意去分享信息。对于原问题，修正后的回答可能会是"嗯，这并不是说我们从来都没有遇到问题，有时在处理工作上有延迟，处理紧急事件时会有一些瑕疵……"鼓励受访者谈论部门中各种事情的好坏，可从中获得许多信息。虽然有些受访者并不需要太多的鼓励便会开始谈论，但有些人则需要这样的鼓励并以宽泛的方式询问。有些受访者可能会显示出不愿被访问，并巧妙地或公开地拒绝合作，此时我们必须要尊重其要求，和善地结束访谈。

对现场工作的员工以及其他非管理性员工，可以询问他们的工作内容、工作环境、对于工作场所满不满意等非常宽泛的问题。例如：

"你觉得这里的工作如何？"

"请你告诉我工作中的哪一部分你喜欢或不喜欢？"

"可以告诉我有关这里的奖金系统吗？"

"假如向你提供一个在其他地方类似的工作机会，你会愿意接受吗？为什么？"

"假如我到这里求职而且需要你把我当新员工来介绍一下你的部门，你会如何介绍？"

通过对几个层级的员工进行充分的非结构性访谈，并且研究所收集的资料后，访谈者即可得知更应该注意的变量以及要求更深入了解的信息是什么了。

在为受访者设定了几个阶段以进行更进一步的结构性访谈之后，变量将会被确认。

（2）结构性访谈。结构性访谈（Structured Interview）又称标准化访谈（Standardised Interview），是一种定量研究方法，通常应用于测量研究（Survey Research）。这种方法的目的在于确保对每一个被访者准确地以同样的顺序呈现同样的问题，以确保答案总体上可靠，并确信不同样本群之间或不同测量周期之间具有可比性。

当一开始即得知需要何种信息时，便可采用结构性访谈。访谈者会有一张事前决定的题项清单，可能通过面对面、电话，或个人计算机来询问受访者。此时的问题可能会着重于从非结构性访谈中发现的、与研究问题有关的因素。当受访者表达意见时，访谈者会加以记录。而同样的问题也会以相同的方法来询问每一个人。然而，有时基于情况的迫切需要，有经验的访谈者可能会指导受访者作答，并且询问不在访谈计划中的其他相关题项。通过这个程序可能会因为有了更深入的了解而确认出新的因素。然而，为了了解可能的回答，访谈者一定要完全理解每一个问题的目的与目标。当对一个受过训练的访谈小组进行调查时，这点尤其重要。

视觉辅助工具（Visual Aids），如图片、线条描绘、卡片及其他器材有时也会应用到访谈中。在对受访者展示适当的视觉辅助工具后，即可对提出的问题做出答复。例如，可利用该技术了解消费者对不同包装类型、广告形式的喜恶等。而当访谈的焦点为小孩时，绘画与描绘的视觉辅助工具通常都是有用的。不仅如此，当我们想表达难以用书面表达或说明的思想或看法时，视觉辅助工具也能派上用场。

当我们进行足够数量的结构性访谈，得到足够信息得以了解和描述在情境中运作的重要因素时，访谈者就可以停止访谈，并将信息列表显示，进行资料分析。这可以帮助研究者完成预计要进行的任务，如描述现象或测量现象，或是确认特定的问题，并提出某个影响问题的因素的理论，或是发现研究问题的答案。许多定性研究都用这种方式进行。

（二）面对面访谈与电话访谈

访谈可通过面对面或是电话来进行，现在也能借助计算机进行。虽然在组织研究中，大部分的非结构性访谈是以面对面的方式进行的，但结构性访谈可以是面对面的方式，也可以是以电话为媒介的方式，这取决于相关议题的复杂程度、可能的访谈时间、双方的方便性、调查的地理区域等条件。电话访谈适合于当研究者想要快速地从分散在广大地理区域中的大量受访者处获得信息，而且访谈时间一般在 10 分钟左右。例如，许多市场营销调查就是通过结构性电话访谈来进行的。此外，计算机辅助电话访谈（CATI）也是可行的，而且容易管理。

1. 面对面访谈的主要优点和缺点

（1）面对面或直接访谈的优点是，访谈者可根据需要来调整问题、澄清疑惑，并通过重述问题以确保受访者能确实理解问题，还可以从受访者身上收集到非语言信息。例如，从受访者皱眉、情绪不安地轻敲桌子及其他不经意的身体语言中都可以发现其不适感、经受的压力或遇到的问题。而这些细节表现在电话访谈中是不可能被发现的。

（2）面对面访谈的缺点是在调查中会受到地理限制，假如要进行全国性或国际性的调查，则其所需资源将相当巨大。为了使因访谈者造成的偏差最小化，训练的成本（如不同的询问方法、答案的释意）也会非常高。另外，当受访者与访谈者进行面对面交流时，受访者可能会对其回答的隐秘性感到不安。

2. 电话访谈的主要优点和缺点

（1）电话访谈的优点，从访谈者方面看，可以在一个相对短的时期内对许多人进行访谈（如需要，可以是全国性的甚至是国际性的）；从受访者的角度看，这或许能消除他们在面对面访谈中可能会感到的不舒服，至少这样的感受可能会比面对面访谈来得少。

（2）电话访谈的缺点，是受访者可能会不经提醒或解释就挂掉电话而单方面终止访谈，因为没有人愿意每天受到数通无关电话的疲劳轰炸。为了减少这种受访者不响应的情况，最好能在进行电话访问之前先请求受访者参与研究调查，告诉他们访谈大概会进行多久，并且提出一个双方都方便的时间，最好不要将访谈延后到原本所设定的时间之后。受访者通常倾向于体谅研究者这种礼貌的态度，因而更愿意合作。此外，电话访谈的另一个缺点就是不能看到受访者，以至于无法进行非语言沟通。

（三）计算机辅助访谈

谈到计算机辅助访谈（CAI），则要感谢现代科技。当问题在计算机屏幕上显现时，访谈员即可直接在计算机上输入受访者的答案。而且，通过软件的程序指令可标示出"离谱的"或"超出范围"的答案，因此增加了资料收集的正确性。CAI 软件也会将问题自动地依照顺序显示给访谈者，可以避免访谈者询问错误的问题或是以错误的顺序来询问。这在某些程度上可以消除访谈者本身所造成的偏差。

（四）训练访谈者

如果要进行多个长时间的访谈，通常不适合由单一访谈者进行所有的访谈，而是需要一个受过训练的访谈小组。这就需要事前向访谈者介绍有关调查的所有内容，并且训练他们如何进行访谈、如何继续询问、如何鼓励受访者回答、在回答中要寻找什么，以及如何结束一个访谈。他们也必须被教导关于如何记笔记，并将访谈回答予以编码。而一些关于访谈的小秘诀也应是他们需要掌握的访谈技能之一。

良好的规划、适当的训练、提供访谈者清楚的准则并监督他们工作，都有利于将访谈技术当作一个可行的资料收集机制。当受访者自动提供信息时，人员访谈可以提供丰富的资料，而答案并不会像问卷般落在一个受限的回答范围之内。然而，人员访谈对于时间和训练成本及资源消耗而言也都是较为昂贵的。

（五）访谈中的策略

信息的获得应尽可能无偏差。偏差可能来自访谈者、受访者或是情境本身。假如访谈者与受访者彼此并未建立适当的信任及和谐关系，或者对问题有误解或曲解，或是当访谈者通过手势或表情无意地鼓励或不鼓励某种回答，都可能使访谈者获得偏差资料。

专心地聆听。对受访者的谈话要表达强烈的兴趣，要机智地、反复地阐明所提出的问题，对一些回答作出解释以确保他们完全了解。在整个访谈中要不断地保持受访者的兴趣等。此外，正确地记录回答也一样是重要的。

引导客观的回答。当受访者并未表示其真正意见，而是提供他们认为是访谈者希望得到的或是想要听到的信息时，访谈者即会获得偏差资料。若他们不了解问题，他们可能会感到缺乏自信、吞吞吐吐而寻求确认。然后他们可能会回答问题但却不知问题的原意，因此也会产生偏差。

让受访者有好感。部分受访者可能会因为个人喜恶，或访谈者的服装、询问问题方式而岔开话题。因此他们可能不会提供真实的答案，反而会故意提供不正确的回答。有些受访者也可能会以社会可接受的方式来回答问题，而不是表示他们真实的感受。

选择合适的情境。偏差也可能来自情境本身，比如：①未参与者因素；②信赖与和谐关系的建立；③访谈的物理环境。在未参与者因素方面，因为没有意愿或是因为受访者无能为力，参与者的回答与非参与者的回答有差异（这意味着可能产生偏差而非具有代表性的回答），使获得的数据有偏差。当不同的访谈者对其受访者建立不同的信赖与和谐关系时，得到的不同坦诚程度的答案也会造成偏差。进行访谈所处的物理环境本身有时也会造成偏差。例如，在工作场所进行访谈时，有些人会觉得相当不自在，因此不会坦诚地回答。

以下策略可以使访谈的偏差降到最低：

（1）建立相互信任与和谐的关系，并激励受访者回答。对于访谈者而言，表现出专业技能、热忱及信心是重要的。

访谈者应该与受访者建立起和谐信任的关系，使受访者轻松自在。这样，他们才会给予有价值且可信的回答。因此，访谈者应陈述访谈目的，并确保回答来源的隐秘性。但是要与受访者建立和谐关系可能不是那么容易。特别是在与较基层的员工访谈时，他们对调查者的意图会比较多疑。因此，更重要的是要确保每个有疑虑的受访者都知道访谈者的目的只是要了解真实状态，而且要让受访者知道他们所持的立场。其目的并非是公开每个人的意见，而只是提供整合的调查结果。这样可以使受访者安心回答问题。

研究者可通过愉快的、诚恳的、敏感的，以及非评估性的态度来建立和谐关系。对受访者的回答表达真正的兴趣，消除受访者的焦虑、不安、猜疑及在情境中所察觉到的紧张。这有助于受访者与研究者建立信任关系。如果可以告知受访者调查目的以及他（她）是如何被选为访谈对象的，双方将会有较好的沟通基础。调查者还可以通过向受访者解释他们对调查的贡献以激励他们提供诚实且可信的答案，或者让他们了解通过调查会使大多数人在工作中的生活质量得到提升，其本人也会因调查而受惠。

（2）具备良好的询问技术也可以将偏差降低。访谈者要掌握良好的询问技术必须在访谈时做好五个方面的工作：汇集、无偏差提问、阐明主题、帮助受访者全面思考议题和做笔记。

1）汇集。在非结构性访谈一开始，就询问开放式问题以得到一个广泛的看法。这样可以对情境形成一些整体印象。例如，问题可以是：为这个组织工作，你有哪种感觉？

从这个宽泛问题的回答中，访谈者可注意到一些可能与情境相关的关键议题，或许能借此进一步询问更深入的问题。这种从广泛到狭窄主题的转换技术，就是汇集技术（Funneling Technique）。

2）无偏差提问。以一种能够确保回答偏差最小的方式来询问问题是很重要的。一个"别有用心"的问题可能会影响受访者的回答。例如，请告诉我你如何体验你的工作，这个问题比起"小子，你做的工作真的非常无聊，让我听听你是如何体验它的"要好。后者加入了访谈员自己对工作的感觉。通过强调一些字、口气、音调，或通过不适当的建议都会产生偏差。

3）阐明主题。要确保受访者在表达意见时已充分了解访谈主题，重述受访者所给予的重要信息是必要的。假设受访者说："这个组织中的升迁制度并不公平，它根本不考虑工作年限，新人总会先得到升迁。"此时访谈者可以插话："所以你是说新人总是得到升迁，甚至成为资深者的上司？"用这种方式重述以确认受访者是否觉得能力对升迁很重要。若有些事情没有说清楚，调查者应加以澄清。例如，若受访者说："这里的设备真的很差，即使快渴死了，我们还是得继续工作。"此时，研究者可以询问"在这栋建筑里是不是没有饮水机或饮料售卖机"。受访者可能会指出在另一栋大楼有饮水机，但其意思就是想要在他工作的地方也有饮水机。

4）帮助受访者全面思考议题。如果受访者无法用言辞表达他的感觉，或是回答"我不知道"，调查者应以更简单的方式来询问或是重述。例如，当受访者无法具体说明他不喜欢工作的哪一方面时，调查者可能就要以一个更简单的方式来询问。又如，受访者可能被问到他比较喜欢何种工作，客户服务或是文件归档的工作？假如受访者回答"客户服务"，那么调查者可用受访者的另一个工作再次询问。利用这种方式，调查者即可整理出受访者比较喜欢哪一方面的工作。

5）做笔记。研究者在访谈进行中或是访谈一结束就做笔记是很重要的。访谈者不应只是依靠回忆，因为从记忆中回想的信息是不精确的。例如，假如一天之中安排了不止一场访谈，接收到的信息量增加，从记忆中回想谁说了什么便可能出现错误。

如果受访者不反对，也可以在访谈时录音。然而，即使受访者并未拒绝录音，但也可能会因得知无法匿名而使答案有了偏差。因此，要在访谈中录音或录像之前，应该先确定这样的方法不会干扰所收集的信息，并且必须在得到受访者的同意之后才能使用。

二、问卷

问卷（Questionnaires）是一种问题集合的调查格式，由应答者在相近的选项内选择合适的问项答案。当调查者完全知道什么是必要的，并且知道如何测量感兴趣的变量时，问卷是一个有效的资料收集方式。

（一）问卷的发放方式

问卷可以由人工发放、邮寄发放，或是以电子化方式发放。

（1）人工发放问卷。当调查是限定在一个区域范围内，而且应答方有意愿且有能力在集中场所回答问卷时，人工发放问卷是收集资料的好方法。这种方法的优点是，调查者或调查小组可以在短时间内收集到所有完整的回答，并可以现场澄清应答者对问项的任何疑问。调查者也可以有机会介绍研究主题，并鼓励应答者提供他们内心真正的答案。在同一时间内由许多人来填写问卷比访谈成本低且省时，也不需具备太多技能。然而，应答方一般不能够也不愿意让工作时间花费在问卷调查上，因此必须找到其他在问卷填写完毕后回收问卷的方法。

（2）邮寄问卷。邮寄问卷的优点是可在调查中涵盖一个广泛的地理区域，让应答者在方便的时间和地点从容地完成问卷填写。然而，邮寄问卷的回收率一般都很低（30%的回收率是较能接受的），而且无法澄清应答者可能存在的疑问。如果问卷的回收率过低，就很难建立样本的代表性。过低的问卷回收率也不能够代表调查所假定的总体。不过一些有效的方法可以增加邮寄问卷的回收率。例如，邮寄追踪信，随问卷寄上一小笔金额当作奖励，向应答者提供回邮信封和邮资等，都对提高问卷回收率有所帮助。

（3）电子化方式发放问卷。互联网时代兴起的另一种问卷发放方式是电子化方式发放问卷，即在互联网上发放网页问卷。市场上已有不少问卷调查的网站，调查者可以委托这些网络调查平台进行问卷调查。这种方式的优点是无地域限制，成本相对低廉。其缺点是答卷质量无法保证。一些问卷调查网站还提供更为先进的方式来承载问卷，如 Flash 问卷。这种方式的优点是借助 Flash 的优势将问卷传播到任何角落，数据可以即答即收集。国外的调查网站 Wufoo 率先提供了这种方式。国内的问卷网、问道、问卷星等也提供这种方式。

（二）问卷设计原则

问卷调查遵循的是概率与统计原理，具有较强的科学性，同时也便于操作。它对调查结果的影响，除了样本选择、调查者素质、统计手段等因素外，问卷设计水平也是其中的一个重要前提条件。一份好的问卷设计应该遵循以下七个原则：

（1）合理性。即问卷必须紧扣调查主题。问卷要体现调查主题根本上就是在问卷上要开发出准确表达调查主题的问项。这是问卷设计的前提条件。违背了这一前提，再精美的问卷都是无益的。问卷设计要根据调查主题，从实际出发设置问项，做到问项语句明确，重点突出，没有可有可无的问项。

（2）一般性。即问项的设置是否具有普遍意义。这是问卷设计的基本要求。如果问卷出现常识性的错误，不仅不利于调查成果的整理分析，而且会使调查对象轻视调查。

（3）逻辑性。即问卷设计的问项之间要具有逻辑性和整体感。独立的问项本身也不能出现逻辑上的谬误。问项的排列应有一定的逻辑顺序，符合应答者的思维程序。一般是先易后难、先简后繁、先具体后抽象。

（4）明确性。即问项设置的规范性。这一原则要求问卷的命题准确、提问清晰明确。问卷要使应答者一目了然，能够作出明确回答，并愿意如实回答。问卷中语气要亲切，符合应答者的理解能力和认识能力，避免使用专业术语。

（5）非诱导性。即问项要设置在中性位置、不带有提示性或主观臆断性。要尊重调查对象的独立性与客观性。对敏感性问题要采取一定的技巧使问项具有合理性和可答性，避免主观性和暗示性，以免应答失真。

（6）控制问卷长度。回答问卷的时间一般控制在 30 分钟以内。问卷中既不浪费一个问项，也不遗漏一个问项。

（7）便于整理分析。成功的问卷设计除了考虑到紧扣调查主题和方便收集外，还要考虑到问卷在调查后的整理与分析工作。这就要求调查问项是能够累加和便于累加的，能够通过数据清楚明了地说明所要调查的问项。只有这样，调查工作才能收到预期的效果。

（三）问卷的格式结构

问卷设计不仅要强调语句和测量的重要性，还要注意问卷的格式结构。恰当的问卷格式可以激发应答者的参与意愿。一份完整的问卷主要由引言部分、甄别部分、主体部分和背景部分四个部分组成。

（1）引言部分。主要包括问卷说明、填写说明等内容。①问卷说明。问卷说明的作用旨在引起应答者的兴趣和重视，消除应答者的顾虑，激发应答者的参与意识，以争取积极的合作。问卷说明包括称呼、问候、调查目的、应答者诚实作答的意义和重要性、保密性担保、应答者所需时间、感谢语、调查者身份等。问卷说明一方面要反映以上内容，另一方面又要力求文字精当。②填写说明。在自填式问卷中要有详细的填写说明，让应答者知道如何填写问卷，如何将问卷返回到调查者手中。

（2）甄别部分。也称问卷的过滤部分，旨在先对应答者进行过滤，筛除掉非目标对象，然后有针对性地对目标应答者进行调查，使应答者更具代表性。

（3）主体部分。主体部分也是问卷的核心部分。它包括了所要调查的全部问项，主要由问项和选项所组成。问卷设计的过程其实就是将研究内容逐步具体化的过程。在一个综合性的问卷中，通常将问项归类分块排列，从而保证各类问项的相对独立，也使整个问卷更加条理清晰，整体感突出。

（4）应答者背景部分。应答者背景部分通常放在问卷的最后，主要是有关应答者的人口统计学特征资料。

三、观察研究

通过访谈和问卷可以引出受访者关于问题的回答，但即使不向受访者询问问题，我们也可以收集相关的数据。观察研究（Observational Research）就是在自然的情境或人为控制的情境下，根据既定的研究目的对现象或个体的行为进行有计划的系统观察，并依据观察的记录，对现象或个体的行为做出客观解释的研究。

除了研究对象的行为之外，其动向、习惯、情绪表情，肢体语言等，都可以作为观察的对象。其他环境因素，如办公室布局、工作流程模式、座位安排的紧凑程度等，也可以记录下来。

（一）观察行为的类型

在收集实地研究数据时，观察者有两种行为选择——非参与式观察和参与式观察。

（1）非参与式观察。观察者可以不涉入组织系统内部，仅收集必要的资料，即仅作为非参与式观察者（Nonparticipant-observer）。例如，观察者可以坐在办公室的角落里，观察并记录经理如何分配时间。通过几天时间对经理工作活动的观察，观察者就可以归纳出经理通常情况下是如何安排时间的。在非参与式观察中，观察者不直接涉入被观察的情境，而是以局外人的角度看情境，不与观察对象互动或施加影响。但是，采用这种方式观察，观察者必须亲临现场且要持续观察很长时间，所以这种观察研究非常耗费时间和精力。

（2）参与式观察。研究者也可扮演参与式观察人员（Participant-Observer）角色。此时，研究者要进入组织或是研究情境中，而且要成为其中的一分子。例如，如果研究者想要研究工作组织中的团队动态，那么他可以成为组织中的一员来观察团队动态。如果研究者想要深入研究异国文化，他们可以试着成为该文化的一部分。许多人类学的研究即是用这种方法来进行观察研究的。

（二）观察研究的类型

观察研究按照观察人员是否事先计划好要研究的活动或现象可以分为结构式观察研究和非结构式观察研究。无论是非参与的观察还是参与的观察，这两者都可以是结构式或非结构式的。

（1）结构式观察研究。即依照开始研究前确定的目的，在一定程度下使用结构性观察工具观察和研究与目的相关的行为。其中观察的线索、记录的格式都需要专门设计，并根据实际进行调整。

在结构或观察中，事件的持续性与次数，还有事件前后发生的活动等都需加以记录。如果具有相关性，则环境条件和研究环境的任何改变都需要记录下来。被观察者与任务相关的行为，如情绪、语言与非语言的沟通等也需要记录下来。然后要有系统地分析在工作表或是现场笔记中所记录的观察，同时研究人员的个人推论要尽可能地避免。最后，将资料分类作为未来的分析。

（2）非结构式观察研究。即在没有明确研究目的、程序和工具的情况下，采取的一种具有弹性的观察。其中，以人类学和社会学使用的田野调查最具代表性。

非结构式观察具有定性研究的特点。调查人员首先接受一组试探性的假设，用来指导谁、何时、何处以及如何观察个体。一旦观察到所需信息就随着时间记录，追踪到事件的发展态势。这些归纳出的发现可以为以后的理论建立与假设检验做准备。

（三）观察研究的优缺点

1. 观察研究的优点

以下是观察研究独有的优点：

（1）当事件在平时发生时，通过观察所收集到的信息通常会更可信，被试偏差较小。

（2）在观察研究中，比较容易注意到情境对特定结果的影响。例如，天气（冷、热或下雨）、一周中的日子（周末还是周一、周五），以及其他可能因素对产品的销售、交通状况、工作出勤等的影响。这些有意义的信息通过观察可能会被记录在资料中。

（3）某些特定群体比较适合观察。如非常小的儿童或相当忙碌的管理者，这些群体的信息都难以用其他方式获得。

2. 观察研究的缺点

下列观察研究的缺点也必须加以注意：

（1）观察人员必须亲自到实地观察（除非相机或其他机器可以捕捉到研究者感兴趣的事件），通常需要相当长的观察时间。

（2）这种收集资料的方法不仅缓慢，而且单调、沉闷、花费昂贵。

（3）因为长时间观察研究对象，观察人员比较容易感到疲劳，并容易使记录出现偏差。

（4）虽然通过表情或其他非语言行为可以推测到心情、感觉和态度，但无法捕捉个人的思考过程。

（5）必须训练观察人员，教会他们如何观察以及如何避免观察人员偏差。

（四）观察研究中的偏差

从观察者的视角收集的资料可能会有观察人员偏差。这些偏差形成的原因可能包括记录错误、记忆错误，在解释活动、行为、事件及非语言暗示时出现差错。另外，当有多名观察人员时，必须在资料被接受之前先确立观察人员之间的相互信任。日复一日、经年累月地观察可能会使观察人员感到倦怠、苦恼，在观察记录时产生偏差。为了使观察人员的偏差最小化，通常要训练观察人员如何观察和记录内容。良好的观察研究要建立观察人员之间的信度。可以使用一个简单的公式——受训者中意见一致的人数除以意见一致与不一致的总人数，由此可以建立信度系数。

因为是在研究期间观察受访者，尤其是在一个短暂的期间进行观察，观察对象可能会出现不同的行为。因此，受访者偏差也可能会影响观察研究结果的效度。而如果是在一个较长的研究期间，当研究进行时，观察对象会变得比较轻松而倾向于表现出平常的行为。因此，在进行观察研究时，如果前几天记录的数据与后来的观察结果差别很大，那么开始几天的数据就值得怀疑。

（五）观察研究总结

观察研究有明确的研究目的，有系统的规划。这样的研究可以是结构式的，或者是非结构式的。观察者在研究环境中可作为一个参与者或是非参与者。所有感兴趣的现象都被系统地记录下来，可以通过排除偏差来进行质量控制。观察研究对于所观察的现象性质可以提供丰富的资料与见解，提供人际和团队动态的理解，有趣的是观察的资料也可以通过制表而被量化。

参考文献

[1] 郭志刚. 社会调查研究的量化方法 [M]. 北京：中国人民大学出版社，1989.

[2] 孙国强. 管理研究方法（第 2 版）[M]. 北京：格致出版社，2014.

[3] 袁礼周. 调查·研究·决策 [M]. 哈尔滨：哈尔滨工业大学出版社，1989.

[4] 诺曼·K. 邓津，伊冯娜·S. 林肯，邓津等. 定性研究：方法论基础 [M]. 重庆：重庆大学出版社，2007.

[5] 秦伟，吴军等. 社会科学研究方法 [M]. 成都：四川人民出版社，2000.

[6] 蒋萍. 问卷调查法 [M]. 大连：东北财经大学出版社，1990.

[7] 佟立纯，李四化. 调查问卷的设计与应用 [M]. 北京：北京体育大学出版社，2011.

[8] 风笑天. 社会调查中的问卷设计 [M]. 天津：天津人民出版社，2002.

[9] 陈正昌，张庆勋. 量化研究与统计分析 [M]. 新学林出版股份有限公司，2007.

[10] 李怀祖. 管理研究方法论（第 2 版）[M]. 西安：西安交通大学出版社，2004.

[11] 罗胜强. 管理学问卷调查研究方法 [M]. 重庆：重庆大学出版社，2014.

第八章 实验研究

【内容框架】

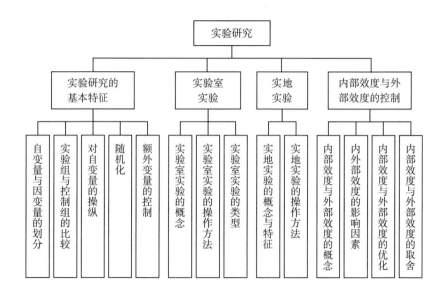

实验研究与人类的好奇心一样古老。早在 16~17 世纪科学革命的时代，实验研究就受到了极大的推崇。在各种类型的研究中，实验研究是一种能在变量间最好地建立因果联系的方法。一般来说，相关关系研究并不能确定两个变量 A、B 之间是否为因果关系。这是因为有相关关系的两个变量之间可能有三种解释：第一种，A 是 B 的原因或是一部分原因；第二种，B 是 A 的原因或一部分原因；第三种，A 和 B 是第三个变量 C 的原因（或结果）或是一部分原因（或结果）。因此，要确定两个变量之间是否为因果关系，应当寻求实验研究。而实验研究则是判别变量之间因果关系的一种有效方法。

第一节　实验研究的基本特征

实验研究（Experiment Research）是一种经过精心的设计并在高度控制的条件下，研究者通过操纵某些因素，来判断和检验变量之间因果关系的方法。一般做法是，研究者预先提出一种因果关系尝试性假设，然后通过实验操纵控制自变量（原因变量）的变化来评估其对预估的因变量（结果变量）产生的效应，旨在建立和检验变量之间的因果关系。

一、自变量与因变量的划分

（一）自变量与因变量的概念

在实验研究中，所谓变量（Variable），是指可变的情况或因素。其中，所操作的变量，被称为自变量（Independent Variable）、处置变量或实验变量，具体指任何实验处置。实验操纵而导出的变量被称为因变量（Dependent Variable）。实验研究的目的就是小心操纵可能影响实验结果的因素，探求自变量与因变量之间的关系。

（二）实验研究的特点

实验研究区别于其他所有研究类型的最为重要的特点是，在实验研究中研究者操纵和控制自变量。控制的目的有三个：

（1）为了控制自变量以外的其他额外因素不影响因变量。

（2）为了确定自变量所产生的影响大小。

（3）为了以数值表示变量的变化程度。

例如，在有关员工培训效果的研究中，我们可以将培训方法作为自变量，选一组在培训中采用小组案例讨论法（实验组），另一组在培训中则采用常规的讲授法（控制组）。然后，将员工的培训成绩作为因变量，以考察不同的培训方法对员工培训效果的影响，从而确定哪种方法更有助于员工的培训。

在实验处置作用一段时间后，研究者就可以对接受不同处置的实验组进行观察和测试，考察小组之间是否存在差异。研究者希望知道实验处置是否在不同组的被试间产生了差异。如果两个组在测试中的分数具有差异，而又找不到其他合理的原因解释，就可以推定实验处置确实发生了作用，并且是造成这种差异的原因。因此，实验研究超越了对事物的描述和预测，以及对变量间相关性的确定，而可以至少部分地确定产生结果的原因。例如，在相关研究中我们可以确定工作压力和工作绩效之间有很高的相关性，但却无法证明是工作压力的增加导致工作绩效降低，还是工作绩效降低导致工作压力的增加。

二、实验组与控制组的比较

尽管在研究中用来做实验的被试可以只有一组（对同样的被试给予全部实验处置），或者有两组甚至更多组，但一般一个实验通常采用两组被试，即实验组（Experimental Group）和控制组（Control Group）或对照组（Comparison Group）。实验组接受某种实验处置（如小组案例讨论法），而控制组不接受实验处置（如常规的讲授法）。实验组和控制组的设置是非常重要的，研究者可以据此确定实验处置是否产生了影响，或者某一实验处置是否比另一种更有效。

在医学和心理学等领域的研究中，一个纯粹的控制组是根本不接受任何实验处置的，但在管理学和教育学的研究中，这种情况却很少出现。在管理学和教育学的研究中，控制组常常要接受不同的实验处置。正如前面有关员工培训效果的研究，我们要研究小组案例讨论法的效果，那么就要让员工接受小组案例讨论法的教学（实验组）。控制组也不是什么也不做，而是在培训中采用常规的讲授法（控制组），因为任何一种教学方法都比什么也不做更有效。

三、对自变量的操纵

实验研究的第三个基本特性是研究者要积极操纵自变量。也就是说，研究者要慎重而直接决定自变量将采用什么形式，然后再决定哪一组被试接受哪一种实验处置。例如，要研究小组案例讨论法的效果，研究者就要训练两个讲师在不同的小组中采用不同的教学方法（小组案例讨论法和常规的讲授法）。

在实验研究中，自变量的变化可以有多种方式：第一，一种形式与另一种形式的变量（小组案例讨论法和常规的讲授法）；第二，同一种形式的变量出现与不出现（小组案例讨论法和员工自学）；第三，同一种形式的变量的不同水平。按照这种划分，以员工培训效果为例，那么可以采用：①比较小组案例讨论法和常规的讲授法在员工培训中的不同培训效果；②比较小组案例讨论法和员工自学在员工培训中的不同培训效果；③比较讲师使用小组案例讨论的不同程度对员工培训成绩的影响。在①和②两种方式中，自变量（讲师的培训方法）可以被清楚地分类，而在方式③中，自变量实际上是数量或者程度。这就要求对自变量进行严格的规定，对一些含混不清的变量必须做出操作定义（Operation Definition）。只有这样，才能进行实验研究。

四、随机化

实验研究的一个重要方面就是，随机分配被试到各个组。尽管有些类型的实验不可能采用随机分配的方法，但只要可行，研究者还是要尽量使用随机化的方法。

随机分配（Randomly Assigned）是指每个参加实验的个体都有同等的机会被分配到被比较的任何一个实验组和控制组中去，即把被试随机地分配在不同的组内接受同样的自变量处置。假设各组在与实验课题有关的特性上（如年龄、智力、性格等）没有显著差别（在统计允许的限度以内），而实验结果却出现了差别，这种差别就是由于处置的不同而引起的。从统计理论来讲，特别是从抽样理论来说，此设计的各被试样本（随机组）在未受不同的实验处置前，它们的结果在统计上是没有显著差异的。如果有，也仅仅是抽样变动。各自样本的平均数都是总体平均数的无偏估计值。换言之，各随机组在未接受不同处置之前是相等的。若这些随机组经受不同的实验处置后，发现结果的平均数有显著性差异，那么，这些差异就是实验处置的不同所引起的。

怎样才能做到随机分组呢？常用的方法有：同时分配法和次第分配法。这两种方法各有其特点，可择宜采用。

（一）同时分配法

同时分配的条件是，被试同时等候，而实验者可随意调派其中任何一个被试。同时分配法通常有三种技术：①抽签法。先将所有被试编号，记入纸片。每一纸片号码代表一个被试，然后将纸片放入容器内搅匀，按组抽取分组。②笔画法。若要将 40 个被试分为四组时，可以将被试依其姓氏笔画进行次序排列，再查随机数表每一数列的第一位数，只取第一个数为 1、2、3 和 4 的数字分别归属四个组，各查 10 个，共查满 40 个以后，再按姓氏笔画数对入 1、2、3、4 所表示的组别。③报数法。若要将 40 个被试分为四组时，采用类似于体育课上的报数。假定被试都坐在教室内，实验者令其从第一排报数，报 1 的被试都被分在第一组，报 2 的被试都分在第二组，依此类推。只是要注意原有顺序的影响。若每排报数的方向随机改变，如 1234、4321、2341 等不同的顺序报数，则随机分组的效果将更好。

（二）次第分配法

次第分配法的条件是，由于实验持续时间较长或其他原因，实验者知道有一群被试，但不知道究竟哪位被试，什么时间会来，只能根据先拟好的原则进行分派，而且当实验结束时，各组要符合随机组的要求。这里介绍两种技术：①简便法。按被试出现在实验的先后顺序分派。第一名属第一组，第二名属第二组，第三名属第三组,以此类推。使用该方法能满足随机的条件,但要取决于被试报到的次序是否符合随机原则。②区内随机法。为了避免被试非随机出现的可能性,可按照被试来到实验室的先后,使用区内随机次序分派被试归属各组。比如,可以根据随机数表来分配被试。

五、额外变量的控制

除了自变量之外,还有其他许多因素都会影响因变量的变化。在上例中,培训地点的噪声情况、受训者的智商等都会影响员工的培训成绩。此外,像大气压、被试者的高矮、胖瘦和头发长短等因素对员工的培训成绩就没有什么影响。

凡是对因变量产生影响的实验条件都称为相关变量(Relevant Variable),而对因变量不产生影响的实验条件称为无关变量(Irrelevant Variable)。在相关变量中,实验者用于研究的变量称为自变量。实验者不用于研究的那些相关变量称为额外相关变量(Extraneous Relevant Variable),或简称为额外变量(或外扰变量)(Extraneous Variable)。

在实验中,额外变量是必须加以控制的。如果不控制额外变量,就弄不清因变量的变化是由自变量的影响引起的,还是由额外变量的变化引起的,因而就无法得出明确的结论。由于在实验中额外变量是必须加以控制的,所以额外变量也被称为控制变量(Controlled Variable)。评价一项实验设计好坏的一个重要依据,就是看研究者能否成功地控制那些额外变量。

例如,在实验中,主试与被试之间还可能存在某种干扰实验,使实验结果发生混淆的相互作用。例如,主试在实验中可能以某种方式(如表情、手势、语气等)有意无意地影响被试,使被试的反应附和实验者的期望,这种现象称为实验者效应(Experimenter Effect)。实验者效应往往会以一种微妙的方式起作用。例如,当主试预先了解到他的少数几位被试有某种反应倾向时,他随后观察到的被试的资料也往往有某种反应倾向。这里,除主试无意识地以某种方式影响被试的反应外,还可能故意地对被试暗示、提醒或鼓动,或不能耐心地等待被试的真实反应出现就进行记录,或仅记录自己所期望的行为反应。在美国心理学家罗森塔尔的一个期待效应研究中,他让选修心理实验课的学生做白鼠走迷津实验。一组主试在用来做实验的白鼠笼子上贴有"走迷津伶俐"的标签,另一组主试在用来做实验的鼠笼子上贴有"走迷津呆笨"的标签。其实,这些白鼠是随机地被分到这些笼子里。结果,标记为"走迷津伶俐"的白鼠比标记为"走迷津呆笨"的白鼠学习得快些。实验者的期望莫名其妙地影响了白鼠的行为,动物的行为居然附和于错误的标签。因此,在实验研究中,要注意排除这种主试"期待效应"的额外影响。

又如，被试总是以某种动机、态度来对待实验的。因而，实验结果在很大程度上也依存于被试对待实验的态度。我们必须高度警惕实验中的霍桑效应（Hawthorne Effect）和安慰剂效应（Placebo Effect）。所谓霍桑效应，是指 1924 年在美国芝加哥西部电力公司霍桑工厂所进行的一项实验。研究者系统地改变照明强度，目的是确定工厂的最佳照明条件，借以提高工作效率。结果，不论照明增加或是减少，工人的工作效率都在逐渐提高。后来才发现，这是由于工人们觉得参加实验是厂里在关注他们，从而提高了工作效率。很明显，被试的态度成了自变量，从而影响了反应变量。与霍桑效应相类似的是安慰剂效应。医生开给病人的"药物"实际上并非是药物（如维生素片），但当病人相信那是有效的药物时，服用后就会产生效果，这是病人心理作用的结果。可以说，凡是以人做被试的任何研究都可能出现霍桑效应或安慰剂效应现象。被试对指示语的理解、参与实验的动机、焦虑水平、有关经验，以及当时的心理、生理状态等，都会影响他们完成任务的质量和数量。而被试的反应成绩又会影响主试的行为。这种相互作用往往是不知不觉的，主试也没有察觉到。因此，主试给予被试的某种处置，所获得的不一定就完全是此处置所引起的反应。自变量也不一定只是主试加以操纵的那个自变量。

因此，在实验研究中，控制额外变量是非常必要的。对额外变量的控制，通常采用以下五种方法：

（1）排除法（Elimination Method）。排除法就是把额外变量从实验中排除出去。如果外界的噪声影响员工的培训成绩，最好的办法是进入隔音教室，这样可把它们排除掉。霍桑效应和实验者效应会影响实验结果，最佳的办法是采用双盲实验（Double Blind Experiment），被试和主试都不知道谁属于实验组和控制组。

（2）恒定法（Constant Method）。恒定法就是使额外变量在实验的过程中保持固定不变。如果消除额外变量有困难，就可以采用恒定法。在同一噪声环境、由同一讲师、在同一个时间区段对实验组和控制组进行培训。如果实验时强度变化的噪声无法消除，则可以用噪声发生器发出恒定的噪声来加以掩蔽。除上述实验条件保持恒定外，实验组和控制组被试的特性（如年龄、性别、智商、动机等）也是实验结果发生混淆的主要根源，也应保持恒定。只有这样，两个组在培训成绩上的差异才可归于自变量的效果。

（3）匹配法（Matching Method）。匹配法是使实验组和控制组中的被试的特点相等的一种方法。使用匹配法时，先要测量所有被试在实验中要完成的任务，然后根据测得的结果把实验组和控制组的被试特点匹配成相等的。在上述的例子中，先预测员工的培训成绩受哪些因素影响（如智商），然后把两个智商相等的被试分别分到实验组和控制组，从而匹配成条件相等的两组被试参加实验。这种方法在理论上虽然可取，但在实际应用上很难行得通。实验者常感到顾此失彼，甚至无法匹配。

（4）随机化法（Randomization）。随机化法是根据概率理论，把被试随机地分派到各组中。由于随机取样使总体中的各个成员有同等机会被抽取，因而有相当大的可能性使样本保持与总体相同的结构。

（5）统计控制法（Statistical Control）。上述各种方法都是在实验设计时可以采用的。这些方法统称为实验控制（Experimental Control）。但有时候由于受条件限制，上述的各种方法不能使用，明知有因素将会影响实验结果，却无法在实验中加以排除或控制。在这种情形下，只有做完实验后采用协方差分析（Analysis of Covariance），把影响结果的因素分析出来，以达到对额外变量的控制。这种事后用统计技术来达到控制额外变量的方法，称为统计控制。在上例中，虽然实验者事先知道两组员工的智力不等，但限于条件，实验前却无法对智力因素加以控制使两组员工的智力水平相当。实验后，使用协方差分析将智力因素所产生的影响排除后，就可以比较两种培训方法的优劣。统计控制法除协方差分析外，还可用偏相关等方法。

第二节 实验室实验

一、实验室实验的概念

实验室实验法（Laboratory Experiments）通常指在实验室内，借助实验设备，严格控制实验条件，主动创造条件，用给定的刺激引起一定行为反应，以探究事物之间原因、特点和规律的方法。比如，在研究消费者对购物环境反应的研究中，可以通过实验室实验的方法，用精确的设备准确记录下被试对购物环境变化的一系列生理反应，从而确定购物环境要素对消费者购买意愿的影响。

实验室实验的构成要素：①实验参与者：主试者、被试者；②组别：实验组、控制组；③变量：自变量，即主试者所操纵的变量。因变量，即一个被假设为依赖或由自变量引起的变量。控制变量，即在实验处理中，避免影响实验结果而需要加以控制的变量，包括个体机体本身对实验结果有影响的特征。

实验室实验的操作过程：①控制实验室环境。按照研究的条件严格控制其他额外变量，使实验室环境符合实验研究的要求。②操纵实验变量。主试者有系统地操纵研究假设的自变量，然后观察自变量的改变对因变量的影响。

实验室实验法的优缺点：①能够严格控制实验条件，并对实验条件和被试活动做出精确的记录，便于分析和研究。②实验室情境与实际生活情境还是存在很大的差别的，因而实验室里获得的结果往往难以在实际生活中推广。而且，实验室情境本身也会影响被试的自然表现。③难以准确测定复杂、深层的心理活动，实际应用范围有限。

二、实验室实验的操作方法

（一）控制

控制（Control）旨在控制干扰变量，确保所要研究的变量间因果关系具有真正效果。当我们假设 X 与 Y 两个变量间有因果关系存在时，可能会有第三方变量出现。例如，A 也会对因变量 Y 造成影响。在这种情况下，我们就难以确定 X 对 Y 的单独影响，因为我们不知道另一个因素 A 对于 Y 的影响有多大。举例来说，人力资源开发部的经理想对一群新招募的秘书进行网页设计特训，以向副总裁证明，这样的训练可以提高工作效率。不过，有些新秘书可能因为先前曾接触过网络（无论这是主要原因还是次要原因），因此工作效率比其他秘书高。如此情况下，这位经理就无法证明这项特训本身是否真的可以提高工作效率，因为某些秘书先前的网络经验成了一个干扰变量。要评估训练对于学习的真正效果，学习者先前的经验必须获得控制。其中一种做法是把已经接触过网络的人排除在实验之外，这就是控制干扰变量。

（二）操纵

操纵（Manipulation）是指在自变量上设定不同的变化水平，以评估其对因变量的影响。因此，在实验室实验中，要明确自变量对因变量所产生的因果效应，就必须对自变量进行某些操作。例如，我们可能想验证"在四个礼拜内对员工进行轮调，让他们接触到生产线与设计部门的所有工作，可以加深员工对各种制造技术的了解"。接下来，我们可以在一个实验室环境中操作"轮调员工"这个自变量，让一组生产部门的员工在四个礼拜内接触到所有系统，另一组员工只接受部分轮调（让他们只接触到一半的制造技术），第三组员工则持续做目前的工作，不接受任何特别的调动。若各种干扰变量都受到了控制，那么我们可以在操作（又称为"处理"）的前后分别测试这三组员工对制造技术的了解程度，从而评估出该处理对结果的影响效果。假如工作的轮调与接触确实能加深一个人的知识，则研究结果就会显示：第三组的知识增加得不多，第二组增加了不少，第一组则收获最多。

三、实验室实验的类型

（一）单组实验

在实验过程中，同一个组先后分期接受两种不同实验因素的影响，其他一切条件保持不变，仅对实验因素所产生结果进行观察和比较。但被试的反应是发展变化的，由于经验积累，后期实验效果可能偏高；先前的实验也可能对后继实验产生正向或负向的迁移影响。

（二）等组实验

研究者采用两个或两个以上条件相同的组作为实验对象进行对比研究的实验形式。即采用实验组和对照组，或者采用两个实验组，对不同组施加不同的实验因素，而其他条件保持相同，然后将各实验因素影响所产生的结果加以观测比较，并进行差异显著性检验，从而得出结论。

（三）循环实验

循环实验是单组和等组相结合的一种实验形式。各实验因素可在各组获得阶段性成果后，再将实验因素对调，其他条件（时间控制等）相同，最后再检验各实验因素所产生的结果，并进行比较，得出结论。这种形式兼具单组实验和等组实验的优点，同时又避免了二者的缺点。虽然实施难度更大，但所得结果更为精确可靠。

第三节　实地实验

一、实地实验的概念与特征

（一）实地实验的概念

虽然我们很容易把"实验"与"实验室实验"画等号，但是许多重要的社会科学实验常常发生在受控的情境之外，或者在一般社会事件的进展中。实地实验（Field Experiment）即是在实际情况下根据研究的目的有计划地变更某些条件、控制其他条件，以观察被试表现的一种方法。实地实验主要使用随机化的研究方法，通过在一定的自然人群中随机选择被试对象，将其分成实验组和对比组，给实验组外生的干涉或冲击，观测两组对象行为结果的差异，目的在于获取变量间的因果关系。

实地实验也称田野实验或现场实验，在自然环境中进行的实验。在实地实验中，工作照常进行，并有一组或多组被试接受实验处理。我们虽无法将被试予以配对或随机分配到各组，因而不能控制所有干扰变量，但实验处理还是可以操作的。我们同样可以设定控制组，实地实验中的实验组与控制组可以是方圆多少里内不同工厂的员工，可以是同一工厂内不同班组的员工，也可以是其他情况。假设一家制造工厂内有三个不同的班次，若要研究按件计酬制的影响，我们可以挑其中一班作为控制组，另外两班施以不同或同样的处理（也就是不同或同样的按件计酬）。如此一来，虽然其他混淆变量无法控制并无法确定按件计酬这个变量在多大程度上是生产率提高的原因，但是在这些情况下发现的任何因果关系，应该都能扩展到其他相近的生产环境中。

（二）实地实验的特征

实地实验是介于实验室实验和自然观察之间的一种方法。与实验室实验不同，它是在自然环境情况下进行的，所得结果比较接近实际，能较真实地反映现实过程中的现象。它也和自然观察法不同，不是纯客观地观察自然进程，而是在实际情况下改变某些条件，给被试以必要的影响，从而观察所产生的变化，具有一定的主动性，所得结果也比较准确。实地实验具备两个显著的特征：自然性和复杂性。

（1）自然性。进行现场实地实验时，所有变量操作应以真实自然（自然的行为，自然的情境和自然的处理）的方式进行。

（2）复杂性。实地实验条件是开放的、动态的，包含了各种比实验室条件要复杂得多的因素。许多情况在实验室里是不可能模拟的。因此，实地实验的研究会面临较为复杂的情境。

二、实地实验的操作方法

实地实验介于实验室实验和自然观察之间，与实验室实验和自然观察都有所不同。由于实地实验是在自然的非人为的环境下所做的实验操作，同时兼具自然性和复杂性两大特征。因此，在实地实验的操作过程中，研究者通常使用参与观察、半结构或无结构访谈等操作方法。

（一）参与观察

参与观察是指研究者根据一定的研究目的、研究提纲或观察计划，用自己的感官和辅助工具去直接观察被研究对象，以获得资料的方法。

科学的观察具有目的性和计划性、系统性和可重复性。与其他研究技术相比，参与观察导致研究者把自己的看法和观点强加于他试图理解的那个社会世界的可能性最小。它一般是在"没有先入之见"的情况下进行探讨的。因此，参与观察可以获得社会现实的真实图像。重要的是：参与观察时，由于身临其境，观察者可以获得较多的内部信息，这也是记者或官员喜欢采取暗访手段的原因。因此，观察者在参与观察时，一般都需要隐瞒自己的身份。

（二）半结构/无结构访谈

有别于问卷调查的结构性访问，实地实验研究常用的访谈法是半结构或无结构访谈。即根据大致的研究计划或者访谈提纲进行访问，或者是无主题谈话。在聊天的氛围中，通过面对面的交谈获取资料。访谈一般由研究者或者研究小组成员亲自进行，要求研究者具有比较强的研究能力和沟通能力。

无结构访谈方法提供了一个比较开阔和整体性的视野，能够细致描述研究过程，有利于研究者和受访者建立熟悉、信任的人际关系。

第四节　内部效度与外部效度的控制

一、内部效度与外部效度的概念

在实验研究中，为了确定经由实验所得到的结果是正确而可靠的，研究者就不可避免地要面临效度的考问。其中，有两种效度必须加以重视，那就是内部效度和外部效度。内部效度（Internal Validity）是指实验中因变量的变化直接源自实验刺激（自变量）的程度，或消除额外变量影响的程度。也即，研究设计对自变量 x 引起了因变量 y 的变化有多大把握。如果实验以外的因素影响了因变量，必然降低实验的内部效度。外部效度（External Validity）是指实验结果可以被推广应用到其他环境和对象的程度。也即实验结果能够被推广到"现实世界"的可能性；在实验室实验中发现的因果关系，在组织环境中也同样成立的程度。简而言之，外部效度所强调的是实验结果的可推广性问题，内部效度所关注的则是自变量与因变量间的因果关系存在性问题。

实地实验的外部效度较高、内部效度较低。亦即实地实验的结论比较能扩展到其他类似的组织环境中，但自变量对于因变量的单独影响力有多高，就不是那么确定了。在实验室实验中，情况刚好相反。它的内部效度很高，外部效度则相对要低。在实验室实验中，由于其他造成混淆的外部变量一般能受到较好的控制，因此，可以确定实验变量是结果变量的因。但也由于为了确立因果关系而严格控制了其他变量，所以我们难以确定研究结果在多大程度上可以被拓展到其他实地环境中适用。也就是说，由于实验室环境无法全面真实地反映现实世界，因此我们不知道实验室中的研究发现，在多大程度上可以有效代表外部世界的现实。

为此，研究者首先应重视内部效度。因为一个实验若没有内部效度，则无法建立所要判定的因果关系。一旦研究者无法确定因果关系，则所用来推广化的实验结果也只是一个不正确的结果，毫无价值。退一步来说，即使实验结果无法加以推广化，但只要实验本身具有内部效度，就能增进我们对社会现象的认识。因此，内部效度的重要性是先于外部效度的。

二、内外部效度的影响因素

（一）内部效度的存在条件

在实验研究中，内部效度是指实验计划的设计不存在内部的错误。因此，内部效度的存在，必须符合三个条件：①原因发生于结果之前；②原因和结果的情境必须相关；③其他或相反的解释应该被排除。当我们说一个实验的内部效度时，就是指这个实验符合这三个条件。换言之，内部效度指的是排除自变量与因变量之间其他可能的解释，或者也可以指我们是否能适当地推论自变量确实引起了因变量的改变。如果我们说一个实验具有内部效度，则其所建立的因果关系是可以信赖的。相反地，如果实验不具有内部效度或内部效度低，我们就无法确定实验变量之间的因果关系是否成立。

（二）内部效度的影响因素

（1）历史事件。即指在被试的环境中，除了研究者操纵的自变量之外，所发生的具有社会或政治重要性的特殊历史事件。这些事件可能会影响到因变量，或者是干扰了自变量的效果。

（2）成熟效应。即指在实验过程中，发生在被试身上的生理或心理变化，比如变老或饥饿。这些都是时间流逝的问题，无法加以操纵。即使在一个只有一小时或两小时的实验中，被试也有可能感到饥饿或疲倦，因而影响到实验结果。

（3）重测效应。即前测的结果影响后测的结果产生的效应。当被试接受了一个测试之后，在第二次接受同样或类似的测试时，会得到比第一次更高的成绩。当这种情况发生时，对于被试在分数上的改变，我们就无法肯定地推断到底是自变量在发挥作用，还是因为被试已经熟悉测试而得到更好的分数。

（4）趋均数回归。即当被试在第一次测试中得到极端分数时（极高或极低），会倾向于在第二次测试中得到较中等或平均的分数，因而影响了推断因果关系的正确性。

（5）工具效应。即由于测量工具本身的改变，或者是由于测量者、观察者本身的问题，导致所得结果有所改变。这样的效应，有可能是起因于测量工具的不精确或是损坏，也有可能是由于测量者或观察者本身的疏忽，或是采用的标准不一，甚至可能是两组不同的测量者或观察者的差异所引起的。

（6）减损效应。即在一个实验进行的过程中，被试退出实验的状况。在实验进行中，被试可能会因各种原因而退出实验，如生病、迁移，甚至死亡等。这种情形一旦发生，必然会对实验结果产生影响。

（7）选择偏差。在采用两组或多组的实验研究中，研究者必须考虑不同组别被试在特质上是否一样。如果实验组和控制组在许多方面的特质原来就不一样，所得实验结果就不能归因于实验处置，因为选择的偏差可能混淆了实验的处置效果。欲使研究不同组别的各方面特质达到相同以减少选择的偏差，最有效的方法是利用随机分配的方式来决定哪些人为实验组，哪些人为控制组。

（8）补偿性竞争和自暴自弃。补偿性竞争是指实验组被实验处置时，控制组为了不甘示弱，力图与实验组一比高下，导致控制组的表现超出正常的水平。因此，在实验处置上，如果发现实验组与控制组之间有差异或没有差异时，须注意是否由于控制组成员的不平常动机，而非由处置导致的结果。另外，控制组觉得受到差别待遇也可能因此自暴自弃，导致结果失真。

（9）实验处置的扩散。如果实验的条件与控制的条件具有很密切的关系，则控制组的成员可能寻求接触处置条件的机会；或者实验组与控制组的被试彼此很亲近，就容易发生实验的处置扩散。为了避免发生这样的问题，研究者在设计安排时，应该设法避免让实验组与控制组接触。

（10）实验者偏见。即实验者精心设计或无意处置而对被试产生的影响。当实验者知道实验组与控制组时，除实验处置外，对实验组有意或无意地特别对待，被试的行为不知不觉地受到实验者若干特征或行为的影响。实验者本身的期待也会使实验处置的实施对被试的行为观察造成偏差。为了避免这些问题的发生，我们常采用双盲实验的方法。

针对上述影响内在效度的因素，我们可以发现，其实每一种情形都会使研究者在建立因果关系时，因为有其他可能的变量介入而无法正确或肯定地建立起自变量和因变量之间的因果关系。而且在一项实验中，可能会有两个以上影响因素同时发生的情形。因此要得到正确的推论更加困难。关于如何减少这些影响，学者们也提出了不少办法。例如，利用随机分配。如果能确实做好随机分配，则上述的影响就会被抵消。也就是说，因为这些因素在实验组与控制组之间所发挥的作用是一样的，所以可将其视为实验控制的一部分，可以加以忽略。不过，从事实验设计的研究者仍应正视这些因素的存在，并且最好能加以消除，以力求提高实验结果的内部效度。

（三）外部效度的存在条件

外在效度的问题是，如果某些发现是发生在实验室里，或某个特定的被试群体之中，可以把这些发现推广到真实（非实验室的）世界或现实社会中的效度。

毕竟，当人们知道他们的行为正被研究者所观察、测量或评估时，他们有可能不会做出在自然生活情境下所该有的行为。当评估在实验情境下的行为和在自然界中的行为之间的对应性时，就触及了外在效度的问题。因此，外部效度的存在应具备以下三个条件：

（1）研究结果必须具备内部效度。这是外部效度的必要条件。

（2）取样背景必须与实际情景接近。

（3）采取多种相关的研究方法并变化研究条件，避免方法单一化。

（四）外在效度的影响因素

（1）实验环境的人为性。实验是在控制条件下进行的。实验环境的人为性可能使某些实验结果难以用来解释日常生活中的行为现象。实验室中的仪器设备、被试参与实验的动机等都会影响其行为表现。而在实验室之外的日常生活中，就不会有这些因素的影响。因此，实验结果还不能完全等同于实验室之外的日常行为现象。

（2）被试样本缺乏代表性。从理论上讲，从事实验的被试必须具有代表性，因此必须从将要预期推论、解释同类行为现象的总体中进行随机取样。但实际上这是很难做到的。因为，如果总体很大，即使能够随机取样，但也很难把被随机选上的人全都请来自愿地接受实验。如果总体是无限的（例如，市场营销经理就是一个无限的总体，其包括过去的、现在的、将来的所有市场营销经理），随机取样实际上是行不通的。这样的实验结果自然会降低其外部效度。

（3）测量工具的局限性。实验者对实验变量（即自变量）和反应变量的操作往往是以所使用的测量工具的测量结果来加以考察的。例如，把工作成就动机作为一个因变量，实验者往往以某种工作成就动机量表所测得的分数来界定并评定其强度。但工作成就动机的测量具有各种不同的形式，所测量出的分数并不代表同一种成就动机及其强度。如果在实验时采用的是某一种工作成就动机的量表，那么所得出的实验结果便不能推论到采用其他成就动机的量表的情况中去。

三、内部效度与外部效度的优化

（一）内部效度的优化

实验的内部效度会受到不少因素的影响，但以下措施仍然可以帮助研究者提高实验研究的内部效度：

（1）做好研究设计。通过研究设计，采取合理的设计方法来安排被试，以排除由于被试本身的差异，以及被试的成熟等因素对实验内在效度的消极影响。

（2）进行随机抽样。按随机性原则，从总体单位中抽取部分单位作为样本进行调查，以提高研究的内部效度。

（3）运用操纵技术。根据实验研究的性质和所具备的条件，选择正确的操纵手段，安排恰当的操纵时间，以提高研究的内在效度。

（二）外部效度的优化

在保证内部效度的同时，外部效度的优化显得尤为重要。以下方法可以帮助研究者提高实验的外部效度。

（1）随机取样。取样工作不但包括被试的取样，而且也包括有代表性的研究背景（工作场所、学校、家庭、实验室）、研究工具、研究程序和时间等的选择。随机性可以使取样的背景与实际情景尽可能地接近，从而提高研究结果的可用性、适用性、推广性。

（2）研究方法多样化。采用多种相关的研究方法或改变研究条件来寻求具有普适意义的结论，也是获得外部效度、提高研究结果可应用性的有效措施。

（3）正确恰当的表述。尽可能详细而准确地描述实验的设计、自变量的处理和因变量的测量。这样可以更好地展现实验的程序和方法，使实验在更广的范围内得到运用。

四、内部效度与外部效度的取舍

在实验研究中，我们常常要考虑内部效度与外部效度的取舍权衡。若追求内部效度高，就可能要面对较低的外部效度，反之亦然。许多时候，研究者为了确保两种效度都有不错的水平，会先在控制严密的人为环境或实验室中检验因果关系。因果关系一旦确立，再在实地实验中重新检验。由于存在外部效度问题，管理学领域较少应用实验室实验。至于实地实验，因为会造成一些非预期的后果，例如，实验对象变得疑神疑鬼、部门之间出现对立或嫉妒等，所以使用的机会也不多。

实验的内部效度和外部效度是相互联系、相互影响的。提高实验内部效度的措施可能会降低其外部效度，而提高实验外部效度的措施又可能会降低其内部效度。这两种效度的相对重要性，主要取决于实验的目的和实验的要求。一般而言，在实验中控制额外变量的程度越大，则对因果关系的测量就越有效。为了对抗外部效度所受到的威胁，我们可以让实验条件与实验结果所要应用的情境尽量接近。因此，可以在保证实验内部效度的前提下，采取适当措施以提高外部效度。

参考文献

[1] 章健. 管理学基础 [M]. 上海：上海财经大学出版社，2007.

[2] 刘文卿. 实验设计 [M]. 北京：清华大学出版社，2005.

[3] 罗斯，聂庆. 经济学中的实验室实验——六种观点 [J]. 经济理论与经济管理，2007 (12).

[4] 蓝石. 社会科学定量研究的变量类型、方法选择及范例解析 [M]. 重庆：重庆大学出版社，2011.

[5] 胡良平. 统计学三型理论在实验设计中的应用 [M]. 北京：人民军医出版社，2006.

[6] 涂平. 市场营销研究：方法与应用 [M]. 北京：北京大学出版社，2012.

[7] 阎海峰，关涛，杜伟宇. 管理学研究方法 [M]. 上海：华东理工大学出版社，2008.

[8] [英] 加瑞，[挪] 格朗霍格. 经济学与管理学研究方法 [M]. 大连：东北财经大学出版社，2007.

[9] [美] 威尔逊. 科学研究方法论 [M]. 上海：上海科学技术文献出版社，1988.

[10] 徐志明. 社会科学研究方法论 [M]. 北京：当代中国出版社，1995.

第九章　样本抽取

【内容框架】

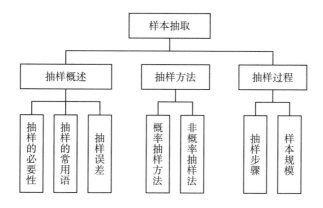

第一节　抽样概述

一、抽样的必要性

(一) 什么是抽样

抽样（Sampling）是根据一定的程序和规则，从研究总体中抽取其中的一部分进行观察，由此获得有关总体信息的过程。其基本要求是要保证所抽取的样本单位对全部样本具有充分的代表性。抽样的目的在于通过对被抽取样本单位的分析、研究结果来估计和推断全部样本的特性，因此，抽样是科学实验、质量检验、社会调查普遍采用的一种经济有效的研究方法。抽样调查虽然是非全面调查，但它的目的却在于取得反映总体情况的信息资料，因而也可以起到全面调查的作用。按照抽选样本的方法划分，抽样调查可以分为概率抽样和非概率抽样两类。

抽样之所以成为研究中经常被使用的资料收集方式，主要有两个原因：一是考虑到资料收集的成本，二是考虑到资料收集的可行性。首先，在研究中，由于经费预算的约束而需要控制被调查者的数量，这时抽样调查的优势尤为明显。其次，研究者往往难以对一些太大的总体进行普查或者研究中的实验对研究对象具有破坏性。如果样本对总体的代表性很强，那么可以使用抽样调查来代替普查。虽然抽样调查对总体的估计会产生一定的误差，但是可以通过降低抽样误差使样本和总体的偏差尽可能地小。另外，如果抽样调查是经过科学的设计和严格的实施，那么有可能导出比全面调查更可靠、更精确的结果。这是因为一项调查的质量不仅取决于调查的规模，还取决于所获数据的精准度。

（二）抽样的特点

抽样调查的数据之所以能用来代表和推算总体，主要是因为抽样调查本身具有其他非全面调查所不具备的特点。

（1）遵循随机性原则。随机性原则亦称同等可能性原则，即在总体中每一个样本单位被抽取的机会都是均等的，因此能够排除调查者主观意愿的影响，保证被抽取的样本在总体中的均匀分布，而不至于出现倾向性误差，从而可以保证样本的代表性。

（2）遵循总体性原则。样本对目标总体的代表性并不是体现在单个样本上，而是体现在抽取的全部样本总体上，用抽取的样本总体来代表研究对象目标总体。单个样本只能体现目标总体的个别侧面，而样本总体则能够反映目标总体各方面的特征。

（3）遵循规模合理性原则。抽样调查所抽取的样本数量是根据抽样的预期可靠性和精确度，将抽样误差控制在允许范围内科学计算出来的，从而使样本的抽取既在规模上合理又在代表性上可靠。

（三）抽样的特定适用

由于条件的限制，针对某些特定情境的调查，只有抽样才适用。

（1）当无法全面调查，可以通过抽样做出推断时。有些现象需要经过破坏性或消耗性实验才能了解情况，因而无法进行全面调查。例如，灯泡的使用寿命和轮胎的行驶里程等，都需要做破坏性的试验，因此无法进行全面调查。另外，对于某些无限总体的情况也不能采用全面调查，只能通过抽样方式进行检验。例如，要检查大批量生产的零部件质量，就不可能做到全面调查。

（2）当不必全面调查时，可以通过抽样进行推断。例如，对城市居民的家庭经济状况或市场购买力的调查，可以采用抽样方法而不必进行全面调查。这样既可以节省人力、物力和财力，又能取得事半功倍的效果。

（3）当不宜全面调查时，可以通过抽样进行推断。对于有些规模过大、包括的调查单位过多的总体，实施全面调查导致的误差更大，因而不宜采用全面调查。此类情况下，抽样调查的准确性一般高于全面调查。

（4）当对总体的假设进行检验时，必须通过抽样进行证伪。例如，要检验一项工艺改革方案实施以后，是否收到明显的效果，就需要通过抽样判断真伪来对总体进行假设检验。

二、抽样的常用语

（一）总体

总体（Population），又称统计总体或调查总体，即客观存在的研究对象全体，是具有同质特征的研究对象全体组成的集合。构成总体的对象单位则称为个体（Individual），也称总体集合中的元素（Element）。例如，研究网购消费者行为，那么通过网络平台购买的全体消费者就构成了研究对象总体，因为他们具有网络消费的同质性。

总体与个体的关系：①构成总体的个体必须是同质的。例如，研究网购的消费者行为，就只能将从事网购的消费者个体列入研究总体的范围，不能把不同质的个体混在总体之中。同时，也只有对没有从事过网购的消费者加以排除，才能正确反映网购消费者的特征和规律。②总体与个体具有相对性。随着研究任务的改变，个体可以变为总体，总体也可以变为个体。例如，要研究网购消费者的行为，那么全世界凡从事网购的消费者就是总体，特定地区或特定年龄段的网购消费者就是个体。如果研究的任务是特定地区或特定年龄段的网购消费者行为，那么特定地区或特定年龄段的网购消费者就是总体。而该范围内的网购消费者就是个体。

总体的特点主要表现为：①同质性。同质性是指总体中的个体必须具有研究所界定的共同属性。比如，以网购消费者为研究总体，那么所包含的个体消费者都应该是从事网购行为的消费者。同质性是总体构成的本质特征，只有个体属性具有研究对象的同质性，才能通过对个体特征的观察来归纳和揭示总体的特征和规律。②大量性。大量性是指总体中包括的个体具有足够的数量。总体是由许多个体在研究所界定的某些相同性质基础上形成的整体，少数个体不能构成总体。总体的大量性，可使个体的一些偶然因素影响（如数量上偏高或偏低的差异）相互抵消，从而体现总体的本质和规律性。③差异性。差异性是指总体中的个体在具备研究所界定的同质属性的同时，也存在一些可变的属性特征（如，性别、年龄等），从而表现出差异性。

总体的类型主要有：①按包含个体的数量，可以分为有限总体和无限总体。总体所包含的个体数量是有限的，称为有限总体（如消费者数、企业数、商店数等)。总体所包含的个体数是无限的,称为无限总体(如连续销售的商品、天上的星星)。对有限总体可以进行全面调查,也可以进行非全面调查。但对无限总体只能通过抽取一部分个体进行非全面调查以推断总体。②按个体的属性,可分为变量总体和属性总体。凡是由反映性质特质的个体组成的总体称为属性总体;凡是由反映数量特质的个体组成的总体称为变量总体。

(二)样本

样本(Sample),即从研究对象全部中抽取的一部分,它是研究对象中实际观测或调查的一部分个体。为了使样本能够全面、正确地反映总体特征和规律,一是要对总体进行明确的界定;二是在抽取样本的过程中,必须遵守随机化原则;三是样本的观察个体要有足够的数量,即样本量要足够。

样本容量(Sample Size),也就是能够代表总体的样本必要的数量。抽样误差的大小直接影响样本特征的代表性。因此,在抽样设计时,确定足够的样本量是保证样本具有充分代表性的前提。在具体研究中,样本的容量取决于:①抽样推断的可靠程度。可靠程度要求高,则需要抽取的样本量就要相对大;反之,则需要抽取的样本量就可相对小。②总体的方差大小。研究总体的变异程度越大,需要抽取的样本量就越多;反之,则抽取的样本量就可以相对少些。假如总体各单位特性值相等,则只要抽取一个样本单位即可。③抽样的极限误差大小。预期抽样推断的精确程度越高,则需要抽取的样本单位就越多;反之,则抽取的样本单位可以少。假如不允许有抽样误差,就只能进行全面调查才能保证有较高的精确度。但全面调查也有自身的缺陷,产生的误差可能影响结果的精确度。④抽样的方式的周密性。抽样方式越周密,需要的样本量就相对可以少些。一般在同等条件下,重复抽样则需要多抽取样本。整群抽样比简单随机抽样,简单随机抽样比分层抽样和等距抽样需要的样本量应该相对多些为宜。

抽样(Sampling),又称取样,即从研究对象总体中抽取一部分单位个体,并保证所抽取的个体单位对总体全部具有充分代表性,具体包括简单随机抽样、系统抽样、分层抽样、整群抽样、多段抽样等方式,遵循目的性、可测性、可行性和经济性等原则。它是科学实验、质量检验和社会调查等工作普遍采用的一种有效的研究方法。抽样的目的旨在通过对被抽取的样本个体分析获取研究结果来估计和推定研究对象总体的特征和规律。因此,抽样的过程需要满足三个条件:样本的单位必须取自总体;一个总体可以抽取多个样本;确保样本的客观性与代表性。

(三)抽样单位

抽样单位(Sampling Unit),是指从总体中收集信息而抽取的基本单位。在社会科学研究中,常用的抽样单位是个体的人,也可以是一定类型的群体或组织,如家庭、公司、居委会、社区等。抽样单位有时与构成总体的个体是相同的，有时是不同的。例如，针对学生进行的调查，当从总体中直接抽取学生时，两者是相同的。而当从总体中先抽取班级作为样本，然后从班级中再抽取学生时，那么抽样单位就是班级，抽样个体就是学生，两者就不同了。一般在简单抽样中，抽样单位和抽样个体是一致的。但在整群抽样或多段抽样中，抽样单位是群体，而每个群体单位中又包含了许多抽样个体。这种情况相应地叫作初级抽样、多级抽样和终极抽样单位。其中所指的抽样单位和抽样个体是不一致的。

（四）抽样框

抽样框（Sampling Flame），又称抽样框架、抽样结构，是指可以选择作为样本的总体单位名册或排序编号以确定总体的抽样范围或结构。抽样框旨在供研究者通过抽签或随机数表方式来抽取必要的单位数。若没有抽样框，则不能计算样本单位的概率，从而无法进行概率抽样。抽样框的确定要力求完整而不重复。常见的抽样框有，花名册、电话列表、企业名录、居民户籍等。研究者也可以根据需要自己编制样本框。但在利用现有名册等作为抽样框时，应该事先检查名册是否存在重复、遗漏等情况，以提高样本对总体的代表性。例如：要从 100 名学生中抽出 30 名组成一个样本，则 100 名学生的名册，就是抽样框。

抽样框的类型主要有三种：①表册抽样框。即抽样单位可列成表册的形态，包括目录结构、区域结构和复合结构等。②开放式抽样框。即抽样单位没有表册而是开放的形态。只要符合调查条件就是抽样框中的个体。例如，在商场对购买者进行随机调查时，其抽样结构就是开放的。③阶段式抽样框。即按照抽样阶段不同，可产生不同的抽样框。一般是先有研究总体，再考虑可能的抽样框，然后选择最适合代表研究总体的抽样框进行抽样。不准确或不完整的抽样框容易产生抽样框误差，这是一种非抽样误差。例如，以单位电话簿作为抽样框对某单位所有员工进行抽样时，就存在抽样框误差，因为电话簿并没有包含该单位的所有员工。

三、抽样误差

（一）抽样误差的含义

抽样误差（Sampling Error）是指由于随机抽样的偶然因素导致抽取的样本不足以代表总体而引起抽样指标与总体指标之间的偏差。如图 9-1 所示，由于从总体中抽取的样本不可能和总体完全一致，因此抽样误差是样本与总体之间的绝对误差。它不是由于观察、登记、测量、计算等调查过程中出现的工作误差（或登记误差）导致的，而是随机抽样所特有的、所有统计调查都可能发生的误差，是抽样调查时不可避免的误差。

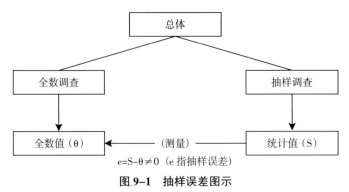

图9-1 抽样误差图示

资料来源：作者整理。

在抽样调查中，由样本代替总体所产生的误差一般有两种：一是由于主观因素破坏了随机原则而产生的误差，被称为系统性误差。例如，在抽样设计中有意识地多选取好的或差的样本进行调查。我们可以通过随机性原则来预防这种系统性误差发生的可能性或者将其减少到最低程度。二是由于抽样的随机性引起的偶然的代表性误差。抽样误差属于后一种由随机性带来的代表性误差，而不是前一种因不遵循随机性原则造成的误差。抽样误差也是衡量抽样调查准确程度的指标之一。抽样误差越大，表明抽样总体对总体的代表性越小，抽样调查的结果也越不可靠。反之，抽样误差越小，表明抽样总体对总体的代表性越大，抽样调查的结果也就越准确可靠。

（二）抽样误差的表现类型

在统计学中，抽样误差分为抽样实际误差、抽样平均误差和抽样极限误差三种表现类型。

（1）抽样实际误差。即在一次具体的抽样调查中，由于随机因素引起的样本指标与总体指标之间的差异。如样本平均数与总体平均数之间的绝对差异，样本成本与总体成本之间的差异，都可能导致抽样的实际误差。由于总体指标数值是未知的，因此抽样实际误差是无法计算的。

（2）抽样平均误差。即样本平均数的标准差或样本成数（样本中满足条件的样本数与样本总数之比）的标准差，它是反映抽样误差的一般水平的指标。从一个总体中我们可能抽取很多个样本，因此，如样本平均数或样本成数等样本指标将随着不同的样本而有不同的取值。它们对总体平均数或总体成数等总体指标的离差有大有小，也即抽样误差是个随机变量。但由于所有可能样本平均数的总平均数等于总体平均数，样本成数的平均数等于总体成数。因此，不能用简单算术平均的方法来求抽样平均误差，而应采用标准差的方法来计算抽样平均误差。

（3）抽样极限误差。即样本指标与总体指标之间的误差范围，一般以绝对值形式表示，由抽样指标变动可允许的上限或下限与总体指标之差的绝对值求得。抽样极限误差旨在表明被估计的总体指标有希望落在一个以样本指标为基础的可能范围。其实际意义是希望总体平均数落在抽样平均数的范围内，总体成数落在抽样成数的范围内。

（三）抽样误差的影响因素

（1）样本单位数。在其他条件不变的情况下，抽样单位数越多，抽样误差越小；抽样单位数目越少，抽样误差越大。这是因为随着样本数目的增多，样本结构越接近总体结构，抽样调查也就越接近全面调查。当样本扩大到总体时，则为全面调查，也就不存在抽样误差了。

（2）总体各单位标志值的变异程度。在其他条件不变的情况下，总体各单位标志值的变异程度越小，抽样误差越小。反之，抽样误差就越大。抽样误差和总体各单位标志值的变异程度成正比变化。这是因为变异程度小，表示各单位标志值之间的差异小，则样本指标与总体指标之间的差异也越小。如果总体各单位标志值相等，则标志变动度为零，样本指标等于总体指标，此时不存在抽样误差。

（3）抽样方法的选择。重复抽样和不重复抽样的抽样误差大小不同。采用不重复抽样比采用重复抽样的抽样误差小。在重复抽样的条件下，抽样误差为：$\mu = \dfrac{\sigma}{\sqrt{n}}$；在不重复抽样的条件下，抽样误差为：$\mu = \sqrt{(1-\dfrac{n}{N})\dfrac{\sigma^2}{n}}$。可见在两种方法中，抽样误差相差一个修正系数：$(1-\dfrac{n}{N})$。该系的意义是，未被抽取的单位数占总体单位数的比重，因为该系数远小于100%，因此不重复抽样的平均误差永远小于重复抽样的平均误差。

（4）抽样组织方式不同。采用不同的组织方式，会有不同的抽样误差。这是因为不同的抽样方式所抽中的样本，对于总体的代表性也不同。通常，我们不用抽样误差作为判断各种抽样组织方式的比较标准，因为在不同的组织方式中，抽样误差的内涵各不相同。

（四）抽样误差的控制

虽然抽样误差不可避免，但可以运用大数定律的数学公式加以精确计算，确定其具体的数量界限或通过抽样设计加以减少。常用方法有：①增加样本容量。②适当选择抽样方式。

第二节　抽样方法

抽样方法（Sampling Method）可分为概率抽样和非概率抽样两大类（见图9-2）。概率抽样以概率理论为依据，通过随机化的机械操作程序取得样本，所以能避免抽样过程中的人为因素的影响，保证样本的客观性。概率抽样主要包括简单随机抽样、系统抽样、分层抽样、整群抽样等类型。非概率抽样不是严格按随机抽样原则来抽取样本，所以失去了大数定律的存在基础，也就无法确定抽样误差，无法正确地说明样本的统计值在多大程度上适合于总体。虽然根据样本调查的结果也可在一定程度上说明总体的性质、特征，但不能从数量上推断总体。非概率抽样主要有便利抽样、判断抽样、配额抽样、滚雪球抽样等类型。

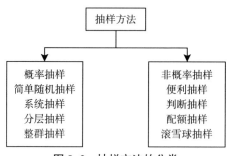

图9-2　抽样方法的分类

资料来源：作者整理。

一、概率抽样方法

概率抽样（Probability Sampling）又称随机抽样，是指以概率理论和随机原则为依据来抽取样本的抽样，使总体中每个单位被抽中的概率已知且非零。总体单位被抽中的概率可以通过样本设计来规定，通过某种随机化操作来实现。虽然随机样本一般不会与总体完全一致，但它所依据的是大数定律，而且能计算和控制抽样误差，因此可以正确地说明样本的统计值在多大程度上适合于总体。根据样本调查的结果可以从数量上推断总体，也可在一定程度上说明总体的性质、特征。现实生活中绝大多数抽样调查都采用概率抽样方法来抽取样本。

概率抽样的基本原则是：样本量越大，抽样误差就越小。但是样本量越大，成本就越高。根据数理统计规律，样本量呈直线递增的情况下（样本量增加一倍，成本也增加一倍），抽样误差的递减速度只是样本量增长速度的平方根。因此，样本量的设计并不是越大越好，它通常会受到经济条件的制约。

（一）简单随机抽样

简单随机抽样（Simple Random Sampling）是最基本的概率抽样方法。该抽样方法保证每个抽样单位都有相同的非零抽中概率。为了抽出一个简单的随机样本，可以设计一个完整的抽样框。其中，每个个体都有一个唯一的编号，然后用计算机软件或抽签的方法随机抽取个体。从帽子中抽取名字和从一个大箱子中抽取获奖彩票，都是典型的简单随机抽样的例子。当然，为了使每个名字或每张彩票被选中的概率相同，名字或彩票需要是完全打乱的。与其他概率抽样相比，这种方式比较简单，因为它的抽样程序只有一步。在简单随机抽样条件下，抽样概率公式为：

抽样概率 = 样本单位数/总体单位数（$p = n/N$）

例如，如果总体单位数为 10000，样本单位数为 400，那么抽样概率为 4%。

简单随机抽样的优点在于，操作相对简单，只要满足概率抽样的一切必要的要求，保证每个总体单位在抽选时都有相等的被抽中机会。另外，简单随机抽样的数据处理也相对简单。简单随机抽样也有其缺点：首先是样本量小，抽样误差大，这将导致样本的代表性不强。其次，简单随机抽样所需的人力、物力、财力较高，因为如果总体分布较广，那么跨地区的收集样本数据将增加抽样行为的成本。

（二）系统抽样

系统抽样（Systematic Sampling）也叫等距抽样或机械抽样。它要求先将总体各单位按一定次序排列，然后按相等的距离抽取样本单位。在具体操作中，我们需要将总体所含样本单位数 N 除以样本量 n，结果四舍五入取最接近的整数，最后确定抽样间距 k。例如：总体的规模 N = 30300，拟抽取样本量 n = 100 的样本，则抽样间距 k = 30300/100 = 303。然后从 1 到 100 之间随机选出一个数字 r，则抽中的样本就由编号 r、r + 303……的个体组成。

系统抽样和简单随机抽样最大的不同在于，除第一个样本外，其他样本都是自动产生的。当然，每个样本单位被选中的概率还是相等，因为第一个样本是随机产生的。如果抽样框中抽样单位是随机排列，或者说抽样单位的排列顺序与研究的特征无关，那么系统抽样和简单随机抽样达到的效果是一样的。但是，如果研究的特征与排列顺序呈单向递增或递减的关系，那么系统抽样将增加样本的代表性。例如，按年级从小到大将所有的中小学生样本排序，那么系统抽样将保证小学、初中、高中的学生在样本中的比例与总体一致，而简单随机抽样却不能做到这一点。但是，如果样本的排列顺序呈现循环往复的特点，那么系统抽样将可能重复抽到类似的样本，这将降低样本的代表性。

（三）分层抽样

分层抽样（Stratified Sampling）是将总体按其特征和研究要求分为若干层，各层之间既不能重复也不能有遗漏，然后用简单随机抽样或系统抽样的方法从每层抽取一定数量的样本。分层抽样的特点，是将科学分组法与抽样法结合在一起。分组减小了各抽样层变异性的影响，保证了所抽取的样本具有足够的代表性。分层抽样的主要优点是能提高样本的代表性和降低抽样误差。但是，这一优点的实现需要建立在变量恰当分层的基础之上。恰当的分层需要层间差异显著，而层内差异很小。

按比例分层抽样（Proportionate Stratified Sampling）和非比例分层抽样（Disproportionate Stratified Sampling）是分层抽样的两种具体表现形式。按比例分层抽样要求各层样本占分总体的比例与分总体占总体的比例相同。而非比例分层抽样要求各层样本占分总体的比例与分总体占总体的比例不同。按比例分层抽样是为了尽可能体现总体的分布，但这要依赖于各分层占总体的权重差不多的条件。如果分总体之间的差异性大，而有些分总体规模较小，为了确保总数较少的个体在样本中有一定的数量，一般可采用非比例抽样。

（四）整群抽样

整群抽样（Cluster Sampling）又称聚类抽样，是将总体中各单位归并成若干个互不交叉、互不重复的集合（称之为群），然后以群为抽样单位抽取样本的方式。整群抽样的理想状态是群内差异尽可能大，群间差异尽可能小。当群间差异不存在时，整群抽样得到的样本就可以完全代表总体。

在涉及区域广泛的研究中经常使用到整群抽样，因为它的可行度高。例如，要想对全国的学生进行一项调查，此时获得全国学生信息的工作量大且不容易开展，但是获得一个县市的学生完整名单却不难。因此，我们可以先抽县市，然后编制抽中县市的下一级抽样框，这样就大大减少了工作量。另外，整群抽样相比于其他概率抽样，样本相对集中，调查成本也可大大减少。

二、非概率抽样法

非概率抽样（Nonprobability Sampling）又称为不等概率抽样或非随机抽样，是指调查者根据自己的方便或主观判断抽取样本的方法。这种抽样方法常用于探索性研究和预调查中。例如，为了调查"双十一"消费者的购买偏好，研究者到离他们最近的大学校园把正在路上行走的大学生选作调查对象。非概率抽样简便、易行，但其总体不明确，每个样本被抽中的概率不详，因此无法运用概率论和统计方法来推断总体，也无法计算抽样误差。

（一）便利抽样

便利抽样（Convenience Sampling）又称偶遇抽样（Accidental Sampling），是指研究者根据实际情况，为方便开展调查，选择偶然遇到的人作为调查对象，或者选择那些离得近的、容易找到的人作为调查对象。便利抽样认为被调查总体的每个单位都是相同的，因此把谁选为样本进行调查，其调查结果都是一样的。但事实上并非所有调查总体中的每个单位都是一样的。只有在调查总体中各个单位大致相同的情况下，才适合用便利抽样法。其中，"街头拦人法"和"空间抽样法"是偶遇抽样的两种最常见的方法。"街头拦人法"是在街上或路口任意找行人作为调查对象进行调查。例如，在街头向行人询问对市场物价的看法，或请行人填写问卷等；"空间抽样法"是对聚集的人群，从空间的不同方向和方位对他们进行抽样调查。例如，在商场内向顾客询问对商场服务质量的意见，在劳务市场调查外来劳工打工情况等。

便利抽样最大的优点是简便、经济、易于操作，在所有抽样方法中成本最低，耗时也最少。但是，这种方法存在一定的局限性，仅可以为总体提供部分信息，而不能对总体具有很强的代表性，抽样误差也较大，尤其是当样本之间存在显著的差异时。尽管便利抽样存在明显的局限性，但是考虑到它的便捷性，现实社会中经常可以看到像街头采访等便利抽样。

（二）判断抽样

判断抽样（Judgmental Sampling）也称有意抽样（Purposive Sampling），是指调查人员根据主观经验判断选出最能够代表总体的样本的过程。该抽样方法多应用于样本量很小或者对调查对象要求严格的情况中，例如，对福建省旅游市场状况进行调查，有关部门选择厦门、武夷山、泰宁金湖等旅游风景区作为样本。另外，当调查人员对自己的研究领域十分熟悉，对调查总体比较了解时也可采用这种抽样方法，以便获得代表性较高的样本。在探索性研究初期采用这种方法有助于发现问题。例如，研究商场倒闭的原因，可以主观根据经验挑选有代表性的商场进行研究。这样的研究结果有助于发现商场倒闭的原因，但不能得出普遍适用的结论。

判断抽样法具有简便易行、符合调查目的和特殊需要、可以充分利用调查样本的已知资料、被调查者配合较好、资料回收率高等优点。判断抽样的缺点是受研究人员的主观倾向影响大。一旦主观判断偏差，则易引起抽样偏差，并且不能直接对调查总体进行推断。为此，要想充分发挥判断抽样法的积极作用，研究人员需要对总体的基本特征相当清楚，这样才可能使所选定的样本具有代表性，从而通过对所选样本的调查，了解整个总体的情况。

（三）配额抽样

配额抽样（Quota Sampling）也称定额抽样，是将总体依一定标准分层（群），然后按照各层样本数与该层总体数成比例的原则主观抽取样本。配额抽样与分层概率抽样很接近，最大的不同是分层概率抽样的各层样本是随机抽取的，而配额抽样的各层样本是非随机的。总体也可按照多种标准组合分层（群）。例如，在研究企业慈善行为产生负面效果问题时，考虑到慈善行为地域与品牌地域不一致可能对慈善行为产生负面效果，可将研究对象分为地区品牌全国性慈善行为、全国品牌地区性慈善行为、地区品牌地区性慈善行为、全国品牌全国性慈善行为，然后根据研究对象的特征非随机地抽样进行调查。

从理论上讲，配额抽样可以使样本的构成和总体的构成非常接近。但是，在实际操作中，由于研究人员的主观性、片面性，在判断总体构成时容易忽略重要的控制特征。这将导致样本的代表性在研究设计的开始就不强，在实践环节可能因此造成诸多困难。另外，每个配额内样本个体的选取也取决于研究人员的主观意识，这也容易导致出现抽样偏差。尽管配额抽样有上述不足，但是由于成本较低，容易操作，在研究中也经常被使用。

（四）滚雪球抽样

滚雪球抽样（Snowball Sampling）是先确定少量符合要求的研究对象（样本），然后根据研究对象（样本）的介绍确定下一轮的研究对象（样本）。这样一轮接一轮地推荐下去，样本就会像滚雪球一样越来越多。滚雪球抽样主要用于寻找一些比较稀少或者特别的样本，像同性恋、异食癖患者、奢侈品爱好者等。由于具有这些特点的总体本身就比较少，采用其他抽样方法往往很难收集到大量数据，所以通过滚雪球抽样将增大收集信息的可能性，并且也在一定程度上降低了抽样的成本。

滚雪球抽样的优点是可以根据某些样本特征对样本进行控制，适用于寻找一些在总体中十分稀少的对象。相对于其他抽样方法，滚雪球抽样的调查费用相对较少，但是这种成本的减少是以调查质量的降低为代价的，甚至整个样本可能出现偏差。这是因为那些个体的名单来源于最初调查过的人，而他们之间可能十分相似。因此，样本可能不能很好地代表整个总体。

第三节 抽样过程

一、抽样步骤

无论采用何种抽样方法，抽样的基本步骤都如图 9-3 所示。

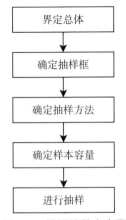

图 9-3 抽样的基本步骤

资料来源：作者整理。

（一）界定总体

在进行正式调查之前，我们首先要对目标总体进行界定。目标总体是一项研究所要推论的所有个体的集合，是通过研究对其进行描述和推论的总体。研究应该根据内容、范围和时间三重标准定义目标总体，亦即确定调查对象的内涵和外延。另外，这种界定要和研究目标及要求相符，并要有理论依据。例如，某大型商场计划进行一项女性消费者购买满意度调查，其总体的定义为近 3 个月内在该公司购物的所有女性消费者。在这个例子中，内容是购买过商品的消费者；对象范围是女性消费者；时间范围是调查开始前近 3 个月内。

界定目标总体必须说明清楚。不明确的目标总体将导致研究受阻，甚至导致研究无效。例如，某母婴产品公司在推出一种新口味的婴儿奶粉之前，对刚出生小孩的母亲进行调查，让她们看了样品及产品说明以后，询问她们是否喜欢该产品。结果大多数母亲都说喜欢。但是，产品投放市场后销量却不佳，原因是婴儿不喜欢吃。该公司显然将研究总体弄错了，目标总体应该是婴儿而不是母亲。

（二）确定抽样框

抽样框（Sampling Frame）的确定是抽样调查中相当重要的环节，它是抽样调查的基础。在确定抽样框时，研究者应当尽可能确保抽样框和目标总体的一致性，以便减少抽样误差。抽样框可用所有样本总体成员的完整名单来定义，也可用界定样本总体成员资格的规则来定义。当无法事先编制完整的调查对象名单时，应该制定明确的规则，用来界定调查对象的资格。设计出了抽样框后，可采用抽签的方式或按照随机数表来抽选必要的单位数。如果没有抽样框，则不能计算样本单位的概率，从而也就无法进行概率选样。

在编制抽样框时，应当避免遗漏、聚堆、重复、混杂等问题。遗漏问题是指抽样框遗漏了部分样本单位。例如，制定 2011~2016 年海尔客户名单抽样框时，遗漏了 2015 年的客户名单。聚堆问题是指缺乏个体样本的信息，只有个体样本聚堆在一起的信息。例如，研究对象是同学，但只有以班级为单位的抽样框。重复问题指同一样本单位重复出现。例如，问卷调查中，同一个调查对象填了好几份问卷。混杂问题指抽样框中包括部分非样本总体成员。例如，抽样总体由个人消费者构成，而电话号码簿中混有企业电话。

（三）确定抽样方法

在概率抽样中，总体的元素被选取为样本的机会或概率是已知的。在非概率抽样中，并不知道元素被选取为样本的先决机会或概率。如果要求研究具有较高的共性，这时样本的代表性就特别重要。这时可使用概率抽样方法。如果时间或其他因素比共性重要，则通常会采用非概率抽样。这两类抽样方法设计有不同的抽样策略。要选择哪一种抽样方法，取决于研究所需得到的共性程度、研究时间、其他因素的需求以及研究目的。在做具体的研究项目时，研究人员要确定最合适的样本方法，并了解相关的抽样标准来评估各种标准在研究中的相对重要性。有关概率抽样法和非概率抽样法的优缺点详见表 9-1 和表 9-2。

表 9-1　概率抽样方法比较

描述	成本和使用广泛性	优点	缺点
简单随机：研究人员将总体中的每个元素分配一个数字，然后随机选择样本单位	成本高 使用一般	不需要对总体有太多了解；容易进行数据分析和误差计算	受访者较分散，成本较高
系统：研究人员利用自然顺序或样本框顺序，任意选择一个起点，然后按照预先确定的间隔选择样本	成本中等 使用一般	取样简单 容易查对	如果样本间隔与总体的某一周期性顺序相关，可能会增大抽样误差

续表

描述	成本和使用广泛性	优点	缺点
分层：研究人员把总体分成组，然后从组中随机选择子样本	成本高使用一般	确保样本能够代表所有的组；可以估计和比较每一层的特点	需要准确了解每一层的比例；如果得不到分层名录，则准备成本较高
整群：研究人员将总体分为不同的组，然后随机抽取群组作为样本	成本低常使用	如果按照地理位置定义群，会把现场调研的成本降至最低；能够估计群以及总体的特点	样本群相当少时，误差比其他概率样本大；研究人员必须把总体分到群中，否则会产生重复或遗漏

资料来源：作者整理。

表 9–2　非概率抽样方法比较

描述	成本和使用广泛性	优点	缺点
便利：选择最容易接触的个体作为研究对象	成本低广泛使用	不需要总体名录	可能出现没有代表性的样本；无法估计随机抽样误差；超出样本的外推不合适
判断：专家或有经验的研究人员选择能够代表总体的样本	成本中等使用一般	对某种类型的预测有用；保证样本满足一个特定目标	专家本身可能导致偏误，使样本不具代表性；超出样本的外推不合适
配额：研究人员根据相关性质把总体分类，确定每类的样本比例，然后把定额分给采访对象	成本中等使用广泛	引入总体的分层，不需要总体名录	研究人员给对象分类时会产生偏误；无法估计分类内部非随机选择导致总体平均数的误差；超出样本以外的外推不合适
滚雪球：利用概率抽样选择最初的受访者的推荐，得到其他受访者	低成本在特定情况下使用	寻找罕见总体时，比较有用	由于样本单位不独立，会产生偏误；超出样本的外推不合适

资料来源：作者整理。

（四）确定样本容量

样本容量（Sample Size）又称"样本数"，指一个样本中必要的抽样单位数目。在组织抽样调查时，抽样误差的大小直接影响样本指标代表性的大小，而必要的样本单位数目是保证抽样误差不超过给定范围的重要因素之一。因此，在抽样设计时，确定好样本单位数目才能保证样本的代表性。样本的容量太小会导致参数估计值的大小和符号违反管理学理论和实际经验。从建模需要来讲，样本容量越大越好，但收集与整理样本数据是一件困难的工作。因此，选择合适的样本容量，既能满足模型估计的需要，又能减轻收集数据的困难。

样本量的具体确定需要相应的统计学公式，不同的抽样方法对应不同的公式。根据样本量计算公式。样本量的大小不取决于总体的多少，而取决于研究对象的变化程度、要求或允许的误差大小（即精度要求）和要求推断的置信程度。当所研究的现象越复杂，差异越大时，样本量就要求越大。当要求的精度越高，可推断性要求越高时，样本量就越大。样本量还受资源约束。在实际工作中可供支配的经费有时成了决定样本量的唯一因素。由于客观条件限制，有时只能根据可支配预算确定样本量，这叫可支配预算法。例如，某项研究的总预算是 10 万元，其中研究设计、数据处理与分析需要 2 万元。假设调查每个样本的成本是 50 元，那么本项目能够负担的最大样本量为 1600。当然，应当根据研究需要确定样本量，按预算确定样本量的做法不宜提倡。

（五）进行抽样

当上述四项准备工作完成后，剩下的工作就是进行实际的样本抽取。例 9-1 描述了抽样的现实操作。

例 9-1：

秦州区 2017 年全国生育状况抽样调查工作：

秦州区作为全国 2017 年生育状况调查样本县区，为准确把握近年来全区生育水平变动趋势，按照全国生育状况抽样调查工作安排，由国家卫计委随机抽样了七里墩街道办事处、太京镇、藉口镇、华歧镇 4 个镇街的 2 个社区、6 个村的 160 名 15~60 岁（截至 2017 年 7 月 1 日）的女性户籍人口进行调查。

秦州区此次共培训入户调查队员 8 人，分别负责 8 个村、社的调查工作。区卫计局统计信息由王艳如专门负责区级审核工作。为了确保调查真实准确，此次调查的七里墩街道海林社区、长控社区，太京镇盘龙村、董家磨村，藉口镇四十里铺村、五十里铺村，华歧镇北扬村、辛大村这 8 个村社都采取入户定位、现场视频调查的方式进行。通过在线上传调查视频，区级督导员可以随机查看每名调查队员入户调查的视频，听取询问调查录音文件，审核调查问卷。调查共分村委会（社区）调查和个人家庭调查两大类。主要调查的内容有个人基本信息、生育行为、生育养育服务、生育意愿、家庭信息共五大类 40 多项内容。

秦州区从 2017 年 7 月 19 日开始，组织调查队员携带礼品开始入户调查。到 21 日，秦州区的 160 户抽样调查工作全面结束。

二、样本规模

（一）公式法确定

一般来说，抽样调查的目的是通过样本推断总体，而推断的可靠性和精确度与样本规模有密切关系。置信度和置信区间是说明样本规模与抽样可靠性、精确度关系的两个重要概念。置信度又称置信水平，是指总体参数值落在样本统计值某一区间的概率，它反映抽样的可靠程度。置信区间，是指在一定置信度条件下，样本值与总体值之间的误差范围，它反映抽样的精确程度。置信度越高，即推断的可靠程度越高，所要求的样本规模就越大。置信区间越小，即样本值与总体值之间误差范围越小，所要求的样本规模就越大。反之，则要求的样本规模越小。在简单随机抽样中，样本规模与置信度、抽样误差之间的关系，可用下列公式表示：

$$n = \frac{\sigma^2 z^2}{d^2}$$

其中，σ 为总体的标准差，通常根据经验数据获得。如果总体的标准差是未知的，可以根据以下方法作粗略估计：正态分布的变量的标准差大约等于全距除以 6，5 级量表的标准差在 1~1.5，7 级量表的标准差在 1.2~2.0。z 为与置信水平相对应的 z 值。与 95% 的置信水平相对应的 z 值约为 2；与 99% 的置信水平相对应的 z 值约为 2.6。d 为允许的误差，即样本均值和总体均值之间的最大允许差异。

例如，调查快餐族每月吃快餐的平均次数。首先确定误差估计值不得超过 0.1，这个数值将作为 d 值代入公式。然后确定实际总体平均值在区间内的置信度为 95.44%，即 2 倍标准差范围内。此时 z 值为 2。最后确定 σ 值，一年前做过类似的调查，其标准差为 1.39。将这些数值代入公式，可得到样本量为：

$$n = \frac{\sigma^2 z^2}{d^2} = \frac{2^2(1.39)^2}{0.1^2} = 772$$

在管理学中，我们还会对总体中具有某一特征的个体的比例（例如最近 30 天内购买某一消费品的客户中女性消费者所占的比例）感兴趣。此时的统计量是比例而非均值，其样本量的确定公式和均值样本量的确定公式很相似，如下：

$$n = \frac{P(1 - P)z^2}{d^2}$$

其中，z 和 d 的含义同均值样本量的公式相同。P 指估计的总体比例，通常根据经验数据获得。如果实在无法估算，可对 P 值做最悲观假设，即为 0.5，此时计算的样本容量最大。

例如，调查最近 90 天曾在网上购物的所有成年人的比例。首先，确定可接受的误差水平为 4%，把 0.04 代入 d 值；然后确定置信度为 95.44%，2 代入 z 值；一年前类似调研的结果表示 P 值为 5%。代入公式可得：

$$n = \frac{P(1 - P)z^2}{d^2} = \frac{0.05(1 - 0.05)2^2}{0.04^2} = 119$$

当估算的样本量相对于总体规模较大时，即占总体量的 10% 以上，则应该用有限总体校正系数对所需样本量进行调整。调整后的样本量为：

$$n' = n\frac{N}{N + n - 1}$$

其中，n′表示修正后的样本量，n表示首次计算的样本量，N表示总体数量。值得注意的是，只有当总体规模N相对较小时，总体的规模才会影响所需的样本量。对于以普通消费者为总体的研究来说，由于总体的规模很大，因此一般不需要用有限总体系数来校正。

(二) 查表法确定

如果事先知道总体的数目、置信区间的大小、抽样误差的允许范围，那么通过查阅博伊德样本容量表就可以对应找到所需要的样本数量（见表9-3）。

表9-3 博伊德样本容量表

Required Sample Size

Population Size	Confidence = 95% Margin of Error				Confidence = 99% Margin of Error			
	6.0%	3.5%	2.5%	1.0%	6.0%	3.5%	2.5%	1.0%
10	10	10	10	10	10	10	10	10
20	19	20	20	20	19	20	20	20
30	28	29	29	30	29	29	29	30
50	44	47	48	50	47	48	49	50
75	63	69	72	74	67	71	73	75
100	80	89	94	99	87	93	96	99
150	108	126	137	148	122	135	142	149
200	132	160	177	196	154	174	186	198
250	152	190	215	244	182	211	229	246
300	169	217	251	291	207	246	279	295
400	196	265	318	384	250	309	348	391
500	217	306	377	475	285	365	421	485
600	234	340	432	565	315	416	490	579
700	248	370	481	653	341	462	554	672
800	260	396	526	739	363	503	615	763
1000	278	440	606	906	399	575	727	943
1200	291	474	674	1067	427	636	827	1119
1500	306	515	759	1297	460	712	959	1376
2000	322	563	869	1655	498	808	1141	1785
2500	333	597	952	1984	524	879	1288	2173
3500	346	641	1068	2565	558	977	1510	2890
5000	357	678	1176	3288	586	1066	1734	3842
7500	365	710	1275	4211	610	1147	1960	5165
10000	370	727	1332	4899	622	1193	2098	6239
25000	378	760	1446	6939	646	1285	2399	9972

资料来源: Fiedler, Fred E. A Theory of Leadership Effectiveness [M]. NY: McGraw-Hill, 1967.

参考文献

［1］Churchill G. A. Basic Marketing Research ［M］. 北京：中国人民大学出版社，2013.

［2］Jiang X. H. C. The Definition of the Rate of Best Rotation in Sampling Survey ［J］. Journal of Northeast Forestry University，2001.

［3］李怀祖. 管理研究方法论 ［M］. 西安：西安交通大学出版社，2004.

［4］涂平. 市场营销研究 ［M］. 北京：北京大学出版社，2011.

［5］乌玛·塞克拉，罗杰·鲍吉. 企业研究方法 ［M］. 北京：清华大学出版社，2013.

［6］冯士雍，程翰生. 一种科学的统计调查方法——抽样调查 ［J］. 中国科技论坛，1986（3）：36-42.

［7］童泽林，王新刚，李丹妮等. 消费者对品牌慈善地域不一致行为的负面评价及其扭转机制 ［J］. 管理世界，2016（1）：129-138.

［8］孙际平，王红. 有关调查和抽样调查的基本概念 ［J］. 数据，2002（1）：44-45.

［9］魏建国，卿菁，胡仕勇. 社会研究方法 ［M］. 北京：清华大学出版社，2016.

第十章 数据处理与描述

【内容框架】

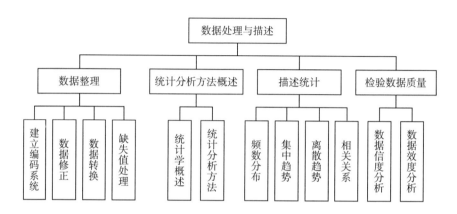

从总体的代表性样本中收集数据之后，接下来的工作便是数据整理与分析，主要包括标准化的数据收集、编码系统的建立、数据的编码与输入、数据编辑与转换等。其中，数据整理步骤的严谨程度最终决定着数据分析的成败。研究者必须系统地进行数据处理的工作，以确保研究数据的质量。

第一节 数据整理

数据整理主要包括编码系统的建立、数据修正与转换以及缺失值的处理。

一、建立编码系统

编码系统是一套对数据进行架构（Framework）与处理（Procedure）的模式。数据架构涉及对数据格式、符号表征、内容广度的设置与缺失值处理。处理流程即操作人员在编辑数据过程中对数据进行分类、转换、合并、保留与删除等。

建立编码系统的步骤主要有：①建立编码表；②编码数据；③定义变量；④录入数据。

根据研究的需要，收集的数据一般有文字性数据和量化性数据、开放性数据和封闭性数据等类型。文字性数据是指数据的原始形态是文字，数据处理时需要转换成数字的形态，如学校名称、宗教信仰、工作内容等。量化性数据是在获取过程中本就是以数字形式存在，数字本身带有研究者赋予的特定意义的数据，如薪资、年龄、工作满意度等。开放性数据是指未指定回答范围或无确切范围的数据，如受访者的工作内容、观察访谈数据等。封闭性数据是指数据的内容有一定范围，或研究者将文字或数字性数据指定为特定的范围或类型要求被试填写的数据，如学校类型为私立或公立、组织中的层级为主管或非主管等。最初收集数据的类型不同，编码系统的处理方式也有所不同。

建立编码系统涉及的基本概念主要有：①个案（Case）：一个调查对象就是一个个案，一个个案就是一条记录，在数据表格中表示为"行"。每个个案的记录是一个调查对象相关属性的具体数值。例如，员工的信息（姓名、性别、年龄等）。②样本（Sample）：是指具有共同属性的所有调查对象。样本包含 n 个个案，在数据表格中表示为 n 行。例如，员工的所有信息。③变量（Variable）：是指每个调查问题，数据表格中表示为"列"。④量值（Value）：是指调查获得的答案数值，也称为观测值。在 SPSS 系统单元格中记录的数值即为各变量的量值。

（一）建立编码表

建立编码系统的第一步是建立编码表（Codebook）。编码表主要用于配合计算机处理的需求，记载数据量化的所有格式与内容。

（1）编码表的内容。编码表包括四个部分的内容：变量名称与标签、变量数值与标签、缺失值处理与分析处理记录。变量名称一般是配合研究工具的内容与题号顺序，记录变量的命名与内容的说明。例如，问卷上的原始题号。一般每一个题目应有一个相对应的题号与变量名称，但也存在一题对应多变量的特殊情况。例如，某些题目在原始问卷上仅有一题，但是在实际进行数据分析时需处理成多个变量。

（2）编码表的功能。①提供标准化的作业流程。通常一个研究的数据处理由多人共同完成，可能包括了研究助理、本科生等素质不一的成员。使用编码表可以规范每一位工作者的作业流程，避免错误发生。②提供便利的沟通。编码表有标准的内容与格式，使用者可以很容易地理解数据，无须初始数据处理者等候在旁提供数学符号翻译服务。此外，编码表标准的内容与格式，可以轻易地衔接到计算机分析设备，具备与计算机沟通的功能。③工作凭据的建立与工作记忆的留存。在数据处理过程中，往往会有突发的情况发生。数据处理人员必须将处理策略记载在编码表中。在获得其他人员的了解之后，纳入编码系统成为规定。除了提供修正扩充的平台之外，编码表也可将处理流程与决策结果翔实地记载，成为数据处理的记忆。在大规模施测的问卷调查与长期性的纵贯研究中，编码表的设计与运用对于研究的顺利完成具有关键性的影响。

（二）数据编码

数据编码（Data coding）是指对收集的数据进行编号，使它们可以输入数据库中。普遍采用的方法是，先建立一个编码表，再进行转录。在这里，我们借由案例来介绍数据编码与输入的详细步骤（Sekaran and Bougie，2013）。

例 10-1：

Excelsior Enterprise 是一家保健产品企业。尽管公司经营良好，但各层级、各部门员工均存在离职现象，公司远远没有发挥出原有的潜力。于是公司召集了一个信息小组去研究员工离职原因并提供有关建议。研究表明，离职意愿（ITL）可以很好地预测实际的离职率。信息小组向总裁建议找在职员工谈话，并根据在职员工的意见和文献调查，尝试得出影响他们留职或离职的因素。

信息小组首先对 50 个来自不同级别、不同部门的员工进行了非结构性访谈。谈话的时间控制在 45 分钟左右，谈话内容由小组成员记录下来。当把受访者各种形式的回答做成表格后，可以很清楚地发现问题主要有三点：工作方面（工作太枯燥、复杂，或是工作缺少他们想要的自由等）、感受到不公平（如某员工说道：我工作的付出远大于所得的回报）、职业倦怠（如员工提道：我们的工作太多以致每天下班后都会感到身心疲倦）。此外，信息小组还发现了工作满意度也是影响离职意愿的一个重要因素。根据面谈的结果以及文献调查，小组总结出一个理论分析框架，并提出了四个假设。接下来，他们设计了一份关于工作丰富化、公平的感受、职业倦怠、工作满意度以及离职意愿的调查问卷。

公平的感受设置了"我在工作中付出的比我得到的报偿多""我常常考虑我能够得到什么回报"等五个选项。工作丰富化被操作化为"这份工作非常平常而且是重复的""这份工作很复杂并且需要很高的技能来完成"等的李克特五分量表。参与者基于五分量表来回答这些问题，从 1"我一点都不这么认为"到 5"我完全赞成"来标记程度。职业倦怠由简式倦怠量表（BMS）衡量。工作满意度由单独的一项"满意当前的工作"并用"一点也不"到"非常"五分量表来衡量。离职意愿由两项调查选项来检测"你对于在明年内离开公司的意向程度是多少"

和"如果离开了你会从事一份类似的工作吗"。参与者用四分量表来表明他们的确定程度。人口统计类信息如年龄、学历、性别、职位、部门，以及工作班次也被包括在问卷调查中。调查问卷发放给 174 名由随机分层抽样确定的员工。最终的返卷结果数据被输入电脑中用于分析检验以下假设：

H_1：工作丰富化对员工的离职意愿有负向影响。

H_2：公平的感受对员工的离职意愿有负向影响。

H_3：职业倦怠对员工离职意愿有正向影响。

H_4：工作满意度调节了工作丰富化、公平感受与离职意愿之间的关系。

在案例调查问卷中，共有 22 个选项衡量了公平感受、工作丰富化、职业倦怠、工作满意度、离职意愿，以及 6 个人口统计学变量。被试对这 22 个问题的回答可以用实际数字来表示（如 1、2、3、4、5）。对于人口统计学变量等文字性数据，我们也转换成数字 1、2、3 来表示。例如，工作类型有两个取值，可以用 1 表示兼职、2 表示全职；性别也可以用 1 表示男性，用 2 表示女性等。调查问卷如表 10-1 所示。

表 10-1　调查问卷范例（部分）

（圈出在特殊时刻最能代表你感觉的数字，没有正确和错误答案，请回答以下所有问题）

	完全不同意				完全同意
1. 我在工作中的投入比我的回报要多	1	2	3	4	5
2. 考虑到我得到的回报，我付出得太多了	1	2	3	4	5
……	1	2	3	4	5
8. 我的工作常常需要我和别人合作	1	2	3	4	5
9. 总体而言，我的工作本身并不非常重要	1	2	3	4	5

当你思考你的工作时，你常常感到：

	从不				总是
10. 累	1	2	3	4	5
11. 让人失望	1	2	3	4	5
……	1	2	3	4	5
19. 我受够了	1	2	3	4	5

	一点也不满意				非常满意
20. 对你目前工作的满意程度	1	2	3	4	5

你有多大可能在下一年离开公司：

	非常不确定				非常确定
21. 做一份其他类型的工作	1	2	3	4	5
22. 做一份同类型的工作	1	2	3	4	5

续表

最后我们希望你能提供一些背景信息：

23. 在 EE 你的工作是全职还是兼职	兼职 1		全职 2
24. 当前你的班次是	第一班 1	第二班 2	第三班 3
25. 你工作的部门有（可多选）	市场部 1	维修部 2	财务部 3
	产品部 4	服务部 5	人事部 6
	销售部 7	公关部 8	会计部 9
26. 你的年龄	岁		
27. 你的性别	男性 1		女性 2
28. 你的最后学历	高中没毕业 1		
	高中毕业/GED 同等学历 2		
	学士学位 3		
	硕士学位 4		
	博士学位 5		

在调查问卷设计完成后，可以根据用于记载数据数量化的所有格式与内容，并配合计算机处理需求建立相对应的编码表。编码表内容如表 10-2 所示。

表 10-2　调查问卷编码表范例（部分）

原始题号	变量（Variable）		数值（Value）		遗漏值	SPSS栏位
	变量名称	变量标注	数值	数值标注		
	ID	被试者编号	0~999			1
1量表	Item11 我在工作中的投入比我得到的回报要多 Item22 考虑到我得到的回报，我付出得太多 …… Item55 一般情况下，我从公司获得的回报超过了我的努力		1	完全不同意	9	2~10
			2	不同意		
			3	有点不同意		
			4	同意		
			5	完全同意		
2.1量表	Feel110 累 Feel211 让人失望 …… Feel514 无助		1	从不	9	11~20
			2	大多时候不		
			3	偶尔		
			4	经常		
			5	总是		
2.2量表	Sat120 对你目前工作的满意程度		1	特别不满意	9	21
			2	不满意		
			3	有点不满意		
			4	满意		
			5	完全满意		

续表

原始题号	变量 (Variable)		数值 (Value)		遗漏值	SPSS栏位
	变量名称	变量标注	数值	数值标注		
	ID	被试者编号	0~999			1
3量表	Work121 做其他类型的工作 Work222 做相同类型的工作		1	非常不确定	9	22~23
			2	不确定		
			3	有点不确定		
			4	确定		
			5	非常确定		
4.1单选	Time23 工作时间		1	兼职	9	24
			2	全职		
4.2单选	Shift24 工作班次		1	第一班	9	25
			2	第二班		
			3	第三班		
4.3单选	Dept1 市场部 Dept2 维修部 Dept3……		0	未选	9	26~34
			1	有选		
4.4	Age26 年龄		0~99	—	99	35
4.5单选	Gender27 性别		1	男	9	36
			2	女		
4.6单选	Edu28 教育水平		1	高中没毕业	9	37
			2	高中毕业		
			3	学士学位		
			4	硕士学位		
			5	博士学位		

在这个阶段，研究者需要考虑到无答复选项的编码，即那些被试者没有答复的选项。对于无答复选项，有的研究者会留下空格，也有的研究者会设置"9""99""999"这样的编码。无论哪一种方式都是可取的，只要你将所有的无答复选项按照同样的方式编码（关于空白值、缺失值处理后续章节将详细介绍）。

此外，为了准确编码，避免发生人为错误，可以按照系统抽样程序至少抽取10%以上的编码进行检查。就是说，每个部分的第n个编码都应该抽查。如果在检查过程中发现样本错误，那么对所有的选项都要进行检查。

（三）定义变量

首先，我们启动 SPSS 软件进入数据编辑窗口。起始窗口显示为空文件（如图 10-1 所示）。

图 10-1　SPSS 空窗口

单击数据编辑窗口左下方的"变量视图"（VariableView）标签或双击列的题头（Var），打开变量定义窗口，进行变量定义。我们需要了解各个变量设置的概念：

变量名（Name）：变量的名称。

变量类型（Type）：变量的类型。

宽度（Width）：存储变量值的最大值（1 指存储 1 个字节，2 指存储 1 个汉字）。

小数位数（Decimals）：变量为数值类型时，小数点后的位数。

变量标签（Label）：对变量名的注释，光标在变量名上时，会显示该标签。

变量值标签（Values）：变量取值的标签定义。

缺失值（Missing Value）：定义缺失的值，如当定义 99 为缺失值时，当该变量的值为 99 时，就是缺失值。

显示数据的列宽（Colum）：与上面"宽度"不同，它负责显示。

对齐方式（Align）：左对齐、右对齐、居中对齐。

测量类型（Measure）：度量尺度（Scale）、定序变量（Ordinal）、定类变量（Nominal）等。当我们定义完所有的变量后，则如图 10-2 所示。

（四）录入数据

定义完所有变量后，就可以将数据录入数据库了。这时我们只需单击"数据视图"（Data View）标签，在数据编辑窗口输入数据即可。

在数据视图中，每一行原始数据都代表一个案例或者一个观测值（在这个案例中代表我们的 174 个来自 Excelsior Enterprises 公司的参与者），每一列代表一个变量（这里的变量，是在案例中访谈收集的不同项目的信息。调查问卷中共有 28 个变量）。值得注意的是，我们通常都会用第一列来进行标识，给每一份调查问卷

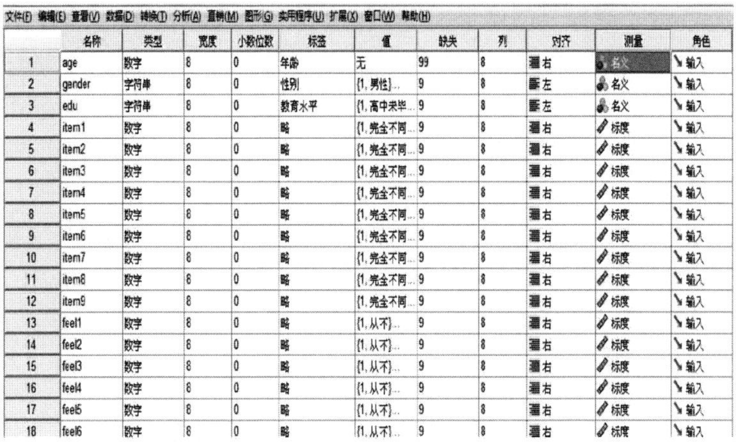

	名称	类型	宽度	小数位数	标签	值	缺失	列	对齐	测量	角色
1	age	数字	8	0	年龄	无	99	8	右	名义	输入
2	gender	字符串	8	0	性别	{1, 男性}...	9	8	左	名义	输入
3	edu	字符串	8	0	教育水平	{1, 高中未毕...	9	8	左	名义	输入
4	item1	数字	8	0	略	{1, 完全不同...	9	8	右	标度	输入
5	item2	数字	8	0	略	{1, 完全不同...	9	8	右	标度	输入
6	item3	数字	8	0	略	{1, 完全不同...	9	8	右	标度	输入
7	item4	数字	8	0	略	{1, 完全不同...	9	8	右	标度	输入
8	item5	数字	8	0	略	{1, 完全不同...	9	8	右	标度	输入
9	item6	数字	8	0	略	{1, 完全不同...	9	8	右	标度	输入
10	item7	数字	8	0	略	{1, 完全不同...	9	8	右	标度	输入
11	item8	数字	8	0	略	{1, 完全不同...	9	8	右	标度	输入
12	item9	数字	8	0	略	{1, 完全不同...	9	8	右	标度	输入
13	feel1	数字	8	0	略	{1, 从不}...	9	8	右	标度	输入
14	feel2	数字	8	0	略	{1, 从不}...	9	8	右	标度	输入
15	feel3	数字	8	0	略	{1, 从不}...	9	8	右	标度	输入
16	feel4	数字	8	0	略	{1, 从不}...	9	8	右	标度	输入
17	feel5	数字	8	0	略	{1, 从不}...	9	8	右	标度	输入
18	feel6	数字	8	0	略	{1, 从不}...	9	8	右	标度	输入

图 10–2　案例 Excelsior Enterprise 公司的所有变量定义

赋予一个数字，并将它写在每一份问卷的首页，并在数据文件的第一列输入这个数字。这样，即使你重新对数据文件进行处理，依然可以对参与者的回答进行比对。然后就可以开始将参与者的回答输到数据文件中，如图 10–3 所示。

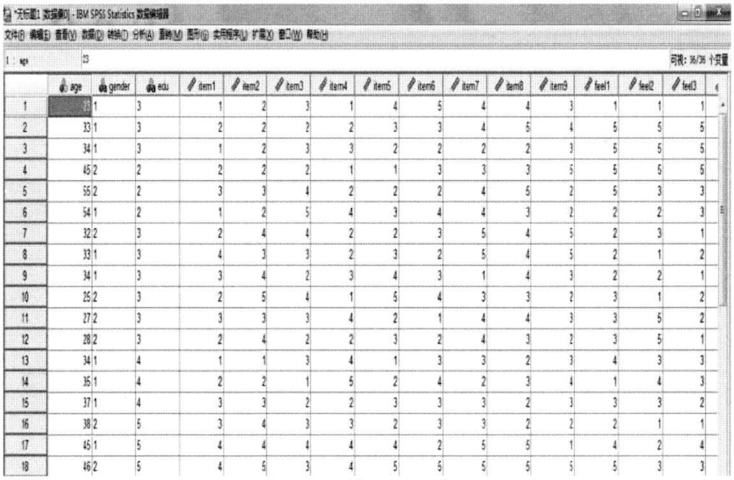

	age	gender	edu	item1	item2	item3	item4	item5	item6	item7	item8	item9	feel1	feel2	feel3
1	23	1	3	1	2	3	1	4	5	4	4	3	1	1	1
2	33	1	3	2	2	2	2	3	3	4	5	4	5	5	5
3	34	1	3	1	2	3	3	2	2	2	2	3	5	5	5
4	45	2	2	2	2	2	1	1	3	3	3	5	5	5	5
5	55	2	2	3	3	4	2	2	2	4	5	2	5	3	3
6	54	1	2	1	2	5	4	3	4	4	3	2	2	2	3
7	32	2	3	2	4	4	2	2	3	5	4	5	2	3	1
8	33	1	3	4	3	3	2	3	2	5	4	5	2	1	2
9	34	1	3	3	4	2	3	4	3	1	4	3	2	2	1
10	25	2	3	2	5	4	1	5	4	3	3	2	3	1	2
11	27	2	3	3	3	3	4	2	1	4	4	3	3	5	2
12	28	2	3	2	4	2	2	3	2	4	3	2	3	5	1
13	34	1	4	1	1	3	4	1	3	3	2	3	4	3	3
14	35	1	4	2	2	1	5	2	4	2	3	4	1	4	3
15	37	1	4	3	3	2	2	3	3	3	2	3	3	3	2
16	38	2	5	3	4	3	3	2	3	3	2	2	2	1	1
17	45	1	5	4	4	4	4	4	2	5	5	1	4	2	4
18	46	2	5	4	5	3	4	5	5	5	5	5	5	3	3

图 10–3　案例 Excelsior Enterprise 公司的数据录入

二、数据修正

输入数据后需要对数据进行查核与修正。如果发现空白项、不一致的数据或不合逻辑等情况，需要用适当的方式来处理，及时进行修正。所以，数据修正是根据研究中参与者反馈的信息，检查并纠正数据中不合逻辑、不一致或错误、遗漏的地方。

（一）对不合逻辑回答的修正

回答不合逻辑的典型例子是出现异常值，其表现为与其他观察值差异较大。异常值对研究结果有很大的影响，研究者应该认真检查以确保数据的准确性。对于定类或定序数据，可以通过观察数据的最大值、最小值以及数据的频数表来检验变量的离散程度，快速发现异常值。而对于定距和定比数据，可使用视图工具（如散点图和箱形图）进行检查。发现异常值需及时修正。最简单的办法是消除异常值，即删除不合逻辑的回答。

（二）对不一致回答的修正

不一致回答是指与问卷中其他反馈的信息相矛盾的情况。例如，在该研究中（如表 10-3 所示），一个被试关于公平的感受的所有回答都认为从公司获得的利益是与自己的付出相符的，但第三条陈述例外。从其他四条答案可以推断相对于这个参与者在公司的付出，他获得的已足够多，但是却在回答第三个问题时做了错误的选择。因此，这条回复可以被研究人员进行修正处理。但是也存在另一种可能。即受访者有意暗示相对于他的付出，并没有获得足够的回报。如果是这样的情况，我们可以通过编辑数据来引入一个偏误。因此，在处理诸如此类的不一致情况时，需要极为小心。只要条件允许，即使需要付出很高的成本，也应该继续跟踪受访者以获得准确的数据。

表 10-3　问卷答案可能前后不一致的情况

	完全不同意				完全同意
1. 我在工作中的投入比我得到的回报要多	①	2	3	4	5
2. 我过多地关注我所得到的回报	1	②	3	4	5
3. 相对于我在工作中的努力程度，我得到了足够多的回报	1	2	③	4	5
4. 考虑到我的贡献，公司应该给予我更多培训机会	①	2	3	4	5
5. 一般情况下，我从公司获得的回报超过了我的努力	1	2	3	④	5

（三）对非法代码的修正

非法代码是指编码的数值不在设计的范围内。例如，针对问题 1（我在工作中的投入比我得到的回报要多），如果代码为"6"，就是一个非法代码。检测非法代码最好的方法是利用电脑产生频率分布然后进行检测。与异常值的处理情况相似，对于非法代码的修正最简单的方式即删除原有回答。但也可以通过逻辑来推断是否是由于参与者的笔误或者研究者数据录入的失误而导致的，进而做出相应的修正。

（四）对数据遗漏的修正

数据遗漏是指被试不一定会回答问卷的所有问题，也有可能因为被试没有读懂问题，或者不知道答案甚至不想回答。如果问卷中超过 25% 的问题没有答案，那么最好是不纳入统计。当在多项中仅有两三项空白，数据还是可以被使用的。但这种处理方法适用于研究数据大，丢失的数据相对少，变量之间的关系又很强，丢失的数据对结果影响不大的情况（Hair，1995）。例如，丢失的数据不完全是随机丢失的，最终研究结果可能会受到影响，此时数据便不可以使用。第二种处理办法是根据参与者的其他答案来推测缺失问题的一个符合逻辑的答案。第三种方法是分配给该选项一个平均值（所有受访者回答的平均）。当然，处理空白项的方法不止以上三种，本章节就不一一介绍了。

三、数据转换

数据转换（Data Transformation）是指将原始的定量数据内容转换为其他数值的过程。为了避免下一阶段数据分析中可能出现的问题，需要对数据进行转换。例如，经济学家经常使用对数转换使得数据分布更加均匀，也更加接近于正态分布。SPSS 等统计软件也提供了计算、转置、计数等数据转换功能。

（一）计算

计算可以帮助研究者对数据进行各种逻辑运算处理，其主要功能是利用既有变量进行四则运算之后创造一个新变量。四则运算的表现则依一般数学关系式的模式（先乘除后加减）即可，并可配合函数来进行运算。

若要使用计算功能，点选 SPSS 中文视窗版菜单中的"转换"（Transform）—"计算"（Calculate）选项，可打开计算功能的对话框，输入各项条件，即可创造出一个新的变量。

例如，如果同时有几个问题测量同一个概念时，需要进行计算的数据转换。这样的情况下，原本问题的分数必须结合成一个单一的分数（但必须满足一致性的条件，本章在后续有关检验数据质量中会讨论）。在案例中，我们已经用了五个项目来衡量"公平的感受"。根据这五个项目的回答，要计算一个新的变量"公平感受"的分数（请注意，第一、第二和第四项需要首先进行反向计分，本章后续会介绍如何进行反向计分）。其方法是计算每项或每个参与者的总分，然后除以项目的数量 5。针对五个问题，我们的 1 号员工已经分别选择了 1、2、3、1 和 4。对第一、第二和第四个问题的回答进行反向计分后，得到 5、4、3、5 和 4。那么，有关公平感受的合并分数则为 [(5+4+3+5+4)/5=4.2]。这个综合得分包含在 SPSS 的一个新列中。在操作过程中，我们首先打开"转换"对话框，选择"计算"，然后依次输入"变量"—"函数"—"公式"，最后点击"确定"，则可以看到新生成变量的一列数据，如图 10-4 和图 10-5 所示。

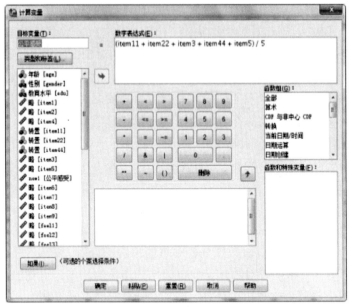

图 10-4 计算过程

item1	item2	item4	item11	item22	item44	item3	item5	公平感受
1	2	1	5.00	4.00	5.00	3	4	4.20
2	2	2	4.00	4.00	4.00	2	3	3.40
1	2	3	5.00	4.00	3.00	3	2	3.40
2	2	1	4.00	4.00	5.00	2	1	3.20
3	3	2	3.00	3.00	4.00	4	2	3.20
1	2	4	5.00	4.00	2.00	5	3	3.80
2	4	2	4.00	2.00	4.00	4	2	3.20
4	3	2	2.00	3.00	4.00	3	3	3.00
3	4	3	3.00	2.00	3.00	2	4	2.80
2	5	1	4.00	1.00	5.00	4	5	3.80
3	3	4	3.00	3.00	2.00	3	2	2.60
2	4	2	4.00	2.00	4.00	2	3	3.00
1	1	4	5.00	5.00	2.00	3	1	3.20
2	2	5	4.00	4.00	1.00	1	2	2.40
3	3	2	3.00	3.00	4.00	2	3	3.00
3	4	3	3.00	2.00	3.00	3	2	2.60
4	4	4	2.00	2.00	2.00	4	4	2.80
4	5	4	2.00	1.00	2.00	3	5	2.60
3	2	5	3.00	4.00	1.00	6	3	3.40
2	3	2	4.00	3.00	4.00	3	4	3.60
1	4	1	5.00	2.00	5.00	5	2	3.80
2	5	2	4.00	1.00	4.00	4	1	2.80
3	2	3	3.00	4.00	3.00	3	4	3.40
5	1	4	1.00	5.00	2.00	2	5	3.00
1	2	4	5.00	4.00	2.00	2	3	3.20

图 10-5 计算结果

（二）转置

转置即数据分值的转换或重新编码。当问卷出现正向题和反向题时，往往为了便于计分，需要把反向题分数转换为正向题分数。例如，在案例 Excelsior Enterprises 中，有关不公平感受的测量，通过下列五个问题来衡量：①我在工作中的投入比我得到的回报要多；②考虑到我得到的回报，我付出得太多了；③相对于我在工作中的努力程度，我得到了足够的回报；④考虑到我的贡献，公司应该给予我更多的培训机会；⑤一般情况下，我从公司获得的回报超过了我的努力。可以看到，以上第一、第二和第四项，较高的得分意味着较为负面的影响，但对于第三和第五项，较高的得分意味着较为正面的影响。为了保持受访者回答的一致性以及分数的统计性，需要对第一、第二和第四项的回答进行反向计分，也即转置。这样的情况下，5分（表示我完全同意）应该被转换为1分（表示我完全不同意）。以此类推，4分转换为2分等。

具体的操作步骤是，打开数据文件，点选"转换"（Transform）—"重新编码"（Record）—"编码为不同变量"（Into Different Variables），然后定义新变量名称，打开"对话框"，定义转换规则，最后输出数据。如图10–6和图10–7所示。

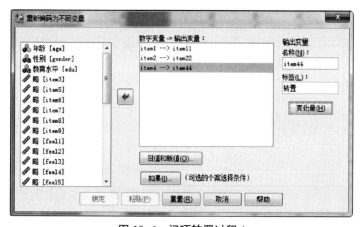

图10–6　问项转置过程1

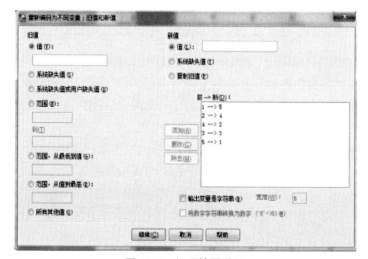

图10–7　问项转置过程2

（三）计数

计数（Count）功能用于对一组变量当计算重复出现某一个数值的次数，并将此次数指定为一个新变量的数值。例如，在案例 Excelsior Enterprises 中，在调查员工的职业倦怠过程中，研究者使用了十个指标的简易倦怠量表评价员工的倦怠程度。受访者在 10~19 个题目上回答：①从不；②大多时候不；③有点；④经常；⑤总是。施测完毕之后，每一位受访者在十道题的回答中，都出现了几个"从不"、几个"总是"。那么，如果要统计"从不"或"总是"的次数，就可以用计数的功能指令来计算。

四、缺失值处理

缺失值（Missing Data）也称为遗漏值或不完整数据（Incomplete Data），它是量化研究当中，最容易出现且必定干扰分析结果的问题。导致缺失值发生的原因有很多，除了作答过程当中的疏忽、因题意不明造成的漏答以及拒绝作答等因素外，数据输入所造成的失误也可以转换成缺失值来处理。缺失情况最大的影响是造成样本的流失，因此，如何在对分析结果影响最小的情况下予以补救，成为数据分析棘手的问题之一。

在 SPSS 软件应用中，研究者多以变量取值中最后一个数值代表缺失值。个位数的变量以 9 来代表，两位数的变量则以 99 来代表，以此类推。例如，在案例 Excelsior Enterprises 中，性别漏填者可以 9 来代替，年龄遗漏者可以用 99 来代替。如有其他的缺失情况，则往前一位来代表。例如，工作班次可能数值为 1~3，漏填者为 9。如果有一名被测者工作时间特殊，时间为第一班和第二班的累计，则可以 8 来代替。一旦决定以 8 来代表特定缺失时，研究者需在编码表上注记。

（一）缺失的形态

缺失值处理的一个基本原则是发现缺失发生的形态，也就是缺失组型（Pattern）比缺失的量（Amount）来得更重要。缺失形态的问题，一方面反映出缺失有可能是有规则或有次序的系统性缺失（Systematic Missing），或是毫无规则和逻辑可循的非系统性或随机性缺失（Missing a Trandom）；另一方面，缺失的数量则与研究样本的大小有关。一般情况下，随机缺失在 5%以下是可以接受的。

总的来说，缺失的发生不外乎是填答者的疏忽漏填或是拒填两种原因。Rubin（1976）指出，数据中的缺失如果属于非系统性或随机性，则可称为可忽略缺失（Ignorable Messiness）。此时，缺失所造成的影响纯粹只是样本数的多寡问题，其影响可以忽略，研究者可直接加以删除，或利用估计方法来补救。此时，即使所填补的数字与受访者真实情况有所差距，但对于统计分析的影响仍然可以视为一种随机变异来源，影响不大。相对之下，系统性缺失则是被试者一致性的漏填、拒填或受到其他因素干扰所造成的，则属于不可忽略的缺失（Non-ignorable Messiness）。这种情况对于研究结果与分析过程影响较大。如果任意填补或估计，容易造成一致性的高估或低估，甚至遗漏的本身可以作为研究的解释变量，称为信息性缺失（Informative Drop-out）。因此，大多主张先对缺失的形态进行分析，了解缺失的可能机制与影响，再决定是否采取严谨的估计程序，对症处置缺失问题。

（二）缺失值的处理

研究过程中一旦发生数据缺失，一般有两种处理方式：一是删除法。即将有缺失的数据直接去除。二是取代法。即利用不同的插补原则或估计方法，将缺失数据加以取代置换成有效数据，继续进行分析。这两种方法比较适用于随机缺失的情况。

1. 删除法

当发现有数据缺失时，最简单的处理方法是将该项数据删除，保留其余完整的数据作为分析之用。在处理时，如果任何一个变量出现遗漏，即将与该被测者有关的数据整项删除，称为完全删除法或全列删除法（List Wise Deletion Method）。经过此程序所保留的数据库，没有任何一个遗漏值，变为完整的数据库，因此又称为完全数据分析（Complete-caseanalysis）。例如，在案例中有174位被试者，如果有50名被试者在不同的题目上都至少有一题遗漏，其余则为完全作答。那么全列删除法将会把具有遗漏的50笔数据完全删除，只保留完整作答的数据。

如果数据的删除是针对分析时所牵涉的变量具有遗漏时才加以排除，称为配对删除法（Pairwise Deletion Method）。此程序通常不会在分析之前进行任何删除处理。直到分析的指令下达后，针对统计分析所牵涉的变量，挑选具有完整数据的样本来进行分析，因此又称为有效样本分析（Available-case Analysis）。例如，在案例中有174位被试者，有50位被试者具有遗漏现象，但是遗漏的题目都是第一题。因此，凡是与第一题有关的分析，只使用124项数据进行分析。但是，与第一题无关的分析，则自然使用174项数据。很明显地，采取全列删除法会删除较多的数据，但是却能够保留最完整的数据，并使各种分析都有相同的样本数。整个研究的检验力也保持固定。相对地，采取配对删除法时，样本数虽会大于全列删除法，但每次分析所涉及的样本数都可能有所不同，整个研究的检验力也会产生变动。无论哪一种删除法，都将造成统计检验力的降低。

在SPSS软件使用中，如果一个数据库中存在缺失数据，最简单的处理方法就是利用各种分析功能当中的缺失值处理选项来去除具有遗漏的数据。例如，在相关分析、t-test、ANOVA与回归分析中，SPSS都提供了一个成列删除或成对删除的选项。值得注意的是，SPSS 默认的是配对删除法，如图 10-8、图 10-9、图 10-10、图 10-11 所示。

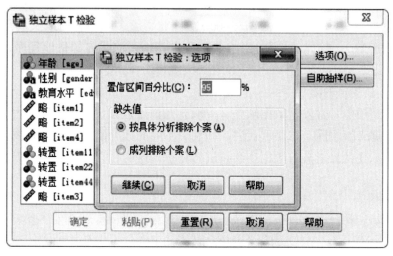

图 10-8　T 检验中的遗漏值处理

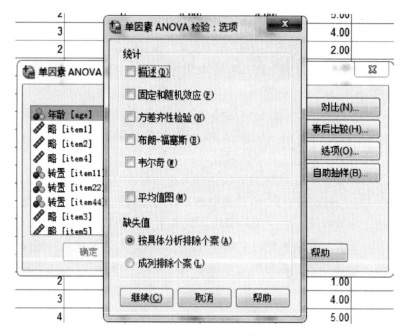

图 10-9　方差分析中的遗漏值处理

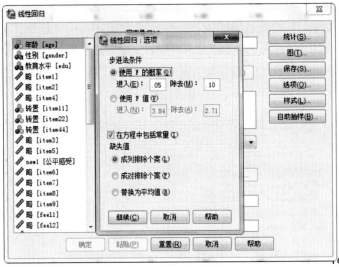

图 10-10　回归分析中的遗漏值处理

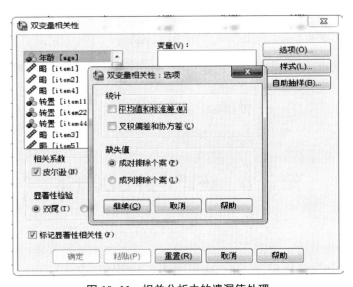

图 10-11　相关分析中的遗漏值处理

2.取代法

　　取代法即相关测量或题项类比的逻辑推理法，将遗漏值以最有可能出现的答案来填补。通常一份测量中，相似的测项会出现多次，因此可以依据其他项的答案分析缺失的数值。此外，有些漏填的答案，可以通过其他线索来分析。如在 Excelsior Enterprises 案例中，工作班次的遗漏可以从被试者所属的工作部门、填答的反应情形、字迹等线索来推测。

SPSS 软件中对于缺失值取代的处理方法是利用转换当中的置换缺失值功能，在进行分析之前，来处理遗漏的现象。与前面方式的不同之处是，以此种方式处理时，数据库中出现遗漏的观测数据将被改以其他方式置换。经过执行后，数据库的状态已经改变。取代的名称与方法可以选择平均数取代、中位数取代、线性内插法和点上的线性趋势等，如图 10-12 所示。

图 10-12 置换缺失值对话框

第二节 统计分析方法概述

当数据整理好后，需要通过一定的统计分析方法来了解数据。与自己的主观想法相比，运用统计分析方法进行分析的客观数据结果更容易被人们所接受。进入统计分析阶段，首先需要了解有关统计学的基本概念和知识。

一、统计学概述

（一）统计学的概念

统计学（Statistics）是关于资料收集、整理、分析及推断等一连串的方法和规则的学问，具体包括资料的收集、资料的整理和资料的分析与解释。在具体解决某一问题时，其步骤主要有四方面：一是建构数学模型；二是收集数据并进行整理；三是对统计数据进行推断；四是进行统计预测。目前统计方法已成为科学研究和管理的重要工具。

（二）统计学涉及的基本概念

1. 总体（Population）与样本（Sample）

一项研究所观察的实体被称为研究的被试对象（Subject）。总体是研究中感兴趣的被试对象的全体集合；样本则是总体中被作为被试对象的部分。

在统计分析中，如果样本足以代表总体，那么由样本所做的推论或结论可以被推定到整个总体。统计分析过程中，需要解决的一个关键问题在于决定样本是否足以代表整个总体。

2. 参数（Parameter）与统计量（Statistic）

统计学把总体的指标统称为参数，而由样本求得的指标称为统计量。参数是总体的数量概括，一般是未知的。统计量是样本数据的数量概括（如样本均数、标准差、方差等），一般是已知的。统计量具有以下特性：①作为统计检验中的统计量，在原假设成立的条件下，统计量是确定的；②所选用的统计量，其分布应该是已知的，其值有表可查。

例如，研究某地成年男子的平均脉搏数（次/分），并从该地抽取 1000 名成年男子进行测量。该地成年男子的平均脉搏数即称参数，所得样本平均脉搏数即称为统计量。具体关系如图 10-13 和图 10-14 所示。

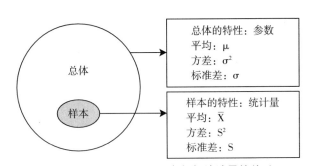

图 10-13　总体与样本、参数与统计量的关系

图 10-14　统计推断过程

二、统计分析方法

根据处理数据的目的和方法的不同，统计分析方法可分为描述性统计和推断性统计。

（一）描述性统计

描述性统计（Descriptive Statistics）是通过图表或数学方法，对数据资料进行整理、分析并对数据的分布状态、数字特征和随机变量之间的关系进行估计和描述的方法，旨在使原始数据变得有系统、有组织、有意义。描述性统计主要通过数据的频数分布、集中趋势、离散趋势和相关性来揭示数据分布的特征，它是推断性统计的基础。

（二）推断性统计

推断性统计（Inferential Statistics）是研究如何根据样本数据去推断总体特征的方法，它是在对样本数据进行描述的基础上，对统计总体的未知数量特征做出以概率形式表述的推断。

例如，要了解一个地区的消费者特征，不可能对每个消费者的特征逐一进行测量，而对具有破坏性的成品质量检验，也不可能对产品逐一进行。这就需要抽取样本个体进行测量，再根据获得的数据对总体特征进行推断。统计推断的基本问题主要有两大类:一类是参数估计问题；另一类是假设检验问题。因此，推断性统计的方法主要有参数估计（即利用样本信息推断总体特征）和假设检验（即利用样本信息判断对总体的假设是否成立）。

统计分析的方法体系框架如图 10-15 所示。

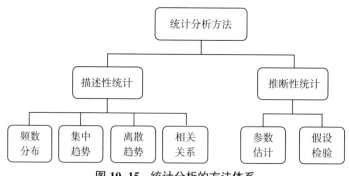

图 10-15　统计分析的方法体系

（三）描述性统计与推断性统计的关系

（1）描述性统计与推断性统计的联系：①研究对象相同。描述性统计与推断性统计的研究对象，都是随机样本。它们都存在共同的特点：一是变异性。随着观察时间、地点和条件的不同，样本取值也不同。二是不确定性。在没有观察完之前，样本取值是多少不能事先确定。②研究目的相同。描述性统计和推断性统计的研究目的都是寻求随机样本的统计规律。

（2）描述性统计与推断性统计的区别：①地位和作用不同。描述性统计在统计学中处于基础地位，其作用主要是描述事物或现象的局部特征和现实状况。它是其他统计处理的基础。推断性统计在统计学中处于核心地位，其作用主要是通过样本推断事物或现象的总体特征和未来状况。②研究的内容不同。描述性统计的研究内容主要包括统计调查、统计整理、总量指标、相对指标、平均指标、变异指标和统计指数等。推断性统计的研究内容主要包括趋势分析、相关分析、回归分析、抽样推断和假设检验等。

总之，描述性统计和推断性统计是统计学中两个相互联系、相互依存的组成部分。描述是为了推断，推断是描述的必然延伸。

第三节　描述统计

描述统计（Descriptive Statistics）是一套用以整理、描述、解释数据的系统方法与统计技术。由于量化研究所收集的数据十分庞大，因此如何以简洁明了的统计量来描述庞大的数据，形成研究者相互沟通的共同语言，成为了描述统计主要的任务。在描述统计中，最常用的统计量是用以描述测量观察值集中趋势的集中量数（Measures of Central Location），也是为一组数据建立一个能够描述其共同落点的最佳指标。用以描述这群测量观察值分散趋势的离散量数（Measures of Variation），则是描绘数据分布广度的指标。进一步地，数据的意义，不能只看数据的绝对数值大小，还必须了解值的相对含义，甚至于进行变量数据的标准化，才能得到客观的描述和解读。

在前面的章节中，我们解释了根据变量测量水平的不同，可以用不同的统计方法进行处理。表 10-4 总结了量表类型、数据分析和获得变量直观总结的方法。

表 10-4 说明，根据测量的量表类型，利用众数、中位数、平均数、半内四分距、标准差、方差等统计方法，可以很好地说明被试者在有关问题上的回答情况。这些统计指标可以很容易地获得，并能显示被试者的回答是否在一定范围内合理分布。如果被试者的回答分布不正常，并且波动很小，那么研究者就应该保持怀疑态度。因为如果数据没有变化，那么也就没有可以解释的方差。所以，在数据

表 10-4　量表类型、数据分析和获得变量直观总结的方法

量表	单变量测量 集中趋势	单变量测量 离散趋势	单变量 直观总结	测量变量间的 关系	变量间关系 直观总结
定类	众数	—	条形图、饼图	交叉表	分段条形图 分层条形图
定序	中位数	半内四分距	条形图、饼图	交叉表	分段条形图 分层条形图
定距	算术平均数	最小值、最大值、标准差、方差、变异系数	直方图、散点图、箱形图	相关性	散点图
定比	算术平均数 几何平均数	最小值、最大值、标准差、方差、变异系数	直方图、散点图、箱形图	相关性	散点图

分析中对数据的初步了解是非常重要的。在此基础上，才可以进行更为详细的分析，检验数据的质量。对每个测量自变量和因变量的测项，研究者都可以获得它的集中趋势、范围、离散程度及其他统计变量。频数、集中趋势和离散趋势的测度，就是关于一个变量的描述性统计。

一、频数分布

频数（Frequency），又称次数，是指变量测定值中代表样本总体特征的标志值出现的次数。按特征组分类依次排列的频数即为频数分布，各组频数的总和等于样本总体的全部单位数。频数的描述可以用图或表的形式呈现。频率则是每个组别的频数与样本总数的比值。例如，在一个抛掷硬币实验中，共抛掷硬币 10 次，如果 3 次是硬币正面朝上，那么这 10 次实验中正面朝上的频数是 3，频率是 0.3。频数（或频率）是用来说明各变量标志值对样本总体标志值所起的作用程度。在变量分布数列中，频数（或频率）数值越大，表明该组标志值在样本总体中所占比重或作用也越大。反之，频数（或频率）数值越小，表明该组标志值在样本总体中所占比重或作用也越小。

在 Excelsior Enterprises 案例中，我们首先点击"分析"—"描述性统计"—"频数"，然后选择相关变量（这里我们以案例中的雇员数量为例）。最后得出统计值。表"输出频数"给出了来自不同部门的雇员数量（频数）。可以看出，样本中来自生产部门的人最多（28.1%），其次是销售部门（25.3%），公共关系部门人数最少，只有 3 个人（1.7%）；而来自财务、维护和会计部门各 5 个人（2.9%）表10-5通过频数和频率的分布可以展示各部门在调查中所起的作用。

表 10-5 案例各部分人数统计

	频数（人）	百分比（%）	有效百分比（%）	累计百分比（%）
市场部	13	7.5	7.5	7.5
生产部	49	28.1	28.1	35.6
销售部	44	25.3	25.3	60.9
财务部	5	2.9	2.9	63.8
服务部	34	19.5	19.5	83.3
维护部	5	2.9	2.9	86.2
人事部	16	9.2	9.2	95.4
公关部	3	1.7	1.7	97.1
会计部	5	2.9	2.9	100.00
总计	174	100.00	100.00	100.00

　　频数也可以直观地显示为条形图、柱状图或饼图。这些图形可以帮助我们更直观地了解数据分布情况（见图 10-16）。

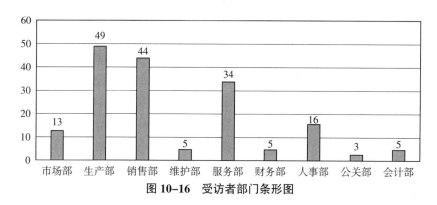

图 10-16 受访者部门条形图

二、集中趋势

　　集中趋势（Central Tendency），也即常说的平均数（或均值），是样本数据观察值向中心值靠拢程度的统计量，反映了数据的中心点位置及分布。求得集中趋势的方法主要有数值平均数（如算数平均数）和位置平均数（如中位数、众数）。

（一）数值平均数

　　数值平均数是从总体各单位观测值中抽象出具有一般水平的量。这个量不是各单位的具体观测值，但又反映统计对象的一般水平。它可以用以描述数据集中位置，也可以进行不同组数据之间的比较，以发现组与组之间的差别。最重要的数值平均数是算数平均数，其他还有调和平均数和几何平均数等形式。

　　算术平均数就是观察值的总和除以观察值个数的商。它是集中趋势测量中最重要的一种，也是所有平均数中应用最广泛的平均数。算术平均数=观测值总和/变量个数。总体的算术平均值用希腊字母 μ 表示，样本的算术平均值用 $\overline{X}$ 表示。总体和样本的平均数公式为：

$$\mu = \frac{\sum X}{N} \; ; \; \overline{X} = \frac{\sum x}{n}$$

大群体总体的平均数是无法计算的，只是一种数学期望（总体均值），只能通过样本的平均数来估计。由于样本取自于总体，可以反映总体特征，但又不等同于总体特征，因此样本平均数可以比较接近于总体期望，恰好等于总体期望的理论可能性很小。一般情况下，样本平均数与总体期望之间会有一定的偏差。

（二）位置平均数

位置平均数即根据总体中处于特殊位置上的个别单位或部分单位的观测值来确定的代表值，它对于整个总体来说，具有非常直观的代表性，因此，常用来反映分布的集中趋势。常用的统计量有中位数、众数。

（1）中位数。中位数（Median）又称为中数，是将某一个变量的观测值由大至小或由小至大排列，取位居最中间的数或能够均匀对分全体观察值的数。在中位数之上与之下，各有 50% 的观察值。在案例 Excelsior Enterprises 中，我们以 30、32、41、40、40、44、46、45、51 九个员工的年龄为例，最中间的员工（第五位）的年龄是 40 岁，中位数即为 40。如果增加了一个员工，年龄为 45 岁，那么十个员工的中位数取第五与第六个分数的平均数 (40 + 44)/2 = 42。

中位数的最大用途是反映全体"样本"的中心点，也就是人数中心点。平均数所反映的则是一组分数"数量"的中心点。计算平均数时数据必须具有相同的单位。但中位数则无此限制，只要分数可以排顺序，即可以从人数、年龄等的次序找出中位数。因此，中位数又称为百分等级为 50 的百分位数或第二四分位数。

（2）众数。众数（Mode）是指一组观测值中，出现次数最多的一个观测值，也就是一组数据中最典型（Typical）的数值或次数分布最高点所对应的分数。众数主要用于大面积普查研究，表示样本观测值在频数分布表中频数最多的那一组的组中值。

众数是各集中量数当中，最容易辨认的量数。以 30、32、41、40、40、44、46、45、51 九个员工的年龄为例，40 岁是出现最多的一个分数，因此众数为 40。如果一个分布有两个分数具有相同的最高次数，即双众数。即使两个众数次数不同，仍可以报告两个众数所对应的分数。

（三）集中趋势量的适用尺度

对于定类尺度的数据而言，没有单位无法计算平均数；没有大小顺序，中位数没有意义。只能使用众数来表示样本集中情形。例如，九个员工的性别依次为

2、2、1、1、1、1、2、2、2。数值2表示男性，1为女性，由众数2可知员工性别集中于男性。

对于定序尺度的数据而言，无固定单位且具有一定的顺序。中位数具有参考价值，众数也具有价值。例如，九个员工的工作班次为3、2、1、1、1、1、3、2、2。数值1表示第一班，2为第二班，3为第三班。中位数为顺序第五位的员工的工作班次1，众数也为1。此时，研究者就必须决定如何描述员工工作班次的集中情形。

对于定距尺度的数据而言，由于具有一定的数量单位，因此三种趋势量均可使用。此时，集中趋势可以采用较精密的统计量（如平均数）。平均数是计算所有样本观测值所得到的数据，有最好的代表性。但是，平均数也容易受极端值的影响。在偏离值较大或偏态较严重的情况下，平均数的使用需要经过特别的校正处理，否则需要搭配采用中位数和众数来描述，例如，如果公司员工和高管之间的工资差距太大，就会拉高公司所有成员工资的平均水平（即员工被平均）。但事实上，除了高管外，其余员工平均工资并不高，甚至很低。这时，中位数和众数可能是描述员工薪资平均水平更合理的统计量。中位数和众数这两个统计量的特点是能够避免极端数据，但缺点是没有完全利用数据所反映的信息。

集中趋势量的适用性和优缺点比较，如表10-6所示。

表 10-6 集中趋势量的适用性与优缺点比较

测量类型	集中趋势量		
	众数	中位数	平均数
定类	√		
定序	√	√	
定距/定比	√	√	√
优点	不受偏离值影响，计算简便	对数值变化不敏感，较不受极端值影响，计算简便	测量最为精密，考虑到每一个样本，具有代表性
缺点	测量粗糙	无法反映所有样本	易受偏离与极端值的影响

三、离散趋势

离散趋势（Variation Tendency）在统计学上是描述观测值偏离中心位置的统计量，反映所有观测值偏离中心的分布情况和趋势。要完整地描述数据的分布特征和变动趋势，除通过集中趋势来概括数据的一般水平外，还需要通过离散趋势来描述数据的离散水平，以反映数据的代表程度。数据的离散程度越小，集中趋势统计量反映数据的代表性就越好。反之，分散程度越大，集中趋势统计量的代表性就越差。在描述统计中，集中趋势必须搭配离散趋势，才能完整反映数据的分布特征。例如，某企业员工的年龄大多集中在 30~50 岁，平均数为 35 岁，代表这个企业的员工的年龄以 35 岁为集中点。如果甲乙两个企业的员工平均年龄均为 35 岁，则集中趋势量无法说明两企业员工的年龄特性。如果甲企业的标准差为 10，乙企业的标准差为 15，即可反映两企业员工年龄的差异特性。此时，离散趋势量则可以补足集中趋势量对于数据分布描述的不足。常用的离散趋势指标包括极差、四分位差、方差、标准差和变异系数等（其中，方差和标准差最为常用）。

（一）极差

极差（Range）是指一个数列中两个极端值即最大值与最小值之间的差异。在统计中，常用极差来描述一组数据的离散程度，以及变量分布的变异范围和离散幅度。极差是测定观测值变动最简单的指标。极差越大，离散程度越大；反之，离散程度越小。但极差只描述了观测值的最大离散范围，而未能利用全部测量值的信息，不能细致地反映观测值彼此相符合的程度。其计算公式为：

极差 = 最大观测值 – 最小观测值

根据组距数列求极差的计算公式为：

极差 = 最高组上限 – 最低组下限

例如，A 公司产品质量控制范围是 30~50，则其极差为 20 单位。在实际工作中，极差用于定类变量与定序变量，来求出变量当中类别的多寡。例如，可以用于检查产品质量的稳定性和进行质量控制。在正常生产条件下，产品质量稳定，极差在一定范围内波动。若极差超过给定的范围，说明有不正常的情况发生。但极差受到极端值的影响，测定结果往往不能反映数据的实际离散程度。

（二）四分位差

四分位差（Interquartile Range）是指一组数据当中的第三四分位数（区隔高分端的 25% 的分数，简称 Q3）与第一四分位数（区隔低分端的 25% 的分数，简称 Q1）距离的一半，也即中间 50% 的样本观测值差距的 1/2。其计算公式为：

$$QR = \frac{Q_3 - Q_1}{2}$$

四分位差的计算，首先将一群观测值由大至小或由小至大排列后，以人数个数平均分成四段，每一段各占 25% 的个数。位居三个分段点的观测值称为第一四分位数（Q1）、第二四分位数（Q2）和第三四分位数（Q3）。四分位差即是取第三四分位数与第一四分位数差的一半。

四分位差反映了中间 50% 数据的离散程度。其数值越小，说明中间的数据越集中；其数值越大，说明中间的数据越分散。四分位差不受极值的影响。此外，由于中位数处于数据的中间位置，因此，四分位差的大小在一定程度上也说明了中位数对一组数据的代表程度。四分位差主要用于测度顺序数据的离散程度。

（三）平均差

平均差是指变量的各观测值对其平均数的离差绝对值的平均数。变量的各观测值对其平均数的离差有正有负，其和为零。因此，平均差必须用离差的绝对值来计算。平均差越大，表示数据之间的变异程度越大。反之，则变异程度越小。

（四）方差与标准差

平均差用绝对值来度量，虽然避免了正负离差的相互抵消，但不便于运算。因此，一般用方差（平方差）来度量一组数据的离散性。在统计描述中，方差（Variance）是指一组数据各个值与其均值离差平方的平均数（即平均离均差平方和），用以计算每一个变量观测值与总体均数之间的差异程度。总体方差通常用字母 σ^2 来表示，计算公式为：

$$\sigma^2 = \frac{\sum (X-\mu)^2}{N}$$

其中，σ^2 为总体方差，X 为变量，μ 为总体均值，N 为总体例数。

在实际工作中，大群体总体均数是难以求得的，只能用样本方差统计量去估计总体方差参数。样本方差常用字母 S^2 表示，计算公式为：

$$S^2 = \frac{\sum_{i=1}^{n} (x_i-\bar{x})^2}{n-1}$$

其中，

$$\bar{x} = \frac{\sum_{i=1}^{n} x_i}{n}$$

其中，S^2 为样本方差，x 为变量，$\bar{x}$ 为样本均值，n 为样本个数。

例如，如果 A 公司分别在 4 月、5 月和 6 月售出 30、40 和 50 个单位的产品。与此同时，B 公司售出 10、40 和 70 个单位的产品。两家公司平均每个月的销售量相同，均为 40 单位。A、B 公司的方差分别为：

A 公司方差 $= (30-40)^2 + (40-40)^2 + (50-40)^2 / 3 = 66.7$

B 公司方差 $= (10-40)^2 + (40-40)^2 + (70-40)^2 / 3 = 600$

结果可知，虽然两家公司的平均月销量相同，但 B 公司的方差比 A 公司大，说明 B 公司在估算存货量方面离散程度比 A 公司大；更进一步说明，B 公司的管理比 A 公司的管理面临更大的困难。

为了使统计量的单位与观测值的单位相一致，通常将方差开平方，即得到标准差 σ。标准差（Standard Deviation）也称为均方差，是离均差平方（即方差）的算术平均数的平方根。标准差所反映的也是观测值对其均值为代表的中心的偏离程度。对于任意一个总体，在确定了标准差以后，就可以精确地确定总体中的单位落在平均数两侧某个范围内的频率大小。标准差较小的分布比较集中在均值附近。反之，则是比较分散的。平均数相同的两组数据，标准差未必相同。与方差不同的是，标准差与观测值的计量单位相同，是具有量纲的，其实际意义比方差清楚。因此，在描述统计时，标准差是最常用的描述定距和定比数据离散程度的指标。尽管标准差是根据全部数据求得，因而也会受到极端值的影响，但对于正态分布的情形，标准差计算了每一个变量值，其所反映的信息在离散指标中也是最全面、最可靠、最理想的。

另外，标准差是表示所有数据离散性大小的一个绝对值，但只能度量一组数据对其均值的偏离程度。若要比较两组数据的离散程度，用两个标准差直接进行比较有时就显得不合适了。当进行两个或多个资料离散程度的比较时，如果度量单位与平均数相同，可以直接利用标准差来比较。但如果单位和（或）平均数不同时，比较其离散程度就不能采用标准差，而需采用离散系数（Coefficient of Variance，CV），即标准差与平均数的比值（相对值）来比较。

例如，A 组数据的标准差是 10，均值是 100；B 组数据的标准差是 20，均值是 2000。如果直接用标准差来进行比较，B 组的标准差是 A 组标准差的 2 倍，似乎 A 组的分布集中，而 B 组的分布分散。但 A 组用标准差来衡量的各数据的差异量是其均值的 1/10；而 B 组用标准差来衡量的各数据差异量只是其均值的 1/100，显然 B 组的差异量很小。可见，用离散系数大小来比较不同总体数据的分散程度更合理。变异系本身没有量纲，可以消除测量尺度和量纲的影响。但是它按照其均数大小进行标准化，这样就可以进行客观比较。

（五）离散趋势量的适用尺度

上述几种典型的离散趋势量，其适用情形与集中趋势量的适用情形类似。四种离散趋势量中，平均差、标准差与方差要有测量单位才具有运算意义。其对于离散情况的描绘能够考虑到每一个体的观测值，在测量上最为精密，但也容易受到偏离值的影响，适用于具有一定单位的等距与等比尺度测量。四分位差则与中位数类似，虽然精密度较低，但是在适当排序之后算出的四分位差，仍可用来表示变异情形，受到偏离值的影响相对较小，可以应用于定序尺度。对于定类尺度的测量结果，严格来说无法用任何的离散统计量来描述分散情形，充其量只能使用极差来计算最大类与最小类之间的差距。三类典型离散趋势量的比较如表 10-7 所示。

对于以上集中趋势和离散趋势的测度，我们都可以通过 SPSS 软件进行计算，只需要选取"分析"—"描述"—"选项"，然后选择需要统计的平均值、总和、极差、方差、标准差等，最后点击"确定"则可出现结果，如图 10-17 所示。

表 10–7 离散趋势的适用性与优缺点比较

测量层次	离散趋势量		
	极差	四分位差	方差/标准差
名义	√		
顺序	√	√	
等距/等比	√	√	√
优点	不受极值外的个别分数影响，计算简便，适用于所有尺度	对极端值不敏感，但能表现顺序尺度的变异情形	测量最为精密，考虑到每一个样本，具有代表性
缺点	测量粗糙，无法反映所有样本	无法反映所有样本	易受偏离与极端值影响

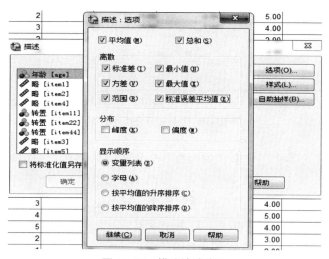

图 10–17 描述统计选项

四、相关关系

相关关系（Correlation）即客观现象之间存在的相互依存关系，旨在描述观测数据之间是否具有统计学上的关联性（包括数学的和逻辑的），以及变量之间共同变化的紧密程度（即相关系数）。当一个或几个相互联系的变量取一定的数值时，与之相对应的另一变量的值也按某种规律在一定的范围内相应变化，这就是相关关系。这种关系既包括两个观测数据之间的单一相关关系（如性别与职业之间的关系），也包括多个观测数据之间的多重相关关系（如性别、性格与职业的关系）。明确了变量间的相关关系和相关系数，就可以根据回归方程进行 X 变量到 Y 变量的估算与描述（即回归分析）。因此，相关关系是一种完整的统计研究方法，它贯穿于提出假设和数据分析的始终。相关关系唯一不研究的数据关系，就是数据协同变化的内在根据（即因果关系）。

相关关系主要有数学和逻辑两大类。其中，数学变量相关关系可以从以下六个方面进行划分（如图 10-18 所示）。

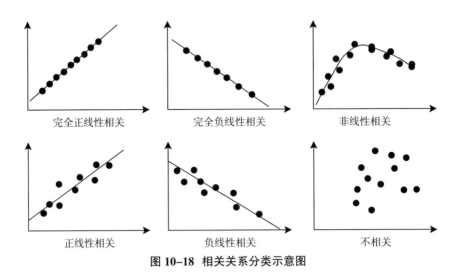

完全正线性相关　　　　完全负线性相关　　　　非线性相关

正线性相关　　　　　　负线性相关　　　　　　不相关

图 10-18　相关关系分类示意图

（1）按程度分类：①完全相关。即一个变量的变化由另一个变量的变化所唯一确定，即函数关系。②不完全相关。即两个变量之间的关系介于不相关和完全相关之间。③不相关。即两个变量彼此的变化互相独立，没有关系。

（2）按方向分类：①正相关。即两个变量的变化趋势相同，在散点图上显示为各点散布的位置从左下角到右上角的区域。一个变量的值由小变大时，另一个变量的值也由小变大。②负相关。即两个变量的变化趋势相反，在散点图上显示为各点散布的位置从左上角到右下角的区域。一个变量的值由小变大时，另一个变量的值则由大变小。

（3）按形式分类：①线性相关（直线相关）。即一个变量变动时，另一个变量也相应地发生均等的变动。②非线性相关（曲线相关）。即当一个变量变动时，另一个变量也相应地发生不均等的变动。

（4）按变量数目分类：①单相关。即只反映一个自变量同一个因变量的相关关系。②复相关。即反映两个及两个以上的自变量同一个因变量的相关关系。③偏相关。即当研究因变量与两个或多个自变量相关时，如果把其余的自变量看成不变（即常量），只研究因变量与其中一个自变量之间的相关关系。

逻辑中的相关关系是对变量的相关关系与因果关系的关系进行性质界定：①相关关系不等同于因果关系。因果关系必定是相关关系，而相关关系不一定是因果关系。②相关关系可以同时存在于两者以上之间，其中每一个自变量的改变可能影响对应的唯一的函数。而因果关系只存在于两者之间，其一为因，其一为果。③相关关系可以提供可能性并用于推测因果关系，但不能证明。

第四节　检验数据质量

数据质量是保证数据分析的基础。若数据质量难以保证，就可能导致分析得出的模型结构失去有效性、结论失去可靠性和真实性，从而导致错误判断。评估数据是否达到预期质量要求，主要有两个指标：效度和信度。

一、数据信度分析

为了保证实证研究的科学性和严谨性，在数据分析之前，需要对收集到的数据进行可靠性检验，以确保数据的质量水平。

（一）信度分析方法概述

信度即可靠性，主要考察变量之间的一致性水平。通过量表的一致性和稳定性评价可以确定测量的信度。

一致性意味着测量某个概念的各测项之间是否紧密相关。Cronbach's α 系数（信度系数）通过测量概念的各测项之间的平均相关性给出了各项之间在多大程度上是正相关的。Cronbach's α 系数越接近 1，内部一致性信度就越高。半分法（Split-half）通常只在特定情形下使用，是指量表中的项目被分成两半，对两半的分值进行相关分析。两部分之间的相关性越高，表明内部一致性越高。半分法反映了单一量表拆成两半之后彼此的相关性，所以系数的大小也取决于如何对量表进行拆分（Camphell，1976）。如果需要评估多个量表、维度或因素，可以用折半信度来检验一致性。根据预先设定的逻辑，可以对每个维度或因素的测项进行拆分。大部分的案例中，Cronbach's α 系数可以被视为代表测项间一致性信度的合适指标。

稳定性可以通过复本信度和再测信度来评估。如果关于某测量的两个同质且相当的测量工具得到了高度相关的结果，就得到了复本信度（见第 6 章），通过计算不同时期针对同一个测量的结果的相关性，就得到了再测信度。

（二）信度修正

在社会科学研究中，信度低于 0.60 被认为是偏低，在 0.70 左右是可以接受的，超过 0.80 是很好的。但在数据分析过程中，常常会出现信度分析的结果偏低甚至几乎不可接受的情况，该如何进行合理的信度修正呢？一般可以通过以下方法提高信度系数值：①增加并改进测项。研究人员可根据理论依据和自己的合理论证给问卷添加符合其概念的测项并对量表的测项的内容或词句进行优化,让被试者测试。一般好测项(同质的测项)增加越多,信度分析结果就会越好。②删除。把和其他项目明显不一样的测项删掉,以增加信度系数值。具体删哪个测项,可以根据 SPSS 中求 Alpha 系数的结果进行操作。在 SPSS 里面选"分析—可靠性分析—如果删除该测量后所得的 Alpha 系数",该操作告诉我们哪些测项可以考虑删除,以提高一致性。另外,也可以根据理论依据,把不符合理论的测项删掉。③去除异常数据。这是指将问卷中乱答的测项找出来去除,如全部填同一个答案的、规律性作答的等乱答测项,或出现个别极端值等。

一般增删是常用的信度修正方法,但值得注意的是,通常情况下,拿走一个测项尽管会提高测量的信度,但同时对测量的效度可能会产生不利的影响。

例如,在对基于中国情景的网络零售服务质量测量与管理的研究中,探究网络零售服务质量的维度,结果显示网络零售服务质量包含环境质量、过程质量、结果质量和补救质量四个维度。通过对在 B2C 或 C2C 网站有过购买体验的中国消费者进行深度访谈,收集他们对所经历的网购全程服务质量感知的描述资料进行分析。其信度分析结果如表 10-8 所示。

表 10-8　信度分析结果

二阶构念	一阶构念	初始测项	最终测项	Cronbach's Alpha
环境质量	页面接近性	3	2	0.71
	页面审美性	5	4	0.80
	系统可用性	4	2	0.70
	信息可用性	3	2	0.80
过程质量	交易安全性	4	3	0.80
	服务专业性	4	2	0.76
	网站响应性	4	4	0.86
结果质量	质量保证性	4	3	0.80
	网店履约性	3	2	0.77
补救质量	网店反应性	5	3	0.84
	网店补偿性	3	3	0.79

资料来源:赵卫宏. 网络零售服务质量的测量与管理——基于中国情境 [J]. 管理评论,2015,27(12):120-130.

该研究使用了 Cronbach's α 系数来验证各问项的信度,并求得各研究概念的信度分别为 0.7~0.86,均高于 0.60。结果显示该研究关于环境质量、过程质量、结果质量和补救质量测项的内部一致性是良好的。

表 10-9 给出了页面接近性测量的信度。还可以看出,如果我们从测量中删除某一项,会给 Cronbach's α 系数带来怎样的影响。例如,如果取出第 1 项页面

接近性 1，新的四项测量的 Cronbach's α 系数是 0.709。这意味着如果将第一项删除，Cronbach's α 系数将会上升。另外，如果我们删除第 2 项，Cronbach's α 系数将会下降，变成 0.568。

表 10-9　输出

信度统计	
Cronbach's α 系数	项目数量
0.7	3

项目总体统计				
	删除项目后的量表平均数	删除项目后的量表方差	纠正后的项目总变异	删除项目后的 Cronbach's α 系数
页面接近性 1	10.0706	6.480	0.624	0.709
页面接近性 2	10.1471	6.552	0.646	0.568
页面接近性 3	10.1176	6.481	0.653	0.682

通过信度检验可以确定，该研究对环境质量、过程质量、结果质量和补救质量的测量是满足子项间一致性条件的。对原始测项的观测值，可以整合为一个数字。例如，对"页面接近性"一项的观测值，可以通过对 3 个子项的观测值进行加总来获得。具体的信度检验操作步骤为：

（1）选择构成量表的变量，将数据输入 SPSS，并选择"分析—度量—可靠性分析"；

（2）选择模型 a（这是默认选项）；

（3）点击统计。

结果如图 10-19 所示。

二、数据效度分析

（一）效度分析方法概述

效度（Validity）是指测量的概念或属性是否被准确地测量了，反映测量系统性错误发生程度。效度的检验一般用因子分析法。因子分析的基本原理是，测项间的相关关系高的捆绑为一个因子。捆绑为一个因子的测项可以被看作测量同一概念的测项。而因子间由于相互间没有相关关系，可以被判断为不同的概念。因子分析的结果可以判定是否出现理论维度。对同一测量，如果两个响应因素间高度相关，则存在所谓聚合效度（Convergent Validity）。如果两个不同的概念之间彼此不相关，则有区分效度（Discriminant Validity）。

图 10-19　信度分析的 SPSS 演示

（二）效度修正

在数据分析过程中，效度分析结果偏低也是常常会出现的问题。由于信度是效度的必要条件，那么要想效度高，首先要信度高。此外，提高效度的方法与提高信度的方法相同。

例如，在分析上述环境质量、过程质量、结果质量和补救质量四个维度案例中，对四个概念进行了主成分因子分析，结果如表 10-10 所示。

按照 Baumgartner 和 Homburg 的步骤实施验证性因子分析（CFA），对提纯后的量表维度进行测量效度和模型拟合度评价。表 10-10 显示了各测项的概念有效性（Construct Validity）。验证结果，交易安全性 1 测项（TRSE4）、网店反应性 2 测项（STRE1、STRE2）、系统可用性 1 测项（SYEF4）、信息有用性 1 测项（INAV1）、页面接近性 1 测项（INAC2）、页面审美性 1 测项（INAE3）、服务专业性 1 测项（PRSE1）、网店履约性 1 测项（STFU3）在修正指数 10 以上先后出现交叉装载被删除外，其余问项都被装载到了单一因子中，显示出其针对相应研究概念具有良好的聚合效度。

表 10-10 主因子成分分析结果

构念	测项	标签	负荷	Cronbach's α
页面接近性	店址容易进入	INAC1	0.53	0.71
	店址简单易记	INAC2	0.66	
	网店容易被找到	INAC3	0.73	
页面审美性	页面操作提示明确	INAE1	0.68	0.83
	页面设计专业	INAE2	0.59	
	页面清晰整齐	INAE3	0.60	
	页面登录设计专业	INAE4	0.81	
	页面字体图像风格鲜明	INAE5	0.74	
系统可用性	在线交易处理准确无误	SYEF2	0.77	0.82
	输入数据页面不死机	SYEF3	0.68	
	商品资料真实可信	SYEF4	0.74	
信息有用性	商品信息更新及时	INAV1	0.83	0.82
	需求信息容易找到	INAV2	0.70	
	需求信息有准确描述	INAV3	0.66	
网店响应性	全天候服务方便购物	WERE1	0.58	0.80
	订单处理及时告知	WERE2	0.76	
	质询回复及时明确	WERE3	0.72	
	下单后及时发货	WERE4	0.60	
服务专业性	下单后会告知进程	PRSE1	0.56	0.82
	网店及时提供服务	PRSE2	0.68	
	网店正确处理订单	PRSE3	0.69	

构念	测项	标签	负荷	Cronbach's α
交易安全性	在线付款安全	TRSE1	0.81	0.86
	购买者隐私受保护	TRSE2	0.63	
	购买者资料受保护	TRSE3	0.75	
	资料不外泄或他用	TRSE4	0.80	
网店履约性	在承诺时间内送达	STFU1	0.65	0.81
	在承诺的地点送达	STFU2	0.72	
	履行网店的承诺	STFU3	0.59	
质量保证性	按指定公司配送货物	QUAS1	0.62	0.83
	送达的商品包装完好	QUAS2	0.80	
	送达的商品符合预期	QUAS3	0.75	
网店反应性	能在线解决购买问题	STRE1	0.64	0.87
	及时关注购买问题	STRE2	0.57	
	认真处理退货要求	STRE3	0.66	
	快速有效处置投诉	STRE4	0.73	
	出现问题主动致歉	STRE5	0.79	
网店补偿性	未按时送达给予补偿	STCO1	0.54	0.78
	网店出错给予补偿	STCO2	0.82	
	上门联系退返的商品	STCO3	0.71	

注：抑制绝对值：<0.50；解释总方差：70.98%。

资料来源：赵卫宏. 网络零售服务质量的测量与管理——基于中国情境[J]. 管理评论, 2015, 27 (12)：120-130.

参考文献

［1］Bryman A. and Cramer D. Concepts and Their Measurement ［A］//Quantitative Data Analysis with SPSS for Windows: A Guide for Social Scientists ［M］. Routledge，1997.

［2］Campbell D. T. Psychometric Theory ［A］//M. D. Dunnette. Handbook of Indiustrial and Organizational Psychology ［M］. Chicago: Rand Mc Nally，1976.

［3］Hair J. F.，Jr.Anderson，R.，E.，Tatham，R.，L. and Black，W. C. Multi-variate Data Analysis ［M］. Englewood Cliffs，NJ: Prentice Hall，1995.

［4］Salvia A. A. Introduction to Statistics ［M］. Philadelphia: Saunders，1990.

［5］Uma Sekaran，Roger Bougie. 企业研究方法 ［M］. 北京: 清华大学出版社，2013.

［6］陈晓萍，徐淑英，樊景立. 组织与管理研究的实证方法 ［M］. 北京: 北京大学出版社，2012.

［7］风笑天. 社会科学研究方法 ［M］. 北京: 中国人民大学出版社，2013.

［8］关信平. 社会研究方法 ［M］. 北京: 高等教育出版社，2004.

［9］贾俊平. 统计学 ［M］. 北京: 清华大学出版社，2006.

［10］李怀祖. 管理研究方法论（第 2 版）［M］. 西安: 西安交通大学出版社，2004.

［11］林惠玲，陈正仓. 应用统计学 ［M］. 中国台北: 双叶书廊，2003.

［12］邱皓政. 量化研究与统计分析 ［M］. 重庆: 重庆大学出版社，2009.

［13］涂平. 市场营销研究（方法与应用）（第 2 版）［M］. 北京: 北京大学出版社，2012.

［14］杨杜. 管理学研究方法 ［M］. 大连: 东北财经大学出版社，2009.

［15］张亦辉，郑有增等. 调查问卷的信度效度分析 ［J］. 当代教育学，2003（22）: 53-54.

［16］赵卫宏. 网络零售服务质量的测量与管理——基于中国情境 ［J］. 管理评论，2015，27（12）: 120-130.

第十一章 假设检验

【内容框架】

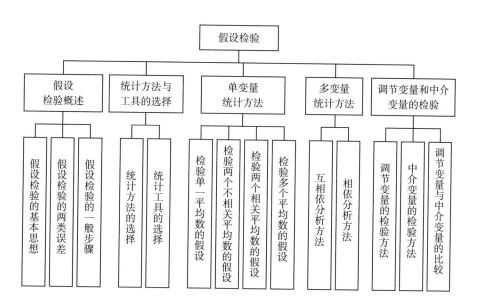

由于总体过大而不可计算，一般用样本的统计量来估计总体的参数。但这种估计是否可靠，则需要对样本统计量进行检验来加以判断。假设检验，即是一种先对总体的特征作出假设，然后从总体抽取样本进行统计推理检验，对假设作出接受或拒绝推断的方法。它是一种基本的统计推断形式，也是梳理统计学的一个重要分支。

第一节 假设检验概述

假设检验（Hypothesis Testing），即根据假设条件由样本推断总体的统计推断。最常使用的方法是显著性检验 (Test of Statistical Significance)，旨在判断样本与样本、样本与总体的差异是由抽样误差引起的还是本质差别造成的，并力求排除抽样误差的影响，以确定本质差别在统计上是否成立以及发生的概率。具体做法是：①根据问题的需要对所研究的总体作某种假设（即原假设或检验假设，记作 H_0）。②选取合适的统计量。这个统计量的选取要使得在原假设（H_0）成立时，其分布为已知。③由实测的样本计算出统计量的值，并根据给定的显著性水平进行检验，作出拒绝或接受原假设（H_0）的判断。常用的假设检验方法有：u 检验法、t 检验法、F 检验法、秩和检验等。

一、假设检验的基本思想

假设检验的基本思想是小概率反证法原理。小概率原理是指小概率事件（$p < 0.01$ 或 $p < 0.05$）在一次试验中基本上不可能会发生。反证法原理是先针对原假设（检验假设 H_0）用适当的统计方法确定该原假设成立的可能性大小。如可能性小，则认为该原假设不成立，而研究假设（备择假设 H_1）成立。若可能性大，则不能认为该原假设不成立，同时也不能认为研究假设（备择假设 H_1）成立。

（一）小概率原理

如果对总体的某种假设是真实的，那么不利于或不能支持这一假设的事件 A（小概率事件）在一次试验中是几乎不可能发生的。如果在一次试验中 A 竟然发生了，就有理由怀疑该假设的真实性，从而拒绝这一假设。具体如图 11-1 所示。

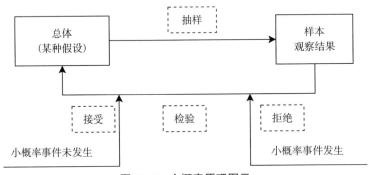

图 11-1　小概率原理图示

在研究中，什么样的概率才算是小概率呢？英国统计学家费希尔把小概率事件的标准定为 0.05，但并没有对 0.05 给出合理的解释。研究者一般都沿用这一标准，将 0.05 或比 0.05 更小的概率看作小概率。在假设检验中常记这个概率为 α，称显著性水平。如果注重经济效益，α 可小一些，如 $\alpha=0.01$；如果注重社会效益，α 可大一些，如 $\alpha=0.1$；如果要兼顾经济效益和社会效益，一般可取 $\alpha=0.05$。

（二）假设的形式

假设陈述是假设检验的第一步，包括原假设和备择假设两类。通常将研究者想收集证据予以反对的假设称作原假设（Null Hypothesis）或零假设，用 H_0 表示。备择假设（Alternative Hypothesis）与原假设对立，通常指研究者想要收集证据予以支持的假设，用 H_1 表示。它们和总体参数有如下关系：

H_0：总体参数 = 或 ≤ 或 ≥ 某一数值

H_1：总体参数 ≠ 或 < 或 > 某一数值

例 11-1：

一种零件的加工标准是长度为 3 厘米。为对生产质量进行监督和控制，质检人员定期对某台加工机床进行检查，随机抽取该机床的加工零件样本来确定此机床生产的零件是否符合标准。如果零件的平均长度大于或小于 3 厘米，均表明生产的质量不达标。从质检人员角度看，抽检的意图倾向于证实生产的零件长度不符合标准要求。所以质检人员想收集证据支持的假设应该是"该生产质量不符合要求"，所以：H_0：$\mu=3$（平均长度符合要求）。

H_1：$\mu \neq 3$（平均长度不符合要求）。

像例 11-1 中的备择假设没有特定的方向性，并含有符号"$\neq$"的假设检验，称为双侧检验或双尾检验（Two-tailed Test）。若备择假设具有特定的方向性，并含有符号">"或"<"的假设检验，被称为单侧检验或单尾检验（One-tailed Test）。备择假设的方向为"<"，称为左侧检验；方向为">"，称为右侧检验。具体如图 11-2 所示。

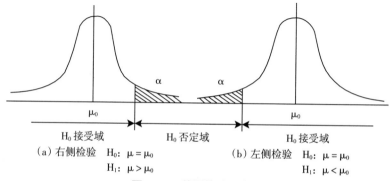

图 11-2　单尾检验示意图

原假设和备择假设的原则：

（1）在假设检验中，原假设和备择假设必有一个成立且只有一个成立。

（2）假设检验是概率意义下的反证法。一般将"不能轻易否定的命题"作为原假设，而把希望得到的结果或想收集证据予以支持的假设作为备择假设。

（3）建立假设时，通常先确定备择假设，然后再确定原假设。备择假设是想予以支持的，比较容易确定。再根据互斥原理，确定原假设。

（三）假设检验的原理

假设检验的基本原理是利用类似"反证法"的推理方法，即先假设总体某项假设成立，计算其会导致什么样的结果产生。如果出现不合理的现象，则拒绝原先的假设；如果没有不合理的现象出现，则接受原假设。但它又不同于一般的反证法。所谓不合理现象产生，并非指形式逻辑上的绝对矛盾，而是基于小概率原理。即概率极小的事件在一次实验中几乎是不可能发生的。如果发生了，就是不合理的，且可以推断其并不是小概率事件。

例 11-2：

某厂生产的产品，如果每 100 件中只有 1 件是不合格品，那么在一次试验中随机抽取 1 件产品，它为不合格的概率为 1%。此概率是非常低的，一般很难被抽到，因此抽到不合格产品属于"小概率事件"。但如果在一次随机抽样试验中，从这批产品中随机抽取 1 件，得到的恰好是不合格品，我们就有理由认为该批产品中的不合格产品并非原来声称的那么低，否则就不会那么容易抽到不合格品了。如此就可以否定该批产品的不合格率很低（仅为 1%）的假设。

二、假设检验的两类误差

由于样本的随机性，对总体的推断总有出错的风险。通常所犯的错误有两种类型：一类误差和二类误差。

（一）两类误差的概念

一类误差（Type I Error）是指在原假设 H_0 为真时，却拒绝了 H_0 的概率（弃真错误），用希腊字母 α 表示。α 实质上就是显著性水平（Significant Level），即所定义的小概率。它由研究人员确定，商业研究中的显著性水平一般确定为 5%（<0.05）和 1%（<0.01）。二类误差（Type II Error）是指在原假设 H_0 为伪时，却没有拒绝 H_0 的概率（取伪错误），用希腊字母 β 表示。其 β 数值大小与置信水平 α 确定的接受区域的位置和均值 μ_0 与 μ_1 的距离有关。

(二) 假设检验结果分布

假设检验中，原假设 H_0 可能为真也可能为伪。决策判断有拒绝和不拒绝两种。因此检验的结果共有四种可能情况：

(1) 原假设 H_0 为真，却拒绝 H_0，犯这种错误的概率用 α 表示；

(2) 原假设 H_0 为真，没有拒绝 H_0，则表明做出了正确的判断，其概率为 $(1-\alpha)$；

(3) 原假设 H_0 不为真，却没有拒绝 H_0，犯这种错误的概率用 β 表示；

(4) 原假设 H_0 不为真，做出拒绝 H_0 的正确判断，其概率为 $(1-\beta)$。

这四种情况可以概括为表 11-1。

表 11-1 假设检验中四种可能结果的概率

决策	实际情况	
	H_0 为真	H_0 不为真
未拒绝 H_0	正确决策 $(1-\alpha)$	第二类错误 (β)
拒绝 H_0	第一类错误 (α)	正确决策 $(1-\beta)$

(三) 两类误差与统计功效的关系

在假设检验四种可能结果概率中，还有一个重要的概念是统计功效 $(1-\beta)$ (Statistical Power)。它是指正确地拒绝原假设的概率，即准确识别出统计显著性的概率。统计功效取决于 α 和样本规模 n，且不同的统计量是有不同的统计功效的。尤其是当总体规模很小的时候，某些统计量没有能力发现这么小的总体参数。我们一般称这个统计量的"统计功效很低"。

在假设检验中，人们希望犯一类误差和二类误差的概率越小越好，但对一定的样本量 n，不能同时做到减少犯这两类错误的概率。一般来说，一类误差、二类误差呈负相关：α 大，β 就小；反之 α 小，必导致 β 增大。所以假设检验不是 α 越小越好，α 越小隐含着 β 越大。至于 α 的选取，要看问题的实际背景和研究者的目的。通常人们不希望轻易拒绝 H_0，如工厂产品出厂进行抽样检查时不希望轻易地被认为不合格。于是，在限定犯第一类错误的概率不超过某个指定值 α 的条件下，寻求犯第二类错误的概率尽可能小的检验方法。此时，为保护原假设 H_0，α 可以取值小一点（最常用的是 $\alpha = 0.05$ 和 0.01，有时也用到 0.001、0.10），β 值往往控制在 0.10~0.30。

加大样本容量 n，可以达到同时控制两类错误的目的。但样本容量 n 增加到多少合适呢？n 太大，费用增加太大，太小又达不到精度。通常采用的方法是预先给出显著水平 α，控制犯第一类错误的概率。再选取样本容量 n，将犯第二类

错误的概率控制在预先给定的限度之内。一类误差、二类误差与统计功效的关系
如图 11-3 所示。

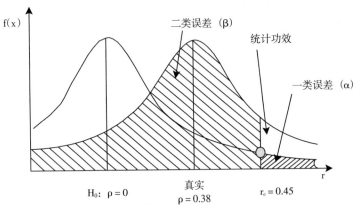

图 11-3　一类误差、二类误差与统计功效关系

　　陈希孺院士（1992）认为，从实用的观点看，在多数假设检验问题中，第一
类错误被认为更有害，更需要控制。但在有些情况下，第二类错误的危害更大
（如检测新药的效果），这时有必要控制这个概率。换句话说，"控制第一类错误"
的原则并非是绝对的，可视情况而变通。

三、假设检验的一般步骤

（一）假设检验的过程

一个完整的假设检验过程，通常包括以下五个步骤（如图 11-4 所示）：

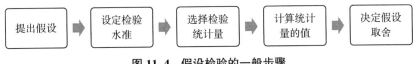

图 11-4　假设检验的一般步骤

　　（1）提出假设。根据实际情况提出原假设和备择假设。原假设，又称检验假
设、无效假设或零假设，记作 H_0；备择假设，又称研究假设，记作 H_1。两种假设
的本义分别是：H_0：样本与总体或样本与样本之间的差异是由抽样误差引起的；
H_1：样本与总体或样本与样本之间的差异是本质性差异。

　　（2）设定检验水准 α。当原假设（H_0）为真，但被错误地拒绝的概率记作 α，
通常将检验的显著性水准设定为：$\alpha=0.05$ 或 $\alpha=0.01$。

　　（3）选择检验统计量。根据资料的类型（定类、定序、定距、定比）和特点，
可分别选用 Z 检验、T 检验、秩和检验和 x^2（卡方检验）等。

（4）计算统计量的值。从研究总体中随机抽取样本，根据样本观测值计算检验统计量的观测值。

（5）决定假设取舍。根据设定的显著性水平和相应统计量的统计分布表，查出相应的临界值，再根据检验统计量观测值的位置决定原假设取舍。也即，根据统计量的大小及其分布确定原假设（H_0）成立的可能性 P 的大小，并判断结果。如果 $P > \alpha$，那么结论为按 α 所取水准不显著，不拒绝 H_0，即认为差异很可能是由于抽样误差造成的，在统计上不成立。如果 $P \leqslant \alpha$，那么结论为按所取 α 水准显著，拒绝 H_0，接受 H_1，则认为差异不大可能只是由抽样误差导致的，很可能是实验因素不同造成的，因而在统计上成立。P 值的大小可以通过查阅相应的临界值表得到。

（二）假设检验的注意事项

（1）做假设检验之前，应注意资料本身是否有可比性。

（2）当样本与总体或样本与样本之间的差异有统计学意义时，应注意这样的差异在实际应用中有无意义。

（3）要根据资料类型和特点选用正确的假设检验方法。

（4）根据专业及经验确定是选用单侧检验还是双侧检验。

（5）当检验结果为拒绝原假设（H_0）时，应注意有发生一类错误的可能性，即错误地拒绝了本身成立的 H_0。发生这种错误的可能性预先是知道的，即检验水准太大；当检验结果为不拒绝原假设（H_0）时，应注意有发生二类错误的可能性，即仍有可能错误地接受了本身就不成立的 H_0。发生这种错误的可能性预先是不知道的，但与样本含量和一类错误的大小有关系。

（6）判断结论时不能绝对化。应注意无论接受或拒绝原假设，都有判断错误的可能性。

（7）报告结论时应注意说明所用的统计量，检验的单双侧及 P 值的确切范围。

第二节 统计方法与工具的选择

选择合适的假设检验统计方法与工具分析数据，是对结果做出合理判断的重要基础。

一、统计方法的选择

（一）统计方法的分类

根据不同的标准，统计方法有不同的分类。根据不同的研究设计类型，可将统计方法分为四类：①组间比较类方法；②配对（自身实验前后）类方法；③重复测量类方法；④多因素类方法。根据变量的类型，可将统计方法分为三类：①分类变量的统计方法；②数值变量的统计方法；③有序变量的统计方法。具体使用的统计方法如表 11-2 所示。

表 11-2 不同研究设计和变量类型的数据统计方法选择

变量类型	研究设计类型				
	两组比较	多组比较	实验前后比较	重复测量	两变量间关系
数值变量	t 检验	方差分析	配对 t 检验	方差分析	线性回归
分类变量	卡方检验	卡方检验	配对卡方检验		列联表相关系数
有序变量	Mann-Whitney 秩和检验		Wilcoxon 符号秩和检验		Spearman 相关系数

如果按照变量的个数来划分，可以分为单变量统计方法和多变量统计方法。单变量统计方法主要包括：t 检验、卡方检验、曼—惠特尼 U 检验（Mann-Whitney）、麦克纳马（McNemar）检验和威尔科克森（Wilcoxon）检验等。多变量统计方法主要包括：因子分析、聚类分析、回归分析、结构方程分析等。本章采用单变量统计方法和多变量统计方法的分类。

（二）统计方法的选择原则

每种假设检验方法都是有适用条件的。在具体运用时，要根据实验设计的类型、变量的属性、样本的大小等因素选取适用的检验方法，研究人员可以考虑下面几个因素来作出合理的选择：

1. 研究问题的类型

研究问题的类型在一定程度上暗示了研究目的。研究目的不同，选择的统计方法也不同。例如，在商业研究中，有时可能仅关心变量的集中趋势，有时关心销售业绩与销售目标的对比（单个样本的 t 检验），有时关心两个销售员的月均销售量对比（独立样本 t 检验）等。不同问题类型所采用的统计方法是不同的。在选择研究设计、确定收集什么类型的数据之前，研究人员应考虑统计分析的方法。

2. 变量的数目

单变量统计方法和多变量统计方法是按照变量的数目进行划分的，所以在选择方法时考虑研究问题所涉及的变量数目至关重要。例如，如果研究性别对学生每周吃糖数量的影响，那么研究的是两个变量之间的关系，了解现象的水平（均值）或分布情况（方差），应该用单变量统计方法。如果研究的是多个变量间的关系，就需要用多变量统计方法。根据研究中涉及变量的数目，对应有单变量、多变量统计分析。

3. 量表测量的水平

量表是一种测量工具，可以对事物的特性变量用不同的规则分配数字。量表的测量水平可帮助选择最恰当的统计工具、最合理的实证程序。这是因为不同的量表测量水平包含了特定的信息（定类数据、定序数据等）。这些特定信息限制了所采用的统计分析方法。例如，在对品牌偏好进行排序时，一般都使用定序量表。对定序量表数据，可以用中位数表示平均趋势，用百分位数表示离散度。对定类数据或定序数据，一般用频数表或交叉分组列表进行分析。

二、统计工具的选择

目前有很多统计分析软件可以帮助分析数据。根据不同的研究目的和研究模型的类别，可以选用不同的软件。管理学常用的软件有：SPSS、AMOS、EViews 等。

（一）常用工具

1. SPSS 软件

SPSS（社会科学统计软件）是一种数据管理和分析的程序，用于统计数据的分析，包括散点图、频数、饼图、列表等描述性统计，以及复杂的推断统计，如方差分析、回归分析、因子分析、集群分析和类别数据分析等多变量统计方法。

2. AMOS 软件

AMOS 拥有功能强大的结构方程（SEM）建模工具，用于回归分析、因子分析、相关性分析和方差分析等多元分析。该软件可以在直观的路径图下指定、估计、评估以及设定模型，展示假定的各变量之间关系。

3. EViews 软件

EViews（Econometric Views）具有数据处理、作图、统计分析、建模分析、预测和模拟等功能。在建模分析方面，包括单方程的线性模型和非线性模型、时间序列分析模型、分布滞后模型、向量自回归模型、误差修正模型、离散选择模型等多种估计方法，操作简单灵活。

4. PLS-Graph 软件

PLS-Graph 软件采用 PLS 算法（偏最小二乘法），在处理样本容量小、解释变量个数多、变量间存在严重多重相关性问题等方面具有独特的优势，并且可以同时实现回归建模、数据结构简化以及两组变量间的相关分析等应用功能。

在以上软件的使用中，研究者只需了解所选择的方法原理，了解软件输出结果含义，并知道如何去解释即可。

（二）工具的选用

在研究变量之间的关系时，通常有三类方法可以处理：普通回归分析、结构方程分析、PLS（偏最小二乘法）分析。这三类方法的适用条件为：

（1）普通回归分析适用于单个因变量的情况，受共线性影响比较大，没有考虑测量误差，不能同时处理多个联立方程以"一次性"解决中介、调节效应问题，不能输出路径关系图等。

（2）基于协方差结构的结构方程模型则可以同时处理多个因变量，考虑测量误差影响，提供模型拟合度评价，方便处理中介、调节效应。但它容易因为共线性、样本量小等原因导致模型不能识别、非正定矩阵、模型拟合不佳等问题，以及数据非正态分布造成结果偏误等。

（3）PLS 路径模型既有回归分析又有结构方程模型的应用功能，只是采用的是 PLS 算法（偏最小二乘法）。PLS 可以构建多个因变量的回归路径，输出路径模型图，并一次性处理中介效应、调节效应。对于共线性问题和非正态分布数据具有"耐受性"或稳健性，且适用于小样本。

不少研究者不知该用 SPSS、AMOS/EViews 还是 PLS 路径模型分析。通常处理是：普通回归分析用 SPSS 等软件，结构方程模型用 AMOS、EViews 等软件，PLS 用 PLS-Graph 等软件。

第三节　单变量统计方法

单变量统计分析是在一个时间点上对某一变量进行描述或推论，具体可以根据数据是否是定量数据来分类。定量数据（Metric Data）是指用定距或定比尺度测量的数据，非定量数据（Nonmetric Data）则是用定类或定序尺度测量的数据。这些统计方法还可以根据涉及一个、两个或多个样本进一步分类。

对于定量数据，当只有一个样本时，可以使用单样本 t 检验。当有两个独立样本时，可以使用独立样本 t 检验。当有两个以上独立样本时，可以使用单因子方差分析（One-way ANOVA）。当有两个相关的样本时，可以使用配对 t 检验。

对于非定量数据，当只有一个样本的时候，可以使用频数分布、卡方检验、Kolmogorov-Smirnov（K-S）检验、二项式检验。对于两个独立样本的非定量数据，可以使用卡方检验、曼—惠特尼 U 检验（Mann-Whitney）、均值检验、K-S 检验等。当存在两个以上相关样本时，应采用麦克纳马（McNemar）检验和威尔科克森（Wilcoxon）检验（见表 11-3）。

表 11-3 单变量统计方法概览

应用	方法
检验单一平均数的假设	量化：单样本 t-检验
	非量化：卡方检验
检验两个不相关平均数的假设	量化：独立样本 t-检验
	非量化：卡方检验、曼—惠特尼 U 检验
检验两个相关平均数的假设	量化：配对样本 t-检验
	非量化：卡方检验、威尔科克森检验 麦克纳马检验
检验多个平均数的假设	量化：单因素方差分析

一、检验单一平均数的假设

（一）单一样本 t 检验

t 检验，亦称 student t 检验（Student's t test），是用 t 分布理论来推论差异发生的概率，从而比较两个平均数的差异是否显著，适用于样本含量较小（n<30），总体标准差 σ 未知的正态分布资料。它与 z 检验、卡方检验并列。t 检验是戈斯特为了观测酿酒质量而发明的。戈斯特在位于都柏林的健力士酿酒厂担任统计师。他于 1908 年在统计学和计量经济学期刊 "Biometrika" 上公布 t 检验，但因其老板认为这是商业机密而被迫使用"学生"为笔名发表。实际上，跟他合作过的统计学家都知道"学生"的真实身份是戈斯特。t 检验分为单一样本 t 检验和双样本 t 检验。双样本 t 检验又分为独立样本 t 检验和配对样本 t 检验。

t 检验的步骤：

（1）建立虚无假设 H_0：$\mu = \mu_0$，即先假定两个总体平均数之间没有显著差异。

（2）计算统计量 t 值，对于不同类型的问题选用不同的统计量计算方法。

（3）根据自由度 df=n-1，查 t 分布界值表，找出规定的 t 理论值并进行比较。理论值差异的显著水平为 0.01 或 0.05。不同自由度的显著水平理论值记为 t（df）0.01 和 t（df）0.05；

（4）比较计算得到的 t 值和理论 t 值，推断发生的概率。依据表 11-4 给出的 t 值与差异显著性关系表作出判断。

表 11-4　t 值与差异显著性关系

t	P 值	差异显著程度
t≥t (df) 0.01	P≤0.01	差异非常显著
t≥t (df) 0.05	P≤0.05	差异显著
t<t (df) 0.05	P>0.05	差异不显著

（5）根据以上分析，结合具体情况，得出结论。

单一样本 t 检验（One Sample t-Test），顾名思义，是检验一个样本，旨在比较样本均数所代表的未知总体均数 μ 和已知总体均数 μ_0 是否存在显著差异。即，检验样本与其总体均数是否存在显著差异。该检验对样本要求如下：

（1）假定样本来自同分布的总体。

（2）每个个体的测量值要相互独立。

（3）研究的变量应服从正态分布（或近似服从正态分布）。

单样本 t 检验统计量为：

$$t=\frac{\bar{x}-\mu_0}{\dfrac{s}{\sqrt{n}}}$$

其中，$i=1,\cdots,n$，$\bar{x}=\dfrac{\sum_{i=1}^{n} x_i}{u}$ 为样本平均数；$s=\sqrt{\dfrac{\sum_{i=1}^{n}(x_i-\bar{x})^2}{n-1}}$ 为样本标准差，n 为样本数。该统计量 t 在零假说：$\mu=\mu_0$ 为真的条件下服从自由度为 $n-1$ 的 t 分布。

研究者经常需要根据已有的知识或给定的标准对单一变量得出结论。这类结论的形式可能诸如：新产品的市场份额将超过 25%，至少 75% 的顾客喜欢新产品的口味、85% 的顾客喜欢新产品的包装设计等。这类结论都可以转化成单一样本 t 检验，检验抽样总体均数 μ 是否与给定的假设（H_0）一致。

例 11-3：

资料显示，一般大学生平均每周的学习时间是 32 小时，但你对这个结果表示怀疑，认为你所在的大学（你的样本所在的总体）学生学习的时间更长。为了判断你所在大学学生的平均学习时间是否和所有学生平均学习时间存在显著的差异，我们进行如下假设：

H_0：$\mu=\mu_0$，即在我们的大学，学生的平均学习时间等于所有学生平均学习时间。

H_1：$\mu\neq\mu_0$，即在我们的大学，学生平均学习时间和所有学生平均学习时间不同。

通过询问我们大学的 20 位同学每周学习时间，计算出他们的平均学习时间为 36.2 小时。结果比一般的学生要长 4.2 小时。这并不能说明你所在的大学学生平均学习时间与所有学生平均学习时间存在显著差异，因为不排除你无意中选择了那些更加努力的学生，所以要进行 t-检验。如果 t-统计值大于临界值，我们就拒绝原假设，即两者在本质上存在显著的差异，而不是抽样误差导致的差异。

假设观察到的样本标准差是 8，这样 t 统计值就是：

$$t = \frac{\overline{X} - \mu}{S/\sqrt{n}} = \frac{36.2 - 32}{8/\sqrt{20}} = 2.438$$

按照 $\alpha = 0.05$ 水准双侧检验，自由度为 n-1=19；查相应 t 界值表，确定 P 值，得出结论：计算所得 t 统计量 2.438 大于查表所得 $t_{0.05/19}$ 检验临界值 1.729，P<0.05，拒绝 H_0，两者的差异具有统计学意义。这意味着 36.2 和 32 之间的差异是显著的。即在学习时间上，我们大学的学生和一般的学生确实存在显著的差别。

（二）卡方检验

卡方检验（Chi-square Test）是非参数范畴的一种假设检验方法，旨在检验观测到的分类资料相关关系的统计显著性，以判断两变量之间是否存在关联性。具体来说，就是比较统计样本的实际频数与理论频数之间是否具有显著的偏离程度（即吻合程度或拟合优度）。实际观测值与理论推断值之间的偏离程度决定卡方值的大小。卡方值越大，偏离程度就越大，两者就越不相符。反之，卡方值越小，偏离程度就越小，两者就越趋于相符。如果两者完全相符，卡方值就为 0，表明实际频数与理论值频数完全符合。常见的命题例如：①看一个产品的广告（是/否）与一个人对该产品的购买（买/不买）有关联吗？②互联网使用（低频率使用/高频率使用）与性别（男/女）是否有关？等等。这样的对比可以通过分组或者分类的方式来组织数据，然后计算两个变量的卡方统计量，并根据 χ^2 分布及自由度确定当前统计量及更极端情况的概率 P。如果卡方统计量（即偏差度）的显著性（即 Sig.）小于 0.05，则说明两个变量是显著相关的。卡方检验多用于定类与定类或定类与定序变量之间的相关性检验。

1. 卡方检验的基本原理

卡方检验是以 χ^2 分布为基础的一种常用非参数假设检验方法，它的原假设 H_0 是：观察频数与理论频数没有差别。该检验的基本思想是：首先假设 H_0 成立，然后基于此前提计算出 χ^2 值，它表示观察值与理论值之间的偏离程度。根据 χ^2 分布及自由度可以确定在 H_0 假设成立的情况下获得当前统计量及更极端情况的概率 P。如果 P 值很小（统计显著水准 α 默认为 0.05 或 0.01），根据小概率原理，应当

拒绝原假设 H_0，说明观测值与理论值偏离程度显著，比较资料之间有显著差异。这样的差异是本质的差异，而不太可能是偶然产生或者样本误差所致。反之，就不能拒绝原假设 H_0，尚不能认为样本所代表的实际情况和理论假设有差别，而可能是偶然产生或者样本误差所致的非本质差异。

2. 卡方检验的检验方法

卡方检验的检验方法主要运用独立四格表资料检验法。若要推断的论述为"H_1：X 与 Y 有关系"，可以利用此方法来考察两个变量是否有关系，并且能较精确地给出这种判断的可靠程度。具体格式如表 11-5 所示。

表 11-5　四格表资料检验法

	Y_1	Y_2	总计
X_1	a	b	a+b
X_2	c	d	c+d
总计	a+c	b+d	a+b+c+d

其应用条件是：要求样本含量应大于 40 且每个格子中的理论频数不应小于 5。当样本含量大于 40 但有 1≤理论频数<5 时，卡方值需要校正。当样本含量小于 40 或理论频数小于 1 时，只能用确切概率法计算概率。

例如，假设我们希望了解对互联网的使用与性别是否有关，通过分类的方式将互联网使用分为低频率使用（每天上网少于 3 小时）和高频率使用（每天上网大于等于 3 小时），收集的频数如表 11-6 所示。

表 11-6　性别与互联网使用率

互联网使用率	性别		合计
	男性	女性	
低频率使用	5	15	20
高频率使用	15	5	20
合计	20	20	40

由表 11-6 可知，女性很有可能是互联网的低频率使用者，可以推断性别和互联网使用率是有关系的。为了判断是否存在系统的联系，统计学上可以通过卡方检验（Chi-square Test）来确认。它可以告诉我们，所观察到的关系是否出于偶然。该检验的原假设 H_0 为两个变量（即互联网使用和性别）之间，不存在显著的关系；备择假设 H_1 是存在显著关系的。

卡方检验计算方法如下：

$$\chi^2 = \sum \frac{(O_i - E_i)^2}{E_i}$$

其中，χ^2 是卡方统计量，O_i 是第 i 个表格中观察到的频数，E_i 是期望频数（即理想频数）。对任意定类数据，通过计算机分析都可以得到卡方分析结果及其显著性水平。本案例的操作如图 11–5 所示。

图 11–5 操作表结果

表 11–7 卡方检验[①]

	值	df	渐进 Sig.（双侧）	精确 Sig.（双侧）	精确 Sig.（单侧）
Pearson 卡方	10.000 [a]	1	0.002		
连续校正 [b]	8.100	1	0.004		
似然比	10.465	1	0.001		
Fisher 精确检验				0.004	0.002
线性和线性组合	9.750	1	0.002		
有效案例中的 N	40				

由表 11–7 的结果可知，卡方值 = 10，$p = 0.002 < 0.05$，故拒绝原假设，互联网使用和性别之间存在显著的关系。

---

① 卡方检验统计量与自由度 df 有关，df 也会影响两个定类变量间的显著性关系。自由度的大小，等于列、行单元格数目减去 1 后的乘积。像本案例两行两列，自由度 df =（2 − 1）×（2 − 1）= 1。卡方统计量也可以用于两个定类变量的多重水平。

二、检验两个不相关平均数的假设

(一) 独立样本 t 检验

从两个不同抽样总体中随机选取两个互不影响的样本被称为独立样本。独立样本 T 检验(Independent-Samples T Test) 是通过两个独立样本均数的差别推断两样本所代表的总体均数间有无差别。该检验方法对样本要求有：①已知或能计算两个样本均数及它们的标准差；②方差齐性 $\delta_1^2 = \delta_2^2$；③样本来自正态分布总体 (或近似服从正态分布)。

在研究中，有很多与两个不同抽样总体参数有关的假设。例如，获得硕士学位的人其工作表现是否要好于仅有本科学位的学生？坚持天天跑步的人其身体素质是否好于不锻炼的人？男生的身高是否高于女生的身高？也就是说，研究用一个分类变量将考察对象分为两类的假设 (获得硕士学位的学生与未获得硕士学位的学生、锻炼的人与不锻炼的人、男生的身高与女生的身高)。像这样用从两个不同抽样总体中随机选取的样本均数推断总体均数的方法，就是独立样本 t 检验。

例如，在研究中要分析男生和女生的身高是否相同。做法是找来一批男生和女生，测出男生的平均身高和女生的平均身高 (样本平均数)。这里的男生和女生的平均身高比较就是两个样本平均数的比较。

(二) 曼—惠特尼 U 检验

曼—惠特尼 U 检验(Mann-Whitney U) 又称曼—惠特尼秩和检验，是由 H.B. Man 和 D.R.Whitney 于 1947 年提出并通过对平均秩研究来实现推断的非参数检验方法。它假设两个样本分别来自除了总体均值以外完全相同的两个总体，目的是检验这两个总体的均值是否有显著的差别。该检验是与独立样本 t 检验相对应的方法。当正态分布、方差齐性等不能达到独立样本 t-检验的要求时，可以使用该检验。

例 11-4：

为了研究某项犯罪的季节性差异，警察记录了 10 年来冬季和春季的犯罪数量，请问该项犯罪在冬季和春季有无差异？

分析：数据不属于正态分布，方差不齐，又是检验两个不相关平均数。根据数据类型，应选择用 Mann-Whitney U 检验。如图 11-6 所示，1 代表冬季，2 代表春季。

图 11-6　SPSS 中 Mann-Whitney U 检验步骤 1

接着按季节分组，检查字段为报警数，再选择 Mann-Whitney U 检验，如图 11-7 所示。

图 11-7　SPSS 中 Mann-Whitney U 检验步骤 2

运行结果如图 11-8 所示。

假设检验汇总

	原假设	测试	Sig.	决策者
1	报警数 的分布在 季节 类别上相同。	独立样本 Mann-Whitney U 检验	.123[1]	保留原假设。

显示渐进显著性。显著性水平是 .05。

[1] 对此检验显示准确显著性。

图 11-8　SPSS 中 Mann-Whitney U 检验结果

结果解释：p=0.123>0.05，保留原假设，说明该项犯罪在冬季和春季无显著差异。

三、检验两个相关平均数的假设

(一) 配对样本 t 检验

在一些实际研究中，两组样本的观察值可能并非来自完全独立的样本，而是配对样本。配对样本是指对同一样本进行前后两次测试所获得的两组数据或对两个完全相同的样本在不同条件下进行测试所获得的两组数据。配对样本 t-检验的目的，是判断不同处理是否有差别。配对样本 t 检验的假设前提是：①已知一个总体均数；②可以得到一样本均数及该样本标准差；③样本来自正态或近的正态总体。例如，要分析人在早上和晚上的身高是否不同，可以找一些人测他们早上和晚上的身高。此时就涉及同一个样本在不同条件下进行测试所得的两组数据，是配对样本，可用配对样本 t-检验方法检验早上和晚上的身高是否不同。

例 11-5：

老师希望了解她的教学课改是否使学生的成绩有所提高。因此，在开学的第一周，她对 10 名学生进行数学测试，并记录分数。之后在学期末的最后一周，她又对这 10 名学生进行了同等难度的数学测试。老师希望比较两次分数，看看学生的数学成绩是否提高了。

原假设 H_0：两次数学成绩不存在显著差异。

备择假设 H_1：两次数学成绩存在显著差异。

用 SPSS 软件操作如图 11-9 所示。

图 11-9　操作过程

结果如表 11-8 所示。

表 11-8 结果分析

第一周成绩— 最后一周成绩	成对差分			t	df	Sig.（双侧）
	均值	标准差	均值标准误差			
	-12.50	13.79	4.362	-2.86	9	0.019

结果解释：P=0.019<0.05，所以数学成绩的差异是显著的，应该拒绝原假设 H_0，即数学成绩显著提高了。

（二）威尔科克森检验

威尔科克森符号秩检验(Wilcoxon Signed-rank Test) 亦称威尔科克森符号等级检验，是由威尔科克森（F. Wilcoxon）于 1945 年提出的非参数检验方法。该方法是在成对观测数据的符号检验基础上发展起来的，比传统的单独用正负号的检验更加有效，其目的是考察两个相关样本或同一样本重复测量值之间是否存在显著差异。如果我们无法假设总体是正态分布的，就用该检验方法替代配对样本 t-检验。

（三）麦克纳马检验

如果变量有两类取值，可以用麦克纳马检验(McNemar Test) 考察两个相关样本间是否存在显著的差异。值得注意的是，麦克纳马检验仅根据前后测试结果发生变化的部分得出检验结果，并未考虑前后测试结果一致部分对差异显著性的影响。麦克纳马检验要求两组样本的观察值是二分类数据，在实际分析中有一定的局限性。它主要用于检验某种实验是否有效，用于实验前后相关数据的对比。

四、检验多个平均数的假设

当遇到分析多组均数间是否存在显著的差异时，独立样本 t-检验（考察两组均数间是否存在显著差异）就不适用了。针对两组以上均数的差异性检验可以使用方差分析。

方差分析（ANOVA）又称"变异数分析"或"F 检验"，是英国统计学家罗纳德·费雪（R.A.Fister）于 20 世纪 20 年代发明的，用于两个及两个以上样本均数差异性的显著性检验。

一个复杂的事物往往有许多因素互相制约又互相依存。由于各种因素的影响，研究所得的数据呈现波动状。方差分析的基本原理认为，造成不同处理组的总差异（Total Variation）的原因主要有两类因素：一是不可控的随机误差。如测量误差造成的差异或个体间的差异，即组内差异（within Group Variation）。用变量在各组的均数与该组内变量值之离差平方和的总和表示，反映随机误差的影响（组内差异＝个体差异＋测量误差），记作 SS_w，组内自由度为 dfw。二是实验处置条件。即实验中施加的对结果形成影响的可控因素造成的差异，即组间差异（between Group Variation），用变量在各组的均数与总均数之离差平方和的总和表示，反映各组均数的差异程度（组间差异＝随机误差＋处置因素效应），记作 SS_b，组间自由度为 dfb。方差分析旨在通过数据差异分析找出对该事物有显著影响的因素、各因素之间的交互作用，以及显著影响因素的最佳水平等。

方差分析的基本思想是，在可比较的数组中，把数据间的总的"差异"按各指定的差异来源进行分解，通过分析不同来源的差异对总差异的贡献大小，确定可控因素对研究结果影响力的大小。在观测变量总离差平方和中，如果组间离差平方和所占比例较大，则说明观测变量的变动主要是由控制变量引起的，可以主要由处置变量来解释，处置变量给观测变量带来了显著影响。反之，如果组间离差平方和所占比例小，则说明观测变量的变动不是主要由处置变量引起的，不可以主要由处置变量来解释。处置变量的不同水平没有给观测变量带来显著影响，观测变量值的变动是由随机变量因素引起的。用数学形式表达如下：

总离差平方和 $SS_t = SS_b + SS_w$。

组内 SS_w、组间 SS_b 除以各自的自由度（组内 dfw ＝n-m，组间 dfb＝m-1，其中 n 为样本总数，m 为组数），得到其均方 MSw 和 MSb。组间与组内均方差，样本越可能来源于同一总体。反之，样本越可能不是来源于同一总体。一种情况是处理对结果没有作用（各组样本的总体均数相等，H_0 成立），即各组样本均来自同一总体，无处理因素的作用，则组间差异同组内差异一样，只反映随机误差作用的大小，MSb/MSw≈1。另一种情况是处理对结果确实有作用（各组样本的总体均数不相等，H_0 拒绝），组间均方是由于随机误差和不同处理共同导致的结果，即各样本来自不同总体，那么 MSb>>MSw（远远大于）。组间均方差与组内均方差 MSb/MSw 的比值即为 F 统计量。用 F 值与其 F 分布临界值比较，可推断各样本是否来自相同的总体。其中，F 分布中的 df_1 即为 dfb，df_2 即为 dfw。F 值接近于 1，就没有理由拒绝 H_0；反之，F 值越大，拒绝 H_0 的理由就越充分。数理统计的理论证明，当 H_0 成立时，F 统计量服从 F 分布。

方差分析对数据进行统计推断的假设条件或适用条件为：①随机性。各处置条件下的样本是随机组成的。②独立性。各处置条件下的样本是相互独立的，否则不具可比性，导致无法解析的输出结果。③正态性或接近正态性。各处置条件下的样本分别来自正态分布总体，否则使用非参数分析。④方差齐性。各处置条件下的样本方差相同，即具有方差齐效性。处置变量不同水平下观测变量总体方差无显著差异是方差分析的前提要求。如果没有满足这个前提要求，就不能认为各总体分布相同。因此，必须先对方差是否齐性进行检验。

方差分析主要用于：①均数差别的显著性检验；②分离各有关因素并估计其对总变异的作用；③分析因素间的交互作用；④方差齐性检验。

基于方差分析的假设条件，进行方差分析一般遵循以下基本步骤：

（1）建立检验假设。

H_0：多个样本总体的均数相等。

H_1：多个样本总体的均数不相等或不全等。

检验水准 λ 默认设为 0.05。

（2）正态性检验。在 SPSS 操作中，结果选项中正态性检验（Test of Normolity）中 Sig.值大于 0.05，即满足正态性。

（3）方差齐性检验。在 SPSS 单因素方差分析中，方差齐性检验采用方差同质性（Homogeneity of Variance）检验方法，其原假设是各水平下观测变量总体的方差无显著差异。显著性（Sig.）大于 0.05，则满足方差齐性。

（4）计算检验统计量 F 值。

（5）查对 F 分布临界值，确定 P 值并推断结果。

计算的 F 值与查表得到的 $F_{表}$ 值比较，确定 P 值。如果 $F < F_{表}$ 表明两组数据没有显著差异；$F \geq F_{表}$ 表明两组数据存在显著差异。

根据资料设计类型（操作变量的个数）不同，方差分析的方法分为：①单因素方差分析；②双因素方差分析；③多因素方差分析。其中，双因素和多因素方差分析将在多变量统计分析中讨论。

单因素方差分析（One-way ANOVA）旨在研究一个处置变量因素的不同水平是否对观测变量产生了显著影响。由于仅研究单个变量因素对观测变量的影响，因此称为单因素方差分析。这里，变量因素也称为处置变量因素（Factor）；每一个处置变量因素至少有两个水平（Level），也称处置组。例如，分析不同施肥量是否给农作物产量带来显著影响，考察地区差异是否影响妇女的生育率，研究学历对工资收入是否具有影响，等等。在这类问题中，观测变量农作物产量、妇女生育率和工资收入的差异都通过处置变量施肥量、地区和学历等单个因素的不同水平进行观测，因此都可以使用单因素方差分析得到答案。

单因素方差分析遵循方差分析的前提假设和基本步骤。通过单因素方差分析的基本分析可以得到关于处置变量是否对观测变量造成显著影响的结论，但还可以采用多重比较检验进一步确定处置变量的不同水平对观测变量的影响程度如何，其中哪个水平的作用明显区别于其他水平，哪个水平的作用是不显著的等。多重比较检验利用了全部观测变量值，实现对各个水平下观测变量总体均值的逐对比较。由于多重比较检验问题也是假设检验问题，因此也遵循假设检验的基本步骤。

例 11-6:

某汽车 4S 店希望比较 4 个品牌轮胎（4 组固定因子）的耐磨性（单一自变量），分别从 4 个品牌的轮胎（4 组固定因子总体）中抽取了 5 个样品（4 组样本数），在相同的转速下磨损相同时间，测量其被磨损的深度(毫米)。SPSS 数据如图 11-10 所示。

	轮胎品牌	磨损深度	变量	变量	变量
1	1	2.30			
2	1	2.32			
3	1	2.40			
4	1	2.45			
5	1	2.58			
6	2	2.35			
7	2	2.30			
8	2	2.42			

图 11-10　数据录入

操作步骤：

（1）选择菜单【分析】—【一般线性模型】—【单变量】。如图 11-11 所示，在跳出的对话框中，将磨损深度选为因变量，将轮胎品牌选为固定因子。点击【事后多重检验】按钮，在跳出的对话框中，将轮胎品牌选入事后检验的框内，表示要对不同品牌的轮胎磨损程度进行两两比较，确定磨损程度的高低。在假定方差齐性区域选择 LSD 和 S-N-K 作为事后多重检验的检验方式。

图 11-11　变量设置

（2）点击【选项】按钮；将轮胎品牌选入显示平均值框；在输出区域选择描述统计、同质性检验、参数估计和对比系数矩阵，如图11-12所示。

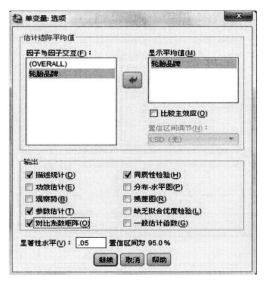

图 11-12 任务设置

（3）点击确定，输出结果。

1）描述性统计结果。

表 11-9 描述性统计结果

因变数：磨损深度			
轮胎品牌	平均数	标准偏差	N
品牌 A	2.4100	0.11269	5
品牌 B	2.4040	0.11760	5
品牌 C	2.0460	0.11216	5
品牌 D	2.5720	0.03271	5
统计	2.3580	0.21771	20

表11-9是4组数据的描述性统计结果，显示了样本平均数和标准差。从标准差可知除D品牌较小外，其余三组标准差非常接近。

表 11-10 方差齐性检验结果

因变数：磨损深度			
F	df1	df2	显著性
1.292	3	16	0.311

表 11-10 是方差齐性检验结果，用来检验 4 组样本的方差是否存在显著性差异。从结果可知，Levene 方差齐性检验的 F 统计量为 1.292，在当前自由度下对应的 P 值为 0.311，可以认为 4 组样本所代表总体的方差齐性检验。

2）方差分析表。

表 11-11 方差分析导出结果

因变数：磨损深度					
来源	第Ⅲ类平方和	df	平均值平方	F	显著性
修正的模型	0.740[a]	3	0.247	24.550	0.000
截距	111.203	1	111.203	11070.511	0.000
轮胎品牌	0.740	3	0.247	24.550	0.000
错误	0.161	16	0.010		
统计	112.104	20			
校正后总数	0.901	19			

注：a. R^2=0.822（调整的 R^2=0.788）。

表 11-11 中第一行"修正的模型"显示整个方差分析模型的检验，其原假设 H_0 为：模型中所有的因素均对因变量无影响，所有的因素系数均等于 0。F 值为 24.550，显著性 $p < 0.001$，因此所用的模型（即备择假设）有统计学意义，说明其中有的因素系数不等于 0。由于当前方差分析模型中只有轮胎品牌这一个因素，因此该结论等于说不同品牌轮胎的磨损有差异。

第二行是截距，其原假设为 u=0（回顾上方方差分析模型），即不考虑品牌时，所有轮胎的平均磨损深度等于 0，检验结果拒绝该假设。但由于截距在这里没有实际意义，可忽略。

第三行开始对模型中各因素进行检验。由于本模型中只有一个因素，因此只能见到对因素轮胎品牌的检验。其原假设为：轮胎品牌这一因素均对轮胎磨损深度没有影响，因素系数等于 0（回顾方差分析模型）。检验 F 值和 p 值均与第一行的检验结果相同，结论也完全相同。

表 11-12 模型参数估计

因变数：磨损深度					95%置信区间	
参数	B	标准误差	T	显著性	下限	上限
截距	2.572	0.045	57.383	0.000	2.477	2.667
【轮胎品牌=1】	−0.162	0.063	−2.556	0.021	−0.296	−0.028
【轮胎品牌=2】	−0.168	0.063	−2.650	0.017	−0.302	−0.034
【轮胎品牌=3】	−0.526	0.063	−8.298	0.000	−0.660	−0.392
【轮胎品牌=4】	0[a]	—	—	—	—	—

3）模型参数的估计。表 11-12 是模型各参数的估计值，截距就是总的平均磨损深度，估计值为 2.572，表示不考虑品牌时，轮胎的平均磨损深度为 2.572 毫米。从第二行开始就是对各品牌参数的估计，四个轮胎品牌对应 4 个参数。由于这些参数之间存在数量上的关联，必须要加上一定的限制条件才能进行估计。在本例中，模型默认将编号取值最高的品牌 D 作为参照水平，这相当于强迫 $a4=0$，另外三个品牌参数的估计值和检验结果实际上就等于该品牌和品牌 D 相比的结果。例如，品牌 A 的参数等于 A 组均值减去 D 组均值 $2.41-2.572=-0.162$。可见 A、B、C 的参数均小于 0 且有统计学意义，即它们的磨损深度均小于品牌 D。

4）LSD 事后多重检验，也称为两两比较。

表 11-13　LSD 事后多重检验结果

	(I) 轮胎品牌	(J) 轮胎品牌	平均差异 (I-J)	标准误差	显著性	95% 置信区间	
						下限	上限
LSD	品牌 A	品牌 B	0.0060	0.06339	0.926	-0.1284	0.1404
		品牌 C	0.3640*	0.06339	0.000	0.2296	0.4984
		品牌 D	-0.1620*	0.06339	0.021	-0.2964	-0.0276
	品牌 B	品牌 A	-0.0060	0.06339	0.926	-0.1404	0.1284
		品牌 C	0.3580*	0.06339	0.000	0.2236	0.4924
		品牌 D	-0.1680*	0.06339	0.017	-0.3024	-0.0336
	品牌 C	品牌 A	-0.3640*	0.06339	0.000	-0.4984	-0.2296
		品牌 B	-0.3580*	0.06339	0.000	-0.4924	-0.2236
		品牌 D	-0.5260*	0.06339	0.000	-0.6604	-0.3916
	品牌 D	品牌 A	0.1620*	0.06339	0.021	0.0276	0.2964
		品牌 B	0.1680*	0.06339	0.017	0.0336	0.3024
		品牌 C	0.5260*	0.06339	0.000	0.3916	0.6604

LSD 法的输出结果是要求将各组均值和一个参照组进行比较（见表 11-13）。SPSS 假设每一个轮胎品牌都有可能成为参照，让其他组都和该参照组进行比较。表中给出了两个轮胎组之间的平均值差异、差值的标准误差，95% 置信区间以及检验的 p 值。I 表示参照组，J 表示对比组。检验结果显示轮胎品牌 C 和品牌 D 都与另外三个轮胎品牌有差异，而轮胎品牌 A 和品牌 B 之间没有差异。

5) SNK 事后多重检验。

表 11–14　SNK 事后多重检验结果

			磨损深度		
				子集	
	轮胎品牌	N	1	2	3
Student–Newman–Keuls 多重比较法	品牌 C	5	2.0460		
	品牌 B	5		2.4040	
	品牌 A	5		2.4100	
	品牌 D	5			2.5720
	显著性		1.000	0.926	1.000

相对于 LSD 法的分析结果，SNK 法的两两比较结果则要清楚得多（见表 11–14）。首先 SNK 会将各组按照平均值大小排序，上表是按照 CBAD 的顺序进行排序。随后，表格将四个轮胎品牌分成 3 个子集，同一子集内的两组平均值两两无差别。第一子集仅由品牌 C 组成，是磨损深度最低的子集；第二子集由品牌 B 和品牌 A 组成，磨损深度居中；第三子集由品牌 D 组成，磨损情况最为严重。最后一行给出的是子集内部各品牌进行比较的结果，因第一子集和第四子集都仅有一个品牌，因此其 p 值等于 1，第二子集中品牌 B 和品牌 A 比较的 p 值等于 0.926，表示两品牌轮胎的磨损深度没有显著性差异。

第四节　多变量统计方法

多变量统计方法可以根据变量是否有自变量和因变量，分为互相依分析方法（Interdependence Technique）和相依分析方法（Dependence Technique）（见表11–15）。其中，互相依分析方法的变量没有自变量和因变量之分，只是测试变量之间的相关性或研究对象之间的相似性，主要用于分析变量间的相互关系。常见的互相依分析方法有因子分析法和聚类分析法。例如，管理人员可以使用这些方法决定合并哪些雇员激励项目（因子分析），识别盈利能力较强的消费者细分市场（聚类分析），等等。

相依分析方法是指假设中对自变量和因变量做了区分，分析自变量和因变量之间的关系。当只有一个因变量时，可以使用多元回归分析、两组判别分析以及逻辑回归分析等。如果因变量不止一个，则可以使用多元方差和协方差分析、结构方程模型分析及联合分析等。

表 11–15　多变量统计方法概览

分类	具体方法
互相依分析方法	量化：因子分析、聚类分析 非量化：非度量多维量表
相依分析方法	一个量化的因变量：多元回归分析 一个非量化的因变量：判别分析、逻辑回归 多于一个量化的因变量：多元方差分析、结构方程模型 多于一个非量化的因变量：联合分析

一、互相依分析方法

假设我们希望识别出决定服务质量和顾客满意相关的因素，或者找出与愉快的购物经历相关的因素，或者确定不同类型购买者的购买风格，就需要运用多元互相依分析方法进行分析。多元互相依分析方法不是利用一组自变量来测量一个或多个变量，而是能更好地理解一组变量或实验对象之间的关系和结构。

（一）因子分析

因子分析（Factor Analysis）是基本的互相依统计分析技术，主要用于从变量群中提取共性因子。因子分析技术最早由英国心理学家斯皮尔曼提出。他发现学生的各科成绩之间存在一定的相关性。一科成绩好的学生，往往其他各科成绩都比较好。由此，他推想是否存在某些潜在的共性因子，或者有某些一般智力条件在影响学生的学习成绩。因子分析的目的就是在许多变量中找出隐藏的、具有代表性的因子。将相同性质的变量归入一个因子，可以减少变量的数目，还可以检验变量间关系的假设。因子分析的方法主要分为两大类：即探索性因子分析和验证性因子分析。

探索性因子分析（Exploratory Factor Analysis，EFA）不事先假定因子与测项间的关系，而是通过测项数据的相关性计算来确定因子归属。在探索性因子分析中，一般将测项间的相关系数绝对抑制值设置为 0.5；相关系数大于或等于 0.5 的测项捆绑归属于一个因子；因而因子与因子之间的相关系数则极低。探索性因子分析的常用方法是主成分分析和公因子分析方法。

验证性因子分析（Confirmatory Factor Analysis，CFA）则事先根据理论模型假定了因子与测项之间的关系，指定了哪些测项对应于哪个因子，但尚未知晓测项之间的相关性，因而要通过事后数据进行验证确认。但由于测量误差的存在，当使用多个测项对因子进行测量后，就需要对测量的质量进行评估，即有效性检验，以判断每一个测项是否与其所设计的因子具有显著载荷，且与其他因子没有显著载荷；同时，还需要检验一个测量尺度中是否存在单一方法偏差、测项中是否存在"子因子"。这些检验都要求明确描述测项、因子、残差之间的关系，即测量模型检验（Measurement Model Test）。对测量模型的质量（即拟合优度）进行检验是假设检验之前的必要步骤。

验证性因子分析一般采用最大似然估计法求解，往往与结构方程的方法连用。有关验证性因子分析方法的具体步骤可参阅结构方程部分，本章节主要介绍探索性因子分析。

例如，假设研究人员希望考察服务质量如何影响顾客满意。他们对四家中国美容服务公司中的 270 个顾客进行实地问卷调查，请他们回答如下李克特量表（1 表示"强烈反对"，7 表示"强烈同意"）：

X1——当我在这里美容时，感觉服务态度很好，从业员很亲切。

X2——每次我到这里美容时，从业员会第一时间过来服务。

X3——我感觉这家美容公司技术好、专业，我的皮肤有明显改善。

X4——我很喜欢这家美容公司放的音乐，场所内有淡淡的香味，很好闻。

X5——这家公司的布局风格我很喜欢，看上去感觉很舒适。

X6——这家美容公司的服务和环境很好。

X7——每次我来这里美容，等待的时间很短。

X8——我对这家的服务很满意。

X9——我会向他人推荐这里。

如图 11-13 所示，探索性因子分析提供了两类重要的信息：

（1）在一组变量中，存在多少个因子？一般来说，根据大于 1.0 的特征值的数量来确定因子的数量。所谓特征值，是测量每个因子所解释的方差大小。本例中，存在三个因子，分别是相互作用质量、物理环境质量和结果质量。

（2）应该将哪些测项（变量）加载到这些因子上？因子加载（Factor Loading）表示一个测项与一个因子之间的关联程度。探索性因子分析可以根据加载模式、变量内容来解释潜在构念。在图 11-13 中，因子图下方给出了加载值。前三个变量对第一个因子有较高的加载（相关系数大于 0.5）。根据理论分析和测项内容，可以将第一个因子命名为：相互作用质量。中间三个变量对第二个因子有较高的加载（相关系数大于 0.5），第二个因子可命名为：物理环境质量。后三个变量对第三个因子有较高的加载（相关系数大于 0.5），第三个因子可命名为结果质量。

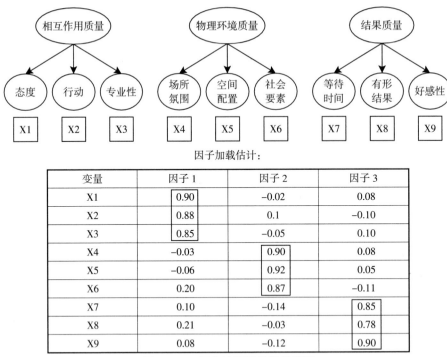

因子加载估计：

变量	因子1	因子2	因子3
X1	0.90	−0.02	0.08
X2	0.88	0.1	−0.10
X3	0.85	−0.05	0.10
X4	−0.03	0.90	0.08
X5	−0.06	0.92	0.05
X6	0.20	0.87	−0.11
X7	0.10	−0.14	0.85
X8	0.21	−0.03	0.78
X9	0.08	−0.12	0.90

图 11-13　探索性因子分析示意图

在 SPSS 中，使用因子分析的具体方法如下：

步骤 1：将数据输入 SPSS 软件，并检查是否存在缺失值，然后进行因子分析（见图 11-14）。

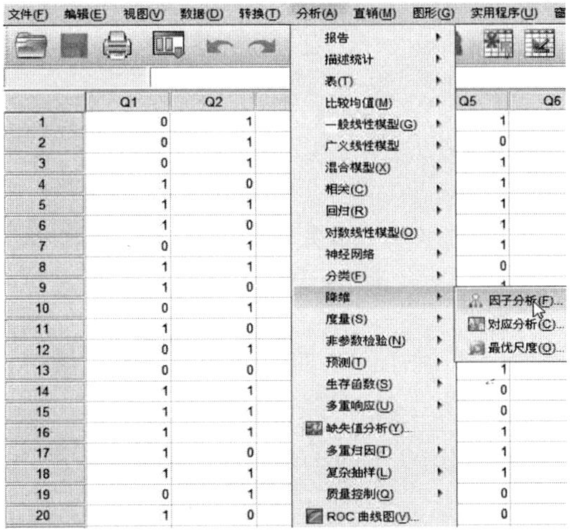

图 11-14　步骤 1

步骤 2：选择描述对话框，进行 KMO 和 Bartlett 球形度检验。该检验从统计角度给出变量间是否存在潜在因子结构。若存在潜在因子结构，就不适合因子分析（见图 11-15）。

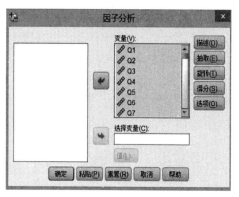

图 11-15　步骤 2

步骤 3：因子旋转是简化因子结果的数学方法，本质是方差最大化。旋转的概念就是坐标变换。分为正交旋转和斜交旋转。从解释因子结构的角度，正交旋转是最容易解释的，得到的因子也是不相关的。斜交得到的因子则具有相关性，但更符合或能捕捉数据的维度，一般斜交旋转更好（见图 11-16）。

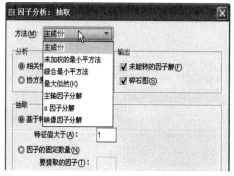

图 11-16　步骤 3

步骤 4：解释的总方差。除了因子加载以外，原始变量的总方差可以由因子解释。如表 11-16 所示，总的方差解释是 63.448%，总共存在 7 个公因子，说明如果将来不用 24 个变量，而改用这 7 个因子可以说明原来 24 个变量的 63.4%的变差。

表 11–16　步骤 4

成分	初始特征值			提取平方和载入			旋转平方和载入		
	合计	方差的百分数(%)	累计百分数(%)	合计	方差的百分数(%)	累计百分数(%)	合计	方差的百分数(%)	累计百分数(%)
1	5.326	22.191	22.191	5.326	22.191	22.191	2.942	12.256	12.256
2	2.916	12.149	34.340	2.916	12.149	34.340	2.410	10.043	22.299
3	1.876	7.816	42.156	1.876	7.816	42.156	2.204	9.182	31.481
4	1.464	6.098	48.255	1.464	6.098	48.255	2.042	8.510	39.991
5	1.317	5.489	53.744	1.317	5.489	53.744	1.895	7.897	47.888
6	1.205	5.022	58.766	1.205	5.022	58.766	1.887	7.863	55.751
7	1.124	4.683	63.448	1.124	4.683	63.448	1.847	7.697	63.448
8	0.991	4.130	67.58						
9	0.921	3.835	71.14						
10	0.861	3.588	75.002						
11	0.648	2.700	77.702						
12	0.611	2.547	80.249						
13	0.576	2.394	82.643						
14	0.540	2.251	84.894						
15	0.517	2.155	87.049						
16	0.475	1.980	89.029						
17	0.431	1.797	90.826						
18	0.401	1.673	92.499						
19	0.382	1.592	94.091						
20	0.373	1.553	95.644						
21	0.338	1.407	97.051						
22	0.285	1.188	98.239						
23	0.243	1.013	99.252						
24	0.179	0.748	100.00						

注：提取方法：主成分分析。

（二）聚类分析

聚类分析（Cluster Analysis）又称群分析、分类分析，是根据"物以类聚"的原理对特性或变量进行分类的一种多元统计分析方法，旨在对大量的个体合理地按各自的特性进行分类，但没有任何先验模式供参考或依循，即在没有先验知识的情况下进行的分类。聚类分析起源于分类学。在古老的分类学中，人们主要依靠经验和专业知识来实现分类，很少利用数学工具进行定量分类。但是，仅凭经验和专业知识往往难以抓准特征实现确切的分类，于是逐渐形成了以数学工具进行分类的数值分类学。随着多元分析技术被引入到数值分类学中，便形成了聚类分析技术。

聚类分析的原则是将具有相同特性的个体划分为一个类别，使同一类中的个体具有较大的相似性，而不同类别的个体则差异性很大。这种方法有三个特征：①适用于没有先验知识的分类。如果没有事先的经验或标准，分类便会变得随意和主观。如果设定比较完善的分类变量，就可以通过聚类分析法获得更为科学合理的类别。②可以处理多个变量决定的分类。在数据挖掘时，如果需要根据多个指标进行分类就比较复杂，而聚类分析法可以解决这类问题。③聚类分析是一种探索性分析方法，能够分析事物的属性特点和内在规律，并根据相似性原则对事物进行分组，因而是数据挖掘中常用的技术方法。

根据分类对象的不同，聚类分析通常可以分为 Q 型聚类分析和 R 型聚类分析两大类。

R 型聚类分析是对变量进行分类处理；Q 型聚类分析则是对样本进行分类处理。

R 型聚类分析的主要作用是：①不但可以了解个别变量之间的关系的亲疏程度，而且可以了解各个变量组合之间的亲疏程度。②根据变量的分类结果以及它们之间的关系，可以选择主要变量进行回归分析或 Q 型聚类分析。

Q 型聚类分析的主要作用是：①可以综合利用多个变量的信息对样本进行分类。②分类结果是直观的。聚类谱系图能够清楚地表现其数值分类结果。③聚类分析所得到的结果比传统分类方法更细致、全面、合理。

在管理学研究中，聚类方法也是重要的分析技术。例如，企业可以通过聚类分析来刻画不同消费者群体的特征进行市场细分；通过对企业和竞争对手的产品或品牌归类来挖掘市场机会、定义市场中的竞争者；等等。

例 11-7：

有 20 种各 360 毫升啤酒的成分和价格数据，变量包括啤酒名称、热量、钠含量、酒精含量、价格（见图 11-17）。我们看看聚类分析可以解决哪些问题。数据和介绍摘自《SPSS for Windows 统计分析》。

	beername	calorie	sodium	alcohol	cost
1	Budweiser	144.00	19.00	4.70	.43
2	Schlitz	181.00	19.00	4.90	.43
3	lonenbrau	157.00	15.00	4.90	.48
4	Kronensourc	170.00	7.00	5.20	.73
5	Heineken	152.00	11.00	5.00	.77
6	Old-milnaukee	145.00	23.00	4.60	.26
7	Aucsberger	175.00	24.00	5.50	.40

图 11-17 SPSS 数据文档生成

1. 问题一：选择哪些变量进行聚类？——采用"R 型聚类"

步骤 1：现在有 4 个变量用来对啤酒进行分类，是否有必要将 4 个变量都作为分类变量呢？热量、钠含量、酒精含量这 3 个指标需要化验员来测定，而且要花费不少成本。所以，首先有必要对 4 个变量进行降维处理。这里采用 R 型聚类（变量聚类）对 4 个变量进行降维处理。输出"相似性矩阵"有助于我们理解降维的过程（见图 11-8）。

图 11-18 相似性矩阵设置

步骤 2：4 个分类变量量纲各自不同，所以采用相似性矩阵进行测量。测量标准选用 Pearson 相关系数，聚类方法选用最远元素。由于只涉及相关性，4 个变量可不作标准化处理，相似性矩阵里的数值为相关系数。如果有某两个变量的相关系数接近 1 或 -1，说明两个变量可互相替代。

图 11-19 相关性树状图设定

步骤 3：输出“树状图”（见图 11–19 和图 11–20）。从 Proximity Matrix 中可以看出热量和酒精含量两个变量相关系数为 0.903，高度相关，二者选其一即可。没有必要将两个高度相关的变量都作为聚类变量，导致不必要的重复和成本增加。至于热量和酒精含量选择哪一个作为典型指标来代替原来的两个变量，可以根据专业知识或测定的难易程度决定。这和因子分析通过发掘因子降维不同，聚类区分因子是为了剔除其中多余的变量以达降维目的。本案例选用酒精含量，从而确定用于聚类的变量为：酒精含量、钠含量、价格。

Proximity Matrix

Case	Matrix File Input			
	热量（卡）	钠含量	酒精含量	价格
热量（卡）	1.000	.429	.903	.291
钠含量	.429	1.000	.337	-.444
酒精含量	.903	.337	1.000	.345
价格	.291	-.444	.345	1.000

Cluster Membership

Case	3 Clusters	2 Clusters
热量（卡）	1	1
钠含量	2	1
酒精含量	1	1
价格	3	2

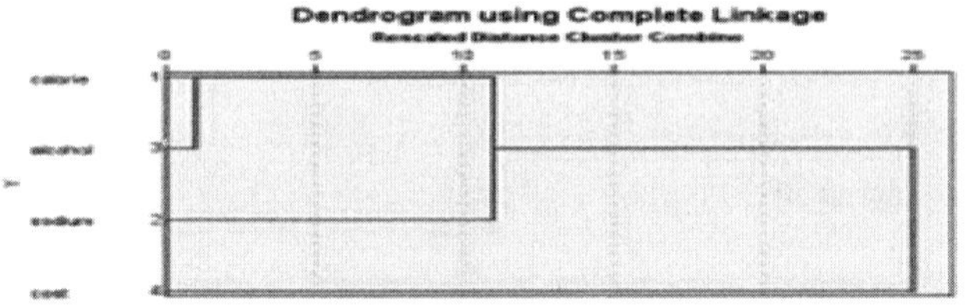
Dendrogram using Complete Linkage
Rescaled Distance Cluster Combine
0
5
10
15
20
25
calorie
alcohol
sodium
cost

图 11–20 树状图降维结果

2. 问题二：20 种啤酒能分为几类？——采用“Q 型聚类”

步骤 1：对 20 种啤酒进行聚类。开始不确定应该分为几类，暂设一个 3~5 类范围来试探。Q 型聚类要求量纲相同，所以需对数据标准化。本案例选用欧式距离平方进行测量（见图 11–21）。

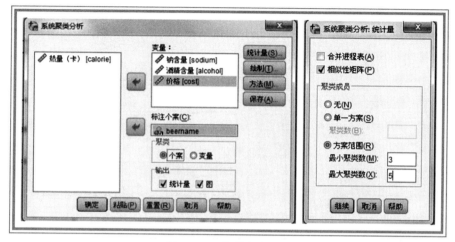

图 11-21 分类方案设置

步骤 2：通过树状图或冰柱图来理解类别。最终是分为 4 类还是 3 类，需要结合专业知识和分析目的来识别。本案例确定分为 4 类。选择"保存"，则在数据区域内会自动生成聚类结果（见图 11-22）。

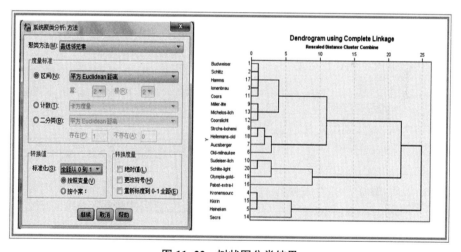

图 11-22 树状图分类结果

3. 问题三：用于聚类的变量对聚类过程和结果有作用吗？——采用单因素方差分析

步骤 1：聚类分析除了对类别进行确定外，还有一个关键问题就是分类变量对聚类有没有作用和贡献。如果有个别变量对分类没有作用和贡献，就应该剔除。

步骤 2：这个过程一般用单因素方差分析来判断。此时，因子变量选择聚类为 4 的结果,而将三个聚类变量作为因变量处理。方差分析结果显示,三个聚类变量均数的 Sig.极显著,说明用于分类的 3 个变量对分类是有作用和贡献的,作为聚类变量是合理的(见图 11-23)。

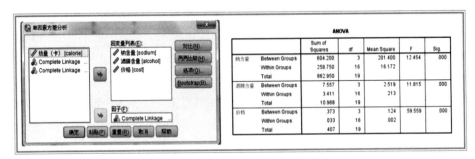

图 11-23　聚类变量显著性检验

4. 问题四:聚类结果的解释——采用均值比较描述统计

步骤 1:聚类分析最后一步,也是更为困难的,就是对分出的各类进行定义解释,描述各类的特征,即类别特征描述。这需要结合专业知识和分析目的进行描述。

步骤 2:可以采用 SPSS 的 Means 均值比较过程对各类的指标进行描述。其中,Report 报表用于描述聚类结果。对各类指标类别的比较和定义描述可以根据专业知识来判定(见图 11-24)。

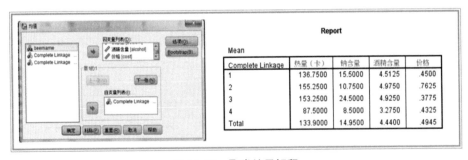

图 11-24　聚类结果解释

二、相依分析方法

相依分析方法是一般线性模型(General Linear Model,GLM)的变种。简单来说,GLM 是一种建模方法,研究不同变量如何影响因变量的变化。这种变化可能来自组平均值和方差,也可能来自回归分析中显著的斜率系数。基本公式为:

$$Y_i = \mu + \Delta X + \Delta F + \Delta XF$$

其中，μ 是常数，可以理解为因变量的总体平均值；ΔX 和 ΔF 分别表示主效应自变量（如实验变量）和分组自变量（如协变量或分组变量）导致的变化；ΔXF 表示这些变量共同作用导致的变化。Y_i 可以表示多个因变量，X、F 表示多个自变量。回归分析、方差分析等都是 GLM 常见的检验方法。

（一）方差分析

方差分析（Analysis of Variance，ANOVA）用于两个及两个以上样本均数差异的显著性检验，主要衡量一个样本中样本值的偏离程度。如果只涉及一个定类（非数值）变量或单一因子，称为单因子方差分析。涉及多个定类（非数值）变量或多个因子的方差分析，称为 n 因子方差分析（n-way ANOVA）。常用的有双因子方差分析（Two-way ANOVA），主要考察两个非数值自变量对一个数值因变量的影响。利用双因子方差分析，可以分析主效应（自变量对因变量的影响），还可以分析交互效应（自变量之间的影响）。如果一个自变量（因子）对因变量的影响取决于另一个自变量（因子）的水平，这就说明存在交互效应。

多元方差分析（Multivariate Analysis of Variance，MANOVA）与其他方差分析类似，只不过有两个或两个以上的定量的因变量，其目的是同步检验多个因变量的组间差异，适用于存在两个或两个以上相关因变量的情况。如果各个自变量是不相关的，对每个因变量进行方差分析比多元方差分析更合适。例如，假设有三组被试，让每一组分别观看不同的华为手机广告。看完广告后要求被试对所看广告、华为手机和华为品牌做出评价。由于三个因变量互相关联，需要用多元方差分析来考察哪个广告最有效。

方差分析过程包括定义问题、总方差分解、显著性检验和结果解释四个步骤：

（1）定义问题。主要涉及如何根据研究目的确定合适的因变量和自变量。例如，要观察购物中心的大额购买者与小额购买者在购买行为（在购物中心的时间、陪伴人数和惠顾店铺的数量）上有没有显著差异。因变量是大额、小额购买量（定量变量），自变量是购买行为（在购物中心的时间、陪伴人数和惠顾店铺的数量）。

（2）总方差分解。当进行方差分析时，暗含的一个问题是怎样才能更好地预测因变量。在没有更多信息的情况下，通过选择等距变量的集中趋势或平均数，可以将预测的观察误差最小化。一般进行方差分析时，需要对因变量 Y 的观测进行总变差分解。Y 的总变差是每个观测值与总样本均值之差的平方和，表示为 SS_Y，可以分解为两部分：

$$SS_Y = SS_{between} + SS_{within}$$

其中，$SS_{between}$ 为组间方差，是 Y 的总变差与 X 的各组均值之间的差异，旨在检验"组"观测值是否解释了因变量的变异。SS_{within} 为"组"内方差，是 Y 的总变差中与 X 各组内差异有关的部分，解释组均值与各观测值之间的差异。

（3）显著性检验。在方差分析模型中，F-检验是关键的统计检验。它分析了某个样本的变异性是否大于另一个样本。

（4）结果解释。如果 F 值大于某一置信水平的临界值时，则拒绝各组均值相等的原假设 H_0，此时，自变量 x 对因变量 y 具有显著作用。否则，就不拒绝原假设 H_0，自变量的作用不显著。

例如，观察购物中心的大额购买者与小额购买者在购买行为（在购物中心的时间、陪伴人数和惠顾店铺的数量）上有没有显著的差异。

表 11-17　方差分析的结果：描述统计量

		N	均值	标准差
在购物中心的时间	小额购买者	234	56.650	38.877
	大额购买者	67	68.284	40.523
	总计	301	59.239	39.479
陪伴的人数	小额购买者	240	1.58	1.34
	大额购买者	70	1.97	1.73
	总计	310	1.67	1.44
惠顾店铺的数量	小额购买者	229	16.89	13.68
	大额购买者	67	18.30	13.40
	总计	296	17.21	13.61

表 11-17 显示，平均而言，购物中心的大额购买者与小额购买者在购买行为的三个方面确有差异：大额购买者比小额购买者在购物中心多花费 12 分钟左右（68.284 - 56.650）、陪伴人数多了 0.39 个（1.97 - 1.58）、惠顾店铺的数量多出 1.41 个（18.30 - 16.89）。不过这些差异在统计上到底有没有意义或是否显著，则需要进行 F 检验。

如表 11-18 所示，F 检验显示了这些差异是显著的。当我们将显著性水平设定为 $p < 0.05$ 时，仅有惠顾店铺的数量 0.456 > 0.05，是不显著的，而在购物中心的时间和陪伴的人数上，大额购买者与小额购买者差异性显著。

表 11-18　方差分析的结果：ANOVA

		平方和	df	均方	F	Sig.
在购物中心的时间	组内	7049.90	1	7049.90	4.58	0.03
	组间	460536.877	299	1540.257		
	总数	467586.777	300			

续表

		平方和	df	均方	F	Sig.
陪伴的人数	组内	8.163	1	8.163	3.976	0.047
	组间	623.276	308	2.053		
	总数	640.439	309			
惠顾店铺的数量	组内	103.351	1	103.351	0.557	0.456
	组间	54533.078	294	185.487		
	总数	54636.429	295			

协方差分析 (Analysis of Covariance, ANCOVA) 是关于调节协变量对因变量的影响效应，更加有效地分析实验处理效应的一种统计技术，也是对实验进行统计控制的一种综合方差分析和回归分析的方法。它可以帮助控制其他相关变量对因变量的作用，更加准确地估计实验变量的影响，从而提高实验的精确度和统计检验的灵敏度。其中，协变量 (Covariate)，也即共变量，是在实验中不为实验者所操纵但仍影响实验结果的独立变量 (解释变量)。

在研究中，考察某个 (组) 特定自变量对因变量的作用时，通常需要控制其他相关共生变量的影响。例如，比较不同性别、年龄组消费者购买产品的数量时，就需要考虑收入水平 (协变量) 的影响；考察不同广告诉求对品牌评价的影响时，有必要控制被试对该品牌的已有态度 (协变量)。当研究者知道存在协变量影响因变量，却不能够控制或不感兴趣时，可以在实验处理前予以观测，然后在统计处置时通过协方差分析将协变量对因变量的影响从自变量中分离出去。

方差是用来度量单个变量"自身变异"大小的总体参数。方差越大，该变量的变异就越大。而协方差则是用来度量两个变量之间"协同变异"大小的总体参数，即两个变量相互影响大小的参数。协方差的绝对值越大，两个变量相互影响就越大。如果说方差是衡量一个样本中样本值的偏离程度，那么协方差就是用来衡量两个样本之间的相关性有多少，也即一个样本的值的偏离程度会对另外一个样本的值偏离产生多大的影响。

对于仅涉及单个变量的实验资料，由于其总变异仅为"自身变异"(即由处理或随机误差所引起的变异)，因而可以用方差分析法进行分析。而对于涉及两个变量的实验资料，由于每个变量的总变异既包含了"自身变异"又包含了"协同变异" (即由另一个变量所引起的变异)，因此需要采用协方差分析法来进行分析，这样才能得到正确结论。

(二) 回归分析

"回归"的概念源于英国人类学家高尔登 (F.Galton) 和统计学家皮尔森 (K. Pearson) 关于父子身高的调查。他们在对上千个家庭的调查中发现，儿子身高

(y)与父亲身高（x）存在线性关系：$\hat{y}= 33.73+0.516\ x$。高个子父代的子代在成年后的身高平均来说不是更高，而是稍矮于其父代水平。而矮个子父代的子代平均身高不是更矮，而是稍高于其父代水平。高尔登将这种趋向于种族身高稳定的现象称为"回归"，即个体向平均数回归。因此，"回归"是表示变量之间数量相依关系的统计学术语，并形成了普遍使用的回归分析方法。

1. 回归分析的原理

回归分析（Regression Analysis）是根据自变量 x 和因变量 y 的相依关系建立回归方程模型进行预测的方法，适用于预测性分析与建模、研究因变量（目标）和自变量（预测器，Indicator）之间的关系、时间序列模型以及发现变量之间的因果关系。回归分析的主要原理及研究问题是：

（1）确定 y 与 x 间的定量关系表达式，并运用最小二乘法估计未知参数；

（2）对求得的回归方程的可信度进行检验；

（3）判断自变量 x 对因变量 y 有无影响；

（4）利用所求得的回归方程进行预测和控制。

2. 回归分析的基本步骤

（1）确定变量。明确预测的具体目标，也即确定因变量（y）。具体目标的影响因素就是自变量（x）。例如，预测的具体目标是消费者的店铺忠诚，那么店铺忠诚就是因变量（y）。通过市场调查和文献研讨寻找预测目标的主要影响因素就是预测消费者店铺忠诚需要考虑的自变量（x）。

（2）建立回归模型。即依据自变量和因变量的关系假设或历史资料建立回归方程模型。

（3）相关性分析。回归分析是对具有因果相依关系的自变量和因变量所进行的数理统计分析。只有当自变量与因变量确实存在相关时，建立的回归方程才有意义。否则，将导致错误的预测结果。因此，作为自变量的因素与作为因变量的预测对象是否有相关性，相关程度如何，以及判断这种相关程度的可靠性多大等，就是进行回归分析必须解决的问题。

（4）计算误差。回归方程模型是否可用于实际预测，取决于对回归方程模型的检验和对预测误差的计算。回归方程只有通过必要的检验且预测误差较小，才能有效进行预测。

（5）确定预测值。即利用回归预测模型计算预测值，并对预测值进行综合分析，确定最后的预测值。

3. 回归模型的检验

回归方程模型在得到参数的最小二乘法的估计值之后，需要进行必要的检验与评价，以决定模型关系是否成立或可以应用。

（1）拟合度检验。回归模型的拟合度使用 R^2 进行检验。R^2 又称确定性系数（Coefficient of Determination），表示方程中变量 x 对 y 的解释程度，即在因变量的总变化中由回归方程解释的变动（回归平方和）所占的比重。R^2 取值在 0 到 1 之间，越接近 1，表明方程中 x 对 y 的解释能力越强。通常用 R^2 乘以 100% 来表示回归方程解释 y 变化的百分比。R^2 越接近于 0，拟合程度就越差，表示回归方程无法解释绝大部分变动。

（2）估计标准误差。估计标准误差，即因变量 y 的实际值与回归方程求出的估计值 y 之间的标准误差。估计标准误差越小，回归方程拟合程度就越高。

（3）回归方程的显著性检验。回归方程的显著性检验，即评价所有自变量与因变量的线性关系是否密切。常用检验方法为 F 检验，F 统计量的计算公式为：

$$F = \frac{\sum (\hat{y} - \bar{y})^2 / k}{\sum (y - \hat{y})^2 / n - k - 1} = \frac{R^2 / k}{(1 - R^2) / n - k - 1}$$

F 统计量也可以通过方差分析输出。根据给定的显著水平 a，自由度 (k, n-k-1) 查 F 分布表，得到相应的临界值 Fa。若 F > Fa，则回归方程具有显著意义，回归效果显著；若 F < Fa，则回归方程无显著意义，回归效果不显著。一般来说，显著性水平在 0.05 以上，均有意义。当 F 检验通过时，意味着方程中至少有一个回归系数是显著的，但是并不一定所有的回归系数都是显著的，这样就需要通过 T 检验来验证回归系数的显著性。

（4）回归系数的显著性检验。在一元线性回归中，回归系数显著性检验（t 检验）与回归方程的显著性检验（F 检验）是等价的。但在多元线性回归中，这个等价不成立。在多元线性回归中，t 检验是分别检验回归模型中各回归系数是否具有显著性，以便使模型中只保留那些对因变量有显著影响的因素。检验时先计算统计量 t_i，然后根据给定的显著水平 a，自由度 n-k-1 查 t 分布表，得临界值 t_a 或 $t_{a/2}$，t>t-a 或 $t_{a/2}$，则回归系数 b_i 与 0 有显著差异。反之，则与 0 无显著差异。

（5）多重共线性检验。如果某个回归系数的 t 检验通不过，则可能是这个系数相对应的自变量对因变量的影响不显著所致。此时应该从回归模型中剔除这个自变量，重新建立更为简单的回归模型或更换自变量。也可能是自变量之间存在共线性所致。此时应该设法降低共线性的影响。多重共线性是指，在多元线性回归方程中，自变量之间有较强的线性相关性。当出现多重共线性时，回归模型的稳定性会受到破坏，导致回归系数估计不准确；因变量的自变量影响将比实际过少地被估计，甚至重要的自变量会被作为无意义的变量对待。需要指出的是，在多元线性回归模型中，多重共线性是难以避免的，只要多重共线性不太严重即可。大多数回归分析程序软件都可以计算变量的方差膨胀因子（VIF）。通常情况下，如果 VIF 大于 5.0，则存在多重共线性。当出现多重共线性时，理想的解决方法是重新收集资料，但这样做的成本很高。一般采用以下两种方法解决：一是删除具有高相关性的变量。这样做虽然可以减少共线性，但可能会把研究者关注的变量删除掉，因此也不是非常可取的方法；二是增加样本。

（6）D.W 检验。当回归模型是根据动态数据建立的，则误差项 ε 也是一个时间序列。如果误差序列诸项之间相互独立，则误差序列各项之间没有相关关系。如果误差序列之间存在密切的相关关系，则建立的回归模型就不能表述自变量与因变量之间的真实变动关系。D.W 检验就是误差序列的自相关检验。

4. 回归分析的类型

按照自变量的个数，可分为一元回归或简单回归（Unary Regression，Simple Regression）和多元回归或多重回归（Multiple Regression）分析。按照自变量和因变量之间的关系类型，可分为线性回归和非线性回归分析。

（1）一元回归分析。一元回归分析用于研究一个自变量（x）影响一个因变量（y）的情形。

一元线性回归模型为：$y = a + bx + \varepsilon$。

其中，x 是自变量，y 是因变量，ε 是随机误差。a 为回归直线在坐标 y 轴的截距。当 x=0 时，y 的估计值为 a（当 x 可能取 0 时，a 才有实际意义）。当 a >0，表示回归直线与坐标 y 轴的交点在坐标原点的上方；当 a<0，则交点在原点的下方；当 a =0，则回归直线通过原点。b 为回归系数，即直线的斜率。当 b>0，回归直线从左下方走向右上方，y 随 x 增大而增大；当 b<0，回归直线从左上方走向右下方，y 随 x 增大而减小。当 b=0，表示直线与 x 轴平行，x 与 y 无直线关系。b 绝对值越大，表示 y 随 x 变化越快，直线越陡峭。b 的统计学意义是：x 每增（减）一个单位，y 随之改变 b 个单位。

例如，假设杂货店惠顾率仅取决于人们所感受到的该产品的价格，研究者对一个大城市的 14 个主要的商店根据店铺偏好、质量的信息进行排序。所有排序都用 11 级量表测量，数字越大越好，然后用图表示出来，初步观察它们之间的关系。从图 11-25 可以看出，在质量和店铺偏好之间存在着线性关系。我们可以将这一线性关系用最小二乘函数进行建模。

简单线性回归方程代表了一条直线。实际上，为了总结质量和店铺偏好之间的关系，我们可以在各数据点之间画一条直线（如图 11-26 所示）。

相关 SPSS 操作如图 11-27 所示。

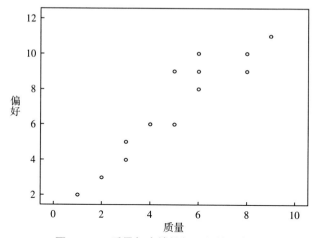

图 11-25 质量与店铺偏好之间的散点图

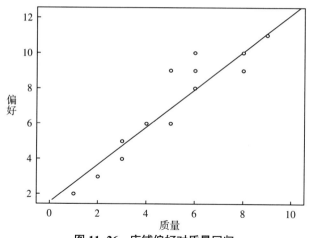

图 11-26 店铺偏好对质量回归

图 11-27 SPSS 操作过程

操作的结果如表 19-19、表 11-20 所示。

表 11-19　模型汇总

R	0.947^a
R^2	0.897
调整的 R^2	0.889
标准误差	1.042

表 11-20　方程的变量

	b	SEb	β	t	t 的显著性
常量	1.220	0.605		2.017	0.067
质量	1.148	0.112	0.947	10.236	0.0000

用回归方程表示这一关系如下：

$y_i = \alpha + b_1 x_{1i} + q_i$

参数 α 和 b_1 称为回归系数。在关于店铺偏好（y）和质量（x_1）的直线上，它们分别表示截距（α）和斜率（b_1）。斜率的含义是，如果质量增加了一个单位，会使店铺偏好增加多少个单位。误差项表示预测中的误差，或者说估计的店铺偏好和实际店铺偏好之间的差异。在本例中，截距（α）并不显著，斜率（b_1）显著。非标准化的回归系数 b_1 为 1.148。

（2）多元回归分析。在现实问题研究中，因变量的变化往往受几个重要因素的影响。因此，需要用两个或两个以上的影响因素作为自变量来解释因变量的变化，这就是多元回归或多重回归。当多个自变量与因变量之间是线性关系时，所进行的回归分析就是多元线性回归分析。

设 y 为因变量，x_1，x_2，…，x_k 为自变量，且自变量与因变量之间为线性关系，则多元线性回归模型为：

$y = a + b_1 x_1 + b_2 x_2 + \cdots + b_k x_k + \varepsilon$

其中，a 为常数截距项，b_1，b_2，…，b_k 为回归系数，ε 是随机误差。b_1 为 x_2，x_3，…，x_k 固定时，x_1 每增加一个单位对 y 的效应，即 x_1 对 y 的偏回归系数。同理，b_2 为 x_1，x_3，…，x_k 固定时，x_2 每增加一个单位对 y 的效应，即 x_2 对 y 的偏回归系数，以此类推。

如果只有两个自变量 x_1，x_2 同一个因变量 y 呈线性相关时，可用二元线性回归模型描述：

$y = a + b_1 x_1 + b_2 x_2 + \varepsilon$

多元回归分析的基本思想类似于简单回归分析。唯一不同的是，在多元回归分析中，用多个自变量来解释因变量的变化时，每一个回归系数代表着每个自变量在预测因变量上的重要程度。为了保证回归模型具有优良的解释能力和预测效果，建立多元性回归模型应该首先注意自变量的选择，其准则是：

1）自变量对因变量必须有显著的影响，并呈密切的线性相关；

2）自变量与因变量之间的线性相关必须是真实的，而不是形式上的；

3）自变量之间应具有一定的互斥性。即自变量之间的相关程度不应高于自变量与因变量之间的相关程度；

4）自变量应具有完整的统计数据，其预测值容易确定。

例如，假设研究人员认为，对杂货店惠顾率可以通过质量和价格解释。多元分析的结果如表 11-21、表 11-22 所示。

表 11-21　模型汇总

R	0.968^a
R^2	0.937
调整的 R^2	0.925
标准误差	0.853

表 11-22　方程的变量

	b	SEb	β	t	t 的显著性
常量	0.491	0.567		0.867	0.405
质量	1.004	0.107	0.828	9.394	0.0000
价格	0.248	0.094	0.232	2.632	0.023

估计的回归方程为：

$\hat{y} = 0.491 + 1.004x_1 + 0.248x_2$

该方程可以在给定调查对象质量和价格时，预测其对店铺的偏好。由显著性结果可知，质量和价格对于预测都是显著且有用的。R^2 表示的是自变量和因变量之间的相关性。本案例中 R^2 为 0.937，意味着对店铺偏好的 93.7% 可以由质量和价格的变化来解释。

（3）逻辑回归分析。逻辑回归（Logistic Regression）用于因变量只有两组（或多组）同时又有多个定量的自变量影响的情形，旨在计算因变量在自变量作用下的概率。当因变量的类型属于二元（1／0，真/假，是/否）变量时，就应该使用二元逻辑回归分析。多元回归则用于两组以上的因变量发生的概率，但比较少用。在许多实际问题中，某事件有多大概率出现和哪些影响变量决定该概率的问题尤为重要。例如，属于0/1事件的购买或不购买某商品、患重病去世或存活、老客户保持忠诚或发生改变，等等。由于使用的是二项分布（因变量），需要选择一个对于这个分布最佳的联结函数。它就是 Logit 函数。逻辑回归是通过观测样本的极大似然估计值来选择参数，而不是在普通回归使用的最小二乘法和误差。

逻辑回归的原理：如果直接将线性回归的模型扣到 Logistic 回归中，会造成方程二边取值区间不同和普遍的非直线关系。因为 Logistic 中因变量为二分类变量，某个概率作为方程的因变量估计值取值范围为 0~1，但是，方程右边取值范围是无穷大或者无穷小。所以，需要引入 Logistic 回归。

逻辑回归模型的适用条件：

1）因变量为二分类的分类变量或某事件的发生率，并且是数值型变量。但重复计数现象指标不适用于 Logistic 回归。

2）残差和因变量都要服从二项分布。二项分布对应的是分类变量，所以不是正态分布，因而不是用最小二乘法，而是用最大似然法来解决方程估计和检验问题。

3）自变量和 Logistic 概率是线性关系。

4）各观测对象间相互独立。

从数理统计的角度看，回归分析和逻辑回归分析有很大的差异，但从实际操作层面看，两者基本相同，都由回归方程计算权重，以观察的影响量做自变量，通过权重影响因变量的发生概率；回归系数都是衡量自变量的预测能力。它们的区别在于，回归分析试图直接获得经验观察值。例如，通过对"购买意愿"的评价等级来测量，1 代表低、7 代表高。而逻辑回归的目的在于推导经验观察结果的发生概率。例如，"购买"发生的概率。

例 11-8：

假设人造黄油生产商想了解可涂抹性和保质期对购买某品牌人造黄油的概率是多少，对 18 个人进行问卷调查，请他们分别针对 3 个不同的变量对人造黄油进行评价，用 7 级等级评价打分。

步骤 1：录入数据，选择分析。二元逻辑回归只能分析一个二元自变量（0/1），而多元逻辑回归可以分析具有两个以上水平类型的自变量（见图 11-28）。

步骤 2：分析是否购买的概率，将因变量添加到"因变量"中，待观察变量添加到"协变量"中（见图 11-29）。

步骤 3：结果分析。犯错概率为 5% 时，表中 χ^2 的值为 3.84。所以可涂抹性和价格明显不等于 0，也就是说，可以推断出，可涂抹性和价格对人造黄油的购买决定有显著影响。相反，如果不能接受 5.6% 的犯错率，则保质期对购买概率无

图 11-28 步骤 1

图 11-29 步骤 2

显著影响（见表 11-23）。

表 11-23 结果

是否购买 a	B	标准误	Wald	df	显著水平
保质期	1.119	0.586	3.645	1	0.056
可涂抹性	−1.943	0.794	5.924	1	0.015
价格	−0.943	0.623	4.924	1	0.020
常数项	3.528	2.338	2.276	1	0.131

（4）断点回归分析。断点回归（Regression Discontinuity）是仅次于随机实验的，能够有效利用现实约束条件分析变量之间因果关系的新兴的实证方法。断点即一项政策介入（断点），将事物分为介入前和介入后的变化，以检验政策介入导致的结果是否因果有效。在因果关系分析的实证方法中，最优的选择应当为随机

实验。但是，随机实验的时间成本和经济成本都比较高。同时出于对伦理道德的考虑，随机实验的实施在现实中往往受到诸多限制。在随机实验不可得的情况下，需要考虑使用其他方法，此时断点回归就是合适的选择。

1）断点回归的原理。使用断点回归时，当一个变量大于临界值时，个体接受处置。而在该变量小于临界值时，个体不接受处置。一般而言，个体在接受处置时，无法观测到其没有接受处置的情况。而在断点回归中，小于临界值的个体可以作为一个很好的可控组（Control Group）来反映个体没有接受处置时的情况。尤其是在变量连续的情况下，临界值附近样本的差别可以很好地反映处置变量之间的因果联系。

2）断点回归的类型。断点回归可以分为两类：第一类，临界值是确定的，即在临界值一侧的所有观测点都接受了处置。此时，接受处置的概率从临界值一侧的 0 跳转到另一侧的 1。第二类，临界点是模糊的，即在临界值附近，接受处置的概率是单调变化的。Hahnetal（2001）在一定的假设下证明了无论哪一类的断点回归，都可以利用临界值附近样本的系统性变化来研究处置和其他变量之间的因果关系。

3）断点回归的优点。①断点回归在政策评估和因果推断方面有很大的优势；②断点回归能避免参数估计的内生性问题，真实反映变量之间的因果关系。

4）断点回归的缺点。①断点回归存在局限性。难以保证工具变量仅通过影响关键解释变量而影响到被解释变量，寻找合适的工具变量存在一定的困难。②样本选择模型并不能产生和随机实验一样的结果。

（三）结构方程分析

结构方程模型分析（Structural Equation Model Analysis）是探明具有因果关系的变量间通过怎样的路径给予影响的方法，其目的是通过显变量的测量推断潜变量，并对假设模型的正确性进行检验。具体方法是通过路径图计算独立变量给予从属变量的直接或者间接影响的大小，计算和分析研究模型的拟合度。若拟合度达标，则推断模型可较好地反映变量之间的关系。评价模型拟合度的指标主要有GFI（拟合优度指数）、AGFI（调整拟合优度指数）、NFI（规范拟合指数）、RMSEA（近似误差均方根）。当 GFI > 0.90，AGFI > 0.90，NFI > 0.90，RMSEA < 0.08 时，表明评价模型内估计参数的显著、潜在变量的信度高。

结构方程模型的基本类型有三类：测量模型（Measurement Model）、路径模型（Path Model）和全模型（Full Model）。

（1）测量模型。在结构方程模型中，圆或椭圆表示潜在因子，正方形或长方形表示观察变量。图 11-30 基本构造了测量模型的面貌，显示用六个观察变量来测量两个潜在变量。前三个观察变量测量第一个潜变量，后三个观察变量测量第

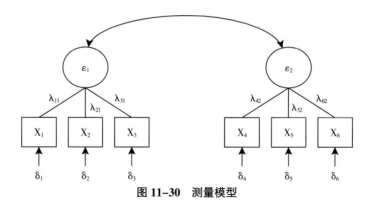

图 11–30 测量模型

二个潜变量。两个观察变量之间的关系可以用因子负荷（Factor Loading），即 λ 来表示。每个观察变量的测量误差用 δ 来表示。

测量模型一般通过验证性因子分析检验提出理论假设，即因子模型是否与数据吻合、是否为一个可靠的模型，同时对各因子参数做出估计。

（2）路径模型。如图 11–31 所示，模型包含了两个自变量和两个因变量，它们之间有着复杂的相互关系。结构方程模型可以同时将所有这些关系一起估算，从而避免了考虑一个因变量时，忽略了其他因变量的存在及影响。路径分析的主要作用是了解各个变量之间的关系，这其中包括直接关系和间接关系两大类。直接关系（Direct Effect）是指某一变量对另一变量产生直接影响，如从 X_1 到 Y_1、从 Y_1 到 Y_2 或从 X_2 到 Y_2；间接关系（Indirect Effect）是指某一变量对另一变量的影响是通过其他变量而形成的。如 X_1 是通过 Y_1 而影响到 Y_2 的。

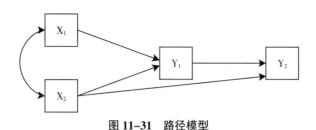

图 11–31 路径模型

总效果（Total Effect）是指某一变量对另一变量的直接效果加上间接效果的总和。例如 X_2 与 Y_2 之间存在直接关系，同时通过 Y_1 也存在着间接关系。那么，X_2 与 Y_2 的总效果就是以上直接效果和间接效果之和。虽然传统的回归分析可以将变量间复杂的关系分拆成直接关系和间接关系，但是结构方程模型可以同时分析各变量之间的关系，省去了先前逐条分拆的烦琐。

（3）全模型。全模型是指同时包含测量模型和路径模型，即同时包含外源变量和内生变量的模型，如图 11-32 所示。

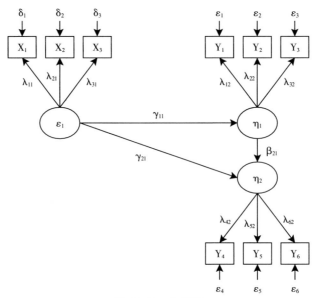

图 11-32　全模型

使用结构方程分析有以下优点：

（1）允许回归方程的自变量含有测量误差。对于管理学等社会科学领域研究来说，观察变量都是由真实值和测量误差组成的。传统统计方法特别是计量模型，自变量通常都是默认不存在观测误差的，这显然是不现实的。此时，结构方程模型可以帮助准确估计出测量误差的大小，从而提高整体测量的准确度。

（2）可以同时处理多个因变量。传统的计量模型中，方程的因变量一般只有一个。但在管理学等社会科学领域，因变量常常是多个。例如，员工的素质既影响企业的文化，又影响企业的业绩。这就出现了多个因变量。这类情况使用结构方程分析，可以对所有的信息予以考虑。

（3）可以测量潜变量。在管理学研究领域中，很多构念都是不可直接测量的。如人的态度、认知、心理等。我们称这些变量为潜变量（Latent Variable）。一般做法是以观察变量间接测量潜变量，如用逐条问卷题的平均值作为潜变量的数值。传统的方法不能准确处理这些变量，而结构方程模型可同时分析潜变量及其观察变量之间的复杂关系。

例如，基于资源与制度视角，研究生态区域品牌维度、品牌联想、品牌偏好之间的因果关系。研究发现生态区域品牌是一个由产品生态性、产业生态性、环境生态性、文化生态性和政治生态性所体现的多维度位阶结构。通过分析发现，该模型涉及多个因变量，在自变量和因变量测量上均含有测量误差。而能处理这样多个原因、多个结果的关系的检验方法只有结构方程分析。具体分析结果如图11-33所示。

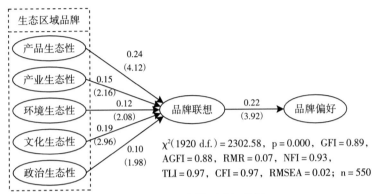

图11-33　研究模型验证结果

资料来源：赵卫宏. 生态区域品牌的维度及构建策略研究：资源与制度视角［J］. 宏观经济研究，2016（1）：32-46.

（四）其他多变量分析技法

1. 判别分析

判别分析是判断个体所属类别的统计分析技术，适用于因变量为定类数据，自变量为定量数据的情况。其基本思想是，首先根据已知所属组的样本给出判别函数，然后依次判别每一新样品应归属哪一组。常用的判别方法有距离判别、贝叶斯判别等。当因变量分为两类时，称为两组判别分析。当涉及三个或三个以上类别时，就称为多组判别分析。两者的主要区别在于：两组判别分析可能只产生一个判别函数，而多组判别分析可能需要计算多个判别函数。

判别分析的目的：①建立能够最大限度区分标准变量或因变量的类别的判定函数，即预测变量或自变量的线性组合。②考察预测变量的组间差异是否显著。③判断哪些预测变量对组间差异贡献较大。④根据预测变量的值将样本分类。⑤评估分类的准确程度。

通俗来讲，判别分析就是根据已掌握的、历史上每个类别的若干样本的数据信息，总结出客观事物分类的规律，建立判别公式和判别准则。当遇到新样本时，只要根据总结出来的判别公式和判别准则，就能判别该样本点所属类别。例如，在医疗诊断中，医生根据体温、脉搏、心率、白血球等多种指标，来判别此人患哪种病。判别分析能够将自变量很好地分类，但也存在计算复杂、程序烦琐的缺点。

2. 联合分析

联合分析（Conjoint Analysis）是用于评估不同属性的相对重要性，以及不同属性水平带来的效用的统计分析方法。在市场营销领域，我们可以用联合分析的方法，来理解消费者如何在产品或服务间确定偏好问题。其思想是：在评估价值时，人们会将各种属性所带来的价值进行加总，通过比较做出最优的选择。

例如，某消费者想买 MP3，发现市面上卖得好的 MP3 有 X、Y 和 Z 三款，他打算从这三款中选一款，表 11-24 汇总了每款 MP3 的特征及相应的水平。

表 11-24　三款 MP3 的比较

属性 ＼ 类型	X	Y	Z
音质	好	一般	一般
容量	64M	64M	128M
价格	1500	1000	1500
外形	一般	一般	时尚

最后，该消费者通过为每种属性赋予权重，以 1~5 为评分标准（非常重要 5 分，很重要 4 分，重要 3 分，不重要 2 分，非常不重要 1 分）对每种属性的重要性进行评价，最终选了 X 款。

第五节　调节变量和中介变量的检验

管理学研究的目的在于从观察的现象中建立管理理论，然后验证理论，继而将理论应用到实际的管理工作中。建构理论是一个讲求细微的观察、一时的灵感和创新的过程，很难有特定的规范可寻。验证理论却是一个讲求科学的方法、缜密的逻辑和规范的技巧的过程，一般有迹可循。在验证理论过程中，我们用得最多的是调节变量和中介变量。本节主要介绍如何进行调节变量和中介变量的检验。

一、调节变量的检验方法

如果自变量 X 与因变量 Y 的关系是变量 M 的函数，称 M 为调节变量（Moderator）。也就是说，Y 与 X 的关系强度受到第三个变量 M 的影响，如图 11-34 所示。调节变量可以是定性的（如性别、种族、学校类型等），也可以是定量的（如

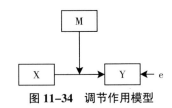

图 11-34 调节作用模型

年龄、受教育年限、刺激次数等）。它影响因变量和自变量之间关系的方向（正或负）和强弱。

在做调节效应分析时，通常要将自变量和调节变量做中心化变换（即变量减去其均值）。本节主要考虑最简单常用的调节模型，即假设 X 与 Y 有如下关系：

$$Y = aX + bM + cXM + e \qquad\qquad (11\text{-}1)$$

可以把上式整理成：

$$Y = bM + (a + cM)X + e$$

对于固定的 M，公式反映的是 Y 对 X 的直线回归。Y 与 X 的关系由回归系数 $a + cM$ 来刻画。它是 M 的线性函数，c 衡量了调节效应的大小。对模型（11-1）中调节效应的分析主要是估计和检验 c。如果 c 显著（即 H_0：$c = 0$ 假设被拒绝），说明 M 的调节效应显著。

调节效应的分析方法

调节效应的分析方法有两类：一类是所涉及的变量（因变量、自变量、调节变量）都是直接观测的显变量；另一类是所涉及的变量中至少有一个是潜变量。

1. 显变量的调节效应分析方法

调节效应分析方法根据自变量和调节变量的测量类别而定。由前面章节可知，变量可分为两类：一类是类别变量，包括定类和定序变量；另一类是连续变量，包括定距和定比变量。表 11-25 列出了显变量调节效应分析方法。

表 11-25　显变量的调节效应分析方法

调节变量 （M）	自变量	
	类别	连续
类别	方差分析：交互效应即调节效应	分组回归：按 M 的取值分组，做 Y 对 X 的回归。若回归系数的差异显著，则调节效应显著
连续	层次回归分析	层次回归分析

当自变量和调节变量都是类别变量时做方差分析；当自变量和调节变量都是连续变量时，用带有乘积项的回归模型做层次回归分析：

（1）做 Y 对 X 和 M 的回归，得到测定系数 R_1^2。

（2）做 Y 对 X、M 和 XM 的回归，得到 R_2^2。如果 R_2^2 显著高于 R_1^2，则调节效

应显著；或者做 XM 的偏回归系数检验，如果显著，则调节效应显著。

当调节变量是类别变量、自变量是连续变量时，做分组回归分析。但当自变量是类别变量、调节变量是连续变量时，则不能做分组回归，而是将自变量重新编码成为哑变量（通常是 0 或 1），用带有乘积项的回归模型做层次回归分析。

值得注意的是，除非已知 X 和 M 不相关（即相关系数为零），否则调节效应模型不能标准化解。这是因为，即使 X 和 M 的均值都是零，XM 的均值一般来说也不是零。

2. 潜变量的调节效应分析方法

在研究中，潜变量的测量会有测量误差，所以考虑潜变量时都看作是连续变量，需要用到结构方程模型进行分析。通常只考虑如下两种情形：一是调节变量是类别变量、自变量是潜变量；二是调节变量和自变量都是潜变量。

当调节变量是类别变量时，做分组结构方程分析。这种方法是显变量情形分组回归的推广。具体步骤是：

(1) 将两组的结构方程回归系数限制为相等，得到 χ^2 值和相应的自由度。

(2) 去掉这个限制，重新估计模型，又得到一个值和相应 χ^2 的自由度。

(3) 前面的 χ^2 减去后面的 χ^2 得到一个新的 $\Delta\chi^2$，其自由度就是两个模型的自由度之差。如果 $\Delta\chi^2$ 检验结果是统计显著的，则调节效应显著。

当调节变量和自变量都是潜变量时，有许多不同的分析方法。如 Algina 和 Moulder 的中心化乘积指标方法（适用于正态分布情形），Wall 和 Amemiya 的广义乘积指标（GAPI）方法（非正态分布情形也适用）。但这两种方法都需要用到非线性参数约束，使用起来很麻烦且容易出错。目前最新、最方便的方法是 Marsh，Wen 和 Hau 提出的无约束模型。

例11-9：

要研究学生行为 X 对同伴关系 Y 的影响，学生行为 X 是被试的违纪捣乱行为（如挑起争斗、欺负同学、说脏话等）。同伴关系 Y 是被试受同学欢迎的程度，就是同班同学有多少人将其列入喜欢的名单（每人所列的喜欢没有名额限制）。老师对学生的喜欢程度 W 由班主任为被试打分（"一点都不喜欢"到"非常喜欢"5级），被试人数 N = 595。

第一步：分析。理论上，老师的喜欢程度会改变学生行为对同伴关系的影响，喜欢程度可充当调节变量。

第二步：将变量做中心化。数据分析中只需要下面的协方差矩阵：

Y（同伴关系） 18.87

W（喜欢程度）1.13　　0.45

X（学生行为）-9.78　-2.20　　94.25

第三步：结果分析。喜欢程度 W 的调节效应分析结果见表 11-26。

表 11-26　喜欢程度（W）的调节效应分析

	回归方程	R^2	R^2 的变化
第一步	Y = 2.262W − 0.051X	0.162	
第二步	Y = −0.051 + 2.249W − 0.051X − 0.023WX	0.163	0.001

由于第二步中乘积项 WX 的回归系数不显著（t = −0.98，R^2 的变化只有 0.001），所以喜欢程度 W 的调节效应不显著。

二、中介变量的检验方法

中介变量（Mediator）是自变量对因变量发生影响的中介，是自变量对因变量产生影响的实质的、内在的原因。中介变量是 1932 年托尔曼为了弥补行为主义者华生的 S-K 公式的不足而提出的，强调有机体内部因素在行动中的作用。

考虑自变量 X 对因变量 Y 的影响，如果 X 通过影响变量 M 来影响 Y，则称 M 为中介变量。如上司的归因研究：下属的表现—上司对下属表现的归因—上司对下属表现的反应，其中的"上司对下属表现的归因"就是中介变量。

假设变量已经中心化或标准化，可用图 11-35 所示的路径图和相应的方程来说明变量之间的关系。其中 c 是 X 对 Y 的总效应，ab 是经过中介变量 M 的中介效应，c′是直接效应。当只有一个中介变量时，效应之间有如下关系：

c = c′ + ab　　　　　　　　　　　　　　　　　　　　　　（11-2）

中介效应的大小用 c − c′ = ab 来衡量。

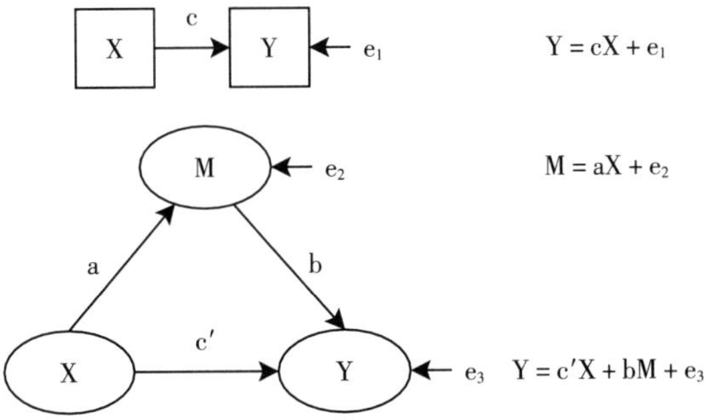

图 11-35　中介作用模型

中介效应的分析方法

中介效应是间接效应，无论变量是否涉及潜变量，都可以用结构方程模型分析。如果所有变量都是显变量，可以依次做三个回归分析。无论是结构方程分析还是回归分析，用统计软件都可以得到 c 的估计 $\hat{c}$，a、b、c′ 的估计 $\hat{a}$、$\hat{b}$、$\hat{c}'$，以及相应的标准误差。中介变量的估计是 $\hat{a}\hat{b}$。中介效应与直接效应之比 $\hat{a}\hat{b}/\hat{c}'$ 可以衡量中介效应的相对大小。

假设 Y 与 X 的相关性显著，意味着回归系数 c 显著（即 H_0: $c = 0$ 的假设被拒绝），在这个前提下考虑中介变量 M。其中介效应检验程序如图 11-36 所示。

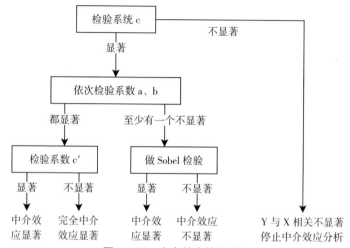

图 11-36 中介效应检验程序

资料来源：温忠麟，侯杰泰，张雷.调节效应与中介效应的比较和应用 [J]. 心理学报，2004，37（2）.

例 11-10：

我们继续研究上例中学生行为 X 对同伴关系 Y 的影响。

第一步：分析。理论上，学生行为也会影响老师对他的喜欢程度，而同伴关系会受到老师喜欢程度的影响，此时喜欢程度可充当中介变量。

第二步：将变量做中心化。数据分析中只需要下面的协方差矩阵：

Y（同伴关系）18.87

W（喜欢程度）1.13　　0.45

X（学生行为）-9.78　　-2.20　　94.25

第三步：结果分析。喜欢程度 W 的中介效应分析结果如表 11-27 所示。

表 11-27 喜欢程度（W）的中介效应依次检验

	标准化回归方程	回归系数检验
第一步	y = −0.232x	SE = 0.040, t = −5.8**
第二步	w = −0.338x	SE = 0.039, t = −8.7**
第三步	y = 0.349w	SE = 0.040, t = 8.7**
	−0.114x	SE = 0.040, t = −2.8**

注：SE 表示标准误，** 表示在 0.01 水平上显著。

由于不涉及乘积项，可以使用标准化解，用小写字母代表相应变量的标准化变量。由于依次检验（指前面三个 t 检验）都是显著的，所以喜欢程度的中介效应显著。由于第四个 t 检验也是显著的，所以不是完全中介效应。中介效应占总效应的比例为 $0.338 \times 0.349 \div 0.232 = 0.508$，即中介效应占了总效应的一半左右。

中介模型分析结果表明：一方面，学生行为对同伴关系有直接负效应，即违纪捣乱行为多的同学，受同学欢迎的程度会低一点。另一方面，学生行为通过教师喜欢程度对同伴关系有间接负效应，即违纪捣乱行为多的同学，老师比较不喜欢，而老师的态度会影响同学，使同学也比较不喜欢。

三、调节变量与中介变量的比较

如果一个变量与自变量或因变量相关性不大，它不可能是中介变量，但有可能是调节变量。为了更好地理解和区分调节变量和中介变量，表 11-22 对这两种变量做出了比较。

表 11-28 调节变量与中介变量的比较

	调节变量 M	中介变量 M
研究目的	X 何时影响 Y 或何时影响最大	X 何时影响 Y
关联概念	调节效应、交互效应	中介效应、间接效应
什么情况下考虑	X 对 Y 的影响时强时弱	X 对 Y 的影响较强且稳定
典型模型	Y = aM + bM + cXM + e	M = aX + e₂ Y = c'X + bM + e₃
模型中 M 的位置	X、M 在 Y 前面，M 可以在 X 前面	M 在 X 之后，在 Y 之前
M 的功能	影响 Y 和 X 之间的关系的方向（正负）和强弱	代表一种机制，X 通过它影响 Y
M 与 X、Y 的关系	M 与 X、Y 的相关可以显著或不显著	M 与 X、Y 的相关都显著
效应	回归系数 c	回归系数乘积 ab
效应估计	ĉ	â b̂
效应检验	c 是否等于 0	ab 是否等于 0
检验策略	做层次回归分析，检验偏回归系数 c 的显著性（t 检验）或检验测定系数的变化（F 检验）	做依次检验，必要时做 Sobel 检验

资料来源：温忠麟，侯杰泰，张雷. 调节效应与中介效应的比较和应用 [J]. 心理学报，2004，37（2）.

模型建立有赖于对变量的区分。变量的区分和建模都依靠学科理论或经验常识。考虑将一个变量作为调节变量或中介变量分析之前，从学科理论或经验常识的角度要能够解释得通，然后再根据变量的特性选择合适的方法进行分析。

参考文献

［1］Fornell C. and Larcker D. F. Evaluating Structural Equation Models with Unobservable Variables and Measurement Error ［J］. Journal of Marketing Research，1981，18（1）.

［2］Hair J. F.，Anderson Jr. R. E.，Tatham R. L. and Black W. C. Multivariate Data Analysis with Readings（4th Edition）［M］. Prentice-Hall，1995.

［3］Uma Sekaran，Roger Bougie. 企业研究方法 ［M］. 北京：清华大学出版社，2013.

［4］陈魁. 应用概率统计 ［M］. 北京：清华大学出版社，2000.

［5］贾俊平. 统计学 ［M］. 北京：清华大学出版社，2006.

［6］陈晓萍，徐淑英，樊景立. 组织与管理研究的实证方法 ［M］. 北京：北京大学出版社，2012.

［7］风笑天. 社会科学研究方法 ［M］. 北京：中国人民大学出版社，2013.

［8］杨杜. 管理学研究方法 ［M］. 大连：东北财经大学出版社，2009.

［9］涂平. 市场营销研究（方法与应用）（第 2 版）［M］. 北京：北京大学出版社，2012.

［10］盛骤. 概率论与数理统计 ［M］. 北京：高等教育出版社，2005.

［11］王升. 计量经济学导论 ［M］. 北京：清华大学出版社，2006.

［12］潘维栋. 数理统计方法 ［M］. 上海：上海教育出版社，1980.

［13］陈希孺. 概率论与数理统计 ［M］. 合肥：中国科学技术大学出版社，1992.

［14］王志福，潘旭. 假设检验的原理及其应用 ［J］. 渤海大学学报，2013（2）：101-105.

［15］温忠麟，侯杰泰，张雷. 调节效应与中介效应的比较和应用 ［J］. 心理学报，2004，37（2）：268-274.

［16］侯杰泰，温忠麟，成子娟. 结构方程模型及其应用 ［J］. 北京：教育科学出版社，2004.

［17］赵卫宏. 生态区域品牌的维度及构建策略研究：资源与制度视角 ［J］. 宏观经济研究，2016（1）：32-46.

［18］赵卫宏. 服务质量决定要因顾客满足和行动意图的影响——在中国服务产业的应用 ［J］. 南开管理评论，2004，7（6）：15-22.

第十二章 定性研究

【内容框架】

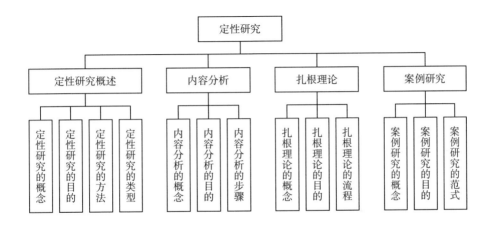

第一节 定性研究概述

一、定性研究的概念

(一) 定性研究的定义

定性研究 (Qualitative Research) 起源 20 世纪二三十年代社会学中的"芝加哥学派"对于人类群体生活重要性的研究。在同一时期的人类学研究中，博厄斯 (Boas)、米德 (Mead) 等学者又描绘出了田野工作方法的轮廓，丰富了定性研究的内涵。随后，定性研究开始在社会学、行为科学等学科中应用，再次扩大了研究范围。这一阶段 (1900~1950 年) 也被称作定性研究发展的传统时期 (Jameson，1991)。

接下来，定性研究的发展经历了现代主义时期或者黄金时期（1950~1970年）、类型模糊时期（1970~1986年）、表述危机时期（1986~1990年）、后现代时期即实验的和新民族志的时期（1990~1995年）、后实验研究时期（1995~2000年）以及现在（2000年以后）等（诺曼和伊冯娜，2007）。在这些不同时期中，定性研究有着不同的内涵。因此，其任何定义都必须置身所在的复杂历史领域中才能起到作用。但无论如何，学者们还是提供了一个初始的、一般性的定义（诺曼和伊冯娜，2007）：

定性研究是一种将观察者置于现实世界之中的情境性活动。它由一系列解释性的、使世界可感知的身体实践活动构成。这些实践活动将情境世界转变成一系列的陈述，包括实地笔记、访问、谈话、照片、记录和备忘录等。

在这种定义上，定性研究是一种秉持自然主义，对世界解释性的方式与活动，即定性研究者们是在事物的自然背景中进行研究，并试图根据人们对现象所赋予的意义来理解或解释现象。

作为一种解释性研究和实践性活动，定性研究一般基于解释主义的理论基础，强调对事物进行深入细致的调查研究，再现当事人的视角。它以描述和解释为主，而不是将重点放在验证假设、提出政策性建议和预测上。并且它没有明显的属于自己的理论或范式（陈向明，1996）。从建构主义到文化研究、女性主义、马克思主义，以及研究的种族模式，都可以宣称是对定性研究方法和策略的运用。因此，定性研究广泛运用在不同学科中，且不属于任何一个单独学科。

此外，在定性研究逐渐丰富壮大的过程中，它横跨了不同的学科、领域和主题，因此也成为了一个特定的研究领域。在"定性研究"这一术语下，包含着由一系列复杂的、相互关联的变量、构念和假设所组成的合集。其中，主要包括基础主义、实证主义、后基础主义、后实证主义、后结构主义等传统理论，以及许多与文化研究和解释性研究相关联的研究视角与研究方法。定性研究者们可以运用符号学、叙事、目录、对话、档案与音素分析，甚至表格、图形和数字等，也可以使用民族方法学、现象学、诠释学、女性主义、扎根理论、解构主义、民族志、内容分析、案例研究以及参与观察等方式、方法与技术进行研究。

由于定性研究在内涵与方法上的独特性和多元性，研究者要同意这一领域中任何的基本定义都很困难。学者 Norman 等（1997）借鉴内尔森等（Nelson et al., 1992）在文化研究中的定义对其进行了重新释义：

定性研究是一种学科间的、跨学科的（Trans Disciplinary），并且有时是反学科的（Counter Disciplinary）研究领域。它横跨人文科学、社会科学以及自然科学。定性研究的中心点是多范式的。它的实践者们对其多种研究方法的运用十分敏感。他们承认自然主义的视角和人类经验的解释性理解。

总而言之，定性研究不仅是一种研究领域，也是在自然情境下从整体的高度对社会现象进行深度探究和诠释的过程。它要求研究者在研究过程中融入被研究对象的经验世界中，深入体会被研究者的感受和看法，并从被研究者的立场来诠释这些经验和现象的意义。由于人类社会高度的异质性和动态性，社会现象往往因为不同的时空、文化和社会背景而具有不同的意义。因此，研究者在定性研究的过程中，必须充分理解社会现象的不确定性，对研究对象要有高度的敏锐性，通过与被研究对象的密切互动，对社会现象或行为进行全面、深入的解释。

（二）定性研究的特点

定性研究的特点与其独特的理论基础和在社会研究中的广泛应用有关。其特点主要有：

（1）以理解作为认识论的原则。定性研究的目的在于对研究对象的个人经验和意义进行解释性的理解，进而理解研究对象的观点、社会情境以及与社会情境相关的社会规律。研究者只有理解了研究对象的思想、感情和价值观，才能真正理解他们对自己行为和环境的解释。

（2）强调整体主义和情境主义。整体主义和情境主义的使用是为了借助研究者对现象这一背景的了解去解释现象。即定性研究者在了解社会现象时，倾向于把现象放在当时的具体场景或社会网络中去考察，并试图对事件的来龙去脉进行整体的剖析。

（3）重视研究者的个人经验。定性研究特别重视研究者个人经验的特殊性。一是因为每个研究者都有特殊性，研究结果可能无法被复制或被进一步推论到相似的情境；二是因为研究者对社会现实的了解，必须以生活于其中的个人经验以及感受为基础。

（4）它是一个动态发展的过程。定性研究者认为社会生活是动态的、发展的，是一系列相互关联的活动。因此，定性研究是一个动态发展的过程，不可能一次确定终身。在实际研究过程中，研究者应该采取"即时性策略"，而不是按照固定的方案行事。

（5）以文本形式呈现资料。研究者所收集的资料最终都要以文本的形式加以呈现。研究者需经过资料转录的过程，才能进入资料分析的阶段。在资料整理和分析的过程中，研究者要让自己和资料不断进行对话，让资料与理论进行对话，再从自身立场来解读资料的意义。

（6）研究者在研究过程中具有反思性。在定性研究中，对社会现象的研究这一行为本身会影响现象的变化。研究者是他们所研究的世界的一部分。研究者与研究对象是密不可分的。事实上，研究者是无法做到"客观性"和"中立性"的。因此，研究者自身可能对研究过程产生影响。这就要求研究者必须具有反思性，不仅要清楚地认识整个研究过程，还要把握好与研究对象的关系。

（7）使用多面的、反复的和同步的归纳。定性研究重视认识和分析客观事物自身内涵、属性以及象征等方面的信息，通过对这些信息进行描述性的分析，对其展开一系列本质的归纳。这个思考和行动的过程是反复的，总是从数据收集与分析到问题的重构循环往复。

（三）定性研究的逻辑

定性研究的主旨是掌握并设法理解当事人对事件的主观意义及建构。为把握个人的主观意义及经验，就需要展现、认识并理解当事人生活的背景。从这个意义出发，定性研究可称作脉络、描述或解释性研究（闫海峰，2008）。

定性研究方法论的基础是归纳，即研究者从实际的活动中了解情况，发现问题，然后对有关的人和事件进行描述与解释，不断扩大自己对研究问题的理解，最终创造性地揭示事件及其意义。它与以演绎逻辑为基础的实验、调查、论证假说等方法在研究策略上有着明显的不同。进行定性研究并不一定要证明什么，重要的是从实际情境中发现什么，通过对实际过程的考察，了解研究对象活动的变化以及其中存在的各种关系和联系。

在具体方法中，研究者更加注重直接进入研究情境（此前可能研究者已有一些预设的假定和理论），提炼、发展研究的问题，通过观察、访谈等方法对研究情境中的意义和关系进行描述与解释，并从中归纳，建构理论。与定量研究的步骤不同，一般而言，定性研究是按照选择研究课题、设计方法、收集数据、获得结论等程序，有逻辑地进行。因此，定性研究特别重视描述的方法和归纳的方法。

（1）使用描述的方法。在定性研究中，特别是使用传记或民族志的学者，通常采用描述的方法先将研究场景完整地呈现，再加以分析。详细描述提供了事件及情景发生的背景，有助于研究者了解研究主体，并能为读者提供评价研究者分析与解释的资料。

（2）使用归纳的方法。定性研究通常是探索性的、发现式的。为了避免将既定的想法加在被研究者身上，在研究开始时一般不预设理论架构或假设。研究发现均来自田野工作的经验及资料。研究者所收集的资料经由分析判断逐渐提升而形成概念，然后再由概念归纳综合而形成主题。

由于归纳的事件往往是具体的、历史性的，所以最适合它的表达方式自然是详细描述。定性研究者以现场观察记录、访谈实录、文献、图片、实物等为主要资料的来源。这些资料来源为其进行描述提供了有关研究场所和研究对象的实际情况。研究者只有在对这些有意义的资料进行生动的、详尽描述的基础上做出归纳性的解释和判断，才能使读者对所发生事情的来龙去脉有一个清晰的、完整的和形象的认识，并凭借自己对这些事情的理解做出相应的解释和判断。因此，在定性研究者看来，描述不仅是一种研究手段，更是对研究对象生活真实生动的再现形式，也是研究者与被研究者、研究者与读者之间进行情感交流和文化分享、理解、认同的"桥梁"。

（四）与定量研究的比较

以归纳逻辑为主的定性研究重视在自然的情境下，通过人际互动来诠释研究现象的意义。因此，定性研究是一种从整体出发对社会现象进行全面建构和深度理解的过程。定性研究强调研究者必须在自然情境中通过与研究对象密切互动，通过一种或多种资料收集方法，对所研究的社会现象或行为进行全面而深入的解释。以演绎逻辑为主的定量研究则主要运用标准化的测量工具，讲究通过数字表现研究对象之间的关系，运用统计分析方法进行分析。因此，定量研究是一种对事物进行量化分析，以检验研究者提出的理论假设的研究方法。它有一套完备的操作技术，如抽样方法、资料收集方法、数理统计方法等。定性研究与定量研究的主要区别比较可以归纳如表 12-1 所示。

表 12-1 定性研究与定量研究的主要区别比较

比较内容	定性研究	定量研究
主要概念	意义、常识、情境定义、日常生活、了解过程、实际的研究目的、社会建构	变量、操作定义、信度、效度、假设、统计显著性、复制验证
理论基础	符号互动论、常人方法学、现象学、人种学、批判理论	结构功能论、实在论、行为主义、系统理论
研究目标	深入理解社会现象	确定相关关系和因果关系
研究设计	开展的、弹性的、一般的，设计基于直觉，指出可能进行的程序	结构化的、预定的、正式的、特定的，设计是操作程序的计划
研究资料	叙述的、个人文件、田野记录、照片、个人言语、正式文件和其他资料	量化的、可量化的编码、计数、测量、操作型变量、统计的
样本	小量的、不作代表性抽样、"理论抽样"、滚雪球抽样	大量的、分成抽样、精确的、随机抽样、控制外在变量
研究方法	观察、概览文献、参与观察、开放性访谈	实验、调查、结构化访问与观察、资料以分组方式提问
与研究对象的关系	同理、强调信任、平等、深入接触	有界限的、短期关系、保持距离、不介入
研究工具	录音机、研究者本身	测量汇编、问卷、索引、计算机、量表
分析技术	持续进行的、模式、主题、概念、分析的归纳、持续比较法	演绎的、资料收集完成后进行分析、统计
使用文本取向的问题	耗时、归纳资料的困难、信度、未标准化的程序、研究大团体较为困难	控制干扰变量、研究者介入所造成的干扰、效度问题

资料来源：Deborah K. Padgett. 定性研究与社会工作 [M]. 张英阵译. 中国台湾：洪叶文化事业有限公司，2000.

二、定性研究的目的

Strauss（1994）对定性研究的过程和目的做了这样的说明：

定性研究的目的不在于验证或推论，而在于探索深奥、抽象的经验世界之意义，所以研究过程非常重视被研究者的参与及观点之融合。同时，定性研究对于研究结果不重视数学和统计的分析程序，而是强调借由各种资料收集方式完整且全面地收集相关资料，并对研究结果做深入的诠释。

除了学者 Strauss 外，还有 Corbin 和 Creswell 等不少学者也对定性研究的目的进行了阐释。结合他们的观点，我们可以定性研究的目的将其归纳为进行探索性研究、意义诠释以及发掘总体或深层的社会文化结构。

（一）进行探索性研究

当研究者对于所研究的对象缺乏了解时，定性研究是最有效的研究途径。当然，使用定量研究并非完全不可以用于陌生研究对象，但是在欠缺初步了解时进行量化资料收集极有可能误导研究，从而得到错误结果。定性研究的结果尽管常常缺乏代表性，但它能引导研究者理解行动者，并以初步的理解为基础，进一步对群体做出整体性的认识。

在探索性研究中，研究者常常要不断观察、记录，并不断地进行分析。如果依照其中扎根理论研究方法的程序，研究者还可以提出新概念、新理论，然后随时修正概念或理论，直到资料呈现较大的重复（即达到了资料的饱和状态）为止。也就是说，进行探索性的研究可以对研究对象形成比较整体性的了解。

（二）进行意义诠释

从诠释路径出发的研究，注重意义诠释的工作。意义诠释不仅本身具有独立的意义，也是寻找因果法则或模式的前提。有些研究者甚至强调意义诠释优先于因果法则的发现，因为"人"是唯一意识自身存在的动物。人们首先想确定的是存在与行动的意义，而对于因果法则的认识只是在试图预测或控制环境中获得更好生活时才有意义。

定性研究适合去掌握并理解行动者对行动所赋予的主观意义。研究者通过收集行动者的叙述或者所提供的文本资料，可以理解他们的主观行为意义。具体而言，研究者可以尝试再现行动者的主观意义情境，在这个情境下，让行动或者事件变成可以理解的。

（三）发掘总体或深层的社会文化结构

深层社会文化结构通常是指行动者自身未能意识到的社会文化结构方面。例如，在马克思（K. Marx）的研究中，社会结构包括上层结构与下层结构，下层结构（具体而言就是生产关系与生产力）决定上层建筑的政治、法律及意识形态结构。这种研究可以说是发掘总体社会结构的范例。然而，这种总体结构在定量研究中通常是看不到的，只有通过定性研究才可实现。这是因为在定量研究中，研究者通常致力于捕捉一些重要概念，并将这些概念转化为变量，然后探究这些变量之间的关系。研究者甚至常常因为研究的限制，而忽略时间的方面，或者只能抓取较短时间的资料。社会总体结构就这样被拆解成一些重要变量，以至于无法维持其复杂的脉络和整体性。这种深层结构的阐明与呈现，虽然有一部分依赖统计的资料与分析，但是要阐明这些概念，仍然不是定量的讨论所能成功的。相反，定性研究才能对总体结构性质做出较为完善的描述。

三、定性研究的方法

虽然定性研究和定量研究各自所包含的内容和操作方式都有所不同，但在形式上两者还是十分类似的。定性研究的过程一般包括：确定研究现象、陈述研究目的、提出研究问题、了解研究背景、构建概念框架、抽样、收集、分析、得出结论、建立理论、检验效度、讨论推广度和道德问题、撰写研究报告等。由于定性研究本身是一个不断演化渐进的过程，所以这些步骤在实际操作时不是相互孤立、按前后序列依次进行的，而是彼此重叠、互相渗透、循环往复的（陈向明，1996）。

根据 Miles 和 Huberman（1994）的观点，通用的定性研究方法可归纳为资料整理、数据展示和形成结论三个步骤。

资料整理（Data Reduction）是定性研究的第一步，是指选择、编码、分类资料的过程。数据展示（Data Display）是指表示数据的方法。选择直接引用，或者用矩阵、图形、图表来分析数据暗含的模型，不仅可以帮助研究人员（也包括最终读者）更好地理解数据，还能得到更加准确的结论。值得注意的是，定性研究不是一个按部就班的直线过程。研究者可以运用数据编码（Data Coding）来启发如何展示数据，并由此得到一些初步的结论。反过来，初步结论也可以帮助检查原始数据的编码、归类和展示。

接下来，我们将通过介绍 Ward 和 Ostrom（2006）对抗议网站进行检查和分析的案例（例 12-1），阐释说明定性研究过程的这些关键部分。

例 12-1：顾客愤怒的引发

引言

假设你在一家时装店柜台付款时，发现收银的店员正在和朋友打电话。你等了好几分钟，但是店员并不着急结束通话。你因为这件事而感到生气，因为等待服务中一个引起愤怒的常见原因是：耽搁的时间越久，顾客往往越愤怒。

研究目标

先前的营销学研究者运用评价理论来解释为何在这样的情境下愤怒是理所当然的 (Nyer, 1997; Taylor, 1994)。尽管评价理论能够在一定程度上解释消费者的情绪变化，但最近的研究表明，它们不是产生愤怒的充分或必要条件 (Kuppens et al., 2003; Smith and Ellsworth, 1987)。更重要的是，为了避免客户愤怒，评价理论过于抽象。而对于服务公司的管理层来说，找出那些不公平的事件（如等待服务、服务关键环节出了问题等）并对其进行分类极为重要。因此，相关研究还应该考察在服务时经常挑起顾客愤怒的事件。这需要建立在大量的有关心理学研究的基础上，对日常生活中挑起愤怒的典型情况进行分析。此外，它也需要建立在市场营销基础上，如失败服务的识别和分类、零售失败、服务公司的行为引起顾客更换服务等 (Bitner, Booms and Tetreault, 1990; Keaveney, 1995; Kelley, Hoffman and Davis, 1993)。

研究方法

该研究使用关键事件法 (CIT)，用以识别服务提供者的哪些关键行为会导致顾客的愤怒。关键事件由 30 名经过专业培训的研究助理收集。他们按要求每人各收集 30 个关键事件。

首先是参与者问卷调查。参与者被要求在标准化的问卷上记录他们的回答 (Keaveney, 1995; Kelley, Hoffman and Davis, 1993)。问卷开始，要求参与者指出在过去的 6 个月他们购买的 30 种不同服务。然后要求参与者回忆这些服务提供者使他们感到愤怒的负面事件。通过开放式问题，他们被要求描述事件的细节。开放性的问题有："什么服务是你想要的？""请用你自己的话告诉我们发生了什么事，你为什么生气？""试图告诉我们到底发生了什么：你人在哪里、发生了什么、服务提供者做了什么，你有什么感觉、你说了什么等。"这里的关键事件被定义为事件、事件的组合或一系列发生在客户和服务提供者之间的、引起客户愤怒的事件。参与者（452 名男性，407 名女性）代表一个总体的横截面。他们的年龄在 16~87 岁，平均年龄 37.4 岁。大约 2% 的参与者未完成高中教育，而 45.1% 的参与者都具有本科以上的教育水平。事件的调查超过 40 个不同的服务企业，包括银行、保险、个人交通运输、医院、修理和公用服务事业、地方政府等。通常，参与者报告的负面事件发生在 18 周以前。

(一) 资料整理

定性资料的收集会产生大量信息资料。因此，定性研究的第一步就是通过编码和分类来筛除重复资料。

（1）编码（Coding）是通过对收集到的定性资料进行筛选，重新整理和整合形成理论的分析过程，其目的是帮助得出与资料相关联的、有意义的结论。编码是一个重复性的过程，包括为了增进对资料的理解，发现资料之间的联系，并组织成连贯的资料类别，研究者需要反复对资料进行编码。

编码开始于编码单元的选择。定性资料可以通过许多层面进行编码分析。其中，编码单元的样本包括词语、句子、段落和主题。单词通常是最小的编码单元，主题则是一个更大的、更有用的编码单元（Kassarjian，1977）。当研究者使用主题作为一个编码单元时，则需要寻找主题观点的表述（Minichiello，1990）。此时，研究者可能会指定任何大小的文本作为编码的代码，只要它能够代表一个主题或问题。例如，在上述研究案例的关键事件调查中：

吃完饭我要求结账，希望得到单据，服务员点了点头。但在抽了三支香烟后，仍然没有人来结账。我向四周看了看，发现服务员正在和一个酒保开心地聊天。

这个关键事件包含两个主题：

1）服务员不按她承诺的时间提供服务——"我希望得到单据，服务员点了点头。但在抽了三支香烟后，仍然没有人来结账"。

2）服务员几乎没有关注到顾客——"她不是因为很忙而没有拿单据给顾客，而是在和酒保愉快地聊天"。

上述关键事件可以被编码为："交付承诺"（未履行）和"个人关注"（未提供）。这个例子说明了使用代码"交付承诺"和"个人关注"有助于提炼信息，使资料更易于管理。

适当的编码不仅可以提炼信息，还可以删除不相关的资料。因此，代码"交付承诺"和"个人关注"对捕捉编码单元的含义具有重要意义。然而，术语"关键事件"既可以指参与者的整个故事，也可以指故事中包含的离散行为。所以在资料分析中，确定适当的分析单位极为重要（Kassarjian，1977）。在上述研究中，关键的行为被选为了分析单位。例如，一个关键事件中，服务提供与否、服务的快捷程度和以一种粗鲁的方式对待客户，被编码为两个关键行为"反应迟钝"和"侮辱行为"。

（2）编目分类，分类（Categorization）是组织、排列并对编码单元进行分类的过程。编码和分类既可以通过归纳的方法得到，也可以通过演绎的方法得到。在没有理论可以借鉴的情况下，研究者必须依据资料归纳出相应的编码分类。在上述研究中，两位研究者先将关键事件编码为关键行为，随后根据这些关键行为，提出子类别。针对 1~400 的回复（587 种关键行为），两位研究者（A 和 B）独立地提出互斥的、完备的分类和子类。其他两名训练有素的研究者（C 和 D），根据 A 和 B 的分类，独立地将关键行为归类。最后，由第五位独立的研究者（E），再做最后一次分类。

当研究者开始整理自己的资料类别和子类别时，应该仔细关注资料间的模式和关系。这是因为在分析资料的过程中，类别和子类别可能会发生变动。例如，可能需要创建新的类别，或对类别的定义重新调整，甚至有些类别需要细分为子类，而这些都是定性资料分析的循环过程。

与此同时，还需要对编码的结果进行分类。在上述研究中，参与者提交了一份报告，涉及各类让他们恼怒的关键行为。其中的一些行为与服务过程的结果密切相关（如"我的手提箱严重受损"），或者与服务提供有关（如"连续三天我通过电话想预约，但老是占线"），或者与人际沟通有关（如"她不动一根手指，她根本不打算帮助我"），还有与服务的问题有关（如"他甚至没有道歉"或"他拒绝归还我的钱"）。那么，这四个具体的行为类别，代表了四种激怒客户的主要事件类别，其中两个类别还可以进一步细分。对服务提供可以进一步细分成三类，分别代表服务的交付或程序的失败（"不可靠""不可得""公司政策"）。人际沟通可以被进一步分为两类，分别代表人际沟通或行为互动出现问题（"麻木不仁的行为"和"不礼貌的行为"）。于是，分类量化定性资料，可以让研究者对分类和子分类的重要性有一个粗略的认识。研究者能够比较详细地了解一个特定的主题或事件发生的次数，或有多少受访者提出某个主题或事件（见表 12-2）。

（二）数据展示

数据展示（Data Display）是指把收集的资料简化，并且有条理地、简练地展示。图形、图表、图片以及经常提到的短语等，都可以帮助研究者组织呈现数据，据数据中暗含的模式和关系，最终得到结论。选定的数据展示方式可以取决于研究者的偏好，也可以根据数据收集的类型和展示的目的。但不论哪一种展示，都应该呈现数据中概念之间的因果关系（塞克拉，2013）。

在上述研究案例中，研究者讨论了通常情况下引起客户愤怒的事件。作者设计了一个表格来整理和排列这些定性数据。这使我们能从数据中提取更抽象的主题。作者把 19 个子类分为 7 类别和 4 个大类别。7 个类别分别是"不可靠""不可得""公司政策""不礼貌的行为""麻木不仁的行为""失败的结果"和"对应服务失败响应不足"。这些类别和子类的定义在表 12-2 的第 2 列；第 3 列显示特定的主题多少次被受访者提到；第 4 列显示一个特定的主题被提到的次数占主题总数的百分比；第 5 列显示受访者提到一个特定的类别或子类别的百分比；第 6

表 12-2 服务消费情境下顾客愤怒引发的原因统计

(子)类别	(子)类别定义	行为数量	占行为总数的百分比（%）	占事件总数的百分比（%）	单因素事件的数量（件）	多因素事件的数量（件）	事例
				1. 程序失败			
(1) 不可靠		156	17.61	26.00	73	83	
支付承诺	服务提供者没有在承诺的时间内提供服务	104	11.74	17.33	42	62	预约的医生、美容师或等飞机、火车、出租车失约
提供服务	服务提供者没有提供已经同意的服务	40	4.52	6.67	22	18	对照协议，从汽车车租公司那里拿到的车或房子型号不对
定价	价格协议被破坏	12	1.35	2.00	9	3	叫了出租车并谈好价钱，但结账时司机却要按表计价
(2) 不可得		47	5.50	7.83	17	30	
无法联系	通过各种方式无法联系上	26	2.93	4.33	9	17	连续三天通过电话预约医生，老是占线
服务环节不便	服务的某个环节或者多个部分，顾客感到不便	12	1.35	2.00	4	8	某超市收银台或酒店总台设计不合理
无法获得服务	因为不方便的位置或时间，提供者无法提供服务	9	1.02	1.50	4	5	时间是周三下午三点，但干洗店已关门
(3) 公司政策		76	8.57	12.67	45	31	
规则和程序	效益低下、不合时宜且含混不清的规则和程序	66	7.5	110	38	28	去当地申请改变地址，同时想申请停车证，我不得不先挂号变更地址，然后再挂号办理停车证
死板的服务员	服务员不调整规则和程序以与客户的具体情况相适应	10	1.12	1.67	7	3	天气非常炎热。二等车厢人满为患。我进去丁一等车厢，但被警卫赶走

续表

(子)类别	(子)类别定义	行为数量	占行为总数的百分比(%)	占事件总数的百分比(%)	单因素事件的数量(件)	多因素事件的数量(件)	事例
(4)不礼貌的行为		84	9.48	14.00	46	38	
侮辱性行为	服务提供者行为令人难堪	32	3.16	4.67	15	13	医生从我膝盖处取出流体时,他直接停止工作,即使还有流体流出。我问他为什么停止。他说因为我是抱怨,没法治疗
不正直的行为	服务提供者以不当的方式赚钱	16	1.81	2.67	10	6	我们叫了一辆出租车去电影院。司机却绕了很大一圈,我生气了。因为这是一种偷窃行为
歧视	因为种族、年龄或者性别偏见,对个人或群体的待遇不公平	8	0.90	1.33	6	2	因为种族,我被拒绝进入酒吧,虽然我穿着考究。他们说不在乎我这类人

2. 行为互动出现问题

(子)类别	(子)类别定义	行为数量	占行为总数的百分比(%)	占事件总数的百分比(%)	单因素事件的数量(件)	多因素事件的数量(件)	事例
(5)麻木不仁的行为		195	22.01	32.50	76	119	
无反应性	员工反应迟缓,不给顾客提供快捷的服务或者不响应顾客的要求	80	9.03	13.33	33	47	我去付钱,但收银员不在。另一台的收银员也没有表现出帮助我的意思
不完整、不准确的信息	服务者对顾客隐瞒消息或提供不完整、不准确甚至错误的信息	61	6.88	10.17	21	40	航班根本就没有,我疯了,因为票务公司根本没有告诉我该做什么
隐私事项	服务者侵犯或忽视个人的隐私	3	0.34	0.50	2	1	我正在私人谈话,服务员却把门打开了

续表

（子）类别	（子）类别定义	行为数量	占行为总数的百分比（%）	占事件总数的百分比（%）	单因素事件（件）的数量	多因素事件（件）的数量	事例
（6）失败的结果				3. 结果失败			
错误的服务	小或大的错误，可能会对顾客或财产造成伤害	191	21.56	31.84	76	115	女服务员上错菜，医生开错处方，行李箱被损坏
		115	12.98	18.50	47	68	
高价收费	服务价格相对于内部参考价格或竞争对手价格被认为太高	16	1.81	2.67	13	3	我在吧台要了两杯饮料，不得不支付 12 美元，这真是一个荒谬的价格！
（7）对应服务失败响应不足				4. 响应不足			
互动不公平	服务补救的人际行为	137	15.46	22.83	10	127	服务员甚至没有道歉
		80	9.03	13.33	4	76	
结果不公平	服务补救的结果	37	4.17	6.17	5	32	预订的报纸，我没收到，给他们打电话，答复说当天会收到，但我什么都没收到
程序不公平	服务补救过程的公平感	20	2.26	3.33	1	19	我买了一栋房子，入住后发现浴室水龙头有缺陷，承包商承认是公司的责任，但拖了很久才来处理，最后大总裁介入后才承担了费用

资料来源：塞克拉，蓝波涛. 企业研究方法（第 5 版）[M]. 北京：清华大学出版社，2013.

列、第 7 列概述事件在一个或多个因素事件之间的分布；第 8 列提供与关键行为、服务提供者的态度和礼貌有关的部分事例。

（三）形成结论

在定性研究的过程中，得出结论是最终的任务。通过对观察到的模式和关系进行解释或者相关对比分析，可以理解所研究主题的意义，解决所要研究的问题。

形成研究结论与研究方法的使用密切相关。研究者在整理调查的关键事件后，应分析并讨论的信息和资料有：①导致关键事件发生的前提条件是什么？②导致关键事件发生的直接和间接原因是什么？③关键事件的发生过程和背景是什么？④顾客在关键事件中的行为表现是什么？⑤关键事件发生后的结果如何？将上述各项信息资料仔细记录后，就可以归纳总结出关键事件的主要特征、因果关系和具体控制要求。研究者可以对这些信息资料进行分类，并与先前资料整理的分类进行相互验证，以此形成结论。

在案例 12-1 的调查中，顾客提到这样的事件经历："周三下午三点预约等待的医生在没有通知的情况下失约，浪费了我半天时间。我以后将不会再去这家诊所。"在这一关键事件中，研究者可以归纳出事件发生的前提条件是顾客与医生于周三下午三点形成了预约承诺；主要原因是服务提供者医生不在承诺的时间提供服务，造成了违约；结果是顾客因浪费时间而愤怒，并拒绝再次就诊。通过该关键事件，可以看到在资料整理分类中的子类别"交付承诺"未履行确实是导致顾客愤怒的一个重要因素。归纳总结的步骤与上述定性资料整理的过程形成了相互验证，研究的可信度得以保证。最后，研究者通过对服务消费情境下顾客愤怒引发的原因（见表 12-2）进行了归纳和阐释，得出了相关的研究结论。

例 12-1 续：

结论与讨论

该项研究考察了服务过程中引起顾客愤怒的突发事件。识别引发愤怒情绪的突发事件有助于消费者理解自身情绪，更重要的是，对于服务公司管理层减少导致顾客愤怒的关键行为至关重要。

该项研究的结果提供了多个适当的、明确的导致客户愤怒的突发事件，补充了现有评估客户愤怒的理论。特别是该研究发现了会引发客户愤怒的七个事件类别，包括不可靠、不可得、公司政策造成的（程序失败）、麻木不仁的行为、不礼貌的行为（行为互动出现问题）、失败的结果和对服务失败的响应不足。此外，研究还表明，对那些报告事件的参与者而言，服务提供者的关键行为之间产生的相互作用也会引致客户的愤怒。以前的调查结果显示，造成客户愤怒的主要原因是服务失败和等待服务。然而，该项研究显示，愤怒的诱因并不局限于这两个因素。本书的结果与之前的研究部分趋同，包括对愤怒情绪按照服务公司员工（Bitner, Booms and Tetreault, 1990）和销售失败（Kelley, Hoffman and Davis, 1993）进行分类。除此之外，与之前的研究差异性也相当明显。这些在早期研究中并未提及，这也显示了本书的分类方法对早期研究的继承和扩充。

四、定性研究的类型

由于研究者立场的不同以及定性研究发展的多元性，目前定性研究的分类尚无统一的标准。有的按研究问题的类型进行分类，如意义类问题、描述性问题、过程性问题、有关口语互动和对话的问题、行为的问题，然后据此将研究策略分成六种类型：现象学、民族志、扎根理论、言语分析法、参与性观察、质的生态学。有的按研究者的兴趣分类，如探讨语言特点、发现规律、理解文本和行动的意义与反思。有的按研究者的立场分类，如批判民族志、后现代主义民族志、女权主义民族志、历史民族志。有的按"传统"分类，如生态心理学、整体民族志、交流民族志、认知人类学、象征互动主义。有的按"类型"分类，如象征互动主义、人类学的方法、社会语言学的方法、常人方法学、民主评估、新马克思主义民族志、女性主义研究方法。另有按"方法"（Approach）分类，如历史研究、民族志研究、案例研究、现象学研究、传记研究、扎根理论研究、行动研究等（陈向明，2008）。还有学者认为，定性研究是一个多元、综合、丰富多彩的领域，不能进行分类。

面对如此困难的局面，陈向明（2008）认为，研究者应该采取一种辩证和务实的态度。一方面，为了了解定性研究这把"大伞"，分类是必须要进行的。另一方面，分类又不必穷尽所有的类别，不必将所有研究类型囊括到一个完整的体系中。研究者只需根据自己的问题选择最合适的方法，而不是根据一种事先设定的标准对这些分类方式进行评价和选择。

因此，本节主要按照方法（Approach）分类，介绍当前管理学研究中比较流行的定性研究方法类型。目前，学术界一般认可的定性研究方法是指：在自然环境下，使用实地实验、开放型访谈、参与型与非参与型观察、文献分析、扎根理论、案例研究等方法对社会现象进行深入细致和长期的研究。其分析方式以归纳为主，在当时、当地收集一手资料，从当事人（行动者）的视角理解他们行为的意义和他们对事物的看法，然后在这一基础上建立假设和理论，通过证伪法和相关检验等方法对研究结果进行检验，其中，常用的定性研究方法类型有：内容分析法、扎根理论、案例研究。

（一）内容分析法

内容分析是对内容进行客观的、系统的、量性的描述和分析，是以模式、主题、倾向识别为目的而针对某个题材内容进行详细而系统的审视。它通过记录人们的交流来进行。交流形式包括书籍、报纸、杂志、诗词、歌曲、绘画、演讲、信件、电视、电影、艺术、录像和谈话笔录等。内容分析也是一种高度结构化的方法，旨在把一种用言语表示而非数量表示的文献转化成数量表示的资料，其结果一般采用与调查资料相同的方式进行描述。

（二）扎根理论法

扎根理论法是指用归纳的方法对现象加以分析整理，克服理论与资料之间存在的隔阂，在经验资料基础上建立与创新理论的方法。换言之，扎根理论强调运用分析、比较方法，结合归纳与演绎的交替运行，把所收集到的原始资料提炼、转化、抽象化，使之成为概念并形成理论。扎根理论法强调研究的经验性。研究者在研究时不强调理论预设，而是注重从原始资料入手，逐级归纳出抽象层次的不同概念和范畴，分析概念间的各种关联，并最终建构出具有扎根性的理论。此外，扎根理论也强调在研究过程中对新型理论的建构，重视从经验资料中抽象出新的理论元素，而不只是对实证资料做经验性描述。因此，扎根理论的核心在于提出一种科学的资料分析与理论建构方法。理论建构是其最终目的，而强调扎根性是为了保证理论与现实生活的紧密关联。

（三）案例研究法

案例研究是一种运用历史资料、档案材料、访谈、观察等方法收集资料，并运用可靠技术对一个事件进行分析从而得出带有普遍性结论的研究方法。通过案例研究，人们可以对现象、事物进行描述和探索。案例研究有助于建立新的理论，或者对现存的理论进行检验、发展或修改。目前，案例研究法已被普遍应用到管理学、人类学、社会学、心理学、历史学等多种学科的研究之中。此外，案例研究还是找到对现存问题的解决方法的一个重要途径。

（四）其他方法

除上述常用的研究方法外，定性研究方法还包括实地试验、民族志、田野工作、叙述分析、口述史法、文献研究和行动研究等。

第二节　内容分析

一、内容分析的概念

（一）内容分析的定义

内容分析（Content Analysis）是一种对研究对象的内容进行深入分析，透过现象看本质的定性研究方法。内容分析研究方法起源于传播学领域。20 世纪 50 年代，美国学者贝雷尔森（Berelson）出版《内容分析：传播研究的一种工具》一书，首次确立了内容分析法的地位。但真正使内容分析方法系统化、全球化的是学者奈斯比特（J. Naisbitt），他通过运用内容分析研究方法主持出版了享誉全球的《大趋势》。

内容分析研究方法目前并没有形成统一的概念，许多学者从自身研究的角度进行了阐述。例如，Douglas Walples 和 Bemard Berehon（1940）将内容分析定义为"试图将不够明确的描述赋予定义，借以客观地显示给阅读者刺激的本质及其说服力，是一种客观地、系统地、定量地描述交流的明确内容的研究方法"。Kaplan（1943）强调了分类和词频处理等环节，将内容分析表述为"旨在以系统类目对文章内容予以定量分析。系统类目的设计旨在产生适合该内容特殊假设的资料"。而 Janis（1965）则认为内容分析是一种信号的分类技巧。这种技巧是建立在明确规则的基础之上的，是一种集定量和定性为一体的研究方法。

内容分析的本质是对文献内容所包含的信息量及其变化的分析。其研究目的是根据数据对内容进行可再现的、有效的推断。从哲学上来讲，该方法的可行性是以客观世界的可知论为前提。亦即，人们可以通过对客观信息的分析研究来认识客观世界的规律。在这一认识过程中，内容分析法强调的是正确有效的分析推理能力，其原理也就在于运用多种统计、推理、比较的分析方法透过现象揭示本质。

总体而言，内容分析法是一种对资料内容做客观、系统分析的定量和定性相结合的研究方法。它通过对文字的、非量化的、有交流价值的信息进行定量转化，建立有意义的类目分解交流内容，以此来分析信息的特征，明确或检验资料中本质性的事实和趋势，以揭示资料所含有的隐性内容，并对事物发展做出预测。

在近百年的发展历程中，内容分析已经被广泛运用到新闻传播、经济管理、政治军事、社会心理等社会科学领域，取得了显著的成效。随着信息时代的发展，内容分析研究方法在计算机、网络技术研究中也成为了一个新的热点。

(二) 内容分析的类型

内容分析作为一种研究社会现实的科学方法，在不断的理论探讨和实践应用中逐步趋于成熟完善。在此过程中，在围绕该方法究竟是定性研究还是定量研究的激烈争论中，研究者先后提出了以下几种有代表性的方法类型。我们从中也可以看到内容分析法的演变轨迹以及技术进步对其发展的推动作用。

1. 解读式内容分析法

解读式内容分析法（Hermeneutic Content Analysis）也叫作描述式内容分析法，是一种通过精读、理解并阐释文本内容来传达作者意图的方法。"解读"的含义不只停留在对事实进行简单解说的层面上，而是从整体和更高的层面上把握文本内容的复杂背景和思想结构，从而发掘文本内容的真正意义。这种高层次的理解不是线性的，而是具有循环结构的。单项内容只有在整体的背景环境下才能被理解，而对整体内容的理解反过来则是对各个单项内容理解的综合结果。

这种方法强调真实、客观、全面地反映文本内容的本来意义，具有一定的深度，适用于以描述事实为目的的个案研究。但因其解读过程存在不可避免的主观性和研究对象的单一性，其分析结果往往被认为是随意的、难以证实的，因而缺乏普遍性。

2. 经验式内容分析法（Empirical Content Analysis）

经验式内容分析法是一种定量内容分析和定性内容分析相结合的方法，具有客观、系统和定量的特点。定量内容分析强调将文本内容划分为特定类目，计算每类内容概念出现频率，描述明显的内容特征。其中，用作计数单元的文本内容可以是单词、符号、主题、句子、段落或其他语法单元，也可以是一个笼统的概念。但是，仅仅使用定量内容分析并不能保证分析结果的有效性和可靠性。定性内容分析则强调对文本内容中各概念要素间的联系及组织结构进行描述和推理性分析。通过定性内容分析可以衡量文本的可读性和读者的理解情况。因此，经验式内容分析法将定性方法和定量方法结合起来，可以：①对研究问题进行基本认识和理论推导；②客观选择样本并进行复核；③在整理资料过程中发展一个可靠而有效的分类体系；④量化分析实验资料，并做出合理的解释，从而对文本内容进行更为客观、系统和量化的描述。

3. 计算机辅助内容分析法

计算机技术的应用极大地推进了内容分析研究方法的发展。计算机辅助内容分析法（Computer-aided Content Analysis）是指在分析软件的帮助下进行内容分析的新方法。正是计算机技术将各种定性、定量研究方法有效地结合起来，博采众长，使内容分析法取得了迅速推广和飞跃发展。目前，互联网上也出现了众多内容分析法的专门研究网站，相关论坛在这方面的讨论也是热火朝天。

二、内容分析的目的

丹尼尔·里夫（2010）认为，使用内容分析法本身往往就是研究目的，因为它是能回答关于内容的研究问题的方法。内容分析倾向于对内容进行描述，通过弄清或检验文献中本质性的事实和趋势，揭示文献所含有的隐性内容，对事物发展做出预测。

据统计，1998~2010 年，大约有 60%使用内容分析法并发表在《新闻与大众传播季刊》等 SSCI 杂志上的研究，都专注于描述内容，聚焦诸如女性、少数族裔以及那些致力于宗教信仰的人士的媒介镜像等研究问题（丹尼尔·里夫等，2010）。并且，这些描述性的内容分析是"对现实的一种查核"，它们参照现实生活的标准，对群体、现象、特征或品质进行评估（Wimmer and Dominick，2003）。此外，内容分析的描述性质有时也可以用作其他研究类型的前奏，而且经常用于先前没有探测过的领域。

结合 Wimmer、Dominick 等多位学者的意见，我们将内容分析的目的归纳为以下三点：

（1）分析事物特征。通过对对象和不同问题，或在不同场合显示出来的内容资料进行研究，把不同样本的量化结果进行比较，找出其中稳定的、突出的因素，从而判定这一对象的特征。

（2）分析发展趋势。通过对某一对象、对同一类对象的不同时期内显示的内容资料进行分析，把这些不同样本的量化结果加以比较，从而找到发生变化的因素，以判断这一对象在某一类问题上的发展趋势。

（3）比较事物差异。通过对同一个中心问题、对象或来源不同的样本内容进行分析，把这些来自不同对象的样本的量化结果进行对比，以找到它们之间的异同点。

此外，内容分析还是一种有效的企业管理与研究工具，研究者可以通过对企业生成的（如企业的宗旨、使命、陈述、年报、内部期刊、领导演讲等）文本和其他信息资源的内容分析，探究企业的管理问题。这不仅能够有效地探索和评估企业的发展战略，而且能够科学有效地指导企业的管理行为，促进企业在激烈的市场竞争中健康有序发展。

目前，内容分析法已被广泛应用到了企业管理研究诸多领域中，如商业政策和战略管理、社会问题管理技术和创新、组织认知、管理国际化和组织理论、组织行为等，并在分析和解决企业的管理问题方面取得了丰硕的成果。

三、内容分析的步骤

来自不同学科的研究者带着各自的知识背景和实用目的开展了多种多样的内容分析研究。随着计算机技术的应用，各种研究方法开始逐渐融合、相互补充，在遵循内容分析法基本原理的基础上，研究步骤也趋于一致，即首先搭建内容分析的概念框架，而后实施内容分析方法。

（一）搭建内容分析框架

内容分析研究方法的概念框架主要分为文本、研究问题、情境、分析构念、推论及验证证据六个部分。

1. 文本

文本（Text）是经过人们阅读和重构后的产物，是基于人却因人而异的表达符号。内容分析即是从文本开始。一方面，分析者大多面对的是单向传播的资料，如新闻记者按照自身的理解、思路和意图所撰写的报道。另一方面，内容分析者需要考虑到文本的来源，如作者、期刊等。另外，还应意识到分析者所要考察的内容是否经过故意的扭曲。例如，受访者如果意识到了访谈结果对其产生的影响，就可能会选择性地来回答问题。如此就需要分析者从受访者自身利益的情境出发，去理解受访者的回答。

2. 研究问题

研究问题是内容分析者需要从文本中推论出来的目标。通常，内容分析者在研究的初期，会有几个无法确定的备选问题。通过内容分析得到文本之外的"言外之意"，即研究者想要确认的问题。分析者从文本出发，推论的是文本之外的特征或文本之外的现象。一般而言，内容分析者应该先确定研究问题，然后着手调查。这样有两大好处：一是具有较高效率；二是可以掌握实证基础。

3. 情境

情境是内容分析者自我构建的关于文本的概念环境。文本只有在使用它们的情境中才具有意义。内容分析的"言外之意"是依托于为了解答研究问题而构筑的情境之上的。不同领域的内容分析者都有其情境限定的体系。资料的作者、受众其他受益人也有情境限定体系。在情境范围内，文本和研究问题被联系起来。分析文本情境的稳定关联性能够将可利用的文本内容与研究问题的可能答案联系起来。

4. 分析构念

分析构念是分析者利用情境知识，特别是解释文本答案间关系的假设关联性与作用条件进行阐释，相当于分析者制定的推论规则。分析构念将情境转化为可以计算的形式，保证分析过程是模拟和运用情境知识，其将头脑中的不可见转化为可见，将抽象的知识转变为可操作的构念。分析构念可以实现内容分析的定量性和情境的移植性。

5. 推论

推论往往由分析构念形成或解释得到，具体分布在内容分析的诸多环节，包括人工编码处理、分析步骤等。分析构念的稳定性和可靠性保证了推论结果的准确性。

6. 验证证据

内容分析在原则上是可以验证的。它存在的理由是因为人们关心的现象缺乏可以直接观察到的证据，所以才需要通过内容分析来推论和验证。但就实际操作而言，内容分析往往是难以验证的。例如，在作者已去世的情形下验证作者当时的写作目的是不可能做到的。之所以要求"原则上可验证"，则是为了确保研究结果建立在可验证的基础之上。

（二）实施内容分析

实施内容分析的一般流程包括建立研究目标、确定研究总体、选择分析单位、设计分析维度体系、抽样、编码和量化分析材料、评判记录和分析推论。

1. 建立研究目标

在管理学研究中，内容分析法适用于多种研究目标，主要目标类型有：趋势分析、现状分析、比较分析、意愿分析。

2. 确定研究总体和分析单位

确定研究总体和分析单位，即发掘研究所需考察的各项因素。这些因素都应与分析目的有必然的联系，且便于抽取操作。研究总体是指所要研究对象的全体，或者是希望从中获得信息的总体。它由研究对象中所有性质相同的个体所组成。组成总体的各个个体称作单元或单位。分析单位是指在内容分析法中描述或解释研究对象时，所使用的最小、最基本单位，可以是单词、符号、主题、人物，以及意义独立的词组、句子或段落。当分析单位比较大时，常常需要选择一些与其有关的中、小层次的分析单位来加以描述、说明和解释。选择分析单位与具体的研究目标、研究总体密切相关，并以它们作为确定和选择的基础。

3. 设计分析维度及体系

分析的维度又称作分析的类目，是将资料内容进行分类的项目和标准。这些可以根据研究需要进行设计。设计分析维度主要有两种基本方法：一是采用现成的分析维度系统；二是根据研究目标自行设计。采用现成分析维度系统是指先让两人根据同一标准，独立编录同样用途的维度、类别，然后计算两者之间的信度，并据此共同讨论标准，再进行编录，直到对分析维度系统有基本一致的理解为止。最后，还需要让两者用该系统编录几个新的材料，并计算评分者的信度。如果结果满意，则可用此编录其余的材料。自行设计是指研究者首先熟悉、分析有关材料，并在此基础上制定初步的分析维度，然后对其进行试用，了解其可行性、适用性与合理性，然后再进行修订、试用，直至发展出客观性较强的分析维度为止。设计分析维度的基本原则是：

（1）完整性。分类必须完全、彻底、能适合于所有分析材料，使所有分析单位都可归入相应的类别，不能出现无处可归的现象。

（2）统一性在分类中，应当使用同一个分类标准，即只能从众多属性中选取一个作为分类依据。

（3）层次性。分类的层次必须明确，逐级展开，不能越级或出现层次混淆等现象。

（4）事前约定性。分析维度必须在进行具体评判记录前事先确定。

（5）可量化性。在设计分析维度时应考虑如何对内容分析结果进行定量分析，即如何使结果适合定量数据处理。

4. 抽取分析材料

抽取分析材料即抽样，具体包括两个方面的内容：一是界定总体；二是从总体中抽取有代表性的样本。内容分析法常用的抽样方式主要有以下三种：

（1）来源取样。即对资料来源的取样。例如，从《管理世界》期刊、中央电视台节目还是《人民日报》等选取资料。

（2）日期抽样。即指选某段时间的资料。如选取 2017 年 1~12 月的报刊资料。

（3）分析单位取样。即确定抽取资料中的某一部分作为研究对象。

在实际操作中，研究者可以根据实际需要将这三种抽样方法结合使用，以提高样本的代表性和可信度。但抽取分析材料也必须注意总体的完整性和特殊性。其中，完整性是指要抽取到所有有关的材料；特殊性是指要抽取与研究目标相关的特定资料。

5. 编码

编码是内容分析法的核心环节，即根据特定的概念框架，对口头的、文字的、画面的或是其他形式的信息做好分类记录。编码的两个重要部分是选择编码单位和制定编码单。

（1）选择编码单位。即选择具体的观察和计算单位。其中，词是最简单的编码单位。主题则是最常用的编码单位。

（2）制定编码单。编码单是对文献资料进行观察和记录的工具，类似于结构式观察所使用的记录单。

在编码过程中，显性编码（Manifest Coding）指对明显的、表面的内容，即那些能够直接看到或听到的词语、画面和图像等的编码。例如：研究者计算"红色"

这个单词在一篇书面文本中出现的次数。研究者通过编码系统确定好需要分析的字词或动作，并通过使用电脑程序来搜寻以及统计。显性编码具有较高的信度，因为要编码的词语非常明显。但是，由于显性编码不考虑这些词语在内容中的含义，所以此类编码的效度受到限制。例如："我读过一本红色封面的书。"隐性编码（Latent Coding），也称为语意分析（Semantic Analysis），是指研究者寻找文本中潜藏的、隐含的意义。例如，研究者在阅读完一段文章之后，决定该文是否带有浪漫主义表现或种族主义歧视的隐性编码。隐性编码的信度低于显性编码，因为它依赖编码者对语言和社会意义的理解。但隐性编码的效度高于显性编码，因为它不仅关注特定的词语，而且关注其在上下文中的含义。

6. 量化处理

量化处理是把样本从形式上转化为数据形式的过程，包括做评判记录和信度分析两部分。

评判记录是根据已确定的分析维度（类目）和分析单位对样本中的信息做分类记录，登记下每一个分析单位中分析维度（类目）是否存在和出现的频率。要做好评判记录工作，需要注意以下几个方面：

（1）按照分析维度（类目）用量化方式记录研究对象在各分析维度（类目）的量化数据，如有、无、多、少、百分比。

（2）采用事先设计好的易于统计分析的评判记录表记录。比如，先把每一个分析维度的情况逐一登记下来，然后再得出总计。

（3）相同分析维度的评判必须有两个以上的评判员分别做出记录，以便进行信度检验。同时，评判记录的结果必须是数字形式。

（4）在根据类目出现频数进行判断记录时，不要忽略基数。通常，研究者可借助计算机同时完成编码和量化数据处理的步骤。通过建立计算机文件，手工录入或扫描录入来复制文献正文，然后阅读计算机文件，并按照编码系统对相关内容进行编码。然后通过计算机程序计算出各个编码号出现的频数，或者将所有适用于某一特定编码的正文信息列在一起。

内容分析的信度指两个或两个以上的研究者按照相同的分析维度，对同一材料进行评判结果的一致性程度。它是保证内容分析结果可靠性、客观性的重要指标。

内容分析法的信度分析基本过程如下：

（1）对评判者进行培训。

（2）由两个或两个以上的评判者，按照相同的分析维度对同一材料独立进行评判分析。

（3）对他们各自的评判结果使用信度公式进行信度系数计算（具体将在随后

章节介绍）。

（4）根据评判与计算结果修订分析维度或再次对评判者进行培训。

（5）重复评判过程，直到取得可接受的信度为止。

7. 诠释结果

诠释结果是指对评价结果所获得的数据加以描述。这是以定量的方式对统计结果进行描述，并在定量基础上，辅之以定性方法进行深入分析和推断。具体包括描述各分析维度（类目）特征及其相互关系，依据研究目标进行比较，得出关于研究对象的趋势、特征或异同点等方面的结论。

第三节　扎根理论

一、扎根理论的概念

（一）扎根理论的定义

扎根理论（Grounded Theory）是由芝加哥大学的 Barney Glaser 和哥伦比亚大学的 Anselm Strauss 两位学者共同发展出来的一种定性研究方法。扎根理论从"Grounded"一词而来，中文意思为"接地的"，故形象地称之为"扎根"。Glaser 和 Strauss（1967）在《扎根理论的发现》一书中，首次将扎根理论定义为从资料中发展理论的方法，而在社会研究中经由系统化的施行与分析以获得理论。

Strauss（1987）对扎根理论的特征作了描述，认为扎根理论并非是一个特别的方法或技能，而是进行定性研究的一种方式。它包含了一些可区分的特征，比如，理论性抽样（Theoretical Sampling）、方法论的引导、持续的比较及使用译码的典范（Coding Paradigm），确立概念化发展等。

随后，Strauss 和 Corbin（1990）在《定性研究的基础：扎根理论的程序和技术》中对扎根理论的方法逻辑进行了阐述。他们认为，扎根理论是用归纳的方式，对现象加以分析整理所获得的结果。换言之，扎根理论是经由系统化的资料收集与分析，而发掘、发展，并已暂时地验证过的理论。因此，资料的收集和分析与理论的发展是彼此相关、彼此影响的。发展扎根理论的人，不是先有一个理论然后去证实它，而是先有一个待研究的领域，然后自此领域中萌生出概念和理论。

国内学者徐宗国（1997）对扎根理论提出了综合性的观点。他认为，扎根理论旨在提供一套明确、有系统的程序与技术，以分析由田野中所获取的庞大原始资料，并将之概念化，联系起来形成扎根于现实世界的理论。

因此，扎根理论是理论创新的源泉，其核心价值在于经由系统化的施行与分析，在社会研究中获得新的理论（Glaser and Strauss，1967）。

此外，扎根理论也一直处在发展完善中。主流学术界将扎根理论分为三大流派，分别是 Glaser（1978）的经典扎根理论、Strauss（1990）的程序化扎根理论和 Charmaz（2007）的建构主义取向性扎根理论。本节主要介绍应用范围最广的程序化扎根理论（Strauss，1990）。结合 Glaser 和 Strauss（1967）、Glaser（1978）、Cobin（1990）等学者的观点，扎根理论可以被定义为："运用分析、比较方法，结合归纳与演绎的交替运行，把所收集到的原始资料提炼、转化、抽象化，使之成为概念并最终形成理论的定性研究方法。"

它不仅是以归纳逻辑为主的严谨程序，更是扎根现实世界，从资料中发展出新的见解，形成新的理论框架的创意方法。

（二）扎根理论的理念

（1）理论源于资料，资料源于实践。扎根理论认为知识是积累而成的，是一个不断地将事实构建为实质理论（特定时空的理论，Substentive theory），然后再发展成为形式理论（普适意义的理论，Formal theory）的演进过程。运用扎根理论研究建构出的概念及其联系，不仅是从资料中萌生，也经过了资料暂时性的验证。

（2）研究过程从具象到抽象。与实证研究相比，扎根理论的研究是一个从具象到抽象的概括性过程。

（3）讲究持续比较、理论取样。Glaser（2012）认为概念、范畴和联系来自于不断比较和提出问题的方法与灵活的理论抽样相联系，并且不断地与资料进行匹配。也就是说，扎根理论的资料收集与分析是同时进行且连续循环的。研究者要以研究过程中分析所得的暂时结论为指导，不断审查资料的储备丰裕度，不断调整分析的重点方向，进行资料的补充。

（4）强调自然呈现。扎根理论研究者所要具备的基本能力就是通过对不断涌现的资料保持充分的注意力，以便保持开放的头脑来对待研究对象所关注的问题，而不局限于研究者的专业、研究时间和地点等条件（Charmaz，1995）。

（5）一切皆为资料。在扎根研究领域，涉及研究对象的一切都可以当作资料来不断进行比较，从而形成概念并最终发掘其中所涉及的模式（Glaser，1998）。

（6）保持理论敏感度。理论敏感是研究者的个人特质，指的是一种能由繁杂资料中去芜存菁、辨别事物相关性、觉察资料内涵意义及精妙之处的能力。只有那些具有概念化能力的人，才能做好扎根理论（Glaser，1998）。

（三）扎根理论的特点

扎根理论研究方法与一般定性研究方法各有侧重。扎根理论认为，在一个明确的、建立理论的目标下，任何定性研究或定量研究都应着重于资料分析和理论构建，并且扎根理论能够把其他方法补充到定性资料分析中来，而不是站在这些方法的对立面。扎根理论弥补了定性研究偏重经验的传授与技巧的不足，它提供了一套系统的策略，以此帮助研究者思考、分析和整理资料，以发掘并建立理论（徐宗国，1994）。就扎根理论与其他定性研究方法的不同之处，Glaser 和 Strauss（1990）提出了以下四个特点：

（1）扎根理论强调研究者在诠释角色上的责任。研究者不只是报告或描述研究对象的观点，更要具有理论的分析性。

（2）扎根理论根植于现实资料的收集与分析间的持续互动，最终形成理论。资料收集分析及理论建构具有相互影响的关系。研究并非由理论开始再去验证，而是由研究的现象领域开始，再逐渐形成理论。

（3）扎根理论更加重视概念的丰富性。

（4）"不断比较"与"提出问题"这两个策略使得扎根理论更具作用力与影响力。

二、扎根理论的目的

在扎根理论发展初期，研究者们并不具备从资料中发掘出理论的能力，结果导致形成既有理论无法解释多变的社会现象。因此，这就迫切需要形成一个与研究对象本身有所相关的、可以解释行为模式的理论。正如 Glaser 和 Strauss（1967）所说的，"扎根理论可以填平理论研究与经验之间尴尬的鸿沟"。

扎根理论的目的非常明确，即构建理论。基于社会实体的资料，通过扎根方法所建立的理论是一种有力的工具。它不仅可以用以理解外在的世界，还能发展可对现在世界有所控制的行动策略。此外，构建的理论也是以最有系统的方式建立、统合及综合科学知识的最终产品（徐宗国译，1997）。总之，扎根理论的目的是鼓励研究者去使用智慧并创造、发展理论。根据研究者的调查研究领域，建议使用扎根理论的方法去发现理论的价值（Karen，1996）。

值得注意的是，扎根理论所要形成的理论有实质理论与形式理论两种形式。Glaser 与 Strauss（1967）认为，理论在社会学中是处理资料的策略，提供了一种对所描述的事情进行概念化（Conceptualization）的范式。形成的理论要素即概念化范畴与假设。因此，他们认为通过扎根研究所创建的理论在社会学中：①能够预测、解释社会行为；②有着实际应用的可能性；③可以提供行为方面的愿景；④能够在特别的行为领域中引导一种研究风格。

三、扎根理论的流程

Glaser 和 Strauss（1990）将扎根理论的流程归纳为：从资料收集开始建立理

论，并经由归纳与演绎的交替循环，直到把所收集到的庞大原始资料提炼缩减、转化和抽象化成为概念，最终由概念形成理论。它是一个发现理论与验证理论同时进行的过程。该方法认为，研究者的许多假说验证和决策拟定是在一种非正式的、隐晦的方式下形成的，故扎根理论方法着重于结合归纳与演绎，并持续地使用比较与分析的方法。

Pandit（1996）将扎根理论研究的流程划分为九个步骤。即相关文献回顾与讨论、案例选择、制定严格的数据收集计划、资料收集、资料整理、资料分析、理论取样、研究结论，将新建构的理论与已有理论进行比较。图 12-1 为扎根理论研究流程。

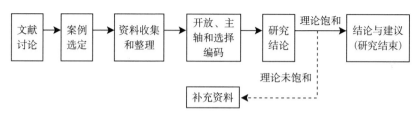

图 12-1 扎根理论研究流程

资料来源：Pandit.The Creation of Theory：A Recent Application of the Grounded Theory Method ［J］. The Qualitative Report，1996，2（4）.

同时，Pandit（1996）也指出，以上九个步骤可以归纳为研究设计、资料收集、资料分析和评价检验四个阶段。关于研究设计阶段的相关方法上述章节已有涉及，本章主要针对资料收集、资料分析和评价检验三个阶段的操作程序进行阐述。

例 12-2：基于资源与制度视角的区域品牌化驱动机理与策略研究

引言

在对资源、技术、商贸、旅游，乃至居住民等战略性资源的全球化竞争中，运用营销战略使一个城市、地区或国家像产品一样与竞争者区别开来的区域品牌化已成为其发展的核心战略与能力（Pike，2009；Kaplan et al.，2010）。区域品牌属于公共品牌，没有明确的产权归属，造成区域内组织对区域品牌化的参与意愿不高，机会主义"搭便车"现象严重。那么，如何驱动一个城市、地区或国家的品牌化？如何防止机会主义"搭便车"造成区域品牌的"公地悲剧"？也即区域品牌化的驱动要素与机理是什么？实施的策略逻辑有哪些？

研究目标

目前，大量关于区域品牌化的文献形成了原产地品牌化、文化娱乐品牌化、国家品牌化和旅游地品牌化等不同的领域，且聚焦于区域形象的识别（Lucarelli and Berg，2011；Kavaratzis and Hatch，2013）。对于区域品牌化内在驱动要素与机理的研究却不多，且主要从集群生成视角（Rosenfeld，2002；孙丽辉，2010）或政府构建视角（Andersson，2007；Pasquinelli，2014）进行案例描述或机理演绎，缺乏理论解释性和数据支撑性。对一个城市、地区或国家的品牌化涉及自然资源、当地产业、居民特点和制度环境等复杂因素（Dinnie，2010）。显然，在这样一个跨越不同产业和利益群体的复杂环境中探究品牌化的驱动要素与机理，从产业集群视角或政府构建视角探讨区域品牌化的驱动要素与机理是不够全面的。思辨演绎的机理分析也缺乏理论解释性和数据支撑性。为弥补这些差距，本研究接下来从资源与制度理论视角，采用定性研究与实证检验相结合的方法对区域品牌化的驱动要素与机理做进一步探究。

研究方法

本书将从资源与制度视角，采用扎根访谈定性研究方法探索性地开发区域品牌化的驱动要素与机理模型；然后通过大样本数据实证检验其妥当性与普适性；最后讨论本书的理论贡献与策略建言。本书将采用 Pandit（1996）的扎根范式对区域品牌化的驱动要素与机理进行探索性开发。扎根理论是一种运用系统化程序扎根于社会现实归纳、演绎，进而构建理论体系的定性研究方法。它适用于个体对真实世界的解释，或从现象中发掘概念内涵，或通过事件发生顺序展现因果关系，对于构建新的理论具有重要意义（王璐和高鹏，2010）。为避免研究者的主观性，本书从资源与制度视角组织访谈与编码。如文化环境、产业传统，以及一切经济刺激的竞争性资源和遵从社会期待的制度性要素都将成为编码区域品牌化驱动要素与机理的理论依据。相关量表也在扎根访谈中被提炼开发。

（一）资料收集

资料收集（Data Collection）是指研究者发现、聚集或是产生所要分析的资料（Strauss，1987），具体包括资料来源、理论性抽样以及资料的"理论性饱和"。

1. 资料来源

扎根理论主要的资料来源为访谈、参与观察，或是田野观察。除此之外，图书馆和互联网上的数据、出版的文件（传记、政府公文、报纸）和未出版的文件（信件或日记）等，都可以作为数据的来源（Creswell，1998）。

2. 资料收集——理论性抽样

Struass 与 Corbin（1990）认为，不论资料来源是观察、访谈或书本文件，都可以使用"理论性抽样"的方法来完成资料的收集。理论性抽样（Theoretical Sampling）是为了形成理论，分析者同时收集、编码并分析资料，决定下一步要收集什么资料和从哪里可以找到它们，在理论形成的同时发展理论的过程（Glaser，1978）。也就是说，研究者必须知道收集什么、从哪里抽样、这些抽样会带领他到达何处。采用"理论性抽样"，可以使概念间的理论特质越发完整，概念间的理论性关联越发清晰。抽样的程序，则根据研究者当时所做的编码类型而有所不同（Struass and Corbin，1990）。

首先，在开放式编码中的抽样，叫作开放式抽样（Opening Sampling）。开放式编码的目的，就是在研究的现象中发现范畴并赋予名字，进而找出它的性质与面向。因此，此阶段的抽样是开放性的。开放式抽样的特点是自由开放，而不做任何明确的指示。它可以是碰运气的、系统的或是现场的即兴抽样。

其次，在主轴编码中的抽样，叫作关系及歧异性抽样（Relational and Variational Sampling）。主轴性编码的目的，是把开放式抽样及编码所发现的范畴及其副范畴明确地联合到一起，并在其间寻找变异过程的证据。所以，此阶段的抽样，可以是有系统或特意安排下的抽样，目的是扩大在面向层次上发现的差异。

最后，在选择性编码中的抽样，叫作区别性抽样（Discriminate Sampling）。选择性译码的目的在于把资料里的范畴，依面向层次统合成一个理论。因此，这里的抽样是有方向的且明确的区别性抽样。通过精心选择所要抽样的人与事，以便验证、补全未发展成熟的范畴或是范畴间的关系。

3. 资料收集"理论性饱和"

通过抽样收集资料要到什么时候才停止呢？就扎根理论研究而言，抽样的工作是持续不断的，一直到范畴里的资料达到"理论性饱和"为止（Glaser and Strauss，1967）。理论性饱和（Theoretical Saturation）是指抽样关于某一个范畴再也没有新的或有关的资料出现，资料里的范畴已发展得十分丰厚，各部分都能紧密联结，有过程和变异性；范畴间的关系都能妥当地建立，并且验证属实。

总的来说，资料的收集不只是开始于系统的观察或访问，而是研究者在日常生活中已培养出对研究题目的兴趣触觉，并开始非正式地注意、比较与思考了。

（二）资料分析

在扎根理论研究中，Strauss 和 Corbin 对资料编码发展了一组分析程序来协助研究者建立理论。扎根理论中的编码（Coding）是指将所收集或转译的文字资料加以分解、指认现象、将现象概念化，再以适当方式将概念重新抽象、提升和综合为范畴以及核心范畴的操作化过程（Glaser and Strauss，1987）。这组程序是由开放式编码（Open Coding）、主轴编码（Axial Coding）和选择性编码（Selecting Coding）所组成的。不同种类的编码程序，其间的界限并非是固定不变的。这也意味着研究者并不是按研究的三个阶段分别使用这三种程序。在编码时，很可能一直用一种编码方式，又突然转到另一种编码。尤其是在开放式编码与主轴编码间，这种来回的更迭更易发生。一般而言，研究者较常在研究初期使用开放性编码，而后使用选择性编码发现一些未发展或未统合的概念。使用选择性编码时往往需要回头使用开放式编码或主轴编码，以辅助选择性编码。在编码的过程中，最主要的两个分析程序是不断比较与提出问题。研究者通过不断比较与提出问题才能构建出扎根理论中概念的精确性与特殊性。事实上，以往文献也常以"不断比较的分析方法"（the Constant Comparative Method of Analysis）来指称扎根理论研究法。以下结合案例对三个分析过程做详细阐述。

1. 开放式编码

开放式编码（Open Coding）是将原始资料打散，赋予概念，用新的方式（或概念）重新组合起来的操作过程。经过这个基础步骤，研究者才能将资料分解为一个个的单位进行仔细检视，比较其间的异同；才能针对研究者或别人的假设提出质疑、探索，并进一步导出新发现。

在扎根理论中，开放式编码是所有编码形式的基础。因此，研究者经由深度访谈、参与观察等方式收集到资料后，便可针对原始资料进行开放式编码。开放式编码是利用提出问题和不断比较来发展概念的（Struass and Corbin，1990）。开放式编码要求研究者"悬置"个人观点，以开放的态度用概念的形式来表达访谈资料。研究者可以借用已有文献的概念或使用当事人的原话，也可以由分析者用自己的语言进行概念命名，并逐字逐句挖掘概念及其属性，以得到一些概念。然后，根据其属性归纳到一个更抽象水平的概念之下形成范畴。主要操作程序如下：

（1）定义现象。在扎根理论中，概念是分析的基本单位。因此，在分析工作中，研究者的第一任务就是把资料转化成概念，也就是将资料概念化（Conceptualizing）。具体做法是把观察到的现象、访谈稿或是文件中的句子、段落都分解成一个个独立的事项、念头或事件，再赋予一个可以代表它们所涉指现象的名字。这个步骤可以用提出问题的方式来完成。

（2）发掘范畴。在研究过程中，研究者会发现有十几个甚至上百个概念。他们需要把相似的概念归类在一起，形成范畴（Categories）。将收集到的概念分类成为不同内涵的类别，就称为范畴化（Categorizing）。此时区分的类别是暂时性的，可能随进一步的研究发现而被修改。

（3）为范畴命名。在发掘出范畴之后，研究者需要给范畴一个概念性的名称。为范畴命名有三种方式：

1）研究者自创。研究者自己创设一个名称，通常这个名称与其代表的资料在逻辑上是相关的，可以令读者一看到这个名称就联想到它所描述的概念。范畴的命名在抽象的层次上，一定要比它所涉指的概念维度更高。

2）引用学术文献里已有的名称。研究者使用文献名称的好处在于，这些概念很可能已经发展得较为完整。

3）使用见实编码（Vivo Codes）。见实编码指的是被研究者无意中所用到的一些极为传神的词汇，也可以是来自被访问或被观察者口中所说出来的名词。

4）发展范畴的性质与维度。要开发一个范畴，首先要开发它的性质，再从性质中区分出维度。性质是一个范畴的诸多特质或特征。维度则代表一个性质在一个连续系统上所处的不同位置。开放式编码不但帮助我们发现范畴，也帮助确认这些范畴的性质与维度，如图12-2所示。

图12-2　开放式编码的操作程序

在基于资源与制度视角的区域品牌化驱动机理与策略研究（赵卫宏等，2015）的案例中，作者通过对访谈资料比较分析，将原始资料概念化，再把相似概念组合分类范畴化为更高一级的概念。该研究首先对小组访谈记录的原始资料进行筛选甄别，剔除无关语句，得到原始语句；然后对其中出现三次及以上指向同一概念的原始语句进行概念化和范畴化，归纳出概念和范畴（如表12-3所示）。

表12-3　开放性编码形成的范畴（部分）

原始语句	概念化（开放式编码）	范畴化（属性因子）
A02 丰富的自然资源；A04 基础设施建设优越、人力资源丰富；A05 资源与众不同，有特色，如新疆哈密瓜甜是因为温差大；A17 资源配置科学	资源丰富、资源特色、配置合理	资源优势性
A17 产品有特色，能一下让人想到；A19 产品达标；A33 人们对该地区产品评价较好	特色、标准、口碑	产品优势性
A02 产业设计科学合理；A21 相关企业集聚一起形成特色产业；A34 形成一体化产业链	布局合理、合作紧密、分工明确	产业规划性
A08 选择有利于区域发展的产业；A11 合作和竞争提高学习创新能力；A40 产业技术成熟；A41 相关配套设施完善	前景、定位、学习、创新、成熟完善	产业优势性
A11 相关团体共同规划地区发展并承担相应责任；A20 相关利益群体主动推广本地区；A21 政府引导特色发展	规划、责任、宣传、特色建设	目标一致性
A14 围绕地区特色进行规划；A22 相关规章制度完善；A45 政府履行职责，办事有效率	规划科学、制度完善、认真负责	领导专业性

资料来源：赵卫宏等. 基于资源与制度视角的区域品牌化驱动机理与策略研究 [J]. 宏观经济研究，2015，2（26-38）.

2. 主轴编码

主轴编码（Axial Coding）是指在完成开放式编码之后，研究者借助一种编码典范（或译为典范分析模型）联系范畴与其副范畴，从而把资料重新整合，仔细开发主要范畴的过程。副范畴所指的就是所观察现象的"条件、脉络、行动和互动的策略与结果"，也就是与现象相关联的部分。其主要操作程序如下：

（1）使用典范分析模型联结并开发范畴。首先研究者要了解这个现象的条件、脉络，现象中行动者为了要执行、处理而采用的策略以及采用后的结果。在构建扎根理论的过程中，通过标明现象的因果条件、脉络、中介条件、行动或互动策略以及结果等彼此间的关系，可以将副范畴与范畴连接在一起。

在此编码的过程中，有四种同时进行的分析性工作：

1）陈述副范畴与现象间的关系本质，构想范畴与副范畴之间的假设性关系；

2）检验实际资料是否支持以上假设性的关系；

3）继续不断地寻找范畴与副范畴的性质，以及从实际的案例中找寻它们在各自维度上的定位；

4）比较不同的案例在其所属的范畴与副范畴的维度上的歧异性。

（2）借助性质及维度的位置进一步开发范畴与副范畴。除了在原先的范畴与副范畴之间关系的假设上寻求资料的验证之外，还应考虑是否还有其他有关范畴的性质和面向未被发掘。

（3）利用资料验证假设。在资料收集的过程之中，研究者或许会发现一些反例和否证，使研究者对现象的多元性有所了解。再通过实际资料检验范畴与副范畴之间关系的假设，如此，所建构出来的理论将更为缜密，也更富变化。

（4）在维度层次上联结范畴。研究者在现象中会发现，所涉现象性质的事件会在某些维度位置上出现，从而呈现趋势形态。研究者应特别留意这些形态并加以分析比较。这样所得到的资料才有助于选择性编码的进行。

在完成主轴性编码之后，研究者可获得一些关于研究现象的主题式的概念。而如果要进一步建立理论，则要更深一层地去进行选择性编码，即建立核心范畴。

在上述案例中，作者把开放式编码中被分割的资料通过聚类分析在不同范畴之间建立关联，再根据制度合法三维支柱（规制趋同、规范趋同和文化认知趋同）机理和范畴间的相互关系与逻辑次序对开放式编码得到的资源范畴进行主轴归类（如表 12-4 所示）。

3. 选择性编码

在研究者不断进行理论性思考、编码，以及书写摘记的过程中，会逐步发现核心范畴，这个过程便是选择性编码（Selective Coding）。核心范畴（Core Categories）是指其他所有的范畴都能以之为中心，从而结合在一起。Glaser（1978）

表 12-4　主轴编码关系形成过程

主轴编码 (结构维度)	范畴化	范畴的关系联结
政治规制资源趋同	领导专业性 目标一致性 资源动员性 群体协同性	政治规制性是区域制度合法性的重要支柱。政府可以通过制度环境和政策导向形成区域内的规制性资源激励和趋同，促进目标的一致性，并专业化地领导、动员利益群体协同努力，发掘和培育本地区的合法性特色优势，促进地区特色发展
集群规范资源趋同	资源优势性 产品优势性 产业优势性 产业规划性	产业的集群规范性是区域经济道德合法性的重要支柱。依靠地区特色资源优势，合理规划产业集群与循环发展，打造产业和产品的市场优势，可以形成区域内产业发展合法性的集群规范性资源激励和趋同，促进区域产业特色发展
文化认知资源趋同	价值观共享性 理论认知性 理念俗成性 角色定位性	文化认知性是维持区域制度持续性的重要支柱。在文化认知上促进区域内利益相关者对本地区特色发展的共同价值观念、理论认知、理念俗成，以及角色定位，可以形成文化认知合法性资源的激励和趋同，使本地区特色发展持续地获得自觉动力

资料来源：赵卫宏等. 基于资源与制度视角的区域品牌化驱动机理与策略研究 [J]. 宏观经济研究，2015，2（26-38）.

指出，核心范畴必须具有中央性，也即与最多范畴和特征相关；要不断发生在数据中成为一个稳定的模式，并与其他范畴可以容易、快捷、有意义地联结。也就是通过不断的比较，逐渐将范畴命名的抽象层次提高，使它成为一个包容性更强、抽象度更高的名词。这样的命名即为核心范畴，也就是扎根理论的核心概念。

选择性编码主要有五个步骤，但这五个步骤并不是依顺序直线进行的，而是多次重复的工作。

（1）明确故事线。故事线即是概念化后的故事，也就是把原先描述性的叙述，抽离至概念性的叙述。研究者通过利用"不断比较"和"提出问题"这两个基本策略，找出故事线索。

（2）连接核心范畴和副范畴。研究者通过界定指出编码典范中的范畴，将它们之间的关系做适当的排列，分析出当中的秩序，以恰当地反映故事的情节。故事本身的叙述逻辑性及前后次序，也是研究者能否把故事当中所蕴含的范畴以一个清晰的面貌排列出来的关键。

（3）借助维度层次把范畴连接起来。也即找出各范畴的性质与维度间重复出现的关系。研究者所开发出来的理论要能够说明在哪些条件之下、哪些事情会发生。在找出各范畴间的关系之后，研究者即可依各范畴所坐落在面向上的位置，将其归类、集聚，即可得出一个理论的雏形。

（4）用资料验证上述范畴的关系。完成了理论的构型之后，研究者必须再以收集来的资料验证这个理论。

（5）继续开发范畴。此处所要进行的是范畴的填补工作。在研究者已形成经验证过的理论之后（此理论已将各种条件融入其中，且发展了过程，具备了解释力），研究者可以再回到当初建构好的范畴之中，做必要的填补工作，使所形成的理论更具备概念上的缜密性和准确性。在理论中如果某些范畴的维度尚未被合适地开发（如没有资料佐证）时，应再回到田野中针对理论的漏隙继续收集资料。

在上述案例中，作者从主范畴中挖掘核心范畴，通过描述现象的"故事性"来梳理核心范畴与其他范畴间的逻辑关系，并结合相关理论完善各范畴及相互关系，以达到理论饱和要求，最终形成概念化模型（如图12-3所示）。

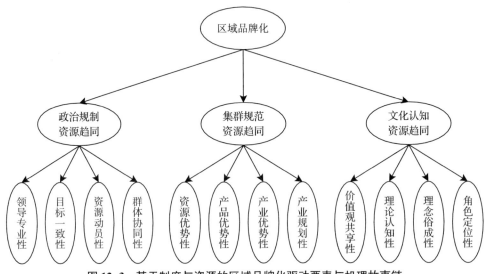

图12-3 基于制度与资源的区域品牌化驱动要素与机理故事链

资料来源：赵卫宏等. 基于资源与制度视角的区域品牌化驱动机理与策略研究［J］. 宏观经济研究，2015，2（26-38）.

综上所述，上述三个编码形式虽看似有优先顺序，但事实上它们是环环相扣的。选择性编码的形成通常伴随着主轴编码而来。因为选择性编码主要是确认故事线索、发展脉络形态，针对各个不同的脉络类型发展理论。研究者可从开放式编码或主轴编码中见其端倪。因此，通常是在主轴编码成形后，研究者便可经由文献结论或本身编码过程中的认识，整理出选择性编码。根据扎根理论研究方法，围绕核心范畴、主副范畴以及所有范畴和概念而构建的网络关系，即可得出研究结论。

（三）评价检验

如同其他定性研究，扎根理论研究也需要把研究步骤、程序、评价标准等交代清楚。在评估一项研究时，必须先区分研究者的目标是在创造、阐明，还是验证理论。首先，研究者要判断资料的效度和信度。其次，要评估研究的过程是否合适。这是因为扎根构建的理论是由程序创造、阐明并验证的。最后，还要判断研究结果的经验性基础（Empirical Grounding）。

1. 研究的信度与效度

扎根理论的研究信度更多针对的是概念化、范畴化的信度。而核心范畴的信度是难以衡量的。一般可采用以下方法来判断编码的信度：

（1）第一个研究者根据资料确定范畴，然后抽取 25%的资料交给第二个研究者，第二个研究者再独立地根据资料确定范畴，计算信度 R。两个研究者确定的范畴一致性程度越高，R 则越大，说明越可信（Miles and Huberman，1994），则：

$R = n \times k / 1 + (n - 1) \times k$

其中，R 为信度；n 为样本数；k 为平均相互同意，是指两个研究者之间相互同意的程度。K = 2M/N1 + N2。其中，M 为两者都完全同意的栏目；N1 为第一研究者所分析的栏目数；N2 为第二研究者所分析的栏目数。

（2）关联式编码及核心编码，尽量进行多人讨论和验证。例如，通过"多重研究者三角验证"（Multiple Researcher Triangulation），采用测量、收集资料和资料分析的多重方法以获得对研究对象的多侧面了解。

扎根理论的研究效度是指资料的真实性与可靠性以及研究者的理论敏感性和对专业知识的把握与理解。Glaser（2012）认为，扎根理论的研究成果超越抽象概念，并不是对现象进行精确描述，扎根理论的结果不受时间、地点、人物的限制。所以研究者必须摆脱试图通过对资料的精确描述来评判扎根理论效度的错误见解。

2. 研究过程的判断

通常在论文或报告中不会呈现出分析部分的实际过程。但在扎根理论研究中，研究者应该通过提供必要的信息来让读者自行判断研究过程是否完备。以下就提出问题的方式，指出研究者应该提供哪些信息。而这些问题的答案就可视作判断扎根研究过程的准则。

（1）如何选择起初的样本？用什么做基础？

（2）研究过程中出现了哪些重要的范畴？

（3）哪些事件、行动等作为指标成为构成重要范畴的基础？

（4）理论性抽样的基础是哪些范畴？完成理论性抽样之后，如何引导资料收集？完成理论性抽样之后，这些范畴的代表性如何？

（5）范畴间的关系如何？这些假设建构及验证的基础何在？

（6）有无假设与实际状况不符合的例子？如何解释？这种特例会不会影响假设？

（7）核心范畴是如何且为什么被选上？是在怎样的基础上做出最后的分析决定的？

假如扎根理论研究者能够提供给读者这些信息，那么读者可以使用这些标准来评估研究者所做的编码程序是否严谨恰当。

3. 研究结果的经验性基础

以下同样以提出问题的方式提供一套检查研究结果是否具有经验性基础的标准。

（1）概念是如何萌生的？

（2）概念间彼此有系统性关联吗？在研究中，是否有许多概念间的联结？范畴是否妥善地开发？概念联系与范畴是否已达到概念上的缜密性？

（3）理论发现显著吗？显著到什么程度？

最后，Struass 和 Corbin（1990）建议，不论作为研究者，还是作为评估别人研究成果的读者，都应将以上这些标准视为指导原则。除非有很好的理由，否则请遵守这些研究规则，从而让读者可以判断理论可信度。此外，在较长的研究报告里，研究者应交代研究过程，即使是极简短的说明。只有这样，读者才可能评估整个研究，并借此让读者了解扎根理论研究与其他研究有何不同。

第四节 案例研究

一、案例研究的概念

（一）案例研究的定义

案例研究起源于芝加哥大学社会学院所进行的生活史研究及生活环境调查。然而当时这种研究方式被当作资料收集技术，从而间接地导致了案例研究的定义悬而未决。詹尼弗·普拉特（1984）首次将案例研究法与参与性观察以及其他各种形式的现场调查做出了明确的区分，并给出了简单的定义，即案例研究是"一整套设计研究方案必须遵循的逻辑"，是"只有当所要研究的问题与其环境相适应时才会使用的方法，而不是无论什么环境下都要生搬硬套的教条"（Platt，1992）。

但这套"设计研究方案必须遵循的逻辑"到底是什么？学界一直众说纷纭。直到学者 Yin 在 1981 年通过两种方法重新对案例研究进行阐释，这种必须遵循的逻辑才逐步揭开面纱。

首先，案例研究定义的核心精神在于其研究的范围，即案例研究是一种实证研究，它在不脱离现实生活环境的情况下研究当前正在发生的现象，并且这种待研究的现象与其所处环境背景之间的界限并不十分明显。因此，yin（1981）认为，采用案例研究法，是因为研究者相信事件的前后联系与研究对象之间存在高度关联，特别要把事件的前后联系纳入研究范围之内。

其次，在研究过程中，由于现实生活中很难明确区分现象与背景条件，这就给界定案例研究带来了难度。因此，Yin 又从研究过程的环节（包括资料收集与资料分析等）对案例研究进行技术层面的界定。即案例研究法处理有待研究的变量比资料点（Data Points）还要多的特殊情况，所以需要通过多种渠道收集资料，并把所有数据资料汇合在一起进行交叉分析。因此，案例研究需要事先提出理论假设，以指导资料收集及资料分析。

换言之，作为一种研究思路的案例研究包含了各种方法，涵盖了设计的逻辑、资料收集技术，以及具体的资料分析手段。就这一意义来说，案例研究既不是资料收集技术，又不仅限于设计研究方案本身，而是一种全面的、综合性的研究思路（Stoecker，1991）。

结合先前研究和众多学者的意见，Robert（1984）为案例研究给出了经典定义。即案例研究是一种经验主义的探究（Empirical Inquiry），它研究现实生活背景中的暂时现象；在这样一种研究情境中，现象本身与其背景之间的界限不明显，研究者只能大量运用事例证据来展开研究。

（二）案例研究的特征

Merriam（1998）将学者们对案例研究的特点描述加以整理，如表 12-5 所示。

表 12-5　案例研究的特点

Guba 和 Lincoln （1981）	Helmstadter （1970）	Hoaglin 和 others （1982）	Stake （1982）	Wilson （1979）
厚实的描述	可用来矫正或改善显示	独特性	归纳性的	独特的
基础的	结果即是假设	对当事人及动机的描述	资料的多元性	整体的
翔实且与生活贴近的	计划是有弹性的	对关键议题的描述	描述性的	纵向的
对话的形式	能应用于困境情境	能建议解决方案	独特性的	定性的
阐释意义			探索性的	
建立知识				

资料来源：Merriam. Case Study Research in Education [M]. CA：Sage，1998.

根据 Merriam（1988）和 Yin（2003）的观点，案例研究具有以下特点：

（1）整体性。案例研究强调在一个完整的情境脉络下理解研究的现象，反对简约主义或元素主义，以期对研究对象做深入剖析和全面理解。

（2）独特性。案例研究着重于一个特殊的情境、事件、方案和现象，重点不是从案例研究发现中去扩大了解其他的情境、时空或其他的人物。相反，它所要寻求的是在案例中所要呈现的是什么。即案例研究虽然同时探求案例的共同性和特殊性，但最重要的还是独特性。

（3）描述性。案例研究的趣味在于探讨现象的过程，而不是表达一些统计数据和因果关系，因此它是描述性的。

（4）诠释性。案例研究提供了丰富的情境，注意到了行动者的意向，而使读者理解现象中复杂的关系，并去了解行动者的参照架构及价值观，使其对案例的事件加以思考和诠释。

（5）归纳性。案例研究所依靠的是归纳推理逻辑，所以不能仅靠单一的资料收集方法，而必须使用多重证据来源。从收集的资料中形成概念或假设、一般规律。也即案例研究者的兴趣是发现和理解一个现象而不是验证假设。通过研究所得的资料则必须依靠归纳性推理。

（6）启发性。案例研究使读者能够理解研究现象，并发现经由研究带来的新意义。它使读者拓展经验，或对已知的事实和知识加以确认，以期与读者在既有的经验上产生共鸣。

（三）案例研究的类型

在社会科学研究方法这一定义层面，案例研究（Case Study）属于经验性研究方法的范畴。经验性研究方法（Empirical Research Method）是对应非经验性研究方法而言的，它包括实地研究（Field Research）、实验研究（Laboratory Experimentation）、调查研究（Survey）和案例研究（Case Study）。但在有的学科中，实地研究被进一步区分为狭义的实地研究、实地实验（Field Exponentiation）和案例研究。而在另一些学科中，案例研究与实地研究被视作基本同质的研究方法（余菁，2004）。与此同时，余菁（2004）还认为，在管理科学研究中，"狭义的实地研究方法"的含义并不明确，而实地实验可以被归类为实验研究的一种。因此，适当扩大案例研究方法的内涵，使其近乎等同于实地研究方法的观点，是有利于案例研究方法发展的。

根据不同的划分标准，可以区分出不同的案例研究类型。服务于不同案例研究类型的方法是不同的。有些案例研究方法只适用于特定的案例研究类型。也有一些案例研究可以同时综合应用多种案例研究方法。其分类如下：

1. 根据研究任务和目的分类

根据研究任务和目的的不同，案例研究方法可以区分为五种类型（Scapens，1990；Hussey and Hussey，1997）。它们是：探索型（Exploratory）、描述型（Descriptive）、例证型（Illustrative）、实验型（Experimenta1）和解释型（Explanatory）的案例研究。

　　探索型案例研究往往超越已有的理论体系，运用新的视角、假设、观点和方法来解析社会经济现象。这类研究以为新理论的形成做铺垫为己任，其特点是缺乏系统的理论支撑，相关研究成果非常不完善。因此，在已有理论框架下，当研究者希望对企业实践活动做出详尽的描述时，可以采用描述型案例研究方法。当研究者希望阐述企业组织的创造性实践活动或企业实践的新趋势时，可以采用例证型案例研究方法。当研究者希望检验一个企业中新实践、新流程、新技术的执行情况并评价其收益时，可以采用实验型案例研究方法。解释型案例研究则适用于运用已有的理论假设来理解和解释现实中企业实践活动的研究任务。

　　同样，根据研究任务的不同进行分类，也可以将案例研究方法区分为探索型、描述型、解释型和评价型四种。学者 Bassey（1999）形象地描述了这四种不同类型的案例研究。其中，探索型案例研究侧重于提出假设，它们的任务是寻找新理论（Theory-Seeking）。描述型案例研究侧重于描述事例，它们的任务是讲故事（Story-Telling）或画图画（Picture-Drawing）。解释型案例研究侧重于理论检验（Theory-Testing）。而评价型案例研究侧重于就特定事例做出判断。可以看出，无论是在四类型分类法或五类型分类法中，人们对探索型和描述型这两种类型的案例研究的内涵基本没有争议。这两种类型分别对应着超出现有理论框架解释范围之外和完全在现有理论框架解释范围之内的案例研究。而分歧主要集中在那些立足于现有理论框架但又尝试有所突破与发展的案例研究的分类及其属性上。

　　2. 根据研究案例数量分类

　　案例研究可以使用一个案例，也可以包含多个案例。多案例研究的特点在于它包括了两个分析阶段——案例内分析和跨案例分析。多案例研究法能使案例研究更全面、更有说服力，能提高案例研究的有效性。比如，多个案例可以同时指向一个证据，或为相互的结论提供支持。

　　单个案例研究在以下几种情况下是合适的：①当一个案例代表测试理论的关键案例时，用单个案例即可。②当一个案例代表一个极端或独一无二的案例时，需用单个案例，如在临床心理学上的应用。③与第二种相反，研究有代表性的、典型的案例，有助于加深对同类事件、事物的理解。④研究启示性案例，研究者有机会观察和分析先前无法理解的科学现象。⑤研究纵向案例，对于两个或多个不同时间点上的同一案例进行研究。

　　在多案例研究设计中，每一个案例在研究中都有特定的目的，必须合理选择每一个案例。运用多个案例设计的优势是，多个案例得出的证据更有说服力。但是，用多个案例研究需要更多资源，如时间、经费和研究工作。科研工作者常常要权衡利弊，做出选择。Eisenhardt（1989）极力推崇多案例研究。她认为多案例研究能通过案例的重复来支持研究的结论，从而提高研究的效度。多案例研究能够更全面地了解和反映案例的不同方面，从而形成更完整的理论。并且，多案例研究遵从的是复制法则，而非抽样法则。

二、案例研究的目的

在被研究的现象本身难以从其背景中抽象、分离出来的研究情境中，案例研究是一种行之有效的研究方法。通过案例研究，人们可以对现象、事物进行描述和探索。它可以获得其他研究手段所不能获得的资料、经验和知识，并以此为基础来分析不同变量之间的逻辑关系，进而检验和发展已有的理论体系（Creswell，1998）。此外，案例研究不仅可以用于分析多种因素影响下的复杂现象，还可以满足那些开创性的研究，尤其是以构建新理论或精炼已有理论中的特定概念为目的的研究需要。

归纳起来，案例研究适合于解决三类问题：

（1）回答"怎么样"或"为什么"的问题；

（2）研究者几乎无法控制研究对象的问题；

（3）当研究者关注的核心是当前现实生活中产生的实际问题。

Eisenhardt（1989）指出，案例研究特别适用于"新的研究领域或现有理论似乎不充分的研究领域"。案例研究在某个主题的初期研究或需要新颖的观点时十分有用，而正常的科学研究则对认知的后期阶段十分有用。

作为一种研究方法，案例研究可以被用于许多领域。目前，案例研究已经成为心理学、社会学、政治学、社会救济、商业及社区规划方面的常用工具（Gilgun，1994；Ghauri and Gronhaug，2002）。人们之所以会采用案例研究法，是因为它能够帮助人们全面了解复杂的社会现象；可以使研究者原汁原味地保留现实生活中（如个人生命周期、组织管理过程、社区变化、国际关系以及某个产业的发展过程等）有意义的特征。

三、案例研究的范式

案例研究有两种范式：一种是相对开放的、没有预设理论框架束缚的研究，类似著名的霍桑试验中的"继电器小组的群体研究"和管理大师明茨伯格的"管理者的角色研究"；另一种是遵循严格规范和设计开展的案例研究。由于组织管理中许多现象出于非理性的原因，案例研究方法的理性显得至关重要。因此，学术界多偏好规范研究与设计的案例研究。

案例研究的规范化步骤包括案例研究设计、资料收集、资料分析和撰写研究报告。

（一）研究设计

（1）明确研究问题。研究者必须明确聚焦问题，用"怎么样"和"为什么"的方式来表示，确定研究对象和资料收集的范围。

（2）预设构念（适合解释性研究）。研究开始前根据研究问题和相关理论预设一些构念，并将其体现在访谈草案或问卷中。一旦被证明是重要的，则有其坚实的经验基础。

（3）说明相关理论（适合探索性研究）。尽可能了解相关的完整理论，进行文献综述，以便更合理地收集资料、分析归纳，最后的研究结论也要和这些理论进行比较。

（4）基于理论进行预测（适合解释性研究）。当进行解释性案例研究时，研究者应事先从现有理论中演绎、预设一些研究假设，然后用多案例验证。

（5）明确分析单元。研究者应明确聚焦要研究的主要对象。分析单元可以是具体的（如个人、组织、产业等），也可以是抽象的（如决策、过程等）。

（6）逻辑性选择多案例。多案例的选择不同于统计研究的抽样法则，与多元实验中的复制法类似。被选案例要么能产生相同的结论（逐项复制），要么能由可预知的原因产生与前一个研究不同的结果（差别复制）。

（7）试点研究：正式收集资料前，研究者可以对其中一个研究对象进行试点研究，给研究程序和内容提供经验。

（8）基于团队进行研究。由多人组成的研究团队有助于提高结论的信度。集体的智慧也可能产生更多新发现。

（二）资料收集

（1）撰写资料收集程序。论文或报告中要详细说明资料收集的程序。

（2）使用多种收集方法。研究者应尽可能使用多种资源，包括文献、档案、面对面访谈、直接观察、参与性观察、实物证据等。最好还包括定量数据（问卷）的收集。这样有助于避免被繁杂的定性资料所迷惑。

（3）使用"证据三角形"等方法检验。这里强调对同一现象采用多种手段进行研究。研究者通过多种资料的汇聚和相互验证来确认新的发现，以避免偏见。一般验证方法包括四种类型：不同的证据来源、不同的评估人员、同一资料的不同维度和各种不同的方法。

（4）撰写案例研究草案。研究者应尽可能详细地撰写研究报告大纲，包括案例研究问题、工作内容、研究程序、工作原则等。

（5）形成案例研究数据库。研究者对采集到的各种资料（如各种记录，研究过程中获得的文献、图表资料，每阶段对数据的分析、描述等）应及时整理并建立数据库。

(三) 资料分析

资料分析包含检查、分类、列表或者使用其他方法重组资料，以探寻研究初始的命题。对案例研究方法而言，分析收集来的资料通常是最重要也最困难的步骤。如果缺少一个总体的策略，那么研究的前期工作将会白白浪费。因此，接下来将通过分析策略和分析技术两部分说明如何进行资料分析。

1. 分析策略

（1）遵循理论的观点。最常用的策略是遵循案例研究的理论假设，因为案例研究的最初目的与设计是依据理论而产生的。此外，理论观点也能反映出研究问题、文献分析及新的见解。理论能帮助研究者形成资料收集计划、抓住确切的资料、组织整个案例研究、定义各种验证的解释。特别是在解释因果关系，回答"怎么样"或"为什么"的问题时，遵循理论的观点作用很大。

（2）考虑竞争性解释。第二种总体分析策略是建立和检验竞争性解释。这种策略可以与第一种策略联系起来，因为上述理论假设可能包括了竞争性假设。然而，即使没有这样的竞争性假设，也可以选用这种策略。考虑竞争性解释对案例研究评估大有作用。

（3）进行案例描述。第三个总体分析策略是为案例研究开发一个描述性框架。案例研究的最初目的就是描述性的。描述策略有助于确定需要分析的因果关系，甚至有利于开展定量分析。

2. 分析技术

案例研究中具体的分析技术包括：模式匹配、建构性解释、时序分析、逻辑模型和跨案例聚类分析。

（1）模式匹配。这是案例研究中最为提倡的技术。研究者将建立在实证基础上的模式与建立在几种预测可能基础上的模式相匹配。如果一致，那么将会取得理想的内在效度。

（2）建构性解释。这一技术的目的在于通过建构一种关于案例的解释来分析案例研究的资料。建构性解释是对政策或社会行为提出一个原创性的理论观点或命题。它将原始案例的研究结果与上述观点或命题进行比较，并修正该观点或命题。

（3）时序分析。将实验研究与准实验研究里常用的时间序列分析直接类推至案例研究。值得注意的是，研究者使用时间序列分析要先确认此研究所包含的时间间隔，以及在这段时间内要追踪的特定事件或指标。如此才能一开始便将焦点置于相关的资料中，减少分析的工作量。

（4）逻辑模型。逻辑模型是一段时期内各个事件之间复杂而精确的链条。这个链条能展示"原因—结果—原因—结果"的重复循环。前一阶段的因变量成为下一阶段的自变量。案例分析需要把实证资料组织起来，支持或驳斥这个逻辑模型。

（5）跨案例聚类分析。跨案例聚类分析专门用于多案例研究。它可以探讨不同案例之间是否有某些共同点，有没有哪些案例可以看作同一种类型的案例。这通常会启迪、引出深刻的观点。多案例聚类分析的通常办法是编制文档表格。

不论是采用哪种特定分析策略或技术，研究者都必须注意以下三个基本原则，尽可能确保分析结果达到最高质量的要求：

（1）必须展现出分析是以所有相关的资料为证据基础的。

（2）分析应包含所有重要的竞争性解释。

（3）研究者应该合理、充分地运用自己的专业知识。

（四）撰写报告

案例研究报告要以读者需求为导向，合理安排写作结构。例如，通过线性分析、时间顺序、理论建构、倒置式及混合结构等方式，并遵循严格的程序进行撰写。一个好的案例研究应具备以下特征：

（1）研究的案例必须有价值。

（2）研究必须具有完整性。

（3）研究者必须考虑到不同的观点。

（4）以吸引读者的方式编写案例研究报告。

参考文献

［1］Bassey M. Case Study Research in Educational Settings ［M］. Buckingham and Philadelphia：Open University Press，1999.

［2］Charmaz K. Constructing Grounded Theory ［M］. Newbury Park：Sage Publications，2006.

［3］·Creswell J. Qualitative Inquiry and Research Design：Choosing among Five Traditions ［M］. Thousand Oaks，CA：Sage Publications，1998.

［4］Creswell J. Research Design：Qualitative & Quantitative Approaches ［M］. Newbury Park：Sage，1994.

［5］Deborah K. Padgett. 定性研究与社会工作 ［M］. 张英阵译. 中国台湾：洪叶文化事业有限公司，2000.

［6］Eisenhardt K. M. Better Stories and Better Constructs：The Case for Rigor and Comparative Logic ［J］. Academy of Management Review，1991（16）：620-627.

［7］Eisenhardt K. M. Building Theories from Case Study Rsearch ［J］. Academy of Management Review，1989（14）：532-550.

［8］Ghauri P. N.，Grønhaug K. Research Methods in Business Studies：A Practical Guide ［M］. 大连：东北财经大学出版社，2007.

［9］Gilgun J. F. A Case for Case Studies in Social Work Research ［J］. Social Work，1994，39（4）：371-380.

［10］Glaser B. G.，Holton J. The Discovery of Grounded Theory ［J］. Strategies for Qualitiative

Research, 1967, 3 (6): 377-380.

[11] Glaser B. G. The Constant Comparative Method of Qualitative Analysis [J]. Grounded Theory Review an International Journal, 2008, 7 (3): 436-445.

[12] Glaser B. G. Theoretical Sensitivity: Advances in the Methodology of Grounded Theory [J]. Journal of Investigative Dermatology, 1978, 2 (5): 368-377.

[13] Glaser B. & Strauss A. The Discovery of Grounded Theory: Strategies, or Qualitative [M]. Chicago: Aldine, 1967.

[14] Jameson F. P. The Cultural Logic of Late Capitalism [J]. Journal of Aesthetics & Art Criticism, 1991, 19 (50): 53-92.

[15] Kaplan A. The Conduct of Inquiry: Methodology for Behavioral Science [M]. New York: Harper & Row, 1979.

[16] Kassarjian H. H. Content-analysis in Consumer Research [J]. Journal of Consumer Research, 1977 (4): 8-18.

[17] Maxwell J. Integrating Quantitative and Qualitative Research Design. Handouts for the course "Integrating Quantitative and Qualitative Research Methods" [M]. Cambridge: Harvard Graduate School of Education, 1995.

[18] Merriam, Sharan B. Qualitative Research and Case Study Applications in Education. Revised and Expanded from "Case Study Research in Education. [J]. British Educational Research Journal, 1998, 41 (2): 287-302.

[19] Miles M. B. and Huberman A. M. Qualities Data Analysis (2nd Ed.) [M]. Thousand Oaks, CA: SAGE, 1994.

[20] Miles, Matthew B. Huberman, A. Michael, Saldana, Johnny. Qualitative Data Analysis: A Methods Sourcebook. Third Edition [M]. Sage Publications Ltd, 2013.

[21] Minichiello V., Aroni, R., Timewell E. and Alexander L. In-depth Irtterrimnirrg: Researching People Melbourne [M]. Longman Cheshire, 1990.

[22] Nelson C., Treichler P. A., Grasberg L. Cultural Studies: An Introduction [A]// L. Grasberg, C. Nelson, & P. A. Treichler (Eds.). Cultural studies [M]. New York: Routledge, 1992.

[23] Pandit N. R. The Creation of Theory: A Recent Application of the Grounded Theory Method [J]. Qualitative Report, 1996 (4): 1-15.

[24] Robert W. Scapens. Researching Management Accounting Practice: The Role of Case Study Methods [J]. The British Accounting Review, 1990, 22 (3): 259-281.

[25] Roger D. Wimmer, Joseph R. Dominick, Wimmer 等. 大众传媒研究导论 [M]. 北京: 清华大学出版社, 2003.

[26] Strauss, Corbin. 质性研究概论 [M]. 徐宗国译. 中国台湾: 巨流图书公司, 1997.

[27] Strauss A., Corbin J. Basics of Qualitative Research: Techniques and Procedures for Developing Grounded Theory (2nd edn) [Z]. Management Learning, 2000.

[28] Strauss A. & Corbin J. Basics of Qualitative Research：Grounded Theory Procedures and Techniques［M］. Newbury Park：Sage，1990.

[29] Strauss A. Qualitative Analysis for Social Scientists［M］. Cambridge UK：Cambridge University Press，1987.

[30] Ward J. C.，Ostrom A. L. Complaining to the Masses：The Role of Protest Framing in Customer-Created Complaint Web Sites［J］. Journal of Consumer Research，2006，33（2）：220-230.

[31] Yin Robert K. 案例研究：设计与方法［M］. 周海涛，李永贤等译. 重庆：重庆大学出版社，2003.

[32] Yin R. K. Case Study Research：Design and Methods［M］. Newbury Park，CA：Sage Publications，1984.

[33] Charmaz K. Constructing Grounded Theory［M］. Newbury Park：Sage Publications，2006.

[34] 艾尔·巴比. 社会研究方法（第 11 版）［M］. 北京：华夏出版社，2009.

[35] 陈向明. 从一个到全体——质的研究结果的推论问题［J］. 教育研究与实验，2000（2）：1-7.

[36] 陈向明. 定性研究方法评介［J］. 教育研究与实验，1996（3）：62-68.

[37] 陈向明. 社会科学中的定性研究方法［J］. 中国社会科学，1996（6）：93-102.

[38] 陈向明. 扎根理论的思路和方法［J］. 教育研究与实验，1999（4）：58-63.

[39] 陈向明. 质性研究的新发展及其对社会科学研究的意义［J］. 教育研究与实验，2008（2）：14-18.

[40] 陈晓萍，徐淑英，樊景立. 组织与管理研究的实证方法［M］. 北京：北京大学出版社，2012.

[41] 仇立平. 社会研究方法（第 2 版）［M］. 重庆：重庆大学出版社，2015.

[42] 丹尼尔·里夫，斯蒂文·赖斯，弗雷德里克·G. 菲克. 内容分析法：媒介信息量化研究技巧［M］. 北京：清华大学出版社，2010.

[43] 凯西·卡麦兹. 建构扎根理论［M］. 重庆：重庆大学出版社，2009.

[44] 李怀祖. 管理研究方法论（第 2 版）［M］. 西安：西安交通大学出版社，2004.

[45] 李晓岚，佘双好. 质性研究方法［M］. 武汉：武汉大学出版社，2006.

[46] 毛基业，张霞. 案例研究方法的规范性及现状评估——中国企业管理案例论坛（2007）综述［J］. 管理世界，2008（4）：115-121.

[47] 诺曼·K.邓津，伊冯娜·S.林肯. 定性研究（第 1 卷）——方法论基础［M］. 重庆：重庆大学出版社，2007.

[48] 诺曼·K.邓津，伊冯娜·S.林肯. 定性研究（第 2 卷）——策略与艺术［M］. 重庆：重庆大学出版社，2007.

[49] 欧阳桃花. 试论工商管理学科的案例研究方法［J］. 南开管理评论，2004，7（2）：100-105.

[50] 邱均平，邹菲. 关于内容分析法的研究［J］. 中国图书馆学报，2004，30（2）：12-17.

[51] 塞克拉，蓝波涛. 企业研究方法（第 5 版）［M］. 北京：清华大学出版社，2013.

［52］ 王静龙. 定性数据分析 ［M］. 上海：华东师范大学出版社，2005.

［53］ 王璐，高鹏. 扎根理论及其在管理学研究中的应用问题探讨 ［J］. 外国经济与管理，2010，32（12）：10-18.

［54］ 谢芳. 案例研究方法 ［J］. 北京石油管理干部学院学报，2009，16（3）：25-30.

［55］ 徐宗国. 扎根理论研究法 ［M］. 中国台湾：巨流图书公司，1996.

［56］ 阎海峰. 管理学研究方法 ［M］. 上海：华东理工大学出版社，2008.

［57］ 杨杜. 管理学研究方法（第 2 版）［M］. 大连：东北财经大学出版社，2013.

［58］ 殷. 案例研究设计与方法 ［M］. 重庆：重庆大学出版社，2004.

［59］ 余菁. 案例研究与案例研究方法 ［J］. 经济管理，2004（20）：24-29.

［60］ 张敬伟，马东俊. 扎根理论研究法与管理学研究 ［J］. 现代管理科学，2009（2）：115-117.

［61］ 赵卫宏，周南，朱海庆. 基于资源与制度视角的区域品牌化驱动机理与策略研究 ［J］. 宏观经济研究，2015（2）：26-38.

［62］ 邹菲. 内容分析法的理论与实践研究 ［J］. 评价与管理，2006（4）：71-77.

第十三章　研究报告与学术论文撰写

【内容框架】

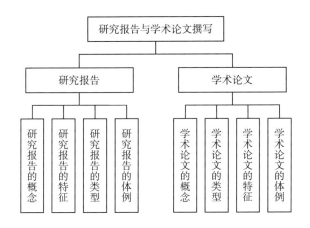

第一节　研究报告

一、研究报告的概念

研究报告是以文字语言的形式向读者呈现自己的研究成果，以及研究过程、研究方法等的载体和知识建构的具体方式。研究报告不仅是从事一种重要活动或决策之前，对相关因素进行调查、研究、分析，评估可行性、效果效益程度，提出建设性意见和对策等，作为决策者和主管机关审批的上报文，更是作为科学论文的一种形式，是文献信息存储、交流的载体，供特定的读者阅读并加以评判。

撰写研究报告是科学研究过程中非常重要的环节。其撰写质量不仅取决于报告撰写人的写作能力，更取决于研究设计以及对资料的分析和理论解释能力。因此，撰写一份优秀的研究报告并不是在资料分析以后才进行的，而是从研究一开始，研究者就要考虑自己的研究将会有什么贡献，要运用什么方法达到自己的研究目的，以及如何呈现自己的研究成果。甚至可以说，一个符合科学方法的研究项目，在它确定之后就已经决定了研究报告的结构或布局。撰写者的工作就是在正确理解资料的基础上，运用准确的语言进行表述。因此，研究报告应该是：①研究者思想发展的真实记录；②研究水平和价值高低的标志；③进行学术交流和科研成果推广的重要形式；④提高自身研究水平、发展自身研究能力的重要实践活动。

二、研究报告的特征

（一）实证性

虽然与一般论文写作有所不同，但一般论述的三个基本要素，即论点、论据、论证或论述仍然是研究报告必须遵循的基本方法。论点必须建立在以往研究资料和自行归纳研究资料的基础上，并且蕴含自己的理论分析框架。论据主要是在实证研究中收集和分析的资料或引用他人的研究成果。论证或论述是把论点和论据有机结合在一起的过程。研究报告写作的理想境界应该是"大胆假设、小心求证"的过程。

（二）针对性

研究报告通常围绕一个确定的时间段，从实际需要出发，有针对性地研究某一问题或事件，分析规律，总结经验教训，回答受众所关心的问题。

（三）典型性

研究报告的研究对象必须是典型的或者具有典型意义的，这样才可以发挥以点带面的作用。如果研究报告不具有典型性，它的实践意义就不大。

（四）事实性

研究报告必须尊重事实，用事实说明道理。并且，事实一定要真实。无论是总结新经验，还是研究新问题，或是揭露事实真相，都必须以充分可靠的事实为依据，用事实证明工作，检验效果，说明问题，讲清原理。如果研究报告都是抽象的概念、空洞的理论，不能扎根于现实，那就失去了其本身的特性。

三、研究报告的类型

（一）按照研究课题的性质分类

1. 探索性研究报告

作为探索性研究，其特点是研究结论具有探索性和不确定性，因此要说明探索的目的是什么，得到的初步结果是什么，还存在哪些问题。探索性研究是正式研究的前期工作。因此，探索性研究报告不是正式的研究报告，而是研究设计的基础，提供给研究主持人分析现有的研究状况，了解研究对象的大致情况，确定研究假设和理论分析框架，以及作为提供正式研究的决策依据。

2. 描述性研究报告

作为描述性研究，其研究报告的任务是清楚地说明研究对象的分布特征或特点，详细分析在不同条件或变量下，其他现象或变量发生的变化或差异。这里需要注意区分哪些是关于样本的描述，哪些是推论到总体的描述，以及推论的误差大小。由于大部分研究都具有描述性的要求，因此描述是大多数研究报告的重要组成部分。即使是解释性研究报告也有描述的部分。

3. 解释性研究报告

作为解释性研究，研究报告的任务就是要分析变量或现象之间的因果关系，详细说明研究结果背后的逻辑关系。当下，采用回归统计分析等方法已经是定量研究报告的一个基本要求。因此，要对统计分析的结果进行专业性的或通俗性的解释，同时也要对研究结论的准确性进行说明。一般而言，定量研究报告能够通过对研究假设的验证来阐述变量之间的因果关系。定性研究报告则是在对现象的具体分析过程中梳理出哪些现象是原因，哪些现象是结果。因此，无论是定量的还是定性的解释性研究报告，除了要分析变量或现象之间的因果关系之外，更要在一定的理论依据下揭示其因果关系的内在本质。

（二）按照受众的需求分类

除了以上三种情况外，还有不少课题是受高校、企业、行政单位的委托，针对某个问题进行研究，以求对问题的解决或改善提出建议，即提供诊断性研究或对策性研究。

1. 叙述性研究报告

如果报告的目的只是应管理者的要求单纯地提供感兴趣的特定问题或现象的细节，则可用简单的叙述形式来表述。叙述性研究报告一般包括导论、研究方法、研究发现和建议及改进四个部分，只需简要提供管理者想要的信息。

2. 销售性研究报告

如果报告的目的是要向管理者推销创意，说服管理者接受，那么这种报告则需要说明所建议的观点或策略如何重要以及为何重要。采用的信息必须更加详细，更具说服力。因此，销售性研究报告的重点在于呈现有充分证据支持的相关观点，这样才能具有说服力。此类报告一般包括导论、研究方法、资料收集、优劣势分析和建议等部分。

3. 咨询性研究报告

如果管理者旨在了解是否有解决问题的方案或建议，就可采用咨询性研究报告。研究者向管理者提供所要求的信息，而管理者可从提供的方案中选择并做出决定。咨询性研究报告必须详细研究过去的相关资料，并讨论现行研究所用的方法，提供从访谈与资料分析中得到的不同观点，从结论中得出解决方案，最后完成一份详细的报告。此外，为了帮助管理者决策，还必须提出解决方案的优缺点，进行成本—效益分析。这类报告通常需要有完备的、遵循完整研究的格式。

四、研究报告的体例

（一）行文要则

首先，研究报告应有一个明确的标题以指明研究范围。一般要有目录，然后是研究计划书、研究授权书以及实施概要或摘要。

其次，所有报告都应有导论章节，以详述研究目的，提供相关背景，陈述研究的问题，建立对成果的预期。报告的正文要包含研究结构、假设、抽样设计、资料收集方法、资料分析以及分析结果。报告的最后一部分要提出研究的发现与结论。若需要提出策略建言则应一并放入，并为每一个建议方案进行成本—效益分析。这些信息用于说明施行建议方案的好处。报告中所提供的细节应能够体现研究的完备性与可信性。每一份专业报告还应指出研究的局限性。

最后，在写作过程中，研究者如果能够使用流畅的叙述、清楚的解释、资料的表达，并从资料分析结果提出符合逻辑的建议，以及明确地说明研究局限，这样将可以提高报告在科学上的可信度。在撰写报告的呈交说明时，最好能以具有个人风格的文笔来撰写。

（二）撰写格式

1. 标题

研究报告的标题应能简洁明了地说明报告的主要内容。除了研究标题外，标题页也需标明研究赞助者的全名、研究者的姓名和所属机构以及结题报告完成的时间。

2. 目录

目录页通常会列出报告中重要的标题和副标题，并将图表目录独立分开列在目录中。

3. 研究计划书与授权书

研究赞助者的授权书与研究计划书应一并附在报告的开头。授权书说明某机构或组织同意赞助此次研究，并详述研究的范围，以说明该研究是赞助机构完全同意的。

4. 实施概要或摘要

实施概要（摘要）是研究的简单说明，提供的是研究的概述，并强调一些重要的信息：问题陈述、抽样设计、资料收集方法、资料分析结果、研究发现、策略建言以及执行意见。实施概要一般比较简短，通常在三页以内（如例 13-1）。

例 13-1：日光市必胜客餐厅顾客满意度调查研究实施概要

简介

应日光市必胜客经理请求，我们进行了一份问卷调查以评估顾客满意度。填答样本由 240 位顾客组成，他们需填写一份简短的问卷，实施时间为 7 月 15 日到 9 月 14 日。在此期间，每天中午 12 点、下午 3 点、下午 6 点以及晚上 9 点选取必胜客的四位客人，在他们吃完比萨后请他们填写一份问卷。这份问卷同时要求被试者提供性别、年龄等资料，并针对下列问题，在五点量表上标明其满意程度：比萨的香味与质感、比萨的口味、营养价值、价格、服务质量和用餐环境。如果被试者想提出额外建议，问卷上也提供开放式问题以供填写。顾客填完后直接将问卷投入出口旁一个上锁的问卷箱中即可。

资料分析

资料分析结果显示，240 名顾客中有 60% 是男性，40% 是女性。大多数被试者超过 25 岁。顾客对比萨的口味表达了最高的满意程度（平均值为 4）。其次是香味与质感（平均值为 4）。在价格和服务质量上的满意度是中等（平均值为 3）。然而，顾客并不特别快乐，因为用餐环境与营养价值都偏低（平均值为 2.5）。在对开放式问题所提出的意见中，有 25 名被试者觉得比萨中所添加的干酪会提高胆固醇而危害他们的健康。

结论与建议

结果显示，顾客的确喜爱吃比萨，而且对于价格与服务质量并没有什么抱怨。经理应注意的是，顾客对于用餐环境与营养价值并不满意，而这是他可以轻易解决的。例如，如果可能，可利用花朵及植物盆栽来增添用餐气氛。夜晚时在桌上摆上烛光也有助于改善用餐环境。至于对营养价值的不满意，可在菜单或广告上宣传只以低脂的干酪制作比萨以保证顾客的健康。此外，也可提供顾客加脱脂干酪的比萨；如果想提高顾客满意度，可让服务生参加简短的培训课程，并在服务表现上予以监督。

---

5. 导论章节

导论应该陈述所研究的问题、研究目的，以及为什么进行研究、如何开始研究等背景信息。如果是进行基础研究，导论章节则必须说明有关研究主题的想法以及该研究主题的重要性。导言论述必须将焦点集中在当前社会或企业的现有因素和发展趋势的背景下该研究的关联性、时效性以及适用性。此外，研究的目的与问题的陈述都必须在本章节中说清楚。

6. 报告正文

在正文部分，研究者必须提供访谈、文献综述、理论框架、研究设计以及假设的详细说明。研究设计的细节包括抽样、资料收集方法等。此外，研究特性与类型、时间跨度、现场状况以及分析单位等都必须加以描述。还必须说明为了验证假设所进行的资料分析方法，以及从中获得的发现。正文中可以提供以图表形式表达的资料分析结果。

7. 报告结尾

报告的结尾部分主要包括从研究样本所推断的结论。在大多数情形下（取决于项目的研究范畴），研究报告在结论之后应列出实行方案的建议、成本—效益分析和研究局限。此外，基于不可抗拒因素所导致的抽样误差也应在此提出说明。最后，还应进行简短的总结。

8. 致谢词

研究者对来自他人的帮助应该表示感谢。通常帮助收集问卷的人、中间联系人，以及协助分析资料的人等都是必须感谢的对象。此外，对于提供设备仪器协助的组织以及协助填答问卷的成员也应一并感谢。

9. 参考文献

参考文献应放在致谢词之后，另起页列出在文献综述及其他部分所引用的参考文献。如果是文中有脚注，则在报告后面独立列出参考文献或是在脚注出现的该页页末加以注明。

10. 附录

最后出现的附录一般包括组织结构图、剪报或其他可以证明的资料、与成员访谈的记录细节或有助于阅读的资料。其中也应包含一份使用的问卷。报告后面若有数个附录，则可以附录 A、附录 B 等加以标记。

第二节 学术论文

一、学术论文的概念

学术是指专门、深入、系统的学问和知识，是对主客观世界及其发展变化规律的学科论证。学术论文，也称科学论文、科研论文或研究论文。根据《科学技术报告、学位论文和学术论文的编写格式（GB/T7713—1987)》的定义："学术论文是学术课题在试验性、理论性或观测性上具有新的科学研究成果或创新见解和知识的科学记录；或是将已知原理应用于实际中取得新进展的科学总结，用以提供在学术会议上宣读交流或在学术刊物上发表；或做其他用途的书面文稿。"

学术论文不是对现有知识的复述，而是在一定专业水平和研究基础上独特的观点、见解和发现的文字表达。因此，学术论文就是对学科领域中的学术问题做系统的、专门的研究探讨，并表述创造性科研成果的理论性论文。

二、学术论文的类型

由于学术论文所涉及的学科和性质各不相同，研究领域、对象和方法各不相同，论文的表现手法、使用范围也不尽相同，因此，学术论文有不同的分类方法。

（一）按研究领域和对象分类

1. 人文社科类论文

人文社科类论文是以人文、社会现象为研究对象的学术论文，其任务是研究并阐述有关人文社会现象及其发展规律，研究领域涉及的范围广，类型复杂交错。根据学科内容的不同，人文社科类论文又可细分为哲学学科论文、语言文学学科论文、历史学科论文、艺术体育学科论文、经济学科论文、政治学科论文、法学学科论文、管理学科论文、教育学科论文等。就研究方法与行文角度而言，人文社科类论文可以分为论述型、评价型、考证型、证明型、介绍型、诠释型、调查报告等论文类型。

2. 自然工程类论文

自然工程类论文包括自然科学论文和工程科学论文，其研究目的是发现自然现象背后的规律，并运用这些规律为人类社会发展做贡献。其中，自然科学论文侧重于对自然本体进行研究和描述，揭示自然界发生的客观现象以及自然现象背后的规律，具有客观性强、计量细致、实验数据多等特点。工程科学论文侧重于运用科学和技术原理来解决人类社会发展中存在的问题。自然工程论文按照功能和属性，还可以细分为实验型、理论型、综述型论文与科学调查（考察）报告等。

3. 医学科学类论文

医学科学类论文，也称医科类论文。医科是对有关医疗、药物、公共卫生等研究领域的学科统称。医学科学类论文是以人类自身身体及其所患疾病、所受损伤等为研究对象，以诊断、治疗、预防疾病和提高人体健康为目的的学术文章。

（二）按研究内容和方法分类

1. 理论型学术论文

理论型学术论文的研究对象是比较广泛的自然现象和社会现象，以及这些现象之间的关系，即抽象的理论问题。其基本研究方法主要是理论证明、数学推导和综合考察等。

2. 实验型学术论文

实验型学术论文是以实验本身作为研究对象，或者以实验作为主要手段得出研究成果后撰写的学术论文。它的核心内容是设计实验，进行实验研究，对实验结果进行观察和分析，探讨客观事物和现象发生的原因和规律，形成结论或提出见解。

3. 描述型学术论文

描述型学术论文主要以自然和社会存在的客观事物和现象为研究对象，目的在于向读者介绍新发现的具有科学价值的客观事物和现象。其研究方法主要是考察、观测和分析，其主要表达方式是描述、说明和比较。因此，它的重点在于说明事物和现象是什么，以及类似事物或现象有何不同，并确认其种属、学科等。

4. 设计型学术论文

设计型学术论文的研究对象是新工程、新产品的设计，主要研究过程是对新的设计方案或实物进行全面论证，从而得出结论或引出规律。

三、学术论文的特征

学术论文的特征是其区别于其他应用文体的本质属性。了解并掌握学术论文的特征既是撰写学术论文的需要，也是对学术论文的水准及价值进行评价的重要依据。

（一）科学性

科学性是学术论文的根本特征，是评价学术论文有无发表价值的重要标准。学术论文的科学性表现在以下三个方面：

（1）内容的科学性。内容科学性是指论文选题符合实际，讨论的问题符合主客观事物的发展规律；表述的是客观存在的事实，要求内容真实、准确；实验数据、研究方法、研究结论都要忠于事实和材料，对客观事实做真实记录。论文能够真实地揭示主客观事物的本质和事物发展的规律，能够真实地反映科学研究的新发现、新理论、新技术、新方法。

（2）结构和表述的科学性。结构的科学性要求论文结构要严整、推理要严密、措辞要严谨。表述的科学性要求学术论文研究的方法应科学，论点应明确客观，论据应可靠充分，论证应合乎逻辑，表达应具有正确的内在逻辑关系，符合逻辑推理的过程，理论体系经得起推敲，语言文字要准确、明白、规范。

（3）结果的可重复性。学术论文的科学性还表现为对研究对象要做出准确而简明的抽象概括，并能形成带有普遍意义的定论，具有很强的实证性。因此，论文的结果要能经得起实践检验。其他科研工作者在相同条件下也可以得出相同的结果。只有能经得起重复的实践检验的定论才具有说服力和可信度。

（二）创新性

进行科学研究就是要不断开拓新领域、发现新问题、探索新方法、提出新思想。论文所揭示的事物属性特征以及对这些属性、特征、规律的运用所取得的结论必须是首创的，而不是对基础知识的推导，更不是对他人成果的重复或解释。学术论文的创新性主要表现在以下三个方面：

（1）创新实验体系。使用了新的过程或方法，实验中有新的发现，产生了新的实验数据。

（2）创新研究视角。从新的角度进行论证，得出了新的研究结论。

（3）创新研究结论。在理论上提出了新的假说，反驳了现有理论，或者对现有理论进行了补充和完善，比前人有了新的进展。

（三）专业性

学术论文所反映的内容应该是相关学科系统的、理论化的知识。无论学术论文是所在学科的研究领域，还是学科交叉研究领域，或者是其他学科理论方法的移植，必须是与一定的学科专业及研究方法联系在一起的。作为反映科学研究过程和结果的学术论文，其内容所反映的应该是科学技术发展的前沿水平，而非低层次上的简单重复。

学术论文的专业性还体现在语言表述与阅读对象上。学术论文通过大量使用公式、图表等专业术语和符号，力求使用科学语言进行表述和分析，体现出学科的专业性，这也是学术论文与一般应用文体在语言表述上的差异。学术论文的读者也主要是在相关专业领域具有相关学术专长的学者和科研工作者，有较强的专业性。

（四）规范性

作为记录研究过程、发布科研成果、与同行进行学术交流的一种重要信息传播载体，学术论文无论从内容上还是形式上都体现了严谨的规范性。严格的规范是为了使学术论文更好地实现表达和交流目的。学术论文的规范性主要体现在以下三方面：

（1）学术论文结构体系和编写格式的规范性。学术论文要符合提出问题、分析论证、解决问题、得出结论这一完整的逻辑关系，其构成要素也应按照内在逻辑结构排列。《科学技术报告、学位论文和学术论文的编写格式（GB/T7713—1987）》对科技论文的结构和编排有详细规定。中国期刊刊登科技论文的组成部分和排列依次是：题名、作者署名和单位、摘要、关键词、中图分类号、引言、正文、结尾、致谢、参考文献和附录。除学术论文编写格式的国家标准外，《中国学术期刊（光盘版）检索与评价数据规范规定（CAJ-CDB/T1—1998)》也是现行主流的编写标准，已被3000余种中国期刊采用。

（2）语言文字、标点符号使用的规范性。与其他文字作品的语言截然不同，学术论文的语言主要使用议论、说明的表达方式，使用平实、准确、简明、清晰、客观、逻辑性强的科学语言。语言文字表述应力求书面化、术语化、规范化。语言所表述的内容要有深度、精度和密度。此外，论文中的标点符号也必须按照已有的规定执行，不能随意使用。

（3）图表制作与参考文献、附录的规范性。学术论文中的图标、表格、图形的制作与表示要精确化、标准化，严格按照规范的方式制作使用。

（五）应用性

应用性是评价学术论文有无发表价值的另一重要特征。学术论文的应用性主要体现在以下两方面：

（1）具有学术价值。理论上解决了专业领域的理论问题，具有一定的学术价值。

（2）具有实践价值。实践上解决了专业领域的实际问题。例如，在技术上有所创新，在实验、教学、管理方法及生产工艺流程等方面有改进等。学术论文的应用价值越大，指导作用也就越大。

四、学术论文的体例

以下主要介绍管理学科的学术论文撰写体例：

（一）标题、作者和机构

标题（Title）是对文章内容的精练表述，它应该明确地显示拟考察的理论、研究变量及变量关系，尽可能完整准确地概括研究内容，且避免冗赘。一般中文学术论文的题目长度应尽量控制在20个汉字以内。论文标题中使用的语词将成为他人查阅和检索文献的关键线索。人们往往根据对论文标题的第一印象来决定是否还要继续阅读论文。

好的标题通常会尽可能反映下列信息：研究变量之间的关系、研究领域及核心主题、研究方法及核心实验技术、研究被试的主要特征等。在尽可能包含较全信息量的同时，减少字数，讲究文法，符合专业的表达习惯，不口语化。请看下列几个优秀的论文标题：

标题之下是论文贡献者的姓名及其所在的机构，或研究实施的机构。值得注意的是：

（1）论文贡献者不仅包括执笔人，还包括那些对研究做过实质性科学贡献的人。他们可能参与了提出问题、实验设计、统计分析、结果阐释或其他部分的工作。

（2）有多名贡献者时应按贡献大小排名。排在第一位的应是对研究做出主要贡献或关键贡献的学者，通常是那些研究的提出者、设计者或指导者。贡献者的排名并非小事，处理不当会引发许多纠纷，严重时甚至会导致研究团队的解散。因此，在论文署名上要注意以下三点：①从实际出发，客观公正地体现合作者对研究贡献的大小，而不是凭借其他标准（如职位高低、年龄长幼、耗时长短、执笔多寡等）决定排名。②署名范围应包括主要的完成人，而不是所有参与相关工作的人。那些担负一般性的服务或辅助性工作的人不宜全部列入，但应在致谢栏里注明。如果研究的实施需要借助于大型仪器或复杂技术，则实验的主要操作人员应在署名范围，并将设备所属实验室作为合作机构一并列入。③为了尽可能地避免不必要的误解或纠纷，应在研究实施之初就明确分工、确定成果的署名顺序。一个研究团队，不仅要尊重事实，还应该互相谦让，维持研究团队的共同利益，推动研究工作的良性发展。

（3）署名作者应对论文的准确性负责。在论文中所有署名的作者应对内容的准确性负责。在论文投递前，每个作者都应认真审阅。一旦论文被接受，有的期刊还会要求每位作者签名确认。

（4）准确标记单位。在标明研究者的机构时，需要加括号，还应附带写明该机构所在的城市和邮编。

（二）摘要和关键词

在署名和标注研究机构之后、正文之前，是学术论文的摘要和关键词部分。

摘要（Abstract）旨在用精练的语句表述研究的目标、方法和手段、主要结果或发现以及主要结论。它通常是在论文其他部分完成后才写的，是写作中应特别重视的部分。除标题外，后续研究者搜索和阅读文献时会特别关注摘要部分。它可以帮助读者在较短时间内快捷地把握一篇学术论文的主要内容。读者也会根据摘要的内容来决定是否进一步查找和阅读全文。大多优秀的管理学期刊要求作者同时提交中英文的摘要。

一篇学术论文的摘要不是论文写作的引导段落、补充说明或评价，而是具有相对独立性的短文，其长度应控制在200~300个汉字或500个英语单词以内。完整的论文摘要一般要包括以下四个方面的内容：

（1）研究问题、目标或目的。通常用一句话概述，不宜做过多的分解。此处不需要对研究价值和意义做任何讨论和说明。

（2）研究对象与方法。要明确说明对象样本的数量与相关特征、主要设备与材料、实验设计类型，以及其他的特殊处理等。为了更明确地突出研究设计的特点，还可以说明被试的抽样与分组情况，但不能过细，要注意控制字数。

（3）主要结果。这是对实验中观测到的现象的描述，这种描述要客观且简洁。有的研究得到的结果比较多，也要注意选择最能反映研究的核心目标与假设的部分，不宜全部列入。

（4）研究结论。这是基于研究结果而进行的概括和推断。也可以在结论之后适当指出研究的价值和意义。有时研究目标只在于现象描述本身，其结果也可算作结论。

摘要的四个方面内容不一定按照固定顺序来写，也无须面面俱到，应视具体情况而定。初学者感到最难把握的是"结果"与"结论"的区分。"结果"是关于观测到的现象的描述，限于对当前研究中的样本的客观描述。"结论"是对观测到的现象的推断或理论概括，具有一定的抽象和概括性。

在摘要的行文方式上，要尽量使用第三人称，可采用"对……进行了研究""报告了……的现状""进行了……的调查"等方式，不用"我们""作者"等作为主语。有的常常把摘要写成"引言"，这点需要避免。

摘要之后，务必总结出 3~5 个关键词。关键词（Keywords）是对描述研究范围或领域、研究核心内容、采用的方法等起重要作用的词汇，其在文中出现的频率也较高。关键词在文献搜索中具有导引作用。在撰写论文时要特别重视关键词的选用。

正文一般由五个部分组成：引言、研究方法、结果与分析、讨论、结论。

（三）引言

"引言"（Introduction），也有的用"序言""前言""问题提出""研究目的"等。"引言"主要是为开展研究提供一个基本的原理或合适的理由，说明如何发现研究问题，为什么要做这一研究，其研究背景是什么，前人做过与此有关的什么研究等。具体来说，"引言"的写作可从以下几个方面展开：

1. 提出理论基础

几乎所有的研究都是建立在前人研究成果或者理论基础之上的。研究者需要介绍该领域中相关研究的观点，体现哪些是已经发现的、哪些是正被发现的，哪些是需要澄清的；说明关于这一特定领域的知识还存在的缺口。当前研究的价值就在于填补这一缺口。因此，进行一项研究的理由可能有：检验理论、验证结果、补充发现和解决新问题。

（1）检验理论。如果一种理论是成立的，借此预测特定条件下可能出现的结果。也就是说，理论中可能存在反例亟待研究者去检验。因此，有时候一项实验研究是用来验证一个理论设想的，检验其在现实中是否有效。

（2）验证结果。如果一个实验是为了验证先前的研究结论，可以使用和原来研究者相同的方法。更常见的是，对原有的实验方法进行些许改变，增加一些实验的新成分，这有助于发现导致原有研究结果的其他原因。

（3）补充发现。当研究者要证实某个结果时，多半会增加一些新的处理，而不是对前人研究的简单复制，从而深化对所研究现象的了解。研究者常常会去检验某种现象是否具有普遍性，需要查明这种现象在怎样的条件下会发生或在怎样的条件下不会发生，从中可以得到许多新的课题和新的认识。

（4）解决问题。假设有人发现品牌名称可以调节情绪，而另一些人却得到相反的结果。那么，是什么导致了这些结果的分歧呢？可能是他们都没有考虑价格对情绪的影响。这就需要一项新的研究来系统地控制前人研究中存在的不同因素。

2. 评述前人研究

引言部分的另一个任务就是介绍该领域的相关研究和理论背景。在评述前人研究时，必须将讨论的材料限制在与研究直接相关的范围内。例如，研究课题是"品牌国际化"，那么相关的材料就是关于品牌的"国际化"，而不是关于品牌领域的所有资料，也不是关于国际化的一般资料。作者应尽量使背景资料的选择范围聚焦于研究主题，避免宽泛。

此外，对前人研究叙述的详略程度要控制在合适的水平。对于引用的大部分研究，只需简要地概括其研究过程和结果。通常，不需要呈现原来的研究选取了多少被试、使用了怎样的统计方法、实验中的每个细节等。如果他们想得到全面的信息，会自己去搜索原文。这里，我们举例来说明引用的详略程度："Hartmann、Ibáñez 和 Sainz（2005）提出生态品牌具有环境友好性和天然性联想属性"；"Rios 等（2006）把生态品牌分为功能属性（产品的环境绩效）、体验属性（社会福祉有益）和象征属性（社会认同展示）三个维度"；"Chen（2010）则通过环境专注性、环境专业性、环境绩效性和环境承诺可信性来测量生态企业品牌"。以上例子说明这里不需要展现这些结果的细节，除非这些细节对讨论很重要。

如果认为前人的实验程序存在严重缺陷，有加以讨论的必要，这时才考虑对其研究过程进行更详细的介绍。如果前人的某一研究也是当前所做研究的核心内容，那就需要对其进行介绍。即使如此，也应该注意让读者知道哪些信息，才能理解当前所要做的研究，或者使他们对该领域的争论焦点有所了解。因此，对前人研究的介绍要尽可能地简约。

文献回顾的目的在于说明当前研究问题提出的专业背景、理由和论据，一般的逻辑路线是：

（1）前人做了什么。在相关领域中，前人做了哪些主要的研究，这些研究给予我们什么样的认识。

（2）前人研究有什么不足。这些研究还有哪些空白区、存在哪些疑惑或相互矛盾的地方。

（3）应该如何解决这些问题。要解决这一空白区或矛盾，应该进行什么样的研究。由此可以使现有研究得以展开。

文献回顾的常用方式有两种。一种是对已有研究进行内容整理、概括和分解，然后按照这些研究内容的内在逻辑关系进行介绍和评述；另一种是按照研究的历史进程，通过文献回顾勾画出该专题领域的发展图景。这样可以很自然地把当前研究纳入已有研究的体系中。最后，切记避免文献回顾不加选择地论述该领域的全部或大部分研究和不加归纳地罗列文献。

（四）研究框架与假设

阐述完讨论的问题及理由后，就应该简单地介绍研究计划，给出一个当前研究的清晰轮廓，而研究的细节留待"研究方法"部分具体描述。例如，假如研究者要解决的是运动对情绪影响的研究中所存在的矛盾。我们需要有四组被试：吃巧克力的运动者、吃巧克力的不运动者、不吃巧克力的运动者和不吃巧克力的不运动者。一周后，研究者将测量四种处理条件下每个被试的情绪状态。如果假设是情绪受巧克力和运动的共同影响，那么研究者将预测到吃巧克力的运动者是情绪最高涨的，然后是吃巧克力的不运动者和不吃巧克力的运动者，不吃巧克力又不运动的人应该是情绪最低落的简单描述研究框架后，可基于理论而提出研究假设或期望的实验结果。例如，我们已经讨论了运动和吃巧克力对大脑内啡肽水平的影响，那么这将是我们的预测结果。

论文写作的新手往往在引言部分结束时对实验的（或备选的）零假设做出相当正式而刻板的陈述。如"我们的实验假设是四组之间存在着显著的统计学差异，而零假设是四组之间没有明显的差异"。但成熟的学者会用清晰但非正式的语言对结果进行预测。如"如果吃巧克力和运动对情绪均具有影响，那么四组被试的情绪将表现出以下的不同：吃巧克力的运动者将得到最高的情绪得分，不吃巧克力并且不运动的人得出最低的情绪得分，其他两组被试的情绪得分处于两个极端组之间"（邓铸，2006）。显然，这里不需要对零假设进行陈述——因为那等于是说不同实验处理之间没有统计学的差异，所以这种表述完全是多余的。

为了体现研究框架、研究假设和理论基础的内在逻辑，需要对相关理论或文献进行回顾和梳理。文献回顾会涉及许多专业术语和理论模型。这种情况下，文献回顾的篇幅可能就要多一些，以便提供一个清晰的知识背景，准确把握核心概念的内涵，理解研究主题的意义及研究范式。

（五）研究方法

研究方法（Method）部分是研究者就研究设计及实施过程进行相对详细的介绍，以使其他研究人员从中获得的信息足以明白乃至复制这一研究。研究方法部分一般包括四方面内容：一是"实验设计"方面给出实验整体结构的概述；二是"被试"方面给出参与实验的被试的必要信息；三是"仪器与材料"方面详细介绍实验中所用到的器材（包括问卷和材料等）；四是"程序"方面说明研究是怎样执行的。

1. 被试

需要详细介绍实验处理下的被试数，以及人口统计学信息，如年龄和性别等。同时还需要说明是怎样获得被试的。例如，他们是如何抽选的，他们是志愿者，还是有报酬地参与实验，他们对实验的目的是否知情，等等。

如果使用到特殊的被试群体，如色盲患者、学习障碍人群、特殊职业人群等，就应该提供更进一步的相关细节。例如，就学习障碍人群而言，要界定将他们称为"障碍"的具体标准。比如，在某一障碍鉴定测验上的分数达到多少。

究竟要给出被试的哪些特征信息，可视情况而定。凡是有利于正确识别与实验有关的信息都应该呈现。既要保证信息的充分性，也要做到无多余信息。

2. 实验设施

研究者需要提供实验中用到的仪器与材料等细节，以便展现研究过程或便于他人重复实验。

对于一些广泛应用的问卷和笔纸测验（如 EPQ 艾森克人格问卷），需要给出它的名称、相关出处、引用的理由，并简要说明其有效性的证据。对于使用调查问卷的研究，在研究中一般都要加以说明，并介绍实施方法。对于新编制的调查问卷，还应该将其放在附录里。如果涉及保密问题，则可以适当列举一些项目，不用完整列出。

3. 实验设计

这一部分需要写出正式研究设计的概况。涉及实验中的自变量是什么；共有多少种实验处理；它是一个重复测量实验设计还是一个完全随机实验设计，或者是更复杂的混合实验设计；哪些量是被测量的变量，也即因变量是什么；等等。这些都要说清楚。

4. 实验过程

这一部分需要给出实施实验的具体细节。研究者要对变量的操控程序、因变量的测量与记录过程进行描述，包括被试实验顺序的编排、给予被试的指示语、呈现刺激材料、被试如何完成操作和接受测试等。

例如，王海忠（2012）开展了一项研究来探索自用情形下影响奢侈品购买的因素。其实验过程描述为：该研究采用了模拟实验的方法，调查对象为成人。实验目的是验证购买奢侈品自用时，不同自我监控的消费者在奢侈品品牌显著度对购买意向作用的差异采用 2（品牌标识显著度：高、低）×2（自我监控：高、低）

混合实验设计。其中,品牌显著度为组内变量,自我监控为组间变量。先让消费者阅读一段 LV 手提包的文字,然后让消费者观察两种不同品牌标识显著度(品牌标识大、品牌标识小)的 LV 手提包产品图片(两款产品价格相同且都在可支付范围内),再让消费者分别填写两款产品的标识显著度和购买意向。最后,要求消费者填写 13 个题项的自我监控量表,并留下个人信息(如性别、年龄和学历)。

值得注意的是,方法部分的陈述要保证客观性,除必要的设备、材料的说明外,一般不要做过多的附加解释。如果想对实验操作进行解释和分析,可在后续的“讨论”部分进行。

(六)结果与分析

“结果与分析”(Results and Analysis)部分要呈现的是实验所得出的结果,也即要呈现,研究中发现了什么,但这里不要急于探讨结果的理论意义,而是客观结果。结果的呈现顺序通常是:首先,简单地说明要对实验数据或其他资料做什么样的技术分析,然后概要性描述主要的结果包括哪几个方面,最后再分别描述每一方面的分析结果。该部分要特别注意两点:

(1)要客观地说明得到的结果。这里的“分析”不是“讨论”之意,而是“统计分析”和“分解呈现”之意,切忌夹叙夹议。要防止将研究者的个人观点和基于结果的推断与研究中得到的客观结果混为一谈。

(2)结果的呈现不能随意罗列。要结合前文提出的研究假设顺序与层次进行结构上的组织和编排。在多数情况下,可以通过使用几个小标题把不同方面的分析过程与分析结果分别呈现。

为了更严谨地呈现实验中的发现,此部分还需要说明三个问题:数据检验理论、描述性统计结果、推断性统计结果。

(1)数据的检验。在获得描述性统计量和推断性统计量的过程前,需要对数据进行某种预处理。例如,剔除一些不正常的数据,但是剔除数据要遵循科学的规则。通常的做法是,在本来应该具有同质性保证的数据样本中,出现偏离样本平均值两个标准差以上的特异数据,就可以将其剔除。当然,研究者也应该对删除特异数据持有非常谨慎的态度。

(2)描述性统计。描述性统计是提供一组数据特征的概况,主要包括集中量数(平均数、中位数、众数等)、离散量数(标准差、全距、标准误等)和频数分布数据。如果实验结果中只有一两个平均数要呈现,那在论文中就可以很容易地表示。如果平均数超过两个,那么用图表的方式呈现会比较清晰。假如有大量的平均数,或者相关的信息,如标准差、极差、每种实验条件下的被试人数等,采用表格更合适。不管采用哪种形式来显示结果,都要注意避免信息的重复表达。

（3）推断性统计。推断性统计量是数据的统计检验结果，旨在揭示实验研究中小组之间或实验条件之间在统计学上是否存在显著性差异。一般而言，推断性检验的结果证明实验是否存在一种"效应"，以及决定了能否把这种"效应"看作确定性的事实而不是偶然现象。有时候，尽管收集的描述性数据的平均数有一定的差异量，但当对数据进行推断性检验时却得到了无差异的结论。如果无视这种检验结果，就很容易从数据的表面现象得到错误结论。忽视检验结果就是否定检验的重要性。管理学的研究中，随机因素的影响是无处不在的。如果统计检验结果显示出"差异"不显著，那就不得不接受这个事实，也不需要因为结果不显著而失望。

与描述性统计结果类似，如何呈现推断性统计结果主要取决于数据量的多和少。作者可以根据实际需要，采用表格的、图形的或纯粹文字的形式呈现。呈现统计检验结果最简洁的方式是：首先，陈述结果以及相关的描述性统计量；其次，在括号里附上能提供支持的相应的推断性统计量。统计检验中的概率有几种不同的报告方法。精确的概率值报告，如"$p=0.021$"或"$p=0.033$"，或最接近的临界概率值报告。即把几个实得概率都归属这个临界值，如，"$p=0.021$"或"$p=0.033$"都可以写为"$p<0.05$"。

另外，给出推断性检验结果时，无须说明这一结果计算的烦琐过程，对统计量的概念也无须再做解释和说明。当数字小于1时，应在小数点前加0（如，平均误差率为0.78）。但当数字不可能大于1时，也可以省略小数点前边的0，如相关系数（区间只能是–1~1）和概率（不可能大于1），这样的情况也可不必在小数点前加0。最后，要有选择性地呈现结果。要选择最合适的量数及与之有关的量数，使结果呈现简洁明了。

结果呈现时应使用规范的统计符号，不能随意乱用。规范的统计符号可参照表 13-1 选用。

表 13-1　常用的统计符号和简称

符号	含义	符号	含义
ANCOVA	协方差分析	ANOVA	方差分析
df	自由度	F	F 值
M	平均数	MANOVA	多元方差分析
Mdn	中位数	MS	均方
S^2	方差	SD	样本标准差
N	总数	P	概率
n	样本数	R	皮尔逊积差相关系数
SS	离差平方和	P	斯皮尔曼相关系数

续表

符号	涵义	符号	涵义
R	多元相关	r^2	决定系数
σ	Sigma 总体标准差	n^2	埃塔方，反映自变量的效应量
U	曼—惠特尼检验统计量	α	Alpha：第一种错误概率
β	Beta：第二种误差概率	χ^2	卡方检验统计量

（七）讨论

讨论（Discussion）部分旨在对研究发现的意义进行解释和评价。"讨论"应从假设的重述开始，并简要重述主要的研究结果，指出它们是否支持了研究假设。然后，将结果与其他研究者的结果联系起来，说明其在多大程度上符合该领域现有的知识结构。通常，还要辨析研究的缺陷，特别是影响结果普遍性的因素。具体可参照以下几个方面来撰写：

1. 概述研究结果

在"讨论"的开始部分，可以先简要总结研究的主要结果。这里需要注意详略得当，不再使用任何统计数据或图表。

2. 联系前人研究

解释当前的研究结果与前人研究的关系。这里应该展示运用现有的理论如何解释当前研究的结果、新的研究结果是否对当前的理论提出了质疑，或是和这些理论是否一致、是否只支持一种理论、是否和此领域的前人研究相一致等。对于大多数学术论文来说，该部分是讨论中所用篇幅最长的。

"讨论"是整个论文里最有趣的部分。有时候研究结果和前人研究非常一致，有时候不符合以往的研究结果，这时就需要对此做出一个合理的解释。这是一个展示研究者智慧的机会，使研究和前人的研究发生联系，或向前推进，形成整体。

（八）结论

论文正文的最后部分是"结论"（Conclusion），也叫作"结论与建言"。这一部分就是将当前研究确实得到的、可以肯定的部分概括性地呈现出来。它是前述"结果分析"和"讨论"后的一个自然总结，尤其是在理论和实践上的贡献。这里也需要注意两点：

（1）不能将前人已有的认识和他人研究的结果作为"结论"。

（2）不能将研究者的假想、未能肯定的推测、未来研究设想等作为"结论"。

结论要简短明确，切记不能把"结论"写成了"结果"的压缩版，它是基本结果的概括和抽象，并超越了样本描述。因此，要重点阐述研究的理论意义和实践启示。

　　在阐述研究的理论贡献和实践启示之后，研究者对自己研究的局限性也应该有客观的认识和交代。这些局限性可能是研究方法的局限（如额外变量的控制存在缺陷、实验条件不能达到要求等），也可能是样本代表性的局限（如被试性别失衡导致分组不能做到完全平均等）。研究者不必因为研究存在局限而担心有失质量水准，因为任何有限的研究都不可能完美无缺。相反，客观交代研究的局限恰恰是学术严谨性的体现。

　　另外，在"结论"部分的最后还应该结合研究中未得到解决的问题或者值得深入研究的相关问题提出未来研究的方向性建议。

（九）致谢词

　　学术论文的致谢与研究报告的要求一致。诸如研究的资助者、重要评审人或研究的关键协助者都可以是感谢的对象。

（十）参考文献和附录

　　"参考文献"（Reference）和"附录"（Appendix）已不属于学术论文的正文部分，但是同样重要。参考文献至少有四方面的作用：

　　（1）为研究及讨论提供支持，证明研究者对该领域的了解程度。

　　（2）向被引用文献的作者表示谢意，并给予其应有的声誉。

　　（3）承认引用，避免"抄袭""剽窃"之嫌。

　　（4）为评审者或阅读者提供进一步查阅相关文献的线索。

　　"参考文献"要为论文中每一引用项提供完整信息。参考文献里所列举的项和论文里引用的项必须一一对应，即每个引用项都必须出现在参考文献列表里。参考文献列表里的每一项也必须是被引用的。一般来说，参考文献按第一作者姓氏的字母顺序排列。第一作者姓氏字母相同时，独著类的先列，其他则依照时间先后顺序排列，也有的是按照引用的先后顺序排列。

　　"附录"部分是放置其他一些辅助性材料的，它为论文提供相关方面的信息支持。根据论文的需要，一般而言，"附录"中可放置的材料如下：

　　（1）统计分析和计算机统计软件包的输出结果。

　　（2）原始数据。有时需要提供原始数据，如被试的分值。这些数据可放在附录中。

　　（3）问卷和其他一些测验。如果是自制的或其他一些不常用的问卷或测验，需要在附录中列出。如果是应用广泛的问卷，就不用列了，提供相关来源即可。

　　（4）指导语或刺激材料。一些给被试的指导语或刺激材料很长、很详细，不宜放在正文里，则可以放进附录中。

　　如果论文包括一个或多个附录，那么在论文正文中要提及它们。例如，"表 X 显示的是各种测试条件下的平均数（原始数据见附录）。"

参考文献

［1］Keller K. O., Dekimpe M. G., Geyskens I. Let Your Banner Wave? Antecedents and Perfor-mance Implications of Retailers' Private –Label Branding Strategies ［J］. Journal of Marketing, 2016, 80（4）: 1-19.

［2］李怀祖. 管理研究方法论（第2版）［M］. 西安: 西安交通大学出版社, 2004.

［3］塞克拉, 蓝波涛. 企业研究方法（第5版）［M］. 北京: 清华大学出版社, 2013.

［4］汪涛, 周玲, 彭传新等. 讲故事, 塑品牌: 建构和传播故事的品牌叙事理论——基于达芙妮品牌的案例研究［J］. 管理世界, 2011（3）: 112-123.

［5］汪涛, 周玲, 周南等. 来源国形象是如何形成的? ——基于美、印消费者评价和合理性理论视角的扎根研究［J］. 管理世界, 2012（3）: 113-126.

［6］王海忠, 秦深, 刘笛. 奢侈品品牌标识显著度决策: 张扬还是低调——自用和送礼情形下品牌标识显著度对购买意愿的影响机制比较［J］. 中国工业经济, 2012（11）: 148-160.

［7］阎海峰. 管理学研究方法［M］. 上海: 华东理工大学出版社, 2008.

［8］杨杜. 管理学研究方法（第2版）［M］. 大连: 东北财经大学出版社, 2013.

［9］赵卫宏, 熊小明, 苏晨汀. 生态区域品牌的维度及构建策略研究: 资源与制度视角［J］. 宏观经济研究, 2016（1）: 32-46.